上海市级专志

上海地产（集团）有限公司志

上海市地方志编纂委员会 编

上海社会科学院出版社

中国共产党上海市委员会

贺　信

上海地产（集团）有限公司：

　　值此上海地产集团成立10周年之际，谨表示热烈祝贺！

　　10年来，上海地产集团牢记使命、不负重托，围绕服务社会和发展自身两篇文章，在土地储备前期开发、滩涂造地建设管理、保障性住房开发建设、国有资产保值增值等方面开展了大量工作并取得了积极成效。

　　希望你们以成立10周年为新的起点，充分发挥自身优势，不断优化资源配置，切实加强企业管理，在提升主业竞争力的同时加快集团转型发展，为上海经济社会发展作出新的更大的贡献！

俞正声

2012年10月25日

上海市人民政府
SHANGHAI MUNICIPAL PEOPLE'S GOVERNMENT

欣闻上海地产集团成立 10 周年，在此谨致以热烈祝贺！

成立上海地产集团，是市委、市政府的重要决策，也是上海土地收储制度的一项创新。十年来，上海地产集团积极探索国有企业改革，规范推进土地储备、供应和开发，全力参与旧区改造、保障房建设等民生工程，为上海发展作出了积极贡献。

当前，上海迈入深入贯彻落实科学发展观，加快创新驱动、转型发展的关键时期，希望你们进一步增强责任感和使命感，坚持改革，不断创新，为上海城市建设和发展再创佳绩、再立新功！

上海市市长 韩正

二〇一二年十一月

·地产集团成立大会（2002年11月18日）

·上海市政府关于组建地产集团的批复（2002年11月5日）

· 2002年11月—2004年4月，地产集团办公地址：国家开发银行大厦（浦东新区浦东南路500号）

· 2004年4月—2012年11月，地产集团办公地址：地产大厦（徐汇区东湖路9号）

· 2012年11月至今，地产集团办公地址：地产集团大厦（浦东新区雪野路928号）

集团成立及领导班子

- 地产集团一届一次董事会（从左至右）上海国资经营公司祝世寅、地产集团白文华、地产集团皋玉凤、上海大盛资产公司熊亦华、地产集团沈正超

- 地产集团领导班子（2005年10月）（从左至右）傅平、郑建令、白文华、皋玉凤、张阿根、沈正超、黄进

- 地产集团领导班子（2012年11月）（从左至右）蔡顺明、陈晓平、郑建令、皋玉凤、张建晨、薛宏

上海地产（集团）有限公司 SHANGHAI LAND (GROUP) CO.,LTD

土地储备及旧区改造

· 2010 年上海世博会国有土地使用权收购补偿协议签约（2004 年 10 月 12 日）

· 黄浦区世博动迁居民首日接待（2005 年 8 月 20 日）

· 世博会动迁居民咨询（2005 年）

· 世博会动迁居民喜迁新居（2005 年）

土地储备及旧区改造

· 杨浦区平凉西块居民动迁（2005年12月8日）

· 旧改地块——闸北区北广场（2007年）

· 黄浦区8-1地块交付（2007年10月19日）

· 普陀区真北村地块旧改签约（2010年3月24日）

· 收储地块——上粮八库地块（2003年）　　　　　· 收储地块——杨树浦煤气厂地块（2004年）

· 收储地块——上粮十库地块（2004年）

土地储备及旧区改造

· 收储地块——上海海事大学地块（2005年）

· 收储地块——龙华路1960号地块（2005年）

· 徐汇华泾经适房项目开工（2008年8月14日）

· 上海地产馨越公寓公租房项目开工（2010年9月28日）

保障房建设

· 浦江世博家园

· 曹路大型居住区

· 地产馨宁公寓

· 馨汇南苑

保障房建设

· 上海馨佳园

· 公租房内部实景图

· 市民排队选购经适房

保障房建设

·西郊九韵城

·耀华滨江公寓

·地产馨逸公寓

滩涂造地

· 滩涂吹沙造地工程

· 龙口合龙

· 大堤工程

滩涂造地

· 横沙东滩大堤

· 长兴电厂圩

· 崇明北湖圈围工程

· 浦东东滩造地变为万亩粮田开镰仪式（2009 年 10 月 16 日）

滩涂造地

· 横沙东滩北堤

· 浦东机场外侧圈围土地

· 上海虹桥经济技术开发区（1983年开始建设）

· 上海闵行经济技术开发区（1983年开始建设）

国家级开发区

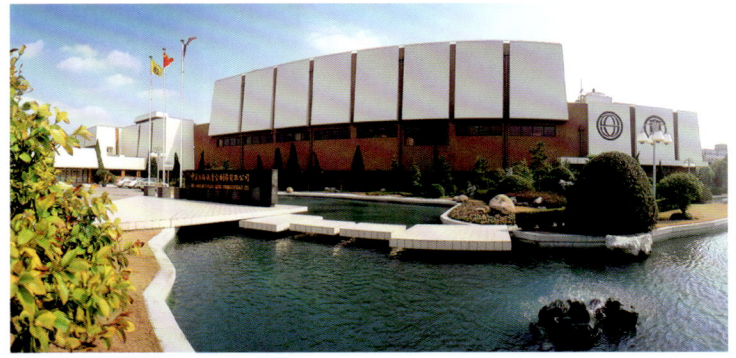

· 施贵宝（1985 年 10 月）

· 富士施乐（1987 年 11 月）

· 西门子高压电器有限公司（1993 年 9 月）

· 强生公司（1995 年 12 月）

· 阿尔斯通（1999 年 1 月）

· 亨斯迈上海亚太研发中心（2013 年 9 月）

收购及代管的保护建筑

- 宝庆路 3 号花园住宅
- 番禺路 508 号花园住宅 
- 复兴西路 17 号花园住宅 
- 皋兰路 1 号花园住宅 
- 新乐路 82 号花园住宅 
- 永福路 151 号花园住宅 
- 华山路 913 号花园住宅 
- 衡山路 9 弄 1 号花园住宅 
- 淮海中路 1517 号花园住宅 
- 武夷路 127 号花园住宅

· 上海国际客运中心（2009年8月）

房地产开发

· 上海世博洲际酒店（2010年2月7日开业）

· 港泰广场（1999 年）

房地产开发

· 财富广场（2006 年）

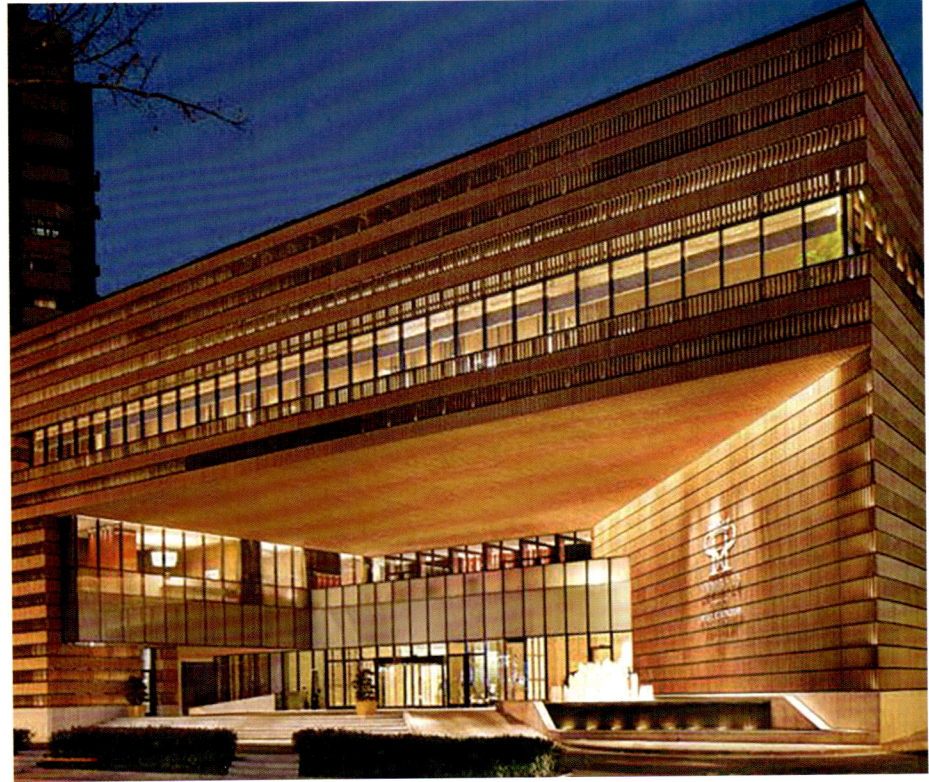

· 衡山路 12 号豪华酒店
（2012 年 12 月开业）

·安亭新镇（1999 年）

·金丰蓝庭（2006 年）

房地产开发

·马鞍山东方明珠（2012年）

·江阴中企上城（2014年）

· 苏州中华园（2004 年）

· 清水依瓦诺小镇（2008 年）

房地产开发

· 印象春城莫奈庄园（2013 年）

· 中星美华村（2011 年）

· 中星红庐（2013 年）

房地产开发

· 中星佘山溪语（2013年）

· 中星城（2013年）

· 中星馨恒苑（2014年）

房地产开发

· 太湖古北雅园（2005年）

· 古北佘山国际别墅（2005年）

· 古北国际花园（2009年）

房地产开发

古北香堤岭（2012 年）

古北新区——中华企业大厦（2012 年）

·南郊中华园（2009年）

·誉品谷水湾（2014年）

房地产流通服务

· 中国住房置业担保论坛——上海峰会（2005年9月17日）

· 上房置换门店

房地产流通服务

· 住房置业担保公司营业部

· 全国用户满意服务明星王梅芳在门店接待顾客

党建、精神文明建设

· 地产集团召开党员代表大会
（2007 年 4 月 26 日）

· 地产集团工会第一次代表大会
（2004 年 12 月 9 日）

· 地产集团第一次团代会
（2005 年 9 月 29 日）

党建、精神文明建设

· 地产集团本部党员在先进性教育活动中参观陈云故居（2005年6月28日）

· 地产集团庆祝中国共产党成立90周年文艺汇演（2011年7月27日）

· 职工文艺汇演

党建、精神文明建设

·赞助体育事业（2011年7月11日）

·开展结对帮扶（2007年8月）

党建、精神文明建设

·世博志愿者（2010年5—10月）

·中星集团获2012年全国五一劳动奖状

上海市地方志编纂委员会

主 任 委 员　董云虎
副主任委员　翁铁慧　李逸平　朱咏雷　宗　明
委　　　　员（以姓氏笔画为序）
　　　　　　于秀芬　马国强　王　平　王　宇　王　瑜　王永鑑　王治平
　　　　　　王德忠　方世忠　白廷辉　过剑飞　华　源　朱纪华　朱勤皓
　　　　　　邬惊雷　寿子琪　苏　明　李　红　李　政　李书玉　李国华
　　　　　　吴海君　沈晓初　张　新　张小松　张国坤　张超美　陆晓栋
　　　　　　陆鼎良　陈　臻　陈宇剑　陈鸣波　邵　珉　范少军　尚玉英
　　　　　　呆　云　周　亚　周敏浩　周蔚中　郑　杨　赵永峰　赵祝平
　　　　　　胡卫国　洪民荣　姚　海　袁　鹰　袁荣根　桂晓燕　夏科家
　　　　　　顾金山　顾洪辉　倪耀明　徐　枫　徐　炯　徐未晚　徐国岩
　　　　　　徐建刚　唐劲松　陶　泓　黄永平　章　曦　蒋怀宇　谢　峰
　　　　　　谢坚钢
办公室主任　洪民荣
副　主　任　王依群　生键红

上海市地方志编纂委员会
（2007年8月—2015年9月）

主 任 委 员　殷一璀（2007年8月—2014年11月）
　　　　　　徐　麟（2014年11月—2015年9月）
副主任委员（2007年8月—2011年8月）
　　　　　　王仲伟　杨定华　姜　樑　李逸平　林　克
副主任委员（2011年8月—2014年11月）
　　　　　　屠光绍　杨振武　洪　浩　姚海同　蒋卓庆　林　克
办公室主任　李　丽（2008年7月—2010年10月）
　　　　　　刘　建（2010年10月—2014年2月）

副 主 任　沙似鹏(1997年12月—2007年9月)
　　　　　朱敏彦(2001年1月—2012年5月)
　　　　　沈锦生(2007年7月—2009年2月)
　　　　　莫建备(2009年9月—2013年11月)

《上海市级专志·上海地产(集团)有限公司志》编纂委员会

主　任　冯经明　皋玉凤
副主任　朱嘉骏　张建晨　郑建令
委　员　孙荣乾　薛　宏　徐孙庆　管韬萍　吴晓莺　杨庆云　李　钟
　　　　陈锦田　管　蔚　白文华　张阿根　余　力　沈正超　黄　进
　　　　陈晓平　蔡顺明　何刚强

《上海市级专志·上海地产(集团)有限公司志》编纂委员会办公室

主　任　管韬萍　郑建令
副主任　陆建军　蔡永翔
编　辑　李占涛　邢明香
提供材料人员(按姓氏笔画为序)

丁　宇　万　佳　王卫卫　王文杰　王幸儿　王彦进　王莉丽
王　峻　王雅婷　王　斌　王静思　方伟庆　史　玲　包永镭
朱　冰　朱锦屏　华理然　华　勤　刘建华　刘祥菊　许　俊
孙　建　孙美娟　严明勇　杜佳超　杨仲青　杨华凯　杨　勇
李春花　李　菁　李鸿忠　肖　易　吴国强　邱水平　何乃刚
何旭放　何启菊　余晓峰　沈果毅　沈　磊　宋　佳　张　庆
张劲楠　张　筠　张　蕾　陈　力　陈达伟　陈良奇　陈　洪
陈冠军　陈　晨　陈银芸　武　鹏　茅文贤　林青云　周布宪
周　骏　经　宁　是飞舟　哈潇蓉　施　绮　洪　波　姚雪艳

贺蓓蕾 夏时勤 柴保国 钱传华 倪　红 徐玲玲 徐　峰 徐耀飞 徐　鑫 奚　坚 唐咸军 黄志炜 黄健健 曹立群 曹　琴 崔　巍 绪　言 彭嘉宏 蒋振华 蒋　勤 谢钰齐 睢晓燕 蔡力全

《上海市级专志·上海地产(集团)有限公司志》评议专家

组　　长　叶贵勋
组　　员（以姓氏笔画为序）
　　毛志仁　乔延军　华　伟　李晓华　张永林　陆小敏　欧　粤
　　金一平　袁华宝　谭雪明

《上海市级专志·上海地产(集团)有限公司志》审定专家

组　　长　孙建平
组　　员（以姓氏笔画为序）
　　于福林　王孝俭　吕会霖　汤国珍　孙熙宁　宋赤民　董汉玲
　　程志强

《上海市级专志·上海地产(集团)有限公司志》验收单位和人员

验收单位　上海市地方志办公室
验收人员　洪民荣　王依群　过文瀚　黄晓明　黄文雷

业务编辑　赵明明　肖春燕

序

  2002年11月18日,经中共上海市委、市政府批准,上海地产(集团)有限公司(简称"地产集团")正式宣布成立。2004年4月,上海市土地发展中心更名为上海市土地储备中心,专事土地收购储备和滩涂资源投资管理。地产集团的组建以及与市土地储备中心进行"一套班子、两块牌子"的运作,是市委、市政府在建设系统推进政企分开的重要举措,也是创新上海市土地储备工作机制体制的一次重大实践,它剥离政府的房地产市场行为,强化政府对土地的管理功能,为上海在新形势下的城市建设与发展,进行制度建设和体制机制的探索。

  地产集团自成立以来,围绕"土地储备主渠道、旧区改造主力军、土地占补平衡指标主要来源、保障性住房建设的主要骨干和示范、国有房地产企业的引领和主导、国家级开发区的建设和管理"六大职能定位,充分发挥国有企业集团优势,努力做好服务社会和发展自身两篇大文章,有效完成了市委、市政府下达的各项工作任务。

  上海改革开放的大潮,为地产集团发展注入了奋发有为的强劲活力;历届上海市委、市政府的关心和指导,使地产集团得到长足的发展。《上海地产(集团)有限公司志》通过详尽的资料收集、整理,全面系统地描述地产集团成立10年来(2002—2012)的发展过程,展现地产集团在上海城市建设和发展中所作出的贡献,特别是作为国有房地产企业,在围绕和服务市委、市政府工作大局,关注民生、服务社会,推进和谐社会建设中所发挥的作用,进行客观、翔实的反映。地产集团的每一个进步,都印证了上海城市建设发展的足迹,不仅在地产集团的发展史中具有里程碑意义,而且也作为成功的范例,列入上海城市发展的史册。这是值得所有"地产人"引以为傲的。

  一是以勇于探索的精神参与上海市土地储备制度的制定与执行,为推进上海市土地储备和利用进入科学、规范的轨道作出贡献。 地产集团组建和上海市土地储备中心的成立,肩负着市委、市政府领导提出的"要增强政府对土地市场的调控能力,确保土地出让中的政府收益,为完善土地储备机制、改进土地供应方式而努力"的重要使命,积极配合市政府职能部门开展土地储备课题研究、制定《上海市土地储备办法》等条例规定,使上海市土地储备工作走在全国各城市前列。在开展土地储备工作的过程中,地产集团(市土地储备中心)以创新精神,积极推进市级土地储备统一平台的建设;主动筹集资金,加大土地储备力度;配合政府部门,规范土地储备程序,为推进上海市土地储备制度不断完善、规范起到积极作用,为上海城市发展对土地的合理开发和科学利用奠定了扎实基础,对上海城市的可持续发展产生积极、深远的影响。

二是以创新的机制参与上海新一轮旧区改造,为推进上海民生改善、城市建设作出贡献。 进入21世纪后,上海的城市旧改遇到发展中的难题:具有商业价值并有利润空间的地块都进行了开发,而人口密度高、商业价值低的旧区地块,由于动迁费用居高不下,开发商的投入大于产出,致使旧改难以推进。面对这一困境,地产集团(市土地储备中心)按照市委、市政府要求,运用土地储备政策,与6个中心城区政府联手,对旧改困难地块进行收购储备,通过土地储备大平台的政府资金进行平衡,从而使上海城市旧改工作突破瓶颈,迎来新一轮的高潮。上海一大批棚户区地块得到根本性的改造,长年居住在拥挤不堪、破旧简陋建筑环境中的群众生活得到充分改善,在政府民生政策得到贯彻落实的同时,城市面貌也得到进一步的改观和更新。

三是以积极主动的态度参与保障房建设,为落实党中央民生政策、构筑上海多层次住房保障体系作出贡献。 2007年,国务院制定了《关于解决城市低收入家庭住房困难的若干意见》,集团按照市委、市政府的要求,不计较保障房建设造价低、利润薄的利益得失,调集集团精兵强将组成一流建设队伍,拿出原本准备进行商业开发的好地块,按照"以人为本"的宗旨,坚持生态环保、集成集约的设计理念,建设与城市环境相协调、确保工程质量的优秀工程。地产集团开发建造了用于动迁安置的征收安置房、供应城市低收入人群的经济适用房、用于引进人才及青年白领的公共租赁房、接济生活困难人群的廉租房等,从而成为上海保障房建设起步早、规模大、种类全、投资多、品质优秀的国有房地产企业,体现了集团为政府担忧、为百姓解困的社会责任和国企优良品质。

四是以科学的担当精神推进滩涂造地项目,为上海城市发展提供土地资源作出贡献。 上海作为特大型城市,其发展缺少不了土地资源的支撑,而土地作为不可再生的自然资源,又制约城市的发展。于是,滩涂造地便成为解决上海发展面临土地资源困境的主要途径。地产集团在市政府的支持帮助下,用科学的态度、创新的精神、缜密的计划、果敢的措施,结合上海沿海城市的特点,大力推进滩涂造地项目,在原先的沿岸水面上吹沙造地,竖起一批国家重点企业的高大设备、铺出机场扩建的千米跑道、围垦出绿波翻滚的万亩良田,给上海严控耕地的要求提供了占补平衡指标,为上海城市的可持续发展作出了基础性的贡献。

五是以敢于破解难题的精神,积极探索推进国有企业改革,为上海建设系统实现政企分开、国资保值增值作出贡献。 上海在经济发展转型、构建社会主义市场经济模式的过程中,稳妥推进国企改革是新形势下的一项重大课题。2002年,地产集团在接纳市建设系统400余家房地产企业后,按照市国资委关于企业改革要求,通过调整产业结构、剥离不良资产、理顺管理模式、解决历史遗留难题等改革措施,基本解决主业不突出、投资分散、级次过长及效益低下等问题,优化集团资产布局结构,提高经济效益,增强主业竞争力。同时,在企业改制过程中,以明晰的规章、规范的程序、透明的操作,杜绝国资流失、维护职工的正当权益,顺利实现集团改革改制和产业整合的目标。

地产集团的10年发展,不仅承担起服务民生的社会责任,企业自身也得到长足进步:企业结构调整成效明显,资产规模逐年扩大,利润总额在国资系统名列前茅,企业精神不断得到发扬光大,在书写"服务社会、发展自身"的两篇大文章中,可圈可点之处比比皆是。

历史的成绩只能说明过去,我们期待的是未来的发展和辉煌。愿地产集团继续做大、做强,为上海城市的进一步发展承担起更加光荣而艰巨的重担。

凡　例

一、本志以马克思主义、毛泽东思想、邓小平理论、"三个代表"重要思想、科学发展观、习近平新时代中国特色社会主义思想为指导，实事求是地记述上海地产（集团）有限公司成立发展的历史和现状。

二、本志记述从2002年11月集团成立起始，到2012年12月止。根据记述需要，个别章节有上溯，或酌情延伸到2012年以后。

三、本志由图照、序、凡例、目录、总述、大事记、正文、附录、编后记、索引组成，采用述、记、志、图、表、录等形式，图照置于卷首，表随文排列。

四、本志文体采用现代语体文、记述体。志设总述，篇设概述，以提示梗概，综述全貌。

五、本志中标题格式、文字标点使用、名称和时间表述、数字书写、图表处理等，均参照《〈上海市志(1978—2010)〉编纂行文规范》执行。

六、为记述方便，上海地产（集团）有限公司一般简称为"地产集团"，上海市土地储备中心一般简称为"市土地储备中心"。

七、本志关于土地面积单位的表述，遵循保持历史原貌的原则，使用"亩""公顷""平方米"等单位，并不统一转化为"平方米"。

目　　录

序 ………………………………………………… 1
凡例 ……………………………………………… 1
总述 ……………………………………………… 1
大事记 ………………………………………… 13

第一篇　地产集团和市土地储备中心的组建 ………………………… 29

概述 …………………………………………… 30

第一章　地产集团和市土地储备中心建制沿革 ……………………… 31
第一节　地产集团的筹备 …………………… 31
第二节　组建地产集团 ……………………… 32
第三节　组建市土地储备中心 ……………… 33

第二章　地产集团和市土地储备中心组织构架及产业定位 ………… 35
第一节　组织构架 …………………………… 35
第二节　产业定位 …………………………… 36
第三节　地产集团与土地储备中心关系 …………………………… 37

第二篇　地产集团（市土地储备中心）主业 ……………………………… 39

概述 …………………………………………… 40

第一章　土地储备 …………………………… 41
第一节　土地储备制度的建立和发展 …… 41
　一、探索（1996—2002 年）………………… 41
　二、发展（2002—2009 年）………………… 42
　三、完善（2009—2012 年）………………… 42
第二节　土地收储项目 ……………………… 43
　一、大型居住社区土地储备项目 ………… 43
　二、市政府交办的土地收储项目 ………… 44
第三节　储备土地前期开发 ……………… 52

第四节　土地出让 …………………………… 52

第二章　旧区改造 …………………………… 56
第一节　运作模式 …………………………… 56
第二节　基本情况 …………………………… 58
第三节　主要项目 …………………………… 59
　一、黄浦区董家渡 13、15 地块项目 …… 59
　二、黄浦区环绿北侧地块项目 …………… 59
　三、静安区 49 街坊地块项目 …………… 59
　四、杨浦区平凉 13 街坊项目 …………… 59
　五、杨浦区平凉 22、23 街坊项目 ……… 60
　六、闸北区北广场（一期）项目 ………… 60
　七、闸北区北广场（二期）项目 ………… 60
　八、闸北区北广场（三期）项目 ………… 60

第三章　滩涂造地 …………………………… 63
第一节　沿革 ………………………………… 63
第二节　管理 ………………………………… 63
第三节　促淤、圈围和成陆 ………………… 65
　一、促淤工程 ……………………………… 65
　二、圈围工程 ……………………………… 65
　三、成陆土地整理 ………………………… 68
第四节　成陆土地的整理和利用项目 …… 69
　一、崇明黄瓜沙夹泓上段农业开发项目 …………………………… 69
　二、奉贤华电灰坝土地开发整理项目 …………………………… 69
　三、横沙岛红星港土地开发整理

项目	69	二、企业清理	99
四、长兴岛北沿及电厂圩土地开发整理项目	70	第二节　企业改制和改革	100
		一、企业改制过程	100
第四章　国家级开发区建设管理	72	二、企业改革整合	100
第一节　虹桥开发区	72	三、企业不良资产处置	102
第二节　闵行开发区	74	第二章　上市公司	103
第五章　保障性住房建设与运营	76	第一节　简况	103
第一节　建设概况	76	第二节　管理	104
一、"挖潜存量土地"建设保障性住房	76	第三节　重组	104
		一、国家股划转	104
二、"1000万平方米"配套商品房项目建设	77	二、股权分置改革	105
		三、上市公司资产重组	105
三、承担大型居住社区建设	77	第三章　综合管理	107
第二节　征收安置房（动迁安置房）	78	第一节　经营管理模式	107
一、收购	78	第二节　资产管理	108
二、建造	79	一、资产类型	108
第三节　共有产权房（经济适用房）	80	二、资产管理方式	124
第四节　廉租住房	81	第三节　项目投资管理	127
第五节　公共租赁住房	81	第四节　财务管理	128
第六章　房地产开发和经营	83	一、地产集团财务管理	128
第一节　房地产开发企业	83	二、市土地储备中心资金管理	132
一、中华企业股份有限公司	83	第五节　审计管理	133
二、上海中星（集团）有限公司	84	一、工作制度	134
三、上海房地（集团）有限公司	84	二、上级部门审计	134
四、上海金丰投资股份有限公司	85	三、专项审计	134
五、上海馨安置业有限公司	85	四、其他内部审计	135
六、上海地产明居发展有限公司（项目公司）	85	五、审计整改	135
		第六节　法务管理	136
第二节　商业房地产项目开发	86	一、为地产集团重大决策提供保护	136
第三节　房地产流通和经营	91		
一、房地产销售	92	二、为强化业务管理提供支撑	137
二、房屋置换	93	第七节　综合治理	139
第四节　住房贷款担保	94	一、信访工作	139
一、公积金贷款担保业务	94	二、治安工作	140
二、商业性担保业务	95	三、安全生产工作	140
		第八节　信息化管理	141
第三篇　改革与管理	97	一、摸索尝试	141
概述	98	二、建设实施	142
第一章　改革改制和产业整合	99	三、完善推进	143
第一节　集团初建时资产构成	99	第四章　人力资源管理	144
一、企业资产的组成	99	第一节　职工队伍组成	144

第二节　职工队伍结构 …………… 144
　　第三节　退休职工 ………………… 145
　　第四节　劳动管理 ………………… 145
　　第五节　干部管理 ………………… 146
　　　一、干部任免 …………………… 146
　　　二、干部考核 …………………… 147
　　　三、干部队伍建设 ……………… 147
　　　四、后备干部队伍建设 ………… 147
　　　五、青年干部培养 ……………… 148

第四篇　党群工作 …………………… 149
　概述 …………………………………… 150
　第一章　中国共产党组织 …………… 151
　　第一节　组织建制 ………………… 151
　　第二节　党员代表会议 …………… 151
　　第三节　组织建设 ………………… 152
　　　一、二级党组织班子建设 ……… 152
　　　二、党支部建设 ………………… 152
　　　三、党员队伍状况 ……………… 152
　　第四节　纪律检查 ………………… 152
　　　一、组织建制和组织建设 ……… 152
　　　二、党风廉政教育 ……………… 153
　　　三、领导干部廉洁自律 ………… 153
　　　四、案件查处 …………………… 154
　　第五节　党员教育活动 …………… 154
　　　一、日常教育 …………………… 154
　　　二、主题教育实践活动 ………… 154
　第二章　工会 ………………………… 157
　　第一节　组织建制 ………………… 157
　　　一、组织概况 …………………… 157
　　　二、工会会员代表大会 ………… 157
　　第二节　劳动竞赛和先进评选 …… 158
　　　一、劳动竞赛 …………………… 158
　　　二、劳模、先进评选表彰 ……… 158
　　第三节　职工权益保护与厂务公开 … 159
　　第四节　女职工工作 ……………… 160
　　第五节　帮困送温暖活动 ………… 161
　　第六节　职工文体活动 …………… 161
　第三章　共青团组织 ………………… 162
　　第一节　组织概况 ………………… 162

　　第二节　团员代表大会 …………… 162
　　第三节　团员教育与主题活动 …… 162
　　　一、思想教育 …………………… 162
　　　二、主题实践活动 ……………… 163
　　　三、志愿者活动 ………………… 163
　第四章　企业文化与精神文明建设 … 165
　　第一节　企业文化 ………………… 165
　　第二节　精神文明建设 …………… 165
　　　一、职工教育 …………………… 165
　　　二、创建文明单位活动 ………… 166

第五篇　主要成员企业 ……………… 167
　概述 …………………………………… 168
　第一章　上海中星（集团）有限公司 … 169
　　第一节　历史沿革 ………………… 169
　　第二节　主营业务范围 …………… 170
　　第三节　房地产开发 ……………… 171
　　　一、居住区开发 ………………… 171
　　　二、保障性住房 ………………… 171
　　　三、普通商品房 ………………… 171
　　　四、高端楼盘 …………………… 172
　　　五、城市综合体 ………………… 172
　　第四节　经营管理 ………………… 173
　　　一、创新发展 …………………… 173
　　　二、中星集团取得的科技创新
　　　　　成果 ………………………… 174
　　　三、商业不动产经营 …………… 174
　　　四、物业管理 …………………… 175
　　第五节　职工队伍 ………………… 176
　第二章　中华企业股份有限公司 …… 177
　　第一节　历史沿革 ………………… 177
　　第二节　经营范围、业绩 ………… 178
　　第三节　主营业务 ………………… 179
　　　一、接收经营外商资产 ………… 179
　　　二、开发侨汇商品住宅 ………… 179
　　　三、参与旧区改造和保障房
　　　　　建设 ………………………… 180
　　　四、开发各类商品住宅、办公
　　　　　写字楼 ……………………… 180
　　第四节　经营管理 ………………… 181

一、融资和经营 …………… 181	第四节　资本市场运作 …………… 191
二、强化企业管理 …………… 181	一、增发新股融资 …………… 191
三、产品技术创新 …………… 182	二、股权分置改革 …………… 191
四、物业管理 …………… 182	三、发行6亿元公司债 …………… 191
第五节　职工队伍 …………… 183	第五节　职工队伍 …………… 192

第三章　上海金丰投资股份有限公司 …………… 184

　　第一节　历史沿革 …………… 184
　　　　一、收购嘉丰股份 …………… 184
　　　　二、增发新股融资 …………… 184
　　　　三、企业股权划转 …………… 185
　　　　四、股权分置改革 …………… 185
　　第二节　主营业务 …………… 185
　　　　一、经营范围 …………… 185
　　　　二、房地产服务 …………… 185
　　　　三、房地产投资开发 …………… 186
　　　　四、房地产代建服务 …………… 186
　　　　五、房地产金融服务 …………… 186
　　　　六、重点投资开发项目 …………… 186
　　　　七、代建管理项目 …………… 187
　　　　八、金融服务产品 …………… 187
　　第三节　主要投资企业 …………… 188
　　　　一、上海房屋置换股份有限公司 …………… 188
　　　　二、上海金丰易居房地产顾问有限公司 …………… 188
　　　　三、上海公房实业有限公司 …………… 189
　　　　四、上海茸欣房地产置业有限公司 …………… 189
　　　　五、上海金丰建设发展有限公司 …………… 189
　　　　六、无锡灵山房地产投资开发有限公司 …………… 190
　　　　七、无锡金丰投资有限公司 …………… 190
　　　　八、上海金丰易居网有限公司 …………… 190
　　　　九、上海金益酒店管理有限公司 …………… 190
　　　　十、上海市住房置业担保有限公司 …………… 191

第四章　上海房地（集团）有限公司 …………… 193

　　第一节　历史沿革 …………… 193
　　第二节　经营管理 …………… 194
　　　　一、经营范围 …………… 194
　　　　二、主业经营 …………… 194
　　　　三、资本经营 …………… 195
　　　　四、企业管理 …………… 195
　　　　五、资产重组 …………… 195
　　第三节　开发项目 …………… 196
　　　　一、馨汇南苑 …………… 196
　　　　二、尚汇豪庭 …………… 196
　　　　三、安亭新镇 …………… 197
　　　　四、上房现代物流仓储用房项目 …………… 197
　　第四节　主要控股企业 …………… 198
　　　　一、上海凯峰房地产开发有限公司 …………… 198
　　　　二、上海国际汽车城置业有限公司 …………… 198
　　　　三、上海民诚置业有限公司 …………… 198
　　　　四、上海房地集团物业服务有限公司 …………… 198
　　第五节　职工队伍 …………… 198

第五章　上海闵行联合发展有限公司 …………… 199

　　第一节　历史沿革 …………… 199
　　第二节　开发区概况 …………… 200
　　第三节　主营业务 …………… 201
　　　　一、基础设施建设 …………… 201
　　　　二、招商引资与产业升级 …………… 201
　　　　三、土地集约节约利用 …………… 201
　　　　四、园区环境保护 …………… 202
　　　　五、临港园区开发建设 …………… 202
　　　　六、房地产项目开发建设 …………… 202

七、开发区管理与服务 …………… 202
第六章　上海虹桥经济技术开发区联合
　　　　发展有限公司 …………………… 205
　　第一节　历史沿革 ……………………… 205
　　第二节　开发区概况 …………………… 206
　　第三节　建设发展 ……………………… 207
　　　　一、土地使用权有偿转让"先行
　　　　　　先试" …………………………… 207
　　　　二、开发区初具规模 ………………… 207
　　　　三、开发区拓展项目 ………………… 208
第七章　上海市住房置业担保有限
　　　　公司 ………………………………… 212
　　第一节　历史沿革 ……………………… 212
　　第二节　主业经营 ……………………… 213
　　　　一、公司本部主营业务 ……………… 213
　　　　二、所属公司主营业务 ……………… 214
　　第三节　控股公司 ……………………… 216
　　　　一、上海联合融资担保有限
　　　　　　公司 …………………………… 216
　　　　二、上海集汇置业有限公司 ………… 216
　　　　三、上海市房地产交易资金管理
　　　　　　有限公司 ………………………… 216
　　　　四、上海承大网络科技服务有限
　　　　　　公司 …………………………… 216
　　　　五、上海建实财务监理有限
　　　　　　公司 …………………………… 217
第八章　上海市滩涂造地有限公司 ……… 218
　　第一节　企业成立及沿革 ……………… 218
　　第二节　企业基本情况 ………………… 219
　　　　一、企业经营范围 …………………… 219
　　　　二、企业资产规模 …………………… 219
　　　　三、公司主业及主要项目 …………… 219
　　　　四、浦东新区区域滩涂资源开发
　　　　　　利用情况 ………………………… 220
　　　　五、崇明北沿区域滩涂资源开发
　　　　　　利用情况 ………………………… 221
　　　　六、长兴岛区域滩涂资源开发
　　　　　　利用情况 ………………………… 222
　　　　七、奉贤区区域滩涂资源开发
　　　　　　利用情况 ………………………… 222
　　　　八、金山区区域滩涂资源开发
　　　　　　利用情况 ………………………… 222
　　第三节　入股、参股企业和子公司
　　　　　　情况 …………………………… 225
　　　　一、上海东方滩涂造地开发有限
　　　　　　公司 …………………………… 225
　　　　二、上海恒祥滩涂造地开发有限
　　　　　　公司 …………………………… 226
　　　　三、上海垦龙工贸有限公司 ………… 226
　　　　四、上海地产园林发展有限
　　　　　　公司 …………………………… 226
　　　　五、上海地产农业投资发展有限
　　　　　　公司 …………………………… 226
　　　　六、上海经怡实业发展有限
　　　　　　公司 …………………………… 226
第九章　上海世博土地控股有限
　　　　公司 ………………………………… 227
　　第一节　历史背景 ……………………… 227
　　第二节　企业概况 ……………………… 228
　　　　一、资本构成 ………………………… 228
　　　　二、职工队伍 ………………………… 228
　　第三节　主要业务 ……………………… 229
　　　　一、土地开发、动拆迁 ……………… 229
　　　　二、定向安置基地建设 ……………… 229
　　　　三、世博园区工程项目建设 ………… 229
　　　　四、科技应用创新 …………………… 230
　　　　五、服务保障创新 …………………… 230
　　　　六、转型发展中的创新 ……………… 230
第十章　上海市外事用房经营公司 ……… 232
　　第一节　历史沿革 ……………………… 232
　　第二节　业务范围 ……………………… 233
　　第三节　业务经营 ……………………… 233
　　　　一、外事用房的经租管理 …………… 233
　　　　二、外事纪律和保密工作 …………… 234
　　　　三、优秀历史保护建筑养护 ………… 234
第十一章　上海馨安置业有限公司 ……… 235
　　第一节　历史沿革 ……………………… 235
　　第二节　组织架构 ……………………… 235

一、组织设置 …………… 235
　　二、所属子公司 …………… 235
　第三节　业务经营 …………… 236
　第四节　项目开发 …………… 236
　第五节　资产经营 …………… 238
第十二章　上海地产明居发展有限公司 …………… 241
　第一节　历史沿革 …………… 241
　第二节　主营业务 …………… 241
　第三节　项目建设 …………… 242
第十三章　上海地产保障住房投资建设管理有限公司 …………… 243
　第一节　历史沿革 …………… 243
　　一、成立背景 …………… 243
　　二、组织架构 …………… 243
　第二节　主营业务 …………… 244
　　一、经营范围 …………… 244
　　二、主业发展 …………… 244
　第三节　下属企业及分公司 …………… 245
　　一、上海地产馨越置业有限公司 …………… 245
　　二、上海地产馨逸置业有限公司 …………… 246
　　三、上海瀛城置业有限公司 …………… 246
　　四、上海九韵置业有限公司 …………… 246
第十四章　上海地产资产管理有限公司 …………… 247
　第一节　历史沿革 …………… 247
　第二节　基本情况 …………… 247
　　一、经营范围 …………… 247
　　二、主要经济指标 …………… 247
　　三、主要业务 …………… 248
　第三节　资产及经营 …………… 249
　　一、自主经营类资产 …………… 249
　　二、受托管理类资产 …………… 249
　第四节　入股、参股企业情况 …………… 250

　第五节　职工队伍 …………… 250
第十五章　上海地产酒店管理有限公司 …………… 251
　第一节　历史沿革 …………… 251
　第二节　主营业务 …………… 251
第十六章　上海地产农业投资发展有限公司 …………… 252
　第一节　历史背景 …………… 252
　第二节　公司成立 …………… 252
　第三节　主营业务 …………… 253

第六篇　人物 …………… 255
　概述 …………… 256
　第一章　先进集体和先进个人 …………… 257
　　第一节　全国先进 …………… 257
　　第二节　上海市先进 …………… 258
　　第三节　上海市国资委先进 …………… 266
　　第四节　地产集团先进 …………… 268
　第二章　各类代表和委员 …………… 283
　　第一节　全国政协委员 …………… 283
　　第二节　上海市党代会代表、人大代表、政协委员 …………… 283

附录 …………… 285
　上海地产（集团）有限公司　上海市土地储备中心"十一五"发展规划 …………… 287
　上海地产（集团）有限公司"十二五"发展规划 …………… 294

索引 …………… 316
　关键词索引 …………… 316
　人物索引 …………… 317
　表格索引 …………… 318

编后记 …………… 321

CONTENTS

Preface ··· 1
Guide to the Use of the Book ··· 1
General Introduction ·· 1
Chronicle of Events ··· 13

Part One　Establishment of Land Group ·· 29
　Summary ··· 30
　Chapter 1　Establishment and Development of Land Group & Land Reserve Center ··· 31
　　1. Preparation for Land Group ··· 31
　　2. Establishment of Land Group ·· 32
　　3. Establishment of Shanghai Land Reserve Center ·· 33
　Chapter 2　Organizational Structure and Industry Orientation of Land Group ············ 35
　　1. Organizational Structure of Land Group ··· 35
　　2. Orientation of Land Group and Shanghai Land Reserve Center ······················ 36
　　3. Relationship between Land Group and Shanghai Land Reserve Center ············· 37

Part Two　Main Business of Land Group (Shanghai Land Reserve Center) ············ 39
　Summary ··· 40
　Chapter 1　Land Reserve ·· 41
　　1. Establishment & Development of Land Reserve System ································ 41
　　2. Land Purchase and Storage Project ··· 43
　　3. Preliminary Development of Land Reserve ··· 52
　　4. Land Transfer ·· 52
　Chapter 2　Reconstruction of Old Areas ··· 56
　　1. Patterns of the Reconstruction of Old Areas ·· 56
　　2. Overview of the Reconstruction of Old Areas ·· 58
　　3. Projects of the Reconstruction of Old Areas ·· 59
　Chapter 3　Reclamation of Tidal-flat Areas ··· 63
　　1. Origin, Change and Development of the Reclamation of Tidal-flat Areas ·········· 63

  2. Management of the Reclamation of Tidal-flat Areas ·············· 63
  3. Depositing and Circling the Tidal-flat Areas and into Land ·············· 65
  4. Arranging and Using the Tidal-flat Land ·············· 69
 Chapter 4 Construction and Management of National Development Zone ·············· 72
  1. Hongqiao Development Zone ·············· 72
  2. Minhang Development Zone ·············· 74
 Chapter 5 Construction and Operation of Security Housing ·············· 76
  1. General Situation of the Construction of Security Housing ·············· 76
  2. Levying the Settlement Building (Supporting Commercial Housing) ·············· 78
  3. Sharing Property Right Housing (Economically Affordable Housing) ·············· 80
  4. Low-rent Housing ·············· 81
  5. Public Rental Housing ·············· 81
 Chapter 6 Development and Operation of Real Estate ·············· 83
  1. Enterprises of Real Estate Development ·············· 83
  2. Development of Real Estate Projects ·············· 86
  3. Circulation and Operation of Real Estate ·············· 91
  4. Guarantees of Housing Loan ·············· 94

Part Three Enterprise Reform and Management ·············· 97

 Summary ·············· 98
 Chapter 1 System Reform and Industry Integration ·············· 99
  1. Composition of Assets When Group First Built ·············· 99
  2. System Reform and Reconstruction of the Enterprise ·············· 100
 Chapter 2 Management and Restructuring of the Listed Company ·············· 103
  1. Brief Introdution of the Listed Company ·············· 103
  2. Management of the Listed Company ·············· 104
  3. Restructuring of the Listed Company ·············· 104
 Chapter 3 Enterprise Management ·············· 107
  1. Management Mode ·············· 107
  2. Asset Management ·············· 108
  3. Project Investment Management ·············· 127
  4. Financial Management ·············· 128
  5. Auditing Management ·············· 133
  6. Legal Management ·············· 136
  7. Comprehensive Management ·············· 139
  8. Information Management ·············· 141

Chapter 4　Human Resources Management ·· 144
　　1. Composition of the Workforce ·· 144
　　2. Structure of the Workforce ·· 144
　　3. Retired Employees ·· 145
　　4. Labour Management ·· 145
　　5. Cadre Management ·· 146

Part Four　Party-masses Work ·· 149
Summary ·· 150
Chapter 1　The Organization of the Communist Party of China ············ 151
　　1. Organization Establishment ·· 151
　　2. Party Member Congress ·· 151
　　3. Organization Construction ·· 152
　　4. Discipline Inspection ·· 152
　　5. Educational Activities of Party Members ································ 154
Chapter 2　Labour Union ·· 157
　　1. Organization Establishment ·· 157
　　2. Labour Competitions and Elections of Excellent Employees ········· 158
　　3. Protection of Employees' Rights and Interests and Making Affairs Public ······ 159
　　4. Work about Women Employees ·· 160
　　5. Helping the Poor and Sending Warmth ·································· 161
　　6. Recreational and Sports Activities of the Employees ·················· 161
Chapter 3　Organization of Communist Youth League ······················· 162
　　1. Overview of the Organization of Communist Youth League ········· 162
　　2. League Member Congress ·· 162
　　3. Educational and Theme Activities of League Members ··············· 162
Chapter 4　Enterprise Culture & Spiritual Civilization Construction ········ 165
　　1. Enterprise Culture ·· 165
　　2. Spiritual Civilization Construction ·· 165

Part Five　Major Member Enterprises ·· 167
Summary ·· 168
Chapter 1　Shanghai Zhong Xing (Group) Co., Ltd ·························· 169
Chapter 2　China Enterprise Co., Ltd ·· 177
Chapter 3　Shanghai Jin Feng Investment Co., Ltd ·························· 184
Chapter 4　Shanghai Real Estate (Group) Co., Ltd ·························· 193

Chapter 5　Shanghai Minhang Joints Development Co., Ltd ⋯⋯⋯⋯⋯⋯⋯⋯⋯⋯⋯⋯⋯ 199

Chapter 6　Shanghai Hongqiao Economic and Technological Development Zone Joint Development Co., Ltd ⋯⋯⋯⋯⋯⋯⋯⋯⋯⋯⋯⋯⋯⋯⋯⋯⋯⋯⋯⋯⋯⋯⋯⋯⋯ 205

Chapter 7　Shanghai Real Estate Guarantee Co., Ltd ⋯⋯⋯⋯⋯⋯⋯⋯⋯⋯⋯⋯⋯⋯ 212

Chapter 8　Shanghai Tidal-flat and Land Building Co., Ltd ⋯⋯⋯⋯⋯⋯⋯⋯⋯⋯⋯ 218

Chapter 9　Shanghai World Expo Land Co., Ltd ⋯⋯⋯⋯⋯⋯⋯⋯⋯⋯⋯⋯⋯⋯⋯⋯ 227

Chapter 10　Shanghai Foreign Housing Management Company ⋯⋯⋯⋯⋯⋯⋯⋯⋯ 232

Chapter 11　Shanghai Xin An Housing Purchasing Co., Ltd ⋯⋯⋯⋯⋯⋯⋯⋯⋯⋯ 235

Chapter 12　Shanghai Real Estate Ming Ju Development Co., Ltd ⋯⋯⋯⋯⋯⋯⋯ 241

Chapter 13　Shanghai Real Estate Guarantee Investment Construction Management Co., Ltd ⋯⋯⋯⋯⋯⋯⋯⋯⋯⋯⋯⋯⋯⋯⋯⋯⋯⋯⋯⋯⋯⋯⋯⋯⋯⋯⋯⋯⋯⋯⋯⋯ 243

Chapter 14　Shanghai Real Estate Assets Management Co., Ltd ⋯⋯⋯⋯⋯⋯⋯⋯ 247

Chapter 15　Shanghai Real Estate Hotel Management Co., Ltd ⋯⋯⋯⋯⋯⋯⋯⋯⋯ 251

Chapter 16　Shanghai Real Estate Agricultural Investment Development Co., Ltd ⋯⋯⋯ 252

Part Six　Personage ⋯⋯⋯⋯⋯⋯⋯⋯⋯⋯⋯⋯⋯⋯⋯⋯⋯⋯⋯⋯⋯⋯⋯⋯⋯⋯⋯⋯⋯⋯ 255

　Summary ⋯⋯⋯⋯⋯⋯⋯⋯⋯⋯⋯⋯⋯⋯⋯⋯⋯⋯⋯⋯⋯⋯⋯⋯⋯⋯⋯⋯⋯⋯⋯⋯⋯ 256

　Chapter 1　Employees' Team Condition ⋯⋯⋯⋯⋯⋯⋯⋯⋯⋯⋯⋯⋯⋯⋯⋯⋯⋯⋯ 257

　　1. *Composition of Employee Team* ⋯⋯⋯⋯⋯⋯⋯⋯⋯⋯⋯⋯⋯⋯⋯⋯⋯⋯⋯⋯ 257

　　2. *Retirees* ⋯⋯⋯⋯⋯⋯⋯⋯⋯⋯⋯⋯⋯⋯⋯⋯⋯⋯⋯⋯⋯⋯⋯⋯⋯⋯⋯⋯⋯⋯ 258

　　3. *Labour Management* ⋯⋯⋯⋯⋯⋯⋯⋯⋯⋯⋯⋯⋯⋯⋯⋯⋯⋯⋯⋯⋯⋯⋯⋯⋯ 266

　　4. *Cadre Management* ⋯⋯⋯⋯⋯⋯⋯⋯⋯⋯⋯⋯⋯⋯⋯⋯⋯⋯⋯⋯⋯⋯⋯⋯⋯ 268

　Chapter 2　Key Figures ⋯⋯⋯⋯⋯⋯⋯⋯⋯⋯⋯⋯⋯⋯⋯⋯⋯⋯⋯⋯⋯⋯⋯⋯⋯⋯ 283

　　1. *Excellent Groups and Individuals* ⋯⋯⋯⋯⋯⋯⋯⋯⋯⋯⋯⋯⋯⋯⋯⋯⋯⋯⋯ 283

　　2. *List of Representatives and Committee Members* ⋯⋯⋯⋯⋯⋯⋯⋯⋯⋯⋯⋯ 283

Appendixes ⋯⋯⋯⋯⋯⋯⋯⋯⋯⋯⋯⋯⋯⋯⋯⋯⋯⋯⋯⋯⋯⋯⋯⋯⋯⋯⋯⋯⋯⋯⋯⋯⋯ 285

　The Eleventh Five-year Plan of Shanghai Land (Group) Co., Ltd Shanghai Land Reserve Center ⋯⋯⋯⋯⋯⋯⋯⋯⋯⋯⋯⋯⋯⋯⋯⋯⋯⋯⋯⋯⋯⋯⋯⋯⋯⋯⋯⋯ 287

　The Twelfth Five-year Plan of Shanghai Land (Group) Co., Ltd ⋯⋯⋯⋯⋯⋯⋯⋯ 294

Indexes ⋯⋯⋯⋯⋯⋯⋯⋯⋯⋯⋯⋯⋯⋯⋯⋯⋯⋯⋯⋯⋯⋯⋯⋯⋯⋯⋯⋯⋯⋯⋯⋯⋯⋯⋯ 316

Afterword ⋯⋯⋯⋯⋯⋯⋯⋯⋯⋯⋯⋯⋯⋯⋯⋯⋯⋯⋯⋯⋯⋯⋯⋯⋯⋯⋯⋯⋯⋯⋯⋯⋯ 321

总 述

进入21世纪，上海迎来了城市建设的新一轮发展。根据上海"十五"规划关于产业结构优化调整和推进发展房地产产业的战略要求，切实解决国有房地产产业集中度偏低、政企不分、资源配置不合理等问题，已成为上海城市建设系统国有房地产企业适应市场经济的必要前提。同时，由于上海经济发展快，但人口稠密、土地稀缺，进一步加强政府对城市土地开发的规范管理，完善房地产市场的土地供应机制，也成为在新形势下上海城市发展亟须解决的重大课题。

为适应形势发展的变化和上海城市建设的需要，2002年11月，经上海市政府批准，上海地产（集团）有限公司正式挂牌成立。市政府领导对新成立的上海地产集团明确提出："新集团的成立，要增强政府对土地市场的调控能力，确保土地出让中的政府收益，为完善土地储备机制、改进土地供应方式而努力"；"土地储备要法制健全、机制健全，地产集团要改革到位、政府支持到位。"这是市政府通过建立地产集团，落实建设系统政企分开的具体措施。同时，也是进一步规范房地产市场，提高利用土地资源能力，堵塞国有资产流失漏洞，建立科学土地供应机制的重要举措。

按照政企分开的要求，市政府将市建委直属的中星集团，市房地局下属的上房集团和土地发展中心、外房公司，上海闵虹（集团）有限公司，公积金担保公司，上海滩涂造地公司划归地产集团旗下，进行市场化运作。

为了进一步发挥政府对土地的管理功能和增强地产集团的市场化运作能力，2004年4月，市政府将地产集团下属二级公司"上海市土地发展中心"更名为"上海市土地储备中心"，代表市政府专事土地收购储备和滩涂资源投资管理，并任命地产集团董事长皋玉凤为上海市土地储备中心主任，与地产集团实行一套班子、两块牌子的管理构架方式，业务上严格实行政企分开，即上海市土地储备中心所收储土地一律由政府管理部门收回，推向市场所取得的收益全部归政府财政；地产集团受市土地储备中心委托，进行收储土地的前期开发，收取管理费用；地产集团所属房地产企业所购土地一律在土地市场进行招、拍、挂取得，与市土地储备中心收储的土地没有联系。

地产集团与市土地储备中心的联袂，是上海市政府创新上海市土地储备工作机制体制的一次重大实践，此举为落实"一个渠道进水、一个池子蓄水、一个笼头放水"的土地储备机制，增强政府对土地一级市场的宏观调控能力，确保土地出让中的政府收益和群众的合法权益而作出了积极有益的探索。

一

上海地产（集团）有限公司成立于2002年，是经上海市人民政府批准，在对上海市国有房地产资源进行整合的基础上成立的国有企业集团公司。地产集团由上海市国有资产授权、上海国有资产经营有限公司和上海大盛资产有限公司三方作为股东，成立由皋玉凤为董事长、白文华、沈正超、祝世寅、熊亦桦为董事的董事会。公司注册资金共42亿元，其中，国资授权资产占88.1%，上海国有资产经营有限公司占9.52%，上海大盛资产有限公司占2.38%。

2009年11月6日，市国资委根据市政府专题会议纪要的精神，分别向上海国盛（集团）有限公司、上海国际(集团)有限公司发布《关于上海地产(集团)有限公司2.4%股权无偿划转的通知》《关于上海地产(集团)有限公司9.5%股权无偿划转的通知》,此两家公司所占上海地产(集团)有限公司股份全部退出,地产集团调整为国有独资公司。

2004年4月,上海在全国率先成立上海市土地储备中心。

2004年6月,上海市政府颁布《上海市土地储备办法》,规定上海市土地储备中心是代表上海市政府进行土地储备的专业机构。

2006年以来,国家先后颁布《国务院办公厅关于规范国有土地使用权出让收支管理的通知》《土地储备管理办法》等土地管理政策及土地储备规范文件,使上海的土地储备工作进入了制度更健全、运作更规范的正轨。

2009年下半年,根据市政府关于本市市级土地储备管理体制调整工作的专题会议纪要精神:上海具有特定区域土地储备职能的黄浦江两岸土地储备、虹桥综合交通枢纽地区的土地储备和世博的土地储备归口市土地储备中心统一管理;将市国资委持有的申江公司18%股权划转地产集团,市城投总公司持有的世博土控公司33%股权转让给市土地储备中心。

通过上述调整,上海完善了统一的土地储备平台:形成以地产集团(上海市土地储备中心)为主,以出资关系联结世博土控公司、申江公司、申虹公司等专业化的土地前期开发管理模式;统一了市级层面土地储备的运作管理机制,为规范上海市土地储备机制运作,进一步发挥土地储备在土地供应及土地市场调控中的作用,推动土地储备可持续发展奠定了基础。

2002年地产集团成立时,主营业务是:进行土地储备前期开发、推进国有资产保值增值、进行滩涂资源开发、承担市政府涉及旧区改造、重大工程配套商品房建设等交办任务。经过10年发展,地产集团根据形势的变化和市委、市政府的要求,使其主营业务不断有了新的拓展,增加参与旧区改造、廉租房、经济适用房、配套商品房投资建设,房地产开发、经营,实业投资和物业管理等,不仅拓宽了业务领域,同时也提高了企业队伍的素质。至2012年年底,地产集团辖有7家具有国家房地产开发一级资质的企业,以及闵行开发区、虹桥开发区两个国家级开发区管理公司,主要成员企业包括中星集团、中华企业、金丰投资、上房集团、住房置业担保公司、滩涂造地公司、资产管理公司、保障房公司、酒店管理公司、农投公司等。

地产集团(上海市土地储备中心)在10年成长发展过程中,不断完善自身的定位功能,紧紧围绕"土地储备主渠道、旧区改造主力军、土地占补平衡指标主要来源、保障性住房建设的主要骨干和示范、国有房地产企业的引领和主导、国家级开发区建设管理"的六项定位目标,充分发挥国有企业集团的优势,在土地储备及前期开发、滩涂造地建设管理、保障性住房开发建设、房地产开发、国有资产保值增值等方面取得积极成效,不仅企业业务拓展、利润上升,而且积极参与民生工程,承担社会责任,完成市委、市政府下达的各项任务,较好地书写了服务社会和发展自身两篇大文章。

至2012年年底,市土地储备中心单独及与区土地储备中心联手储备土地约14 600公顷,储备土地出让约3 300.8公顷,为上海科学规划,利用土地和国有资产的保值、增值作出积极贡献。

至2012年年底,地产集团总资产由成立时的173.89亿元增长到1 133.20亿元,增长551.68%;净资产由2002年44.12亿元增长到269.16亿元,增长510.06%;年度利润总额由2003年7.91亿元增长到22.47亿元,增长184.07%;年度净利润由2003年2.43亿元增长到14.06亿元,增长478.60%(2011年净利润为23.21亿元,2012年有所降低)。

二

地产集团和上海市土地储备中心作为"两块名称牌子、两个业务板块、两套财务系统、一套领导班子"的机构,分别承担市场经营和政府职能两项业务。

在市场经营方面:地产集团作为全国资的房地产企业,按照市政府的要求以及改革形势的发展需要,使其主营业务在房地产领域得到拓展的同时,较好地完成了国有资产保值增值的指标,且利润连续多年在市国资委系统名列前茅。与此同时,地产集团发挥国有企业优势,也承担起社会责任,在土地储备前期开发、旧区改造、保障性住房建设及滩涂造地等方面,以企业利益换取社会效益,为协助完善政府管理功能和推进服务社会民生发挥积极作用。

在政府职能方面:上海市土地储备中心作为上海市土地储备的专业机构,受市政府的委托,在收购、储备土地的同时,协助政府部门逐步规范完善土地储备制度,确保政府的土地开发收益;积极参与城市旧区改造和保障房建设,为政府的民生工程增添动力;推进上海的滩涂造地开发,为增加上海农用地、平衡城市建设用地指标发挥积极作用,较好地完成了市委、市政府下达的各项工作任务。

20世纪90年代以来,上海土地资源已成为城市发展中的关键因素,由于土地资源的稀缺性和不可再生性,它已成为制约上海发展的瓶颈。为建立科学、严格、规范的土地管理制度,上海对建立"土地储备制度"进行积极的尝试。2004年4月,上海在全国率先成立上海市土地储备中心;2004年6月,上海市政府颁布《上海市土地储备办法》,使上海城市土地进入有规划、有计划的储备和利用轨道,避免了土地开发无序、动迁居民利益受损、土地交易暗箱操作、开发商获取土地暴利、国有土地价值流失的情况发生。

上海市土地储备中心委托地产集团,对储备地块进行收储前期开发的情况共有四类:

第一类,由市、区两级联手储备的大型居住社区土地。它是根据上海城市发展规划,对将要新建的大型保障房居住社区先进行土地收储,将地块上的企业或居民动迁、建筑物拆平,使之成为即可开发建设的"熟地"。该项目涉及宝山区、奉贤区、嘉定区、青浦区、闵行区、松江区、金山区及浦东新区,截至2013年,共16幅地块,面积约7 199.13公顷,市储备中心投资总额约达623.63亿元。第二类,由市政府交办的重点项目及市土地储备中心收储的地块。它是根据市政府重点项目所需要的地块,对其进行动迁、拆平的收储,使项目能落地建设。它包括上海国际旅游度假中心、中船二期、部队用地、祝桥噪音区、上实集团崇明东滩、山西宾馆、上海铸管厂等共26幅地块,总共收储土地约2 060公顷,市储备中心投入收储资金约231亿元。市土地储备中心完成"退二进三"(退出第二产业,进入第三产业)项目土地储备共219.4公顷,投资总额62亿元;签署郊区项目成片土地储备合同累计6 587.87公顷,累计合同金额1 122亿元(含联合储备项目)。第三类,由市土地储备中心收储的国有农用地块。它是按照市政府的要求,对国营农场当年抵押在金融机构的农用土地,用商定的价格赎回。其主要涉及崇明、奉贤及南汇等区的农场土地,共有地块125幅,约4 247公顷,收储资金约30.5亿元。第四类,由市、区两级联手储备的旧区改造地块。它是根据上海城市发展规划,对上海中心城区一些建筑破旧、人口密度极大、生活设施简陋而急需改造的地块,在用商业性批租无法进行的情况下,由市、区两级政府用土地收储的方法,对所在地居民进行动迁安置,对地块进行拆平收储,然后按规划要求重新建设。截至2012年年底,市储备中心与区政府联手,共参与旧改项目29个,涉及土地面积约170公顷。

2005年5月，市土地储备中心收储的"上粮八库"地块，在完成前期开发后，首次通过市场拍卖形式，以5.75亿元的价格成交，实现土地收储、前期开发（动迁拆平）、供应市场、出售所得款项上缴政府财政等整个过程的闭口循环，标志着上海市土地储备中心收储的土地按照规定程序得到全面落实。继此之后，市土地储备中心将总面积达3300.8公顷的69幅收储地块在土地市场进行"招拍挂"公开出售，所得金额约1216亿元，且全部上缴作为政府财政的土地储备基金。

地产集团（上海市土地储备中心）通过全力推进土地储备制度，协助政府有力地规范上海房地产市场的秩序，将上海土地市场的土地供应纳入平稳、规范、有序的轨道，有力地维护动迁居民的合法权益，避免土地交易市场中的国有资产流失。同时，通过土地收储参加旧区改造，既是上海城市改造建设的一项创新，也是在市场经济条件下，国有企业关注民生、承担社会责任而作出的历史贡献。

20世纪末，上海的旧区改造在完成"365万平方米危棚简屋"改造任务的同时，利用商业批租地块进行旧区改造的办法也进入了"瓶颈"：在一些中心城区的地块，面积狭小、居民住房破旧简陋、生活条件困难、人口密度极大，若以商业性批租手段来测估，动迁居民的费用将大大高于该地块造房出售所得利润，从而使商业化运作的房地产开发商望而却步。为继续推进上海城市的旧区改造，上海市政府利用土地储备的平台，在全市土地储备资金盈亏动态平衡的基础上，通过市、区两级政府联手出资，对无法进行商业性批租的旧改地块进行收储，动迁改善旧改地块贫困居民的住房条件，缓解了人口密集区域旧区改造资金缺乏的矛盾，使上海的旧区改造工作进入一个新阶段。2005年1月19日，上海市土地储备中心与上海市闸北区政府签订以85%与15%的出资比例，联手对闸北区上海火车站北广场一期进行旧改土地储备的协议，使之成为上海第一块利用土地储备方式进行旧区改造的范例。继此之后，上海市土地储备中心运用市、区联手的土地储备方式，参与本市闸北区、杨浦区、黄浦区、徐汇区、静安区、普陀区等区的旧区改造。

截至2012年年底，市土地储备中心与各区政府联手，共参与旧改项目29个，共动迁居民约43800户，涉及土地面积170公顷，总共投入资金约853亿元，其中市储备中心投入512亿元。在收储的土地中，已出让6幅，收回资金约128亿元，为全市旧区改造作出积极努力，极大地改善了中心城区居民的居住条件。

房地产流通服务业是房地产业发展分工细化的重要领域。20世纪90年代后期，随着住房制度改革的逐步推进，商品房上市大量增加，二手房市场交易日趋活跃，市场化的二手房中介机构逐步出现，但却满足不了市场的需求，上海房地产市场二手房交易平台缺项的矛盾日趋凸显。1998年7月，经过跨行业资产重组，ST嘉丰正式更名为上海金丰投资股份有限公司，确立以住宅流通服务业务为公司主营业务，成为国内第一家房地产行业综合服务型上市公司，并于2004年划归上海地产集团。

上海金丰投资股份有限公司以"金丰易居""上房置换"为业务品牌，涵盖一手房策划代理、二手房置换租赁、房地产网络信息服务以及其他相关延伸服务业务。其中，"上房置换"是房地产经纪行业中唯一"获得国家级企业现代化管理创新成果奖"和市级"文明单位"称号的企业，不仅连获中国房地产业协会和上海市"诚信企业"荣誉称号，也是唯一连续5年蝉联上海市房地产经纪行业最高奖项——"金桥奖"的房地产中介企业。金丰公司成立13年来，为约22万户市民进行了房屋置换，为3000多人提供再就业岗位，交易面积达830万平方米，交易金额逾500亿元，保持着全国房地产中介行业领先品牌的荣誉地位。"上房置换模式"为推动国内房地产三级市场发展起到积极作用，得到国家建设部的肯定和推广，连续6年入选"金桥奖"营销代理20强，连续7年被评为"中国房地产策划代理百强企业",并多次获得"中国房地产诚信品牌""中国商业地产最佳服务机构"等称号,为推动国内房地产三级市场发展起到积极作用。

地产集团经营的"公积金担保"业务板块,是房地产产业链中的一项重要环节。20世纪90年代初,为缓解住房建设资金严重匮乏矛盾,上海在国内率先建立住房公积金制度。随着住房公积金贷款规模逐渐扩大,公积金贷款的信用风险也在不断增加。2000年5月,建设部、人民银行联合发布《住房置业担保管理试行办法》,成立住房贷款担保机构已成为房地产业金融配套服务中不可或缺的环节。

经上海市人民政府批准,上海市住房置业担保有限公司于2000年7月正式成立。担保公司从3亿元注册资本起步,至2012年年底,注册资金已达8亿元。公司设市东、市西、市南、市北、浦东和市郊6个分公司,在全市各区县共设有18家分支机构和网上营业部,方便市民办理贷款担保业务,被中国人民银行指定的信用评估机构评定为AA-信用等级,在国内同行业中居领先水平。上海市住房置业担保有限公司作为一家专业从事住房公积金贷款担保和住房商业性贷款担保机构,为促进本市个人住房贷款业务的发展,防范和化解住房贷款风险,促进房地产市场健康发展作出了贡献。

滩涂造地是增加上海土地资源的唯一途径,是缓解上海用地矛盾的重要方面,为上海城市和经济的可持续发展,提供了有力支撑。1949年前的滩涂利用大都是居民自发的、零星的围圩,或是地主、商贾出资雇人围垦。1949年中华人民共和国成立以来,上海滩涂围垦开荒,都是由国家或集体组织进行,全市共圈围土地1156平方公里(统计至2010年),占上海6340平方公里陆域面积的18.23%。

改革开放后,针对滩涂资源的开发、利用,出现了各级政府和社会各方面多头、无序开发、占用和浪费国家滩涂资源的不良现象,市人大在1986年10月颁布《上海市滩涂管理暂行规定》的基础上,于1997年1月1日颁布《上海市滩涂管理条例》,规范了滩涂管理、开发、利用的程序,将其纳入法制化的轨道。1999年,市政府批准成立上海市滩涂造地有限公司,其主要职责是:实施全市滩涂资源的统一规划,加快滩涂的围垦、开发,促进本市土地资源的总量平衡,探索滩涂开发与耕地置换结合、多渠道筹集资金的办法。2002年,上海市滩涂造地公司划归地产集团。2004年1月,经过股权调整,上海市滩涂造地公司成为地产集团的全资子公司。

截至2012年年底,上海市滩涂造地有限公司共实施滩涂促淤圈围工程43项,促淤面积85万亩,圈围面积36万亩,成陆土地面积26万亩,累计为临港新城、化工区、宝钢、浦东机场第五跑道、沪崇苏通道等项目提供10万亩建设用地。通过实施成陆土地整理利用,形成耕地1.4万亩。上海对滩涂湿地的开发利用,在一定程度上满足了上海市城市发展对生态环境、土地资源、淡水资源、港口航道资源和河口海堤安全的需求,为上海经济、社会发展和生态环境的保护提供了基础性条件。

保障性住房是政府专门针对中低收入家庭住房困难而建设的具有社会保障性质的特殊住房,它包括廉租住房、公共租赁住房、经济适用住房和征收安置住房,有别于完全由市场形成价格的商品房。

由于保障房建设的性质决定,尽管参建企业所得利润远不及建造市场商品房高,但地产集团按照市委、市政府的要求,全力参与保障性住房建设。同时,地产集团根据房地产市场形势的变化及时调整业态,将保障性住房建设作为房地产主业的重要板块提升到集团战略的层面和高度进行部署。2011年,地产集团成立全资的保障住房投资建设管理公司,注册资本20亿元,将地产集团层面直接投资的保障房项目进行有效整合,在项目立项、规划、设计、施工、销售等方面形成合力,统筹运作,缩短周期,提高效率,明显降低保障房项目的建设成本和管理费用,实现保障房项目规模化建设、集约化管理。

保障性住房涉及广大群众的切身利益。在项目规划中,地产集团牢牢把握"以人为本"的宗旨,坚持生态环保、集成集约的设计理念,注重住宅建设与城市环境建设相协调,确保工程的质量。在第七届"上海市优秀住宅"评选中,地产集团开发的"上海馨佳园"A6-4地块项目和馨宁公寓两个保障房项目,荣获"上海市优秀保障性住房奖"。截至2012年,地产集团累计开发保障房项目23个,总建筑面积995万平方米,其中住宅772万平方米,包括动迁配套房618万平方米,经济适用房99万平方米,公共租赁房56万平方米,廉租房5377平方米;累计竣工377万平方米,其中住宅311万平方米;累计动迁搭桥供应415万平方米、5.09万套。

地产集团成立时是将原市建委及市房地局下属的房地产公司归于旗下,共有7家具有国家一级房地产开发资质的企业。这些子公司都已从事房地产开发多年,各自都具有成熟的运作经验和市场品牌,并已形成市场竞争的优势。地产集团面对各公司实际情况,本着集中优势、突显主业、分工合作、各显其能的模式,按照房地产开发产业链的结构,对下属的房地产开发企业逐步进行业务板块的优化组合,形成中华企业股份有限公司、上海中星(集团)有限公司两家专事房地产经营开发主力企业的新格局,增强了主业核心竞争力。地产集团下属的房地产开发企业,以自身长期形成的独特风格和专业能力,开发了商办、住宅及别墅等各具特色的房地产精品项目,得到市场的肯定和客户的欢迎,且根据市场不同层次需求建造的高、中端项目深受市场青睐。地产集团10年来,下属各房地产开发企业共建造住宅、办公楼及别墅约11558458平方米,并取得可观的经济效益。

地产集团按照"调结构、促增长、增效益、保稳定"的指导思想,做好虹桥开发区、闵行开发区两个国家级开发区的管理工作,推进两个开发区的建设和发展。

上海虹桥开发区于1979年开始规划,1983年启动建设,1986年经国务院批准成为国家级经济技术开发区;上海闵行开发区创建于1983年,1986年8月经国务院批准为国家级经济技术开发区。上海虹桥开发区和上海闵行开发区自成立以来,从体制创新、利用外资、引进技术和管理、产业结构调整等方面发挥巨大作用,推动区域经济的持续高速发展,真正体现了改革开放"试验区"和"排头兵"的辐射、带动作用,开始不同程度地走上以发展现代工业、吸收利用外资、拓展外资出口为主的道路。

地产集团下属的上海虹桥经济技术开发区联合发展有限公司和上海闵行联合发展有限公司,分别建立于1985年2月和1986年8月,是负责开发、建设和管理虹桥开发区和闵行开发区的公司。上海市外资委于2004年12月发文,将虹桥开发区50%的股权由上海闵行虹桥开发公司划转至上海地产(集团)有限公司,将股东上海市闵行虹桥开发公司变更为上海地产(集团)有限公司。2010年1月,上海市政府发文,将上述两家公司的行政关系划转至地产集团。

1983年,上海市闵行虹桥开发公司的前身——上海市建设委员会下属的上海市开发公司管理处成立;1984年,该处更名为上海市闵行虹桥开发公司。上海虹桥经济技术开发区联合发展有限公司是经原国家外经贸部及上海市人民政府批准,统一负责虹桥开发区的开发建设和经营管理的中外合资经营企业,也是上海最早组建的专业从事区域性土地开发的综合性公司之一。

上海虹桥开发区是以展览展示为龙头,以外贸中心为特征,以现代服务业为核心的新兴商贸区,已经建成展览展示场馆、甲级写字楼、高档公寓、高档商场、高档宾馆等经济楼宇27栋,吸引近2000家中外企业和机构在区内入驻。日本、韩国、新加坡、印度等十多个国家的驻沪总领事馆也设在开发区内。截至2011年10月底,虹桥开发区注册外资企业343家,累计引进实际外资32亿美元,开发区土地每平方米实际利用外资近5000美元,区内注册企业累计实现营业收入1084亿元,利润总额101亿元,上缴税金77亿元,土地含金量为全国开发区之最。

上海闵行开发区由上海闵行联合发展有限公司负责规划、建设和经营管理。开发区成立后,公司按照规划逐步推进,使闵行开发区成为吸收投资,发展外向型经济的重要"窗口",成为城市产业结构调整与老企业改造的基地,形成以机电产业为主导,以医药医疗产业和食品轻工产业为辅的三大产业,由世界500强企业投资的项目主要经济指标在开发区中的比重已超过80%。至2011年年底,闵行开发区累计引进项目173个,投资总额超过36.9亿美元,平均单项投资超过2 148万美元。累计销售收入4 853亿元,企业利润512亿元,上缴税收419亿元,主要经济指标连续10年保持年均20%左右的增长速度。

地产集团根据市国资委"三个收缩、三个集中"的国资、国企发展方针,以及《关于进一步推进上海国资国企改革发展的若干意见》,深化企业改革改制,做好资产整合、优化调整工作,并于2003年制定了《企业主业发展与非主业调整三年行动规划》。对二层次企业,根据其主营业务定位和与地产集团层面业务关系,按照"投资主体多元化、股权结构合理化、利益主体分散化"的要求,合理调整国有股权比重;对二层次以下企业,按"主辅分离"的要求,对与二层次主业发展无关的小企业,采取歇业关闭、兼并重组、转让出售等多种形式进行改革。至2008年年底,地产集团各级次独立法人单位从437家减少至208家,四层次及以下企业减少至62家,从而优化了资产布局结构,提高了经济效益,增强了主业竞争力。地产集团99%以上的资产已经集中到主业,同时地产集团主营业务收入和利润的95%以上来源于房地产开发和相关服务,资产整合已逐显成效。

地产集团为加大对成员企业资产和项目投资的监管力度,确保国有资产的保值增值,其按照现代企业制度和国资管理的要求,实现对地产集团所属全资和控股子公司的全面监管。监管的目标主要是资本经营效率和投资收益率,监管的重点主要是贯彻集团董事会决策、指令的完成情况、业务开发状况和资本经营的营运状况。同时,地产集团颁布《上海地产(集团)有限公司法律事务管理办法》《上海地产(集团)有限公司固定资产投资项目管理暂行规定》等管理制度,对地产集团及成员企业的法务工作、固定资产管理工作从制度和程序上进一步规范,并出台《上海地产(集团)有限公司货币资金管理办法》等规章制度,加强对货币资金运行安全的监管;以建立统一的财务核算系统为抓手,将地产集团本部及成员企业的财务核算纳入统一规范的管理平台,为地产集团财务集中管理模式奠定了良好的基础。同时,地产集团在全系统统一开展的法务建设、安全生产管理以及综合治理工作,帮助督促各公司制定相关的制度和规定,使之在地产集团的统一规范下,将企业的基础建设纳入正常轨道,推进企业的综合实力得到进一步提高。

2010年5月,地产集团向证交所提出中华企业、金丰投资股票实施停牌的申请并获得批准。地产集团经过6个多月的紧张工作,理清其所有资产、股权情况,完成上房集团公司改制,对暂不符合上市要求的资产、股权搭建管理平台,最终推出上市公司以现金收购地产集团所持有的上房集团和担保公司部分股权的方案,彰显出大股东解决同业竞争问题的决心,同时也给市场留下进一步整合的预期。

为了进一步优化资源配置、凸显产业集聚优势,地产集团通过整合,逐步形成以房地产开发为主的中华企业股份有限公司、上海中星(集团)有限公司、上海房地(集团)有限公司、上海馨安置业有限公司、上海地产明居发展有限公司,以房地产流通服务和金融服务为主的上海金丰投资股份有限公司、上海市住房置业担保有限公司,以国家级开发区建设和管理为主的上海虹桥经济技术开发区联合发展有限公司、上海闵行联合发展有限公司,以滩涂造地建设管理为主的上海市滩涂造地有限公司,以世博项目建设管理为主的上海世博土地控股有限公司的地产集团企业架构。

2011年，地产集团成立上海地产资产管理有限公司、上海地产酒店管理有限公司、上海地产保障房投资运营管理有限公司，并对相关职能相仿、业态重叠的公司进行整合，精简企业结构，从而使各业务板块职能定位更加清晰，主业竞争力进一步提升。2012年，地产集团成立上海地产农业投资发展有限公司，大力拓展绿色农业产业板块，为地产集团转型发展提供了新的动力。

三

地产集团党委坚持党在企业中的领导地位，充分发挥党组织的监督保证作用，把抓好企业党建和精神文明建设列入重要议事日程，坚持抓好企业党的建设，建立健全党的基层组织，积极培养和配齐各级党的基层组织干部，认真做好党的发展工作，充分发挥党组织在推进企业改革、发展、稳定及做好各项工作中的重要作用。

地产集团党委着力加强全体党员和领导干部的政治理论学习，深入抓好领导干部的思想和作风建设，不断提高全体党员和各级领导干部的思想政治素质。2003年起，开展"让人民高兴、让党放心"主题活动、"保持共产党员先进性"教育实践活动、学习实践"科学发展观"教育活动、"创先争优"活动等，使全体党员干部在学习实践中，思想政治素质不断提高，党的观念进一步加强，党员的先进性意识进一步提升。党委坚持从房地产行业的实际出发，认真抓好党风廉政建设，制定党风廉政建设规章制度，通过开展"专项治理工程与建设领域商业贿赂"活动、"小金库专项治理"活动、"制度＋科技"建设等，以教育与治理相结合，把党风廉政建设的各项规定和要求渗透到各项管理和工作中去，既强化了管理，又保证各项工作的正常开展，使党风廉政建设的各项制度和规定落到实处。同时在加强企业领导班子建设中，注重发挥职工群众对各级领导班子的监督作用，建立和坚持职代会民主评议党政领导干部制度，加强了各级领导班子建设。

地产集团坚持全心全意依靠职工办企业，不断完善职工代表大会制度。2003年12月，上海地产集团召开第一次职工（会员）代表大会，选举产生上海地产集团第一届工会委员会。工会积极组织和发动职工多层次参与企业民主决策、民主管理和监督，充分发挥了全体职工在企业改革发展各项工作中的主人翁作用。

地产集团在取得较好经济效益的同时，注重承担力所能及的社会责任，党政工团积极开展社会公益活动，为希望工程、扶贫帮困、抗震救灾等伸出援助之手。根据上海市委组织部的部署，2007年起部分企业参加了上海市机关及企业事业单位对市郊经济薄弱村镇进行帮扶结对活动，与崇明县庙镇两个行政村进行结对帮扶。2004年以来，上海地产集团系统为上海市慈善基金会、结队帮扶基金、汶川地震灾区、玉树地震灾区、希望工程等筹款捐款合计共3 500万元。

地产集团党委积极开展文明单位创建活动，其间涌现了一批地产集团文明单位和多家上海市文明单位。

在加强企业精神文明建设中，地产集团注重把企业文化建设作为加强企业精神文明建设的重要内容，确立地产集团"'履行使命、勇担责任、诚信务实、贴心为民'的企业精神；'做好关系民生的事、做强拓展市场的事'的企业宗旨；'锐意进取、勇于竞争、开拓创新、追求卓越'的企业经营理念；'团结、勤勉、严谨、高效'的企业作风"。地产集团的企业精神、企业宗旨、企业经营理念和企业作风是地产集团经过实践锤炼而形成的具有鲜明企业文化特征及广泛群众基础的思想共识。它是地产集团广大员工精神风貌的集中反映，是一份宝贵的精神财富，是广大员工继往开来、开拓进取的精神支柱。

上海地产（集团）有限公司是功能类国有企业，承担市委、市政府赋予的滩涂造地、土地储备、保障性住房建设、旧区改造和国家级开发区建设管理等重大工作任务，行业特殊，使命光荣。地产人坚持"政府大事我有责、百姓之事有义务"的信念，以高度的历史责任感和使命感，积极贯彻落实市委、市政府的发展战略，发挥大集团优势，为上海"四个中心"建设作出应有贡献。

大事记

2002 年

11月18日　上海市政府举行上海地产（集团）有限公司和上海大盛资产有限公司成立揭牌仪式。中共上海市委主要领导为两家公司揭牌，市委副书记、常务副市长韩正讲话。市委常委、市委组织部部长王安顺宣读两家公司领导班子名单。副市长姜斯宪宣读市委、市政府关于组建两家公司的批文。

11月27日　韩正和市政府副秘书长吴念祖对地产集团进行专题调研。韩正要求地产集团在实践市政府土地储备要求中，尽快形成"控制一批土地、储备一批土地、开发一批土地"的新格局，充分调动市、区两级政府积极性，构筑双赢机制；国有资产管理和房产企业改革要大力贯彻党的十六大精神，形成全新体制；研究细化明年集团工作思路，在滩涂围垦造地、老城区存量土地开发和增量土地调控三大块形成阶段目标。

11月29日　地产集团召开第一次干部会议，市建设党委书记陈士杰出席会议并讲话。市建委干部处王京春宣读地产集团组建批文，地产集团董事长皋玉凤和总裁白文华分别讲话。市房地局、市住宅局、城投总公司和市公积金管理中心负责同志以及闵虹集团领导应邀参加会议。

12月10日　地产集团与市物资集团就徐汇区龙华路1960号国有土地使用权收购补偿合同举行签字仪式，皋玉凤代表地产集团与物资集团董事长肖义家签署合同，地产集团收购龙华路1960号地块土地使用权。龙华路1960号地块是地产集团揭牌后第一幅签约地块。

12月18日　地产集团联合申江集团与黄浦区政府签约开发福佑路和南外滩8号地块，推进老城厢旧区改造。韩正出席签约仪式并讲话。

2003 年

1月2日　地产集团搬至浦东南路500号18楼办公。

1月9日　地产集团与东湖富吉达商务有限公司签约，购买坐落于徐汇区东湖路9、11号的东湖大厦作为地产集团办公大楼。

是日　地产集团召开2003年度工作会议。中共上海市委副书记、常务副市长韩正出席会议并讲话。

1月14日　国家开发银行行长姚中民到访。地产集团董事长皋玉凤、总裁白文华、副总裁沈正超参加会见和会谈。

2月12日　皋玉凤、白文华与农行上海市分行行长宋鉴明协商农工商集团2.4万亩农场抵债地打包托管事宜。

2月13日　地产集团与长宁区房地局签约，收购长宁区239街坊73亩土地。

2月16—21日　白文华参加上海市十二届人大一次会议。

3月1—14日　皋玉凤赴京参加政协十届全国委员会一次会议。

3月18日　地产集团与嘉定区政府签署市重大工程配套商品房建设基地(江桥新镇2#、9#地块)土地前期开发合作整理框架协议,白文华代表地产集团与嘉定区副区长花以友分别签字。

3月25日　上海市副市长杨雄、市政府副秘书长吴念祖到地产集团调研。

4月15日　地产集团下发《关于上海地产(集团)有限公司部门设置的通知》,地产集团内部设置十个管理部门:党群工作部、人力资源部、行政管理部、计划财务部、资产管理部、发展研究部、土地储备一部、土地储备二部、滩涂资源部、项目管理部。

4月30日　地产集团与浦东新区三林镇东林村签订《浦东新区三林镇东林居住区土地前期补偿协议》。

5月8日　地产集团与上海化学工业区发展有限公司签署《关于化学工业区西侧滩涂圈围工程合作实施的协议》。

5月20日　市建设党委、市建委就理顺地产集团与闵虹集团关系召开会议。会议由市建委主任熊建平主持,市建设党委书记陈士杰、市建委副主任孙建平,地产集团皋玉凤、白文华,闵虹集团党委书记兼董事长陈妙法、总经理钱达仁、副董事长孔庆伟参加会议。

5月28日　地产集团与黄浦区政府举行南外滩8-1地块土地储备签约仪式,白文华与黄浦区副区长冯经明分别代表地产集团与黄浦区政府签署地块委托动迁协议,杨雄到会并讲话。

6月12日　上海市政协副主席王荣华率队考察地产集团位于浦东三林城地区的市重大工程配套商品房项目"彬林新月"建设基地。

6月20日　地产集团举行首届机关工会选举大会,方伟庆、吴爱莉、邱水平、郑建令、殷俊当选为工会委员。

7月3日　皋玉凤、白文华列席参加中共上海市委八届三次全会。

7月25日　地产集团与宝山区政府签订土地收购、储备战略合作框架协议。

8月6日　地产集团举行上海南站地区土地储备合作协议签字仪式。市政府副秘书长洪浩、市建委副主任孙建平、徐汇区副区长王志强到会并讲话。

8月28日　地产集团、申江集团、杨浦置地公司、上海电气、纺织、华谊集团6家企业共同出资成立上海东外滩地产开发有限公司。

9月8日　经政府批准,地产集团颁布了南外滩8-1地块的房屋拆迁公告,黄浦区政府指定的动迁机构正式展开动迁。

10月14日　地产集团与浦东发展银行签约授信人民币30亿元贷款。白文华代表地产集团与浦发银行副行长商洪波签署合作协议。洪浩到会表示祝贺并讲话。

10月21日　地产集团与中国农业银行上海市分行签约授信人民币50亿元贷款。地产集团副总裁沈正超代表地产集团与农行上海市分行行长宋鉴明签署合作协议。上海市政府副秘书长吉晓辉到会表示祝贺并讲话。

10月23日　中共上海市委决定:建立中共上海世博土地储备中心委员会、中共上海世博土地控股有限公司委员会。白文华任中共上海世博土地储备中心委员会书记,中共上海世博土地控股有限公司委员会书记。

10月28日　地产集团与国家开发银行举行人民币融资协议签约仪式,白文华代表地产集团与国家开发银行上海市分行副行长薛明辉签署授信人民币80亿元贷款额度的合作协议。

是日　上海地产(集团)有限公司、上海国有资产经营有限公司、普陀区国有资产经营有限公司共同出资 3 亿元,成立上海长风地产有限公司。

11 月 6 日　地产集团与建行上海市分行在国际会议中心举行人民币 30 亿元的授信额度银企合作协议签字仪式。

是日　市建设和管理工作委员会批准,同意上海市住房置业担保有限公司党政关系转移至地产集团。

12 月 15 日　地产集团与上海银行签订人民币 50 亿元授信额度的银企合作协议。

12 月 18 日　地产集团与中国工商银行上海分行签订人民币 30 亿元授信额度的银企合作协议。

12 月 19 日　地产集团与新长宁集团签订上海虹桥临空经济园区(北块)土地储备合作开发协议。

12 月 23 日　地产集团与中信实业银行上海分行签订人民币 10 亿元授信额度、期限为 3 年的银企合作协议。

2004 年

1 月 5 日　由地产集团与城投公司共同出资 30 亿元组建的世博控股有限公司与世博土地储备中心揭牌,上海市副市长周禹鹏参加揭牌仪式并讲话。

1 月 12—16 日　地产集团总裁白文华出席上海市人大十二届二次会议。

2 月 5 日　中共上海市委组织部主持召开国资委党委归口党的工作交接专题会,地产集团党委归口由市建设党委改为市国资委党委。

2 月 10 日　按照市建设党委、市建委要求,地产集团董事长皋玉凤带队到闵虹集团办理交接工作。

2 月 26 日　地产集团与虹口区人民政府土地储备合作暨成立上海地产北外滩开发有限公司举行签约仪式。皋玉凤代表地产集团与虹口区区长程光签署土地储备合作协议。上海市政府副秘书长洪浩到会,代表副市长杨雄表示祝贺。

3 月 3—13 日　皋玉凤出席全国政协第十届二次会议。

4 月 1 日　地产集团召开企业改制专题会议。就股权结构调整、资产评估及账外资产处置、人员身份置换给予经济补偿的标准、改制资金的筹措和使用、改制的时间节点等具体问题提出原则性意见。

4 月 6 日　上海市机构编制委员会正式下发文件,同意上海市土地发展中心更名为上海市土地储备中心。

4 月 17 日　地产集团举行东湖路 9 号地产大厦启用仪式。

4 月 19 日　地产集团迁入东湖路 9 号新址办公。

4 月 22 日　上海市副市长杨雄、市政府副秘书长洪浩到地产集团调研工作。市发改委、市建委、市房地资源局、市财政局、市政府法制办等有关委办局负责同志参加调研。

5 月 19 日　上海市副市长冯国勤到地产集团调研工作,陪同调研的有市国资委、市发展改革委、市建委、市房地资源局、市规划局的领导。

6 月 1 日　地产集团领导与市容环卫系统领导在地产大厦就收购储备环卫系统 13 幅地块进行友好磋商。地产集团与市市容环卫局正式签订国有土地使用权收购储备补偿协议。

6月4日　上海仪电控股（集团）公司领导到访地产集团。双方就地产集团收购仪电集团部分国有土地使用权事宜达成一致，并正式签署合约。

6月7日　《上海市土地储备办法》经市政府专题会议审议通过。

6月12日　中共上海市委副书记、市长韩正，副市长杨雄到地产集团调研，市政府副秘书长杨定华、沈骏和市政府有关委办局负责人出席会议。

6月28日　地产集团与华夏银行上海分行签署全面战略合作协议。华夏银行上海分行将向地产集团提供人民币10亿元的授信额度。

6月29日　地产集团在地产大厦召开纪念中国共产党成立83周年大会。

8月1日　《上海市土地储备办法》正式颁布实施。

8月2日　地产集团召开所属企业改制专题会，皋玉凤通报地产集团及成员企业改革总体思路和改革工作进展状况。

8月5日　地产集团召开加强党风廉政建设干部大会。党委书记皋玉凤结合地产集团党风廉政建设工作实际，就进一步加强党风廉政建设作工作报告。

9月15日　戴德梁行主席梁振英到访地产集团。皋玉凤、沈正超参加接待。

10月11日　地产集团印发《关于聘任地产集团本部中层管理人员的通知》，聘任集团本部中层管理人员，并举行聘书签订仪式。

11月18日　中共上海市委副书记罗世谦、市委副秘书长吴汉民，市建设党委书记甘忠泽、市建委主任熊建平、党委副书记许海峰，市房地局局长蔡育天等领导，在地产集团领导陪同下视察西郊九韵城项目。

是日　地产集团成立两周年之际，地产集团网站开通：www.shdcjt.com。

11月24日　地产集团领导班子会议研究决定：同意上房集团所属4家国有老企业的国有产权向受让方转让；同意上房集团所属4家国有企业的国有产权转让价格按评估价的8.5折转让。

是日　地产集团党委会讨论决定：组建中共上海地产（集团）有限公司机关委员会。

12月9日　地产集团召开第一次工会会员（职工）代表大会，大会选举产生地产集团工会第一届委员会。

2005年

1月6日　根据市总工会的部署，地产集团工会就印度洋海域发生强烈地震和海啸组织职工募捐活动，共向灾区捐款389 150元。

1月10日　地产集团第一块公开出让土地——上粮八库地块出让。

1月13日　上海市人大常委会主任龚学平，带领常委会部分人员到地产集团视察工作。

1月19日　铁路上海站北广场地区旧区改造项目合作框架协议签约仪式在地产大厦举行，闸北区区长尹弘和地产集团董事长皋玉凤分别代表合作双方在协议上签字。

2月11日　中共上海市委、市人民政府任命张阿根为地产集团党建督察员、监事会主席。

3月30日　地产集团所属的东方滩涂造地公司与临港新城土地储备中心签署协议，将东方滩涂造地公司圈围的南汇东滩6万亩成陆土地，以每亩6万元的价格转让给临港新城土地储备中心储备开发。

3月31日　地产集团与嘉定区土地储备中心签订《嘉定新城核心区地块土地储备合作协议》。

4月6日　地产集团与奉贤区签订《奉贤区土地联合储备协议》《上海市奉贤区庄行镇南亭公路以北地块收购补偿合同》。

4月14日　上海市副市长杨雄到地产集团调研、视察工作。

4月27日　地产集团（市土地储备中心）与宝山区土地储备中心签订合作收购储备顾村地区土地框架协议。

5月18日　在闸北区政府对铁路上海站北广场地区进行旧区改造的动员会上，地产集团作为主要出资人代表出席会议。

5月24日　《浦东新区沪南公路1188号地块国有土地使用权收购合同》正式签约。

6月24日　地产集团召开企业国有资产产权登记工作会，贯彻落实市国资委"全市企业国有资产产权登记工作会议"精神，布置企业国有资产登记换证工作以及境外企业清查工作。

7月7日　地产集团召开"十一五"规划专家论证会，市政府研究室、市法制办、市房地资源局、市公积金管理中心、市决策咨询委员会、市土地学会、市房产经济学会、国家开发银行上海分行等有关领导和专家应邀出席了论证会。

7月8日　地产集团党委召开第一批先进性教育工作总结暨第二批先进性教育活动动员大会。

7月30日　地产集团与市水务局所属上海铸管厂签订土地转让合作协议。

8月15日　地产集团召开干部工作会议，市国资委党委领导到地产集团宣布调整充实地产集团领导班子成员。黄进担任地产集团副总裁、党委委员；傅平担任地产集团总裁助理。

9月17日　地产集团承办"中国住房置业担保论坛——上海峰会"，国家建设部副部长刘志峰出席，地产集团董事长皋玉凤参加。

2006年

1月　地产集团向上海市民帮困互助基金会捐款30万元。

2月23日　上海市副市长杨雄、市政府副秘书长洪浩率市发展改革委、市建设交通委、市财政局、市房地资源局以及市政府办公厅等对地产集团进行工作调研。

3月18日　"上海馨佳园"举行奠基仪式，国家建设部副部长刘志峰、上海市副市长杨雄等领导出席奠基仪式。

5月29日　地产集团所属企业，上海金丰投资股份有限公司经过网络投票，以95.94%的赞成票比例通过股权分置改革方案。通过股权分置改革，地产集团所持金丰投资的股权比例从原来的55.45%下降为38.96%。

6月28日　地产集团在地产大厦召开纪念建党85周年大会。

7月31日　上海环境集团有限公司第10幅地块，即浦东新区环南一大道99号地块交付地产集团。

8月2日　地产集团与崇明县在崇明县锦绣宾馆举行《崇明县土地联合储备框架协议》及《实施横沙岛项目合作框架协议》签约仪式。

8月8日　地产集团在集团本部召开创建"四好"领导班子情况通报暨民主测评会。地产集团党委书记、董事长皋玉凤代表集团党委通报开展创建"四好"领导班子活动的工作情况。集团所属二层次单位党政主要领导和集团本部副经理以上人员参加会议，并认真填写"地产集团领导班子民主测评表"，对集团领导班子进行民主测评。

11月27日　地产集团与嘉定区政府举行"嘉定新城B地块"土地联合储备合作框架协议签约仪式。

2007年

1月25日　上海市副市长杨雄、副市长沈骏、市政府副秘书长洪浩率市发展改革委、市建设交通委、市国资委、市财政局、市水务局、市规划局、市政府办公厅等到地产集团进行工作调研。

2月7日　地产集团召开加强党风廉政建设干部大会，学习传达胡锦涛在中纪委十六届七次全会上的重要讲话精神，以及上海市委代理书记、市长韩正在市纪委八届七次全会暨全市党风廉政建设干部大会上的讲话精神。

4月13日　地产集团在杭州富春山居酒店召开古民居项目规划方案评审会，确定古民居项目概念规划的深化设计方向。

5月9日　地产集团与市住宅发展中心举行市属配套商品房君莲基地J项目收储签约仪式。

5月22日　地产集团召开"2005—2006年度地产集团文明单位表彰暨成员企业业绩目标考核签约大会"。

8月13日　地产集团与市住宅发展中心举行市属配套商品房基地储备协议签约仪式。

9月8日　衡山路12号精品酒店项目概念性方案评审会在地产大厦召开。

9月27日　青浦区土地储备联席会议在地产集团本部召开，青浦区与市土地储备中心签订市区联合土地储备协议。

10月19日　黄浦区8-1地块完成动拆迁工作，累计动迁居民2 303户，动迁企事业单位224家。

11月15日　中共上海市委副书记、市长韩正，副市长杨雄，市政府秘书长李良园，副秘书长姜平率市建设交通委、市房地资源局、市政府研究室、市政府办公厅等一行人来地产集团调研。

11月30日　地产集团与良友集团签署上粮二库地块收储补偿协议。

12月3日　"三林城市商业广场"项目举行开工仪式。

2008年

1月9日　市造地工作联席会议召开，地产集团派员参加。

1月18日　崇明县土地储备联席会议召开，地产集团派员参加。

2月2日　青浦区土地储备联席会议召开，地产集团派员参加。

是日　地产集团召开党风廉政建设大会，传达中纪委十七届二次全会精神和市纪委九届二次全会精神。

4月16日　地产集团召开工会代表会议，选举产生出席市第九次工会代表大会代表。

5月13日　"三林城市商业广场"工程项目争创"工程优质，干部优秀"活动动员大会暨签约仪式在地产大厦举行。地产集团在会上宣读了《"三林城市广场"工程建设项目创"双优"活动的实施意见》，并与上海市第七建筑有限公司领导等四家参建单位签订"廉政承诺保证"协议。

5月18日　四川省汶川发生大地震后，地产集团及成员企业组织捐款捐物活动，共分两批向灾区捐款611.06万元，捐赠帐篷22顶。地产集团全体党员自愿向党组织缴纳特殊党费35.93万元。

6月2日 根据市委、市政府有关文件精神,张阿根不再担任地产集团党建督察员、监事会主席职务。

6月6日 市土地储备中心与闵行区土地储备第一次联席会议在闵行区召开,市区双方签署《闵行区土地联合储备框架协议》。

6月11日 市土地储备中心与松江区土地储备第一次联席会议在地产集团召开,双方签署《市、区土地联合储备(松江区)框架协议》。

6月24日 地产集团召开法律事务暨"五五"普法工作会议,同时印发《上海地产(集团)有限公司法律事务管理办法》,对地产集团及成员企业法律事务管理提出明确要求。

是日 市土地储备中心与金山区土地储备第一次联席会议在地产大厦召开,双方签署《市、区土地联合储备(金山区)框架协议》。

7月9日 地产集团举行2008年度成员企业目标绩效考核签约仪式,地产集团党委书记、董事长皋玉凤与各成员企业签署目标考核责任书。

8月1日 国家住房和城乡建设部副部长齐骥、原建设部副部长刘志峰来地产集团考察指导工作。

8月14日 由地产集团成员企业开发建设的上海市首批经济适用房建设项目在徐汇区华泾基地举行开工仪式,市建设交通委、徐汇区政府、地产集团领导出席开工仪式。

9月3日 地产集团召开项目投资管理工作会议,会上发布了《上海地产(集团)有限公司固定资产投资项目管理暂行规定》。

9月17日 外滩金融开发推介大会在万豪大酒店召开,市土地储备中心独立储备的黄浦区8-1地块作为沿江重要地块向社会正式推出。

11月15日 "推进上海国际航运中心建设、共建北外滩航运服务集聚区——七大集团(公司)进驻北外滩航运服务集聚区签约仪式"在上海港国际客运中心项目现场举行。中共上海市委副书记、市长韩正在国客中心接见了中化集团、中远集团、中海集团、瑞士地中海航运公司、地产集团、建工集团、上港集团等企业负责人,来自市政府各委办局、虹口区人民政府、七大集团(公司)代表等300余人出席了签约仪式。

2009 年

2月8日 中共中央政治局委员、上海市委书记俞正声到宝山顾村配套商品房一号基地视察,要求有关部门做好保障性住房建设的推进工作,地产集团领导参加。

2月16日 杨浦区旧区改造暨平凉西块(二期)启动大会在杨浦区政府召开,上海市副市长沈骏、市政府副秘书长尹弘等出席会议,地产集团领导参加。

2月19日 中共上海市委副书记殷一璀、市委秘书长丁薛祥等,到宝山顾村配套商品房一号基地进行调研,地产集团领导参加。

2月27日 由地产集团和闸北区政府联合投资建设的保障性住房项目——闸北区彭浦十期C块项目开工奠基。

3月5日 地产集团在地产大厦召开非主业调整工作会议,通报地产集团主业发展和非主业调整三年规划,对地产集团2009年非主业调整工作目标进行了部署。

3月14日 中共上海市委副书记、市长韩正率市政府有关部门到黄浦区13A、15A地块调研旧区改造工作,听取了黄浦区政府、市土地储备中心工作汇报。

3月20日 殷一璀、中共上海市委副秘书长姜樑、市政府副秘书长尹弘以及市有关委办局领导,到杨浦区调研平凉西块旧改工作,地产集团领导参加。

3月23日 地产集团召开青年干部轮岗锻炼动员会,会议对轮岗锻炼的青年干部提出要求。

3月29日 地产集团与马鞍山市建委联合主办"保增长、扩内需、促进房地产稳定发展研讨会"。全国政协常委、中国房地产研究会会长刘志峰,建设部房地产市场监管司司长沈建忠,地产集团党委书记、董事长皋玉凤和安徽省建设厅、马鞍山市政府领导出席研讨会。

4月14日 市土地储备中心与浦东新区土地发展(控股)公司签署《HQ地块整体移交框架协议》。

4月16日 上海市人大常委会主任刘云耕率队调研本市旧区改造和保障性住房建设工作,重点视察了地产集团承建的市配套商品房和经济适用房项目——宝山顾村大基地(馨佳园)、古北菊翔苑。

4月21日 衡山路12号豪华精选酒店项目举行开工暨总包合同签字仪式。

4月22日 中共上海市委学习实践活动第一巡回检查组到地产集团检查指导工作,并听取地产集团学习实践活动工作汇报。

5月5日 上海市"创建规范拆迁示范点"揭牌仪式在黄浦区董家渡13A、15A地块拆迁基地举行。

5月6日 韩正、市政府秘书长姜平,到宝山顾村"上海馨佳园"项目基地对配套商品房建设情况进行调研。

是日 地产集团隆重召开纪念五四运动90周年大会,共青团市委书记潘敏应邀出席会议。

5月21日 地产集团在地产大厦召开2007—2008年度先进集体、先进个人表彰大会。

5月31日 市规划和国土资源管理局、浦东新区政府、市土地储备中心三家单位联合组织召开"龙阳路交通枢纽核心区城市设计及地区概念规划"国际方案征集最终成果评审会。

6月12日 上海国际汽车城置业有限公司股权转让框架协议签约仪式在虹桥路2388号举行,地产集团领导参加。

6月19日 中星集团和法国雅高集团在首席公馆举行上海中星铂尔曼大酒店管理合同签约仪式。

6月24日 韩正前往嘉定、松江、闵行、浦东等区,实地调研上海市大型居住社区建设进展情况。皋玉凤、总裁张建晨参加了调研活动。

7月1日 地产集团在地产大厦召开纪念中国共产党成立88周年座谈会。

7月8日 徐汇区小闸镇项目股权收购协议签约仪式在丽晶大酒店举行。上房集团与长峰公司签订小闸镇项目股权收购协议,与强生集团签订共同开发小闸镇项目备忘录。

8月10日 地产集团在地产大厦召开世博安保反恐维稳工作会议,贯彻落实中共市委、市政府和市国资委系统世博安保工作动员大会精神,部署地产集团世博安保反恐维稳工作。

8月12日 上海市政府召开世博土地储备中心、世博土控公司职能和管理关系划转会议,正式宣布市政府决定。市土地储备中心、地产集团经成立工作交接领导小组,全面接收世博土地储备中心和世博土控公司的管理工作。

8月16日 上海房地产经营(集团)有限公司所属上海港国际客运中心开发有限公司与国家开发投资公司所属国投亚华(上海)有限公司举行国客中心三号办公楼预售合同签约仪式。

8月20日　地产集团宝山顾村项目指挥部举行上海馨佳园项目争创"工程优质，干部优秀"活动签约仪式。

8月27日　地产集团在地产大厦召开深入学习实践科学发展观活动总结大会。

8月28日　全市规模最大的大型居住社区浦东曹路基地——"曹路星天地"项目正式开工。上海市人大常委会副主任王培生，市政协副主席周太彤，国家住房与城乡建设部住房保障司司长侯淅民，市委副秘书长、浦东新区区长姜樑，市政府副秘书长尹弘等出席开工仪式。

9月24日　上海市副市长沈骏、市政府副秘书长尹弘率市发改委、市建交委、市国资委、市财政局、市规土局、市住房保障局等部门领导到地产集团调研。

10月16日　地产集团总裁张建晨出席浦东东滩农业综合基地1.2万亩水稻开镰仪式。该基地由市土地储备中心和原南汇区土地储备中心共同投资整理。

10月19日　市人大常委会主任刘云耕、副主任陈豪，市人大秘书长姚明宝及城建环保委员会主任委员甘忠泽、副主任委员张载养到地产集团调研。

10月21日　韩正及市委常委、浦东新区区委书记徐麟等前往浦东5万亩东滩农业综合开发基地，实地调研本市现代农业生产及滩涂围垦综合利用工作。

11月8日　由马鞍山市金申置业公司承办、金丰易居·普润地产全程策划的"东方明珠·对话郎咸平"财富高峰论坛活动在马鞍山市政府举办。

11月11日　第二届亚洲酒店论坛·国际酒店投资峰会在北京召开。地产集团全额投资的世博民居文化区"美丽上海悦榕庄"获得"2009亚洲酒店论坛集团业主奖""最具社会价值贡献奖"。

11月12日　地产集团召开上粮二库保障性住房项目动员大会。上粮二库保障性住房项目组定名为"上海地产馨越置业有限公司"，列入2009年经济适用房建设计划，由地产集团进行开发建设。

11月18日　根据市政府有关会议精神，上海市申江两岸开发建设投资（集团）有限公司承担黄浦江两岸开发的土地储备职能，归口市土地储备中心统一管理。

11月25日　沈骏考察正在建设中的曹路大型居住社区施工现场，计划下一年将要开工建设的曹路南扩基地，并在曹路项目公司召开曹路基地开发建设推进会。

11月27日　中星集团第一个大型综合性商业地产项目——"中星城"项目举行开工仪式。

11月28日　国家建设部在上海兴国宾馆召开加强住房置业贷款担保管理座谈会。地产集团、上海市公积金管理中心、市政府法制办、市银行业监督管理局，以及上海、北京、天津等7家地方担保公司参加会议。

12月15日　上海国际汽车城置业公司完成注册资本、实收资本、出资情况的工商变更登记，换领企业法人营业执照，注册资本由原来的2亿元增加到5亿元。

12月28日　三林快捷假日酒店举行开业庆典。地产集团领导和洲际集团负责人出席酒店启动仪式。

12月29日　普陀377保障住房项目（上粮二库项目）启动暨慈善捐赠仪式在普陀区人民政府会议室举行。地产集团将用于普陀377保障住房项目开工的50万元捐赠给普陀区政府，用于普陀区慈善事业。

12月30日　市国资委将上海国有资产经营有限公司持有的地产集团9.5%股权和上海大盛资产有限公司持有的地产集团2.4%股权，以国有资产划转方式划转到市国资委。股权划转后，地产集团变更为市国资委出资的国有独资公司。

2010 年

1月11日　上海市副市长沈骏率市发改委、市建交委、市财政局、市规土局、市水务局等部门人员到市土地储备中心调研。

1月19日　上海展览中心举行2009年度上海市重点工程实事立功竞赛表彰大会。上海中星(集团)有限公司荣获市重点工程实事立功竞赛优秀公司24连冠;上海中星集团曹路基地开发项目部荣获优秀集体;徐国平荣获记功个人。

1月28日　地产集团召开加强党风廉政建设干部大会,传达学习中共中央总书记胡锦涛在中央纪委十七届五次全会上的重要讲话和中共中央政治局委员、上海市委书记俞正声在市纪委九届五次全体会议上的讲话精神。

2月8日　上海金丰投资股份有限公司以13亿元人民币的价格竞得无锡国土2010-3地块。

2月26日　中华企业与经营集团以26亿元的价格,竞得上海市松江区龙兴路R19-1号地块项目。

3月17日　沈骏到林浦路世博临时停车场工地进行现场考察,了解停车场建设进度情况,地产集团领导进行了现场汇报。

3月23日　普陀区真北村地区旧区改造项目市、区合作协议签约仪式在地产集团举行,地产集团领导参加。

3月24日　为迎世博盛会,纪念三八国际妇女节100周年,地产集团举办"迎世博、庆三八"职工文艺汇演。

3月26日　地产集团举行学习贯彻《国有企业领导人员廉洁从业若干规定》辅导报告会,邀请市委巡视组副组长章靖就贯彻执行《若干规定》进行专题辅导。

4月2日　静安区石门二路地区二期旧区改造项目市、区合作签约仪式举行,地产集团领导参加。

4月28日　上海地产中星曹路基地开发有限公司和国家开发银行上海市分行、中国工商银行上海市分行、浦东发展银行上海分行就大型保障性居住社区曹路基地项目举行银企签约仪式。三大银行将联手为曹路基地提供总额近30亿元的资金支持。

5月14日　上海市政府召开大型居住社区土地储备工作领导小组扩大会暨土地储备工作推进会,沈骏出席会议并讲话。市土地储备中心与浦东新区、闵行区、宝山区、嘉定区、松江区、青浦区和奉贤区等七家区政府签署土地联合储备框架协议和动迁包干协议。

5月18日　中华企业股份有限公司(65%)联合中欧能源新技术(上海)发展合作中心有限公司(35%)以19 880万元的价格成功竞拍江苏江阴临港新城2010-C-29(A,B)地块。

5月19日　地产集团召开"青春世博、岗位建功"团员青年座谈会,表彰荣获2009年度上海市青年突击队和地产集团团委2009年度青年岗位能手、青年文明岗以及五四红旗(特色)团组织等荣誉称号的集体和个人。

5月26日　沈骏及浦东新区、上海市房管局领导,到浦东曹路大型居住社区基地进行现场调研,地产集团及中星集团有关领导参加了调研活动。

6月4日　沈骏主持召开上海市滩涂造地工作联席会议第三次会议。市土地储备中心、地产集团对 2010 年造地项目和土地整理项目推进工作情况进行汇报。

6月22日　市土地储备中心和闸北区政府签署长安西地块联合储备合作协议。

6月24日　俞正声,市委常委、市委秘书长丁薛祥等,到宝山区顾村镇新选址一号基地"上海馨佳园"项目 A4 地块进行视察,了解经济适用房建设进展情况。

7月6日　杨浦区 2010 年旧区改造项目,市土地储备中心与杨浦区合作协议签约仪式在地产集团举行。

7月21日　上海市政协主席冯国勤率部分政协委员,到顾村新选址一号基地"上海馨佳园"项目进行现场调研。

7月21日　中星集团在上海市土地交易市场以 15.79 亿元的总价竞得上海市闸北区 456 街坊地块的开发权。

7月28日　上海市大型居住社区土地储备项目银团贷款合作协议签约仪式在上海世博洲际酒店举行。沈骏、市政府副秘书长尹弘,以及人民银行上海总部、上海银监局、市有关委办局、7 家银行领导出席签约仪式。市土地储备中心与国家开发银行上海市分行、中国工商银行上海市分行联合牵头的 7 家银行签署《上海市大型居住社区土地储备项目银团贷款合作协议》。

8月5日　尹弘、市推进办、市建交委、市规土局、市住房保障局等有关部门,到浦东曹路北块基地和南扩基地进行调研。

8月7日　第八届全国住房置业担保论坛在上海世茂佘山艾美酒店隆重举行。本届担保论坛由上海市住房置业担保有限公司承办,住房和城乡建设部、人民银行、复旦大学以及上海市住房保障和房屋管理局、地产集团的领导和专家们出席会议并发表讲话。

8月26日　中星集团与天津市东丽区,就天津东丽区华明东区一号地块土地出让合同举行正式签约。

9月19日　沈骏、尹弘率市规划国土资源局、市住房保障房屋管理局、市绿化市容局、市旅游局、市文物局、市浦江办等有关委办局赴三林沿江路调研世博民居文化区项目。

9月28日　上海市首个大型公共租赁住房项目——上海地产公共租赁住房普陀项目(馨越公寓)正式开工奠基。沈骏、尹弘及市有关委办局和普陀区领导出席开工奠基仪式。

10月14日　浦东新区国家现代农业示范区揭牌暨东滩万亩粮田开镰仪式在东滩农业基地举行。冯国勤出席仪式并宣布开镰。

10月28日　上海地产公共租赁住房——"馨逸公寓"项目正式开工奠基。沈骏、尹弘及市有关委办局领导、徐汇区领导出席开工仪式。

12月17日　俞正声带领市建交委、市规土局、市住房保障局等部门人员,视察地产集团投资开发的徐汇华泾保障住房项目。

12月18日　上海金丰投资股份有限公司在无锡市投资开发的"太湖湾·金丰豪庭"和"印象剑桥"三期项目举行开工奠基典礼。金丰投资无锡分公司、地产集团及上海建工集团等单位有关领导出席开工仪式。

12月24日　中华企业股份有限公司所属古北集团朱家角公司在朱家角 B7、B8 地块现场隆重举行"古北香堤艺墅"的奠基暨开工典礼。

12月28日　由上海地产馨浦置业有限公司投资开发的青浦华新拓展动迁配套房项目正式启动。

12月29日　由上房集团和中星集团共同开发建设,位于嘉定区国际汽车城板块内的安亭新镇

11号地块项目举行开工典礼。

12月31日　上海市大型居住社区奉贤区南桥基地动迁安置房全面开工。该项目由地产集团所属闵联公司、虹联公司等单位共同开发建设。

2011年

1月7日　中华企业参加苏州古城区地块竞拍,以溢价89％、楼面价30 291元/平方米摘得苏州古城区苏地2010-B-33号地块开发建设权。

1月11日　中华企业所属经营集团联合上海达安企业股份有限公司、上海集汇置业有限公司,通过公开挂牌方式以总价49 520万元、单价3 896元/平方米的起拍底价竞得江阴市"澄地2009-C-100"地块的开发建设权。

1月19日　由上海企业竞争力研究中心、上海市开发区协会、新民晚报社和上海商社共同举办的"2010年度第三届上海企业竞争力年会、风云榜颁奖大会"在锦江小礼堂召开,中华企业获2010年度上海企业市场竞争力100强、房地产行业企业竞争力20强的称号。

2月17日　地产集团召开加强党风廉政建设干部大会,传达学习中共中央总书记胡锦涛在中纪委十七届六次全会上的讲话和中共中央政治局委员、上海市委书记俞正声在市纪委九届六次全会上的讲话精神,部署反腐倡廉工作。

3月7日　国土资源部科技与国际合作司副司长白星碧等一行在浦东新区、地产中星曹路公司有关领导陪同下,考察了曹路大型居住社区保障性住房项目,并视察了曹路南扩基地。

3月13日　上海市政府副秘书长尹弘在市推进办、宝山区政府有关领导陪同下,到"上海馨佳园"项目现场进行调研。

3月19日　马鞍山东方明珠1956当代文化商业街开工仪式在东方明珠售楼中心隆重举行。

3月24日　沈骏、尹弘到地产集团进行工作调研。

3月28日　上海市政协副主席、浦东新区区长姜樑,副区长彭崧、陆月星赴三林沿江路"美丽上海"项目现场进行调研。

4月2日　沈骏、尹弘到"上海馨佳园"项目现场进行调研。

4月26日　中国房地产业协会会长刘志峰、副会长顾云昌一行到地产集团调研。

5月5日　上海市人大常委会副主任胡延照,陪同苏、浙人大常委会领导,参观了由地产集团投资、上海金丰建设发展有限公司代建的"上海馨佳园"经济适用房项目。

5月11日　俞正声,市委常委、市委秘书长丁薛祥前往地产集团开发建设的浦东曹路大型居住社区基地进行工作调研。

是日　第二批大型居住社区土地储备工作推进会议召开,沈骏出席会议并讲话。市规土局、地产集团,浦东等7个相关区分管区长,市、区规土局、土地储备中心各单位及部门负责同志,以及各基地指挥部负责人参加了会议。

5月31日　沈骏和市相关委办局领导,赴曹路大型居住社区北块基地调研保障房建设情况。

6月13日　中共上海市委常委、常务副市长杨雄,市政府秘书长洪浩,市有关部门、浦东新区领导,赴三林沿江路实地调研世博民居文化区项目。

7月1日　地产集团在延安饭店召开"庆祝中国共产党成立90周年大会"。

7月5日　浦东机场外侧滩涂促淤圈围工程——3♯围区圈围工程机场纯跑道S2区和B区顺

利通过市水务局组织的阶段验收,标志着机场纯跑道区域吹填工作全面完成。

7月11日　地产集团赞助上海体育职业学院乒乓球队签约仪式在上海世博洲际大酒店举行。

7月13日　沈骏、尹弘率市政府相关部门到馨越公寓公共租赁房项目调研。

7月27日　地产集团在上海音乐学院贺绿汀音乐厅举行庆祝中国共产党成立90周年文艺汇演——"颂歌献给党",市国资委党委领导出席活动并讲话。

8月4日　中共上海市委副书记、市长韩正在有关市政府领导和徐汇区政府领导陪同下,到地产馨宁公寓(华泾)公共租赁住房项目进行视察。

10月12—13日　地产集团工会第二次代表大会在地产大厦召开,市总工会党组副书记、副主席肖堃涛,以及地产集团主要领导出席大会。

10月18日　中星集团和中华企业联手在天津东丽区华明镇创建"海上国际城"项目,天津市副市长熊建平、住建部房地产市场监管司及地产集团领导出席开工仪式。

10月20日　南站广场公司并入地产资产公司的合并工作会议暨资产公司第一次全体会议召开。

10月22日　马鞍山东方明珠1956当代文化商业街落成典礼在东方明珠售楼中心隆重举行。马鞍山市有关领导和地产集团领导出席落成仪式。

10月28日　中华企业开发的杭州"中企·御品湾"项目举行开工奠基仪式。

是日　嘉定城北大型居住社区(南块)经适房项目破土动工,沈骏到场宣布项目开工。

10月31日　上海地产融资担保有限公司在浦东新天哈瓦那酒店举行成立大会暨"网商易贷通"签约仪式。

11月29日　上海市人大常委会主任刘云耕,副主任胡延照、杨定华带领市人大视察组到地产馨逸公寓进行现场调研。

12月28日　宝山区顾村大型居住社区"上海馨佳园"项目举行交接仪式。

2012年

1月5—6日　地产集团在上海临港大酒店召开地产集团系统2012年度工作会议。

2月22日　中共上海市委常委、常务副市长杨雄,市政府副秘书长周波到地产集团调研。

2月28日　总投资46亿元的虹桥·闵行·铜陵现代服务业合作园区在铜陵签约。集团领导和中共铜陵市委、市政府主要领导出席签约仪式。

3月27日　中共上海市委副书记、市长韩正一行视察虹联公司承建的奉贤南桥大型居住区保障房J4基地,并慰问工作在一线的项目建设人员。

4月11日　集团党委召开党员代表会议,经差额投票选举,集团党委书记、董事长皋玉凤和上海地产明居发展有限公司工程部经理吴晔当选为中国共产党上海市第十次代表大会代表。

5月3日　上海市副市长沈骏、市政府副秘书长尹弘一行到浦东曹路基地样板组团进行现场调研,并召开全市保障性安居工程工作会议。

5月　上海市保障性安居工程(住宅实事建设工程)立功竞赛总结表彰大会召开,中星集团获"全国五一劳动奖状",地产集团获"上海市五一劳动奖状",上海瀛程置业有限公司获"全国保障性安居工程建设劳动竞赛先进单位"荣誉称号,上海馨佳园项目获"全国保障性安居工程建设劳动竞赛优秀工程项目"荣誉称号。

6月19日　中共上海市委副书记殷一璀,市委常委、市委宣传部部长杨振武赴浦东三林沿江路实地调研世博民居文化区"美丽上海"项目。

9月8日　韩正、沈骏、市政府秘书长洪浩、副秘书长蒋卓庆一行到地产集团进行工作调研,市政府相关委办局领导、集团领导班子、业务总监、相关成员企业主要负责人和集团本部部门负责人参加调研。

9月13日　沈骏到地产保障房公司南站和上粮二库公租房项目进行调研。

9月17日　上海世博会配套工程浦江世博家园项目——浦江城市生活广场项目正式开工建设,该项目由中星集团负责承建。

9月21日　市土地储备中心、地产集团和普陀区政府举行真北村地块(二期)旧区改造联合储备签约仪式。

9月28日　中美信托金融大厦项目开工典礼在虹口区举行。地产集团及虹口区、中星集团领导出席开工仪式。

9月29日　金山亭林大型居住社区土地储备签约仪式在金山区政府举行。地产集团、金山区主要领导出席签约仪式并讲话。

10月12日　通过市土地交易中心平台的竞拍,市土地储备中心和杨浦区政府以土地储备形式联合实施的第一个旧区改造项目——22、23街坊商住办地块由上海盛垣房地产公司以325 940万元摘得。

10月31日　由中星集团开发建设的曹路大型居住社区南拓基地B07-02地块正式开工。

11月16日　地产集团搬至浦东新区雪野路928号办公。

是日　地产集团在新办公楼举行地产集团成立十周年庆祝活动,沈骏、市政府相关委办局领导、各区县政府领导及各区县土地储备中心领导、市有关企业和单位领导、地产集团领导班子及曾任领导出席活动。

是日　上海地产农业投资发展有限公司成立揭牌仪式在地产集团新办公大楼举行。

12月4日　市土地储备中心与浦东新区政府在地产大厦举行《南汇东滩促淤圈围工程渔民补偿安置项目委托实施协议》签约仪式。

12月12日　由地产集团、上房集团、大华集团共同投资,凯峰公司开发的尚汇豪庭项目开工。

是日　由地产集团和申通集团联合投资的衡山路12号豪华精选酒店开业。

第一篇 地产集团和市土地储备中心的组建

概　　述

　　2002年11月,在社会主义市场经济不断推进的大背景下,市政府为进一步改善行政管理方式、加大政企分开力度、推进房地产企业适应市场运行机制,批准上海地产(集团)有限公司组建成立。

　　地产集团成立以后,自身功能职责经历了不断完善、发展的过程。地产集团于2002年11月成立,市政府将原政府部门下属的企业划归集团,脱离政府管理系列,进行市场化运作。同时,市领导对地产集团提出:"新集团的成立,要增强政府对土地市场的调控能力,确保土地出让中的政府收益,为完善土地储备机制、改进土地供应方式而努力。"为此,在2004年4月,市政府将地产集团下属的两层次单位"上海市土地发展中心"提升至与地产集团平级的事业单位,并更名为"上海市土地储备中心",任命地产集团董事长兼任上海市土地储备中心主任。市土地储备中心代表市政府专事土地收购储备和滩涂资源投资管理,与上海地产集团实行一套班子、两块牌子的管理构架方式。同年6月,市政府颁发《上海市土地储备办法》。按照《上海市土地储备办法》的文件精神,市土地储备中心是市政府进行土地储备的专门机构,地产集团受市土地储备中心委托进行土地储备的前期开发。此举划清了企业行为与政府职能的界限,明晰了地产集团与市土地储备中心的关系,完善了政府对土地管理的运作机制,将地产集团和市土地储备中心的业务运行和操作,纳入科学、规范的轨道。

第一章　地产集团和市土地储备中心建制沿革

进入21世纪，伴随上海改革开放深入推进，社会主义市场经济不断完善、发展，对政府的职能转变提出新的要求，"小政府、大市场"的管理模式，推进了在计划经济条件下政企不分的体制改革。在上海城市建设交通系统，如何把政府应该管的国有土地真正利用好，如何将政府不该统包的国有企业推向市场，成为上海城市发展面临新形势亟须解决的重大课题。

根据上海"十五"产业结构优化调整和大力发展房地产产业的战略要求，上海市城市建设交通委针对国有企业在市场经济体制下存在的不足，为切实解决国有企业政企不分、产业集中度偏低、资源配制不合理等问题，发挥好建交系统在土地储备和房地产开发的规模优势，决定对建设交通系统内房地产相关企业进行改组整合，并组建上海地产（集团）有限公司。市政府在批准市建交委关于组建地产集团的请示上又进一步要求："新集团的成立，要增强政府对土地市场的调控能力，确保土地出让中的政府收益，为完善土地储备机制、改进土地供应而努力。"

地产集团的成立，是市政府顺应市场经济体制变化、推进改革发展的探索和尝试。因此，地产集团的主业定位也经历了一个逐步完善和演变的过程，企业的市场竞争能力和政府的管理职能逐步分离，尤其是建立"上海市土地储备中心"之后，市政府颁布的《上海市土地储备办法》，将地产集团的市场性职能和市土地储备中心的政府性功能进行了明确划分，使政府对土地的管理有了规范性操作的标准。地产集团和市土地储备中心的成立，标志着上海建设系统政企不分的状况得到了根本的改善。同时，市土地储备中心平台的建立，使市政府对土地市场的调控能力得到进一步加强，土地储备的国资收益得到保值和增值，为推进上海市政府土地管理机制的建立和健全起到了积极的作用。

第一节　地产集团的筹备

2002年初，为适应市场经济改革的形势，市政府确立了"关于国资国企改革"的课题研究，市政府研究室、市发改委、市建交委等部门作为课题的参与部门，进行了广泛的调研，并形成了初步成果。在此基础上，市建交委结合自身的实际情况，围绕着推进政企分开、加强土地管理等重点，于2002年8月14日向市政府上报《关于组建上海地产（集团）有限公司的请示》（以下简称《请示》）。

《请示》在深入调研的基础上，提出在市场经济条件下，要组建上海地产（集团）有限公司必要性的六个方面：一是有利于推进具有房地产管理职能的政府做到政企分开；二是有利于完善土地储备机制和土地供应方式，增强市政府对土地市场的调控能力，确保土地出让中的政府收益；三是有利于完善新一轮旧区改造运行机制；四是有利于完善商品房供应体系，降低旧区改造和重大工程的建设成本；五是有利于整合各类资源；六是有利于集聚资金、人才和资源的优势，优化行业构成，增强支柱产业。

《请示》按照"政府管理局、政府投资公司与企业脱钩"的原则，提出地产集团的组建方式是：总体规划、逐步整合、分步实施。

《请示》提出地产集团的主要产业板块是：土地储备和开发、旧区改造、牵头组织配套商品房开发、房地产中介服务、其他延伸业务。

《请示》提出地产集团的运作机制、主要职能是：战略规划、土地储备、投资决策、资本运作、人力资源管理、收益分配和审计监督，通过全资、控股、参股等资产关系，对成员企业实施管理和监督。

市政府对上海市建设交通委上报的《关于组建上海地产（集团）有限公司的请示》十分重视，不仅很快就下达"同意组建上海地产（集团）有限公司"的答复，而且市政府主要领导也对《关于组建上海地产（集团）有限公司的请示》进行专门批示，为地产集团的组建和下一步的工作提出明确的方向。

第二节　组建地产集团

2002年11月1日，市委、市政府发文批复，同意上海市建设交通委关于组建上海地产（集团）有限公司的请示：任命皋玉凤为地产集团党委书记、董事长；任命白文华为地产集团党委副书记、总裁；任命沈正超为地产集团党委副书记、副总裁；任命郑建令为地产集团纪委书记。

2002年11月18日，上海地产（集团）有限公司正式挂牌成立。根据上海市政府对国有房地产资源进行整合的要求，经市政府批准，将原上海市房屋土地管理局、上海住宅建设发展局等单位所属房地产企业公司划入地产集团集中经营，所属企业主要为上海中星（集团）有限公司、上海房地（集团）有限公司（包括中华企业股份有限公司、上海金丰投资股份有限公司）、上海市住房置业担保有限公司、上海市滩涂造地有限公司、上海市外事用房经营公司等。随后，根据地产集团业务发展需要，经市政府批准，于2010年前后将上海虹桥经济技术开发区联合发展有限公司、上海闵行联合发展有限公司、上海世博土地控股有限公司划归地产集团。

中华企业公司经中华人民共和国政务院（国务院）研究决定，于1954年4月正式成立。中华企业公司直属上海市房管局，主要职责是代表政府承办外商在沪的房地产转让、租赁和买卖业务，是国内第一家房地产经营公司。1993年9月，中华企业公司改制为中华企业股份有限公司（证券代码600675）并在上海证券交易所上市。上房集团公司占总股本的63.92%，成为中华企业第一大股东。2004年，上海地产集团受让上房集团所持有总股本的49.87%，成为中华企业第一大股东。

中星集团的前身是上海市住宅基地开发公司，于1982年由原上海市住宅建设办公室与上海市房地产管理局合并时建立；1998年改为上海中星（集团）有限公司，隶属于上海市建设委员会管理；2002年划归上海地产集团。

上海金丰投资股份有限公司是1998年由上海房地（集团）公司收购上海纺织控股（集团）公司持有的下属上海嘉丰股份有限公司国有股权并经资产重组及更名而成立的。资产重组后，公司股票（证券代码为600606）于1998年7月1日正式在上海证券交易所复牌交易，确立以住宅流通服务业务为公司主营业务，成为国内第一家房地产行业综合服务型上市公司。2004年，上房集团持有的金丰投资全部国家股无偿划转给上海地产（集团）有限公司，地产集团以占股55.45%成为金丰投资控投股东。

1999年7月，上海市滩涂造地有限公司正式成立。公司由上海市江海滩涂造地开发公司、上海市崇明县滩涂造地开发公司、上海市农工商（集团）总公司等共同出资组建。经市政府批准，2004年通过股权调整，上海市滩涂造地有限公司成为地产集团全资子公司。

2004年1月，上海世博土地控股有限公司正式成立。公司受市政府委托，负责储备开发和经营管理世博会控制区域土地,世博会工程配套商品房、世博会场址基础设施及相关工程投资、建设、管理,房地产开发经营以及酒店管理等。2009年8月,市政府批准世博土地控股有限公司划归地产集团管理。

2004年7月,上房集团与地产集团签署《国家股划转协议》,上房集团将其持有的金丰投资国家股份和中华企业国家股份,全部无偿划转给地产集团所有。股权划转完成之后,地产集团成为金丰投资和中华企业上市公司的第一大股东。

2005年12月,上房集团实施重组,除特种用房管理公司、中华企业及金丰投资两家上市公司以外,通过改制,其他7家子公司全部从原有国有企业体制剥离,共计4 000余人离开原国有体制。2010年,上房集团改制为上海房地(集团)有限公司,改制后的上房集团是一家以房地产为主营业务的综合性投资开发企业,地产集团持股100%。2010年12月,中华企业以收购方式受让地产集团持有的上房集团40%的股份;2013年7月,中华企业继续以收购方式受让地产集团持有的上房集团60%的股份,完成对上房集团100%股权收购,成为上房集团唯一股东。

虹桥开发区、闵行开发区于1983年启动建设,1986年经国务院批准成为国家级开发区,分别由上海虹桥经济技术开发区联合发展有限公司(以下称"虹联公司")和上海闵行联合发展有限公司(以下称"闵联公司")负责开发建设和经营管理。虹联公司、闵联公司直接由市建交委进行管理。2004年12月,经上海市外委批准,虹联公司和闵联公司的资产划归地产集团;2010年1月,经市政府批准,虹联公司、闵联公司的行政关系划转地产集团,纳入上海市国有资产监督管理委员会系统管理。

2004年2月,上海市委组织部召开国资党委归口党的工作交接专题会,地产集团党委归口由市建设党委改为市国资委党委。2004年,地产集团由市建交委领导改为市国资委领导。

表1-1-1 2002—2012年地产集团历任行政组织领导班子一览表

序号	姓名	职务	任职时间
1	皋玉凤	董事长	2002年11月—2012年12月
2	余 力	副董事长	2008年11月—2012年12月
3	张阿根	监事会主席	2005年3月—2008年5月
4	白文华	总 裁	2002年11月—2009年5月
5	张建晨	总 裁	2009年5月—2012年12月
6	沈正超	副总裁	2002年11月—2009年9月
7	黄 进	副总裁	2005年8月—2010年11月
8	陈晓平	副总裁	2008年11月—2012年12月
9	辛继平	副总裁	2009年12月—2012年12月
10	薛 宏	副总裁	2010年3月—2012年12月
11	蔡顺明	副总裁	2010年7月—2012年12月

第三节　组建市土地储备中心

进入20世纪90年代,上海城市建设的大发展使城市用地需求不断增加,土地批租形式突破了传统的土地行政划拨方式。为了规范新形势下的土地使用制度,1996年年底,市房屋土地管理局成立"土地收购、储备、出让机制研究"课题组,并在这一研究成果的基础上,市房屋土地管理局成立"上海土地发展中心"二级事业单位,成为专事土地储备的机构。

作为全国第一家土地储备机构,上海土地发展中心对城市土地的合理开发、利用,在运作机制和管理制度方面进行探索和实践,初步形成了一套从土地征收、安置、储备到出让供地的规范程序,为上海后续的土地储备机制和制度的建立奠定了基础。

2002年11月,上海地产集团成立,市房地局将下属的"上海土地发展中心"划入地产集团。为了贯彻落实市政府提出的"新集团的成立,要增加政府对土地市场的调控能力,确保土地出让中的政府收益,为完善土地储备机制、改进土地供应制度而努力"的要求,2004年4月市政府发文,将原划入地产集团的下属单位"上海土地发展中心"更名为"上海市土地储备中心",专事上海的土地储备工作,使上海有了土地储备的统一平台;任命地产集团董事长为市土地储备中心主任,行使"上海地产集团"与"市土地储备中心"两块牌子一套班子的运作模式。

2009年下半年,市政府专题会议决定:黄浦江两岸的土地储备、虹桥综合交通枢纽地区的土地储备和世博土地储备归口市土地储备中心统一管理,市土地储备中心分别设立申江两岸、虹桥开发、世博土地储备专户,对各系统业务单独管理。

第二章 地产集团和市土地储备中心组织构架及产业定位

第一节 组织构架

上海地产(集团)有限公司是对上海建设系统国有房地产企业进行整合基础上成立的国有企业集团公司。地产集团成立之初由国资授权、上海国有资产经营有限公司和上海大盛资产有限公司等三方作为股东，成立由皋玉凤为董事长，白文华、沈正超、祝世寅、熊亦桦为董事的董事会。公司注册资金共42亿元人民币。其中国资授权占88.1%；上海国有资产经营有限公司占9.52%；上海大盛资产有限公司占2.38%。地产集团隶属市国资委领导。

2002年地产集团组建时，按照《公司法》的法人治理结构，成立由国资授权、上海国有资产经营有限公司和上海大盛资产有限公司三方股东派员组成的董事会，每年召开一次董事会，研究制定集团的发展目标、重要人事任免及有关重大经营活动，并由地产集团经营班子向董事会汇报工作执行和落实情况。

2005年2月11日，市委、市政府发文任命张阿根为地产集团党建督察员、监事会主席，负责对集团的党建、财务和经营等情况进行督察、监督。

2009年年底，经市国资委批准，上海国有资产经营有限公司和上海大盛资产有限公司所占股份全部退出，地产集团调整为国有独资公司。地产集团以党政联席会讨论和决定重大、重要事项，由领导班子成员分工负责落实联席会议的各项决策，监事会主席通过建立地产集团下属各企业监事长工作网络，对企业的经营进行监督，并通过二级企业的调研以及专项(投资项目管理、审计整改、融资担保、职工持股会等)督查等，向地产集团提出建议和意见、向国资委撰写监事会工作报告和监督评价报告，强化企业外部监督力量，完善法人治理结构，建立代表国有资产出资人行使监督职能的有效平台。

2002年，地产集团组建时授权经营的国有资产主要包括：上海中星(集团)有限公司、上海闵虹(集团)有限公司、上海房地(集团)公司等国有资产。经过10年发展，地产集团辖有7家具有国家房地产开发一级资质的企业，以及闵行开发区、虹桥开发区两个国家级开发区管理公司。地产集团的主要成员企业包括中星集团、中华企业、金丰投资、上房集团、闵联公司、虹联公司、住房置业担保公司、滩涂造地公司、资产管理公司、保障房公司、酒店管理公司等。

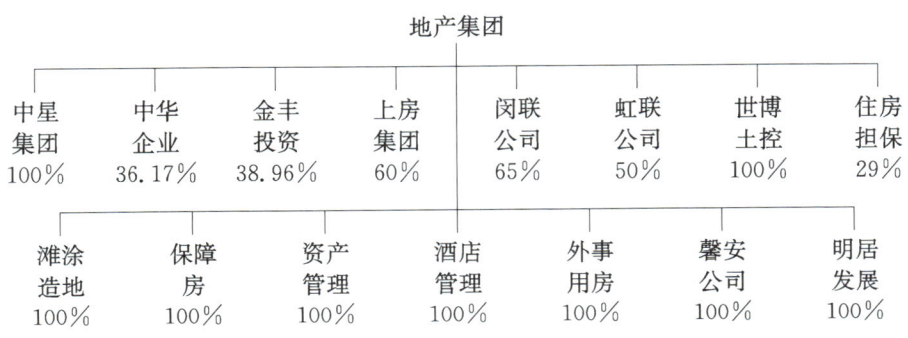

```
                          地产集团
  ┌──────┬──────┬──────┬──────┼──────┬──────┬──────┬──────┐
  中星    中华    金丰    上房    闵联    虹联    世博    住房
  集团    企业    投资    集团    公司    公司    土控    担保
  100%   36.17%  38.96%   60%    65%     50%    100%    29%
                   ┌──────┬──────┬──────┼──────┬──────┬──────┐
                   滩涂    保障    资产    酒店    外事    馨安    明居
                   造地    房      管理    管理    用房    公司    发展
                   100%   100%    100%    100%    100%    100%   100%
```

图 1-2-1　2012 年地产集团下属企业

说明：图中百分比是指地产集团所占股份百分比。

```
                    董事会
                      │
                    监事会
                      │
                    经营班子
    ┌────┬────┬────┬────┬────┬────┬────┬────┬────┬────┬────┐
   行   党   人   综   资   投   财   监   规   法   资   滩   土   土
   政   群   力   合   产   资   务   察   划   律   金   涂   地   地
   管   工   资   管   管   管   管   审   管   事   管   管   储   储
   理   作   源   理   理   理   理   计   理   务   理   理   备   备
   部   部   部   部   部   部   部   部   部   部   部   部   一   二
                                                           部   部
```

图 1-2-2 2012年地产集团部门组织结构

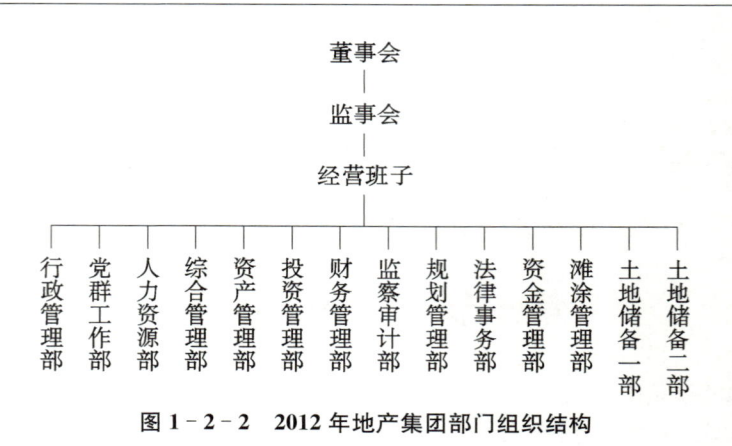

第二节 产业定位

2002年11月5日,市政府在《关于同意组建上海地产(集团)有限公司并实行国有资产授权经营的批复》中,规定地产集团的主要任务是：一是建立政府主导型土地储备供应机制,增强政府对土地市场的调控能力,改进土地供应方式,保证城市总体规划和土地利用总体规划的实施。通过市场运作机制,进行土地开发,实现土地增值,确保土地出让中的政府收益。二是推进具有房地产、住宅管理职能的政府部门政企分开,并组织和实施其所属房地产企业国有存量资产盘活,实现房地产企业中国有资本退出,增强土地储备能力。三是落实市政府关于上海市滩涂资源开发利用的有关要求,根据授权,代表市政府实施滩涂资源管理,将土地运作与滩涂围垦搭桥,统一平衡,实行滩涂围垦、土地储备、土地开发的良性循环、滚动发展。四是承担市政府涉及旧区改造、重大工程配套商品房建设等交办任务。

2004年4月,上海在全国率先成立上海市土地储备中心,形成与地产集团"一套班子,两块牌子"的组织构架。2004年6月,上海市政府颁布第25号令《上海市土地储备办法》。《上海市土地储备办法》规定,市土地储备中心作为市政府指定的土地储备专业机构,依据土地利用总体规划、城市规划和土地储备计划,对依法征用、收回、收购或者围垦的土地,先通过实施征地补偿安置、房屋拆迁补偿安置或者必要的基础性建设等方法,进行土地动迁、平整的前期开发,使之成为即可使用的熟地予以存储,再按照土地供应计划,将供应地块在市场通过"招拍挂"的公开、公平、透明的竞争进行出让,所得利润在扣除土地储备的成本开支和管理费后,全部纳入政府的土地储备专项资金。

经过10年发展,地产集团在市政府的指导下和市场竞争的实践中,逐步理清企业行为和政府职能的关系,不仅在组织构架上建立地产集团和土地储备中心两套系统,而且在业务内容上也对两者进行明确的界定,使地产集团和市土地储备中心的两项主业都得到发展：地产集团逐步确立了六大产业定位目标,即"土地储备主渠道、旧区改造主力军、土地占补平衡指标主要来源、保障性住房建设的主要骨干和示范、国有房地产企业的引领和主导、国家级开发区建设管理",主营业务增加了参与旧区改造,廉租房、经济适用房、配套商品房投资建设,房地产开发、经营,实业投资和物业管理等,不仅拓宽了业务领域,同时也提高了企业队伍的素质。市土地储备中心协助政府主管部门,建立政府主导型土地储备供应机制,构筑全市的土地储备管理平台,通过单独储备和市、区土地储备中心联合储备的方式,基本实现了土地储备"一个龙头进水、一个池子储水、一个渠道出水"的管理方式,增强了政府对土地市场的调控能力,推进了城市总体规划和土地利用总体规划的实施。

第三节 地产集团与土地储备中心关系

地产集团在2002年成立时,市政府在关于组建上海地产(集团)有限公司的批复中,对地产集团的工作有明确规定,其中不仅有企业的市场经营功能,也包括部分政府的管理职能。为全面落实"政企分开"的改革措施,进一步发挥政府对土地的管理功能、增强地产集团的市场化运作能力,市政府于2004年4月,将从市房地产局划入地产集团的原"上海市土地发展中心"更名为"上海市土地储备中心",任命地产集团董事长为"上海市土地储备中心"主任。2004年6月,市政府颁布《上海市土地储备办法》,规定市土地储备中心代表市政府专事土地收购储备和滩涂资源投资管理,将政府职能从地产集团职能范畴中剥离,与地产集团实行一套班子、两块牌子、两套业务系统、两本财务账册的构架管理方式,两者在业务上严格实行政、企分开,房地产开发业务与土地储备工作在内容上泾渭分明,各自定位清晰。市土地储备中心是事业法人、市政府土地储备机构,其主要职责是:编制土地储备计划方案;报批实施土地储备立项和用地手续;滩涂资源开发投资管理;储备地块出让准备交接工作;土地增值收益纳入政府财政的土地储备专户。地产集团是企业法人、土地储备运作载体,主要职责是:对授权经营的国有资产履行监管职责,对成员企业改革改制工作指导协调;受土地储备中心委托,进行储备地块的前期开发和临时管理,进行重点地块规划方案征集和动迁的配套商品房筹措。各自的操作内容是:上海市土地储备中心所收储土地一律由政府管理部门收回,市土地储备中心的业务则按照政府规定的程序闭环运行,收储土地推向市场所取得的收益全部归政府土地储备基金;地产集团受土地储备中心委托,进行收储土地的前期开发,收取管理费用,所属房地产企业所购房地产开发土地一律在土地市场进行招拍挂取得,其业务完全在市场竞争的环境中进行。

2006年年底,国家土地管理政策及土地储备规范文件出台后,为更好地划清政府行为与企业行为的界限,2008年年初,地产集团(市土地储备中心)进行了部门内部调整,在账务分开独立核算的基础上,增设了专事土地储备财务的"资金部",负责政府土地储备的资金及业务来往。土地储备业务与地产集团经营业务的两套体系机构分离,使各自更具独立性,地产集团与市土地储备中心的关系也更加明晰:一是地产集团受市土地储备中心委托,作为土地储备前期开发运作载体,进行储备土地前期开发;二是地产集团受市土地储备中心委托,对滩涂资源开发实施建设管理;三是市储备中心承担市政府涉及旧区改造、保障性住房开发建设及有关历史遗留问题处理等交办任务;四是地产集团负责对授权经营的房地产企业进行监管,促进国有资产保值增值,盘活存量资产。

2009年下半年,根据市政府关于上海市市级土地储备管理体制调整工作的专题会议纪要,黄浦江两岸的土地储备、虹桥综合交通枢纽地区的土地储备和世博土地储备归口市土地储备中心统一管理,市土地储备中心分别设立申江两岸、虹桥开发、世博土地储备专户。同时,将市国资委持有的申江公司18%股权划转地产集团,市城投总公司持有的上海世博土地控股有限公司33%股权转让给市土地储备中心,申江公司、申虹公司、世博土控公司分别受市土地储备中心委托,承担规划区域内的土地前期开发工作。

通过调整,市政府将上海特定区域的土地储备纳入全市的统一平台管理,形成以地产集团为主，以出资关系联结世博土控公司、申江公司、申虹公司等专业化土地前期开发公司的管理模式，统一市级层面土地储备的运作平台和管理机制，为规范上海市土地储备机制运作、进一步发挥土地储备在土地供应及土地市场调控中的作用、推动土地储备可持续发展奠定了基础。

第二篇 地产集团（市土地储备中心）主业

概 述

地产集团经过 10 年发展，主业的具体内容有 8 个方面：进行土地储备及前期开发；参与城市的旧区改造；进行滩涂造地的建设与管理；进行保障性房地产开发；进行市场性房地产开发；进行房地产的流通和服务；进行国家级开发区的建设和管理；推进受委托国有资产的保值增值。

市土地储备中心作为市政府专业的土地储备机构，主要工作是开展土地储备、旧区改造以及滩涂造地等。市土地储备中心完成了政府下达的各项指令和任务：收储各类土地 6 036.78 公顷，按照规定程序出让土地 3 300.82 公顷，总金额约达人民币 1 217 亿元；参与旧区改造项目 29 个，动迁居民 43 800 户，涉及土地面积 170 公顷，总投入约人民币 853 亿元（其中，市土地储备中心投入 512 亿元）；在上海开展滩涂促淤项目 44 个，促淤面积 85 万亩，圈围面积 33 万亩，成陆土地 26 万亩。地产集团对涉及国家利益和群众权利的事项，认真按照政策要求严格把关，做到保护群众合法权益和维护国家应得利益两不误，既落实政策、关注民生，确保社会稳定，又负责任地守住政府钱袋子，防止国资流失。

地产集团积极参与市场竞争、拓展房地产主业，为不断提高经济效益，整合企业产业结构，确保国有资产的保值、增值，在国资委系统的创利排行榜上，多年名列前茅。同时，集团发扬国有企业的优势和传统，努力服务社会、关注民生，特别是在政府倡导的保障房建设中，积极发挥自身主动性，舍弃集团利益、贡献社会效益的大局观，受到市领导和同行的赞扬。

第一章 土地储备

进入20世纪90年代,改革开放以浦东开发为标志,上海的社会和经济进入大发展时期。随着改革开放政策的推进和土地批租形式的运用,上海各区的房地产开发项目剧增,城市建设用地需求量不断加大。鉴于土地的稀缺性和不可再生性,市政府从上海的可持续发展着眼,将土地资源的保护和开发利用列入政府工作的重要议事日程,并积极探索建立土地储备制度,努力实现土地的最大使用价值,以服务于上海社会、经济和城市的发展需求。

土地储备工作一般要经过储备土地、前期开发及土地出让三个过程。"储备土地"是政府有关部门依据城市发展规划需要,划出规定用途的地块进行储备;"前期开发"是政府委托专门企业,对储备地块上的居民、企业进行动迁,并配合政府部门落实储备地块的规划指标参数,使之达到"净地"的标准;"土地出让"是政府管理部门通过公开挂牌招投标的办法,在土地市场出售储备地块使用权,以实现国有资产的保值和增值。

第一节 土地储备制度的建立和发展

土地使用制度是决定国家土地资源配置的一项根本性制度。改革开放之前,国家的土地资源实行以行政划拨、无偿及无限期使用为特征的计划经济的配置方式。改革开放打破了传统的思维方式和管理模式。1988年上海成功进行虹桥开发区26号地块土地使用权的招标出让,标志着上海土地使用制度进入改革的新时期。随后在20世纪90年代初的浦东开发中,市政府批准设立陆家嘴、外高桥、金桥和张江开发区。政府将开发区内土地批给指定的开发企业,按照"统一规划、统一配套、分期征地、分批出让"的原则,实施成片开发。完成开发后,以熟地(七通一平)的方式出让土地使用权,政府则收回土地收益。这种方式为后续建立土地储备机制提供了宝贵的经验。

随着土地使用制度改革的不断深入,房地产市场持续活跃,上海在土地出让中也出现总量失控、多头供地、收益流失以及程序不规范等问题。面对新情况,市政府审时度势、及时总结,在1996年6月进行"土地收购、储备、出让机制研究"的课题研究,大胆学习、借鉴国外"土地银行""土地储备制度"等成功经验,结合上海实际情况,将土地储备工作逐步带入规范化、制度化轨道。

上海土地储备制度的建立、发展和完善,大致可分为三个阶段:

一、探索(1996—2002年)

1996年年底,市房屋土地管理局在"土地收购、储备、出让机制研究"课题成果的基础上,成立"上海土地发展中心"。作为全国第一家土地储备机构的挂牌,标志着上海土地储备制度正式起步。上海土地发展中心是市房屋土地管理局下属二级事业单位,也是政府实施土地储备的专业机构,主要从事土地收购、储备工作,并协助政府出让储备土地。"土发中心"依据市场需求及资金能力,对依法征用、收回、收购或者围垦的土地,先通过实施征地补偿安置、房屋拆迁补偿安置或者必要的基础性建设等予以存储,再按照市场需求进行供地。

这一探索性实践,从机制上弥补了上海土地储备工作存在的不足。一是以往不成熟的供地方式得到改变:变"毛地"(地块上的房屋还未动迁)出让为"熟地"(地块房屋已动迁拆平)出让,即从以往由开发单位受让"毛地"后还要负责动迁变为由政府提前收储动迁;进行前期开发后,以熟地出让,维护了社会稳定和被动迁人的利益。二是原先"多头供地、竞相跌价"造成的国资收益流失状况得到杜绝,即由政府出资收储土地后统一进行"招拍挂",将土地出让中的利差收归政府,使国有资产得到保值、增值。三是政府对土地市场的调控能力得到了强化,即土地出让必须由政府统一计划、批准,改变了供地无序、总量失控和市场起伏不稳的情况发生。四是按照"二级政府、三级管理"的操作模式,调动了两级政府积极性:全市各区都建立了土地储备机构,都具有土地储备职能,对于个别的特殊地域,市政府还特批了6家具有土地储备职能的部门,即浦江两岸开发办、世博土控、虹桥综合交通枢纽、金山化工区、临港开发办及长兴岛开发办等。上海初步形成了16(各区储备中心)+1(市土地储备中心)+N(政府特批的土地储备部门)的土地储备格局,由市规土局、市发改委对它们上报的土地储备计划进行统一审批。

二、发展(2002—2009年)

2002年11月,上海地产(集团)有限公司成立,市政府将市房屋土地管理局下属的"上海土地发展中心"划入地产集团。市政府对地产集团的要求是"新集团的成立,要增强政府对土地市场的调控能力,确保土地出让中的政府收益,为完善土地储备机制、改进土地供应方式而努力"。

2004年4月,市政府发文将原划入地产集团的下属单位"上海土地发展中心"更名为"上海市土地储备中心",并任命地产集团董事长为市土地储备中心主任,与上海地产集团两块牌子、一套班子运作,使上海有了土地储备的统一平台。2004年6月7日,市政府召开市政府专题会议,审议通过了《上海市土地储备办法》。《上海市土地储备办法》明确土地储备是政府行为,建立土地储备制度的作用是增强政府对土地市场的调控力度,通过土地的收购、收回、储备和有计划地投入市场,既充分合理地利用土地资源,也保证城市规划的有效实施;同时,完善土地供应方式,将现行国有土地使用权的"毛地出让"转变为"熟地出让",增加成本的透明度,平衡政府对土地的收入和增值收益。同年8月,市政府颁布了《上海市土地储备办法》,对上海土地储备的职能定位、机构设置、储备范围、储备程序、补偿安置及地块供应等都作了具体的规定。

2009年10月,市规土局颁发《关于开展本市各区(县)土地储备规划编制工作和调整优化土地储备计划管理的意见(试行)的通知》,对土地储备加强了规划的制定和计划的落实,在摸清土地储备资源和需求的基础上,根据上海土地利用总体规范和城市总体规划的要求,综合分析宏观政策、资金平衡、指标调控、拆迁难易、控规覆盖等多种因素,合理确定中期、近期土地储备地块,然后再下达储备计划,从而将土地储备纳入上海城市发展的总体部署之中,进一步加强土地储备的计划指导性和可操作性。

三、完善(2009—2012年)

为了使土地储备工作在法规上进一步健全、机构上进一步完善、程序上进一步规范、操作性进一步加强,2009年下半年,根据市政府《关于本市土地储备管理体制调整工作》专题会议纪要及有关文件,上海土地储备管理体制作出调整:将政府特批的土地储备部门的职能划归市土地储备中心,即将申江两岸公司承担的黄浦江两岸开发的土地储备职能、上海世博土地储备中心承担的世博区域土地收储职能和虹桥综合交通枢纽地区(虹桥商务主功能区)的土地储备职能都纳入市储备中心统一管理,市储备中心分别设立三家公司的土地储备专户。三家公司储备职能纳入市中心后,新增的土地储备项目将以市土地储备中心的名义上报年度土地储备计划,各公司作为实施主体具体操作。另外,各区政府和由市政府批准的特殊地域土地储备分中心(金山化工区、临港区和长兴岛分中心)的土地收储项目,在市规土局编制三年土地储备计划时,由各自根据自己区域规划、资金平衡情况等提出需要进行储备的计划,上报市规土局审批,由市规土局下发三年计划,后续各区及分中心将适时根据三年储备计划制定每年实际开始收储的项目。

2011年1月21日,国务院第590号令,发布《国有土地上房屋征收与补偿条例》,在国家层面加强土地储备工作的制度建设,从法规上规范完善土地储备动迁的程序,加强政府对房屋征收及补偿的管控和监督,保障被征收房屋所有人的合法权益,从而使土地储备工作更制度化、程序化和透明化。2012年11月16日,国土资源部颁布《关于加强土地储备与融资管理的通知》,以建立国土资源部土地储备名录的办法,规范土地储备机构的管理,清理地方政府融资平台,并通过强化土地储备计划、规范储备融资行为、严格储备资金管理及加强储备土地前期开发和管理等措施,使政府的土地储备工作在法制化、规范化的轨道上运行。上海市政府在中央政策的指导下,根据上海土地储备的实际情况,采取市级土地储备机构归并,强化储备计划管理,严格储备资金管理,加强成本认定、过程监管和后期审核等措施,使土地储备制度得到进一步完善,从而建立起较完备的政府主导型土地储备及土地供应机制,基本形成"一个渠道进水、一个池子蓄水、一个龙头放水"的管控模式,使上海土地储备进入有序发展的新阶段,也为上海最大批量的大型居住社区土地储备工作发挥了积极的推进作用。

第二节 土地收储项目

一、大型居住社区土地储备项目

大型居住社区土地储备项目是上海市政府为贯彻中央关于建立健全住房保障体系的部署、加强政府对房地产市场的调控能力、健全本市住房保障体系、促进房地产市场平稳发展、改善人民群众居住条件而进行的一项工作。2010年4月,市政府发布《关于推进本市大型居住社区土地储备工作若干意见的通知》,成立由分管副市长为组长,市规土局、市土地储备中心领导为副组长,市政府各有关部门及相关区政府组成的"市大型居住社区土地储备工作领导小组",按照"以区为主、市区联手、全面锁定、先储后建、合理配比、适时投放"的原则,批准了市规土局和市土地储备中心提出的建设大型居住社区的23幅、约105平方公里的开发项目,并对近期可储备的成熟地块13幅予以确认(后由于川沙地块不具备条件,暂缓开发,改为12幅开发地块)。在2012年年底和2013年年初,市政府专题会议又分别确认了嘉定黄渡(一期)、松江南部站和金山亭林(一期)等基地的开发。

市土地储备中心于2010年6月启动12幅基地,2013年4月启动3幅基地,后续又启动1幅基地的收储工作(简称"12+3+1土地收储")。16幅基地共需收储资金约为1 292.59亿元,其中市储备中心承担约623.63亿元,各区储备中心承担约668.96亿元。前12幅基地从2010年6月启动,截至2012年年底,农民动迁平均签约率为95%,腾地率为93%;单位动迁平均签约率为92%,腾地率为70%。截至2012年年底,后续启动4幅基地土地的储备计划、立项、收储合同等相关工作均已完成,进入全面启动阶段。前12幅基地已供保障房(经适房及市属动迁房)用地约5.6平方公里,剩余可供保障房用地约3.55平方公里。所收储的土地中,采用出让方式供地的农民安置房和市属动迁房,应出让金总额约为200亿,已基本收回;采取划拨方式供地的经适房地块应收土地款约162亿元,已收土地款约71亿元,占比44%。

表 2-1-1　2010—2013 年 16 幅大型居住社区情况表

序号	项目名称	收储面积(公顷)	收储资金(亿元)	市中心承担(亿元)	投资比例
1	宝山罗店基地	556.21	100.12	40.05	市40%∶区60%
2	奉贤南桥基地	938.20	168.88	84.44	市50%∶区50%
3	嘉定城北基地	418.40	75.31	30.12	市40%∶区60%
4	嘉定云翔拓展基地	208.90	37.60	18.80	市50%∶区50%
5	青浦新城一站	495.20	89.14	35.65	市40%∶区60%
6	青浦华新拓展	189.30	34.07	13.63	市40%∶区60%
7	浦东航头基地	224.50	40.41	20.21	市50%∶区50%
8	浦东惠南基地	504.70	90.85	45.42	市50%∶区50%
9	闵行浦江基地	405.40	72.97	36.49	市50%∶区50%
10	闵行马桥基地	273.00	49.14	19.66	市40%∶区60%
11	松江泗泾南拓展	291.80	52.52	21.01	市40%∶区60%
12	松江佘山21丘	574.30	103.37	51.69	市50%∶区50%
13	南部站基地一期	1 100.00	198.00	99.00	市50%∶区50%
14	黄渡基地一期	135.00	24.30	14.58	市60%∶区40%
15	亭林基地一期	44.22	6.63	3.32	市50%∶区50%
16	顾村拓展基地	840.00	149.28	89.57	市60%∶区40%
	总　计	7 199.13	1 292.60	623.63	

二、市政府交办的土地收储项目

上海市土地储备中心自2004年成立至2012年以来,收储的市政府交办项目共有71项,其中可分为两种类型:市重点项目需要的土地、支持国有企业改革改制的"退二进三"(退出第二产业,进入第三产业)土地;市政府在协调建设项目中需要储备的土地。

【收储市重点项目地块】

海事大学地块项目　市政府为支持上海海运学院搬迁至临港新城新校区,于2003年11月,市政府办公厅所发的协调意见明确提出:"由上海地产集团按每亩600万元的土地价格(包含土地出让金)收购买断上海海运学院现有校区土地,并负责该地块的置换运作。"

该地块位于浦东新区浦东大道1550号,收储范围为东至民生路、西至桃林路、南至商城路、北至浦东大道,属国有土地,项目为市储备中心单独实施土地储备。该土地收储面积约为21.87公顷,收储单价为738.42万元/亩,根据2011年1月24日市土地储备中心与海事大学签订的《浦东大道1550号地块国有土地使用权收购补偿补充协议》约定,该地块收储总价为24.22亿元。2011年7月,该地块完成土地出让工作,规划用途为居住、商办等,土地出让总价为45.18亿元。

花木龙阳路地块项目　根据市政府2003年12月17日召开的关于浦东新区若干地块开发工作专题会议精神,上海地产集团于2004年经浦东新区有关部门批准,取得收储开发花木龙阳路地块的立项、规划选址和征地批复,随后按照理顺上海地产集团与市土地储备中心关系的要求,将储备主体调整为市土地储备中心。2005年1月,经市、区土地储备中心协商,决定该地块由市、区两个土地储备中心联合储备,出资比为市土地储备中心70%、区土地储备中心30%。

龙阳路南侧储备地块的收储范围为东至罗山路、南至王家浜、西至沪南公路、北至龙阳路,规划用地总面积为98公顷(折合1 470亩),收储总价为26.5亿元,市土地储备中心承担18.55亿元,区土地储备中心承担9.95亿元。该地块动迁农民1 042户、动迁单位200家,截至2013年,动迁工作已进入扫尾阶段。2012年2月,市规土局批复了该地块的储备计划,2013年6月,市发改委批复了该地块的投资估算。根据上报的控规计划,储备地块规划开发总量为232.5万平方米,以商办为主,综合容积率为2.4。

祝桥南噪音基地项目　市政府为解决浦东机场南侧祝桥地区噪音影响周围居民正常生活问题,市发改委提出《关于浦东机场南侧规划地块解决方案有关情况和意见的请示》,经市领导批示同意,由市、区储备中心联手对该地块进行收储,居民住宅另行安置。

噪音基地收储范围为规划浦东铁路以东、机场护场河以南、人民塘以西、马家路港以北,土地储备面积为218.06公顷。根据立项批复意见,该地块收储总价约为17.78亿元(折合收储单价为54.37万元/亩)。市、区出资比例50%:50%,市、区中心各自需承担8.89亿元。项目经过储备计划、立项的审批工作,基地内动迁工作已完成。该地块规划用途为仓储用地,如按出地率50%计算,该地块出让土地前期成本约为108.74万元/亩(未含财务成本)。

上海国际旅游度假区项目　建设上海迪士尼项目和上海国际旅游度假区是经国务院批准的上海重点项目,于2011年4月正式开工。当年9月,市政府专题会议纪要决定:"度假区范围内的土地实行市、区联合储备、资金统一平衡。在核心区一期建设用地3.9平方公里由浦东新区出资完成储备的基础上,核心区二、三期建设用地9.1平方公里、核心协调区2.6平方公里由市土地储备中心出资储备,委托浦东新区实施征地动迁。"

上海国际旅游度假区收储面积总计约2 500公顷,核心区一、二、三期及南部协调区2.6地块的收储工作完成:

核心区一期地块收储范围为东至唐黄路、南至航城路、西至S2高速公路、北至核心区北侧围场河,土地收储面积为412.3公顷(折合6 185亩),收储总价为56亿元,市、区出资比例为50%:50%,市、区中心各自需承担28亿元。该地块已全面完成土地收储工作,并已完成供地273公顷,签订供地协议7份,涉及地块数46幅,协议总金额59.4亿元。经测算,核心区一期地块收储资金基本平衡。

核心区二、三期地块收储范围为东至唐黄路,西、北至上海国际旅游度假区核心区一期地块,南至航城路,土地收储面积为354.7公顷,收储价格以120万元/亩进行包干,收储总价为63.8亿元,市、区出资比例为50%：50%，市、区中心各自需承担31.9亿元。核心区二、三期地块应动迁居民1 194户，已完成签约1 169户，占比97.9%；应动迁单位176家，已完成签约120家，占比68%。该地块作为迪士尼项目配套储备。

核心协调区南部2.6地块收储范围为东至唐黄路、南至周邓公路、西至A2高速公路、北至航城路，土地收储面积约为230公顷（折合3 450亩），收储价格暂以120万元/亩进行包干，收储总价为41.4亿元，市、区中心出资比例为50%：50%，市、区中心各自需承担20.7亿元。该地块作为项目配套储备。

崇明东滩储备项目　为推进崇明东滩的开发，市政府领导于2011年7月批准了市发改委《关于上实东滩开发三年行动计划有关情况和建议的报告》，其中提出："按照开发建设进度，对东滩可出让经营性地块由市土地储备中心分期收储，具备出让条件后按招、拍、挂方式实施出让。"

崇明东滩生态城启动区位于上实东滩园区南端，规划面积12.5平方公里，集中建设区用地面积5.92平方公里。根据市政府专题会议精神，明确由市土地储备中心以单独土地储备的方式对东滩生态城实施收储，确定土地收储总价66.11亿元、收储单价77.37万元/亩，明确资金平衡机制、收储资金拨付方式等。按照东滩生态城的开发建设进度，需先行实施东滩生态城养老社区一期地块土地储备。一期土地收储面积为48.89公顷，包括养老社区、市政基础设施等。

中船长兴造船基地二期工程项目　中船长兴二期工程是列入国家《船舶工业中长期发展规划》的重点项目。2011年9月，市政府《市府专题会议纪要》明确提出："请市土地储备中心研究提出中船长兴二期工程土地储备方案，并按照市政府确定的65万/亩包干单价，以及市有关部门确定的土地征收储备范围，抓紧办理土地储备手续。"

中船长兴二期项目收储范围为长兴镇跃进港东侧、规划江南大道（原凤丰东路）南侧、长江北岸，收储土地总面积为502.89公顷。该项目为市土地中心单独实施土地储备。2012年3月，市土地储备中心与崇明县政府签订包干协议，包干总额为49.03亿元，由崇明县政府负责实施征地动迁工作，长兴开发办负责动迁安置房建设工作，并与崇明县签订建设动迁安置房的回购协议。

武警政治学院地块项目　上海市政府为支持武警政治学院的搬迁工作，于2012年10月召开专题会议所发的《上海市政府、武警政治学院专题会议纪要》中提出："请上海市土地储备中心按照23.73亿元的地块评估价作为收储价格，对武警政治学院现校区土地进行收储。"

武警政治学院位于宝山区岭南路1010号，土地收储面积为17.330 5公顷，规划为居住用地，用地面积为10.578 1公顷，容积率不大于2.0，可开发住宅面积为21.15万平方米。经评估公司评估及市发改委认定后，该地块收储总价为23.73亿元（折合楼板单价为11 217元/平方米），储备期约3年，财务成本及管理费为4.45亿元，合计收储成本约28.18亿元，该项目为市储备中心单独实施土地储备。

表2-1-2　2009—2013年市政府重大项目收储地块表

序号	地块名称	所属区县	收储面积（公顷）			投资情况（万元）		
			总面积	国有	集体	投资总额	市中心投资比例	市中心投资总额
1	海事大学地块	浦东	21.87			242 200	100%	242 200
2	花木龙阳路南侧地块	浦东	98.00	98.00	0.00	265 000	70%	185 500

〔续表〕

序号	地块名称	所属区县	收储面积(公顷)			投资情况(万元)		
			总面积	国有	集体	投资总额	市中心投资比例	市中心投资总额
3	祝桥噪音基地	浦东	218.00	6.00	212.00	177 833	50%	88 917
4	迪士尼一期	浦东	412.00	412.00	0.00	560 000	50%	280 000
5	迪士尼二、三期	浦东	355.00	355.00	0.00	638 000	50%	319 000
6	迪士尼协调区南部	浦东	230.00	230.00	0.00	414 000	50%	207 000
7	上实东滩一期	崇明	48.00	48.00	0.00	56 739	100%	56 739
8	中船二期主体工程	崇明	563.71	0.00	563.71			
9	中船二期带征规划河道、绿化	崇明	26.88	0.00	26.88	490 300	100%	490 300
10	中船二期带征地	崇明	11.90	0.00	11.90			
11	武警政治学院	宝山	14.54	14.54	0.00	237 300	100%	237 300
	小计		1 999.9	1 163.54	814.49	3 081 372		2 106 956

说明：表格将市政府重大项目中的上海国际旅游度假区分解成迪士尼一期，迪士尼二、三期及迪士尼协调区南部三项；将中船长兴造船基地二期分解成中船二期主体工程、中船二期带征规划河道及中船二期带征地三项。

【收储国有企业改制地块】

2004年正值上海国企改革进入高潮期，竞争行业的小企业纷纷改制，但缺乏资金。根据市政府的要求，市土地储备中心通过土地储备平台，与一些国企集团公司进行协商，将企业分散在市区各处可进行置换的地块归拢打包，议定好总价格后一并收购储备。在为企业提供改制资金的同时，也避免了土地在流转中的国资流失。另外，市政府在协调建设项目中，借助市土地储备中心平台对项目土地进行收储，解决协调难题。

市土地储备中心收购物资集团、良友集团、环境集团、仪电集团、杨树浦煤气公司、上海铸管厂和公积金作价还贷等打包地块及协调建设项目地块共60幅，总面积达763.17公顷，成为市政府及国有企业值得信赖的置换平台。

表 2-1-3 2005—2013 年国有企业土地收储地块表

序号	地块名称	所属区县	收储面积(公顷)			投资情况(万元)		
			总面积	国有	集体	投资总额	市中心投资比例	市中心投资总额
1	龙华路400号	徐汇	1.82	1.82	0.00	6 818	100%	6 818
2	塘祈路78号	宝山	5.48	5.48	0.00	1 645	100%	1 645
3	上海铸管厂地块	宝山	7.80	7.80	0.00	10 149	100%	10 149
4	长江南路金家巷50号	宝山	6.67	6.67	0.00	10 000	100%	10 000
5	安亭曹安路25号桥南	嘉定	2.36	2.36	0.00	1 769	100%	1 769

〔续表〕

序号	地块名称	所属区县	收储面积(公顷)			投资情况(万元)		
			总面积	国有	集体	投资总额	市中心投资比例	市中心投资总额
6	方泰镇星明村	嘉定	1.89	1.89	0.00	568	100%	568
7	江桥丰庄村三队	嘉定	2.15	2.15	0.00	646	100%	646
8	环南一大道99号	浦东	5.63	5.63	0.00	5 065	100%	5 065
9	南洋泾路337号	浦东	0.85	0.85	0.00	2 299	100%	2 299
10	杨高路1900号	浦东	2.29	2.29	0.00	8 951	100%	8 951
11	徐泾镇	青浦	0.87	0.87	0.00	1 308	100%	1 308
12	山西宾馆地块	虹口	1.03	1.03	0.00	13 000	100%	13 000
13	总参三部罗店、刘行阵地	宝山	10.69	10.69	0.00	200 000	100%	200 000
14	川沙新镇部队迁建用地	浦东	20.00	20.00	0.00	133 683	100%	133 683
15	宝山精密钢管厂及钢管厂	宝山	7.33	7.33	0.00	46 085	100%	46 085
16	浦东机场北噪音基地一期	浦东	26.49	0.00	26.49	42 340	50%	21 170
17	定海121街坊	杨浦	11.59			104 520	100%	104 520
18	平凉路2060号(一毛厂)	杨浦	0.74			1 784	100%	1 784
19	凉州路613号(电工厂)	杨浦	2.06			7 534	100%	7 534
20	E18地块	浦东	2.19			8 619	100%	8 619
21	北蔡42街坊7宗	浦东	1.35			3 686	100%	3 686
22	曹行村地块(部分)	闵行	4.49			5 134	100%	5 134
23	古美五街坊	闵行	0.90			5 666	100%	5 666
24	顾村配套房基地	宝山	143.41			241 867	100%	241 867
25	衡山路12号	徐汇	1.08			39 335	100%	39 335
26	沪南公路1188号	浦东	5.89			23 079	100%	23 079
27	花木46街坊	浦东	1.11			49 890	100%	49 890
28	华泾地块	徐汇	19.98			33 132	100%	33 132
29	黄浦8-1	黄浦	5.73			247 207	100%	247 207
30	交通路纺织仓库	普陀	12.63			31 071	100%	31 071
31	金沙江路1500号	普陀	6.53			4 327	100%	4 327
32	垃圾山地块	徐汇	3.09			5 795	100%	5 795
33	龙华路1960号	徐汇	15.32			78 352	100%	78 352

（续表）

序号	地 块 名 称	所属区县	收储面积(公顷)			投资情况(万元)		
			总面积	国有	集体	投资总额	市中心投资比例	市中心投资总额
34	龙华路1970号	徐汇	4.54			23 835	100%	23 835
35	南站1-5号地块	徐汇	54.20			370 300	100%	370 300
36	彭浦十期C块(一期)	闸北	7.51			13 343	100%	13 343
37	彭浦十期C块(二期)	闸北	3.59			8 773	100%	8 773
38	三林古民居项目	浦东	48.39			160 649	100%	160 649
39	上粮八库	浦东	5.37			32 447	100%	32 447
40	上粮二库	普陀	26.75			69 069	100%	69 069
41	佘山天文台	松江	10.08			6 000	100%	6 000
42	长宁239街坊	长宁	4.87			38 020	100%	38 020
43	丹巴路565号	普陀	8.29			11 200	100%	11 200
44	同普路660号	普陀	1.29			4 244	100%	4 244
45	河间路744号	杨浦	0.54			1 954	100%	1 954
46	河间路788号	杨浦	0.93			3 358	100%	3 358
47	图门路18号	杨浦	0.99			3 559	100%	3 559
48	辽阳路66号	杨浦	0.87			3 125	100%	3 125
49	眉州路431弄220号	杨浦	0.46			1 659	100%	1 659
50	耀华路、周家渡后滩	浦东	1.74			5 224	100%	5 224
51	平塘路188、185、168号	长宁	2.05			7 222	100%	7 222
52	上粮十库	长宁	22.85			27 702	100%	27 702
53	老沪太路1105号	闸北	1.54			5 094	100%	5 094
54	罗山路1755号	浦东	3.58			4 296	100%	4 296
55	金张路3338号	浦东	11.80			21 059	100%	21 059
56	康博地热地块	青浦	34.41			4 993	100%	4 993
57	飞机制造厂	徐汇	5.13			7 995	100%	7 995
58	上南路	浦东	4.99			11 465	100%	11 465
59	ES4地块(HQ)	浦东	154.00			186 041	100%	186 041
60	光复路	闸北	0.97			14 700	100%	14 700
	小　　计		763.17	76.86	26.49	2 422 650		2 401 483

【农工商土地收储项目】

2001年，上海市政府为妥善处理原农工商(集团)总公司(以下简称"农工商")与银行及金融机构的债务问题,于 2001 年 2 月 13 日召开关于农工商集团债务处理操作问题的协调会议,确定了农工商以"5％用现金、95％用土地抵债""抵债土地 5 年后回购"的债务处理方案。当时"农工商"用于抵债的土地面积约为 18.73 万亩(其中向金融机构抵债为 16.87 万亩,向非金融机构抵债的土地为 1.86 万亩),每亩以 6.6 万元的价格分别转让给各债权银行,并办理相关权属变更手续,债务关系涉及近 20 家金融机构,共抵扣各类债务 120 多亿元。由于上述土地的用地性质为国有农业用地,各银行在处置上述土地时,因受政策条款限制无法实施土地权属交易。

为了解决农工商与金融机构之间历史遗留问题,2003 年 12 月,市国资委、市房地资源局上报市政府《关于调整农工商集团土地使用权归属的请示》,建议对农工商集团土地使用权归属作适当调整。2004 年 9 月,市发展改革委报市政府《关于加快处置"农工商"抵债土地有关情况的报告》,明确由市土地储备中心(当时文件明确是"地产集团",市土地储备中心成立后,由市土地储备中心代替"地产集团"作为抵债土地回购主体)代表市政府逐步回购农工商抵债土地。按照市领导关于加快处置农工商抵债土地的要求,市土地储备中心从 2004 年下半年起开展了农工商抵债土地的收购工作。由上海市土地储备中心收储的农工商抵债土地约 18 万亩,大部分分布于崇明北部的跃进、新海、红星、长征、东风、长江、前进农场以及崇明东部的前哨农场,总数约为 13 万亩。另外部分土地分布于奉贤的星火、燎原、五四农场以及南汇的朝阳农场、芦潮港农场,共约有 5 万亩。18 万亩的抵债土地基本农田超过 90％,其余为一般农田。因此,抵债土地进入储备后,流动性很差,将造成高额的储备财务成本,但储备中心仍按照市政府要求,有序推进农工商土地收储工作。

市土地储备中心以建行的华融资产管理公司作为收储工作的试点,双方经过多次洽谈,最终确认收购价格为每亩 4.8 万元,签约工作于 2004 年 12 月底完成。随即,市土地储备中心以此为样本,至 2012 年年底分别与光大银行、华融资产、建设银行、浦发银行、工商银行、兴业银行、上海银行、中国银行、申银万国、市财政局等十家单位签订了《国有农用地收购补偿合同》,共收购抵债土地 6.37 万亩,合同收购资金 30.5 亿元,已支付 28.14 亿元(其中市财政资金 25 亿元,市土地储备中心筹资 3.14 亿元),剩余尾款 2.36 亿元。上述收购的土地涉及 125 幅地块,其中 65 幅地块(4.21 万亩,占收购总面积的 66％)的权证已变更至市土地储备中心名下,其中的 3 500 亩已由储备中心管理经营,其余土地仍由农工商集团(现光明集团)管理经营。

表 2-1-4 农工商抵债土地地区分布表

分 布 地 区	面积(万亩)	所占比例(％)
崇 明	12.26	68.6
奉 贤	3.70	20.0
南 汇	2.10	11.40
合 计	18.06	100.00

表 2-1-5 农工商抵债土地债权机构分布表

债 权 机 构	面积(万亩)	所占比例(％)
浦发银行	3.20	17.40
农业银行	2.40	13.00

〔续表〕

债 权 机 构	面积(万亩)	所占比例(%)
长城资产	1.70	9.20
华融资产	2.36	12.80
上海银行	1.60	8.70
建设银行	1.30	7.10
中国银行	0.77	4.20
农信社	0.75	4.10
上国投	0.71	3.90
招商银行	0.36	2.00
交通银行	0.27	1.50
工商银行	0.18	1.00
其他金融机构	1.10	6.00
其他企事业单位	1.70	9.20
合 计	18.40	100.00

【市属配套商品房收储项目】

受房地产市场波动的影响，2006年下半年，上海配套商品房已开工建设的652万平方米住宅中，有340万平方米空闲未能使用，给建设单位带来很大的资金压力，并引发拖欠工人工资的社会稳定问题。2006年年底，市政府召开专题会议，决定由市土地储备中心将还未开工的建设基地纳入土地储备，暂不开工建设；对未搭桥使用的空置房屋实施收储转化。

按照市政府要求，市土地储备中心对市属配套商品房收储工作，主要分两个阶段进行。第一阶段是做"收储"工作，即由市土地储备中心按市政府文件规定，与建设单位未开工的基地签订《收储协议》，由市土地储备中心进行收储；第二阶段是做"转化"工作，即市土地储备中心根据房地产市场需求，将已收储项目向市房地资源局专题申请转化为普通商品房，经批准后，补交土地出让金，并委托中介机构实施销售。销售收入设专项账户独立核算、封闭运作。

2007年7月，市政府颁布《上海市市属配套商品房收储和供应管理暂行规定》，收储工作全面展开。截至2008年年底，市土地储备中心共收储宝山罗店、松江泗泾、闵行浦江新选址2号基地等3幅规划控制基地，土地面积380公顷；收储11个配套商品房项目，收储总建筑面积139.3万平方米，包括住宅136.8万平方米（共18 596套），经营性公建2.53万平方米及其地下车库。上述收储项目的住宅、经营性公建全部销售后，销售总额约为81.4亿元，扣除收储总成本60亿元和税金、代理费等支出，"专户"结余资金约10亿元，为下一轮的保障房建设奠定了基础。市土地储备中心在房地产市场波动的情况下，承担了社会责任，发挥了"储水池"的缓冲作用，减轻了政府的压力，为保障房的可持续建设发展起到了积极的作用。

第三节　储备土地前期开发

储备土地的前期开发,是土地储备工作的重要内容。政府在城区内按照规划要求划定的储备土地,开始一般是"毛地",即地块上还有居民的住宅、公司的办公楼或厂房。要使之成为可在土地市场出售的"净地",则要将该地块上的居民住宅、公司及楼房等进行动迁,基本实现场地平整达正负零零,达到可随时进行开工建设的标准。受市土地储备中心委托,承担的储备土地前期开发工作,是地产集团的一项重要主业,市土地储备中心收储的土地由地产集团负责进行前期开发。

储备土地前期开发主要有以下内容:

1. 对标的地块动拆迁需求状况进行前期摸底调查,核实动拆迁居民和企事业单位的具体数量、建筑物面积及他们的需求情况。

2. 根据调查结果提出动拆迁可行性方案,具体要包括动迁所需资金概算、动迁所需配套商品房概算及动迁进度计划、房源供应计划等内容。

3. 协助甲方(土地储备方)或受甲方委托办理标的地块储备立项手续、申请动拆迁许可文件等,包括:

(1) 以甲方名义与被动迁居民、企事业单位就动迁安置补偿等事宜进行谈判并签订动迁安置补偿协议;

(2) 根据甲方要求及动迁需求和进度,落实动迁配套商品房的筹措及相关工作;

(3) 根据标的地块上被动迁居民、企事业单位动迁进度以及标的地块出让计划安排及要求,对标的地块地上地下构建筑物实施拆除,对土地进行平整;

(4) 根据有关规划及市政配套要求,做好标的地块内基础设施的建设以及相关配套设施建设;

(5) 配合甲方与政府相关部门沟通协调,落实标的地块的规划指标参数,包括近期性编制单元规划、控制性详细规划等;

(6) 负责标的地块拆迁期间及动拆迁完成后正式出让前的安全、防台防汛等管理工作和临时利用;

(7) 配合标的地块出让,对标的地块周边土地与房产市场进行调查,并提供相关调查报告或市场分析报告。

前期开发涉及道路、供水、供电、供气、排水、通信、照明以及绿化等基础设施建设的,要按照专门要求落实到位。

地产集团承担的储备地块前期开发,是由集团出具管理费用,委托专业动迁公司实施操作。动迁公司按照动迁政策要求,具体与储备地块上的住户及公司进行协商谈判,并组织人员对旧房进行拆迁,实现"七通一平"的基础建设;集团主要是进行政策把握、控制资金总盘子和进度计划、按照进度掌控资金投入节奏、协调地区关系及相关业务衔接,以保证储备地块按计划进行收储。

第四节　土　地　出　让

上海市土地储备中心委托上海地产集团完成土地的收储工作以后,即按照政府要求进行土地出让,以收回土地收储成本。上海市土地储备中心自成立至2012年,共出让收储土地69幅,总面积达49 512.24亩,土地出让收益总额约达1 216.8亿元,全部上缴政府财政,由政府财政再返还市土地储备中心的收储成本。

按照市政府土地管理的规定程序,市土地储备中心在完成收储地块的前期开发后,制订收储地块出让计划上报市规土局,并委托出让地块所在区政府进行地块出让。出让地块计划在得到市规土局批准后,受委托的区政府在收回出让地块使用权的基础上,以区政府的名义将出让地块推到土地交易市场,土地交易市场在接收出让地块的相关出让资料、确认准确无误后,将其中的指标数据和主要内容,通过土地交易系统报市规土局审核。市规土局将审核后的指标数据、主要内容发送土地交易市场,土地交易市场据此编制出让文件、制定出让公告。然后,通过公告发布、现场勘查、组织答疑、受理投票申请及投票资格审查等操作程序,实施招拍挂交易操作,最后通过竞价确定中标者。土地出让所得款项全部划入市财政,市财政局在审核土地储备成本后,再将土地出让款划出成本金额后退还市土地储备中心。

2005年5月,市土地储备中心成立以后,首次将收储的"上粮八库"地块在完成前期开发后,通过市场拍卖形式,以5.75亿元的价格成交,实现土地收储、前期开发(动迁拆平)、供应市场、通过招拍挂竞标,实现土地出让,将出售所得款项上缴政府财政。

表2-1-6 2002—2012年市储备中心收储土地出让表

序号	地块名称	总供应面积(亩)	总供应金额(万元)
1	E18地块	32.83	60 876.61
2	北蔡42街坊7宗	20.29	7 152.37
3	北广场-东一东二	79.80	147 130.00
4	北广场-站前广场	108.15	17 011.00
5	曹行村地块(部分)	56.72	6 200.00
6	大桥109街坊铝材厂	34.13	65 167.00
7	环绿地块	18.73	171 500.00
8	古美五街坊	13.48	6 454.84
9	顾村配套房基地	2 151.14	241 867.19
10	衡山路12号	16.21	48 700.00
11	沪南公路1188号	88.30	47 620.07
12	花木镇46街坊	16.63	150 500.00
13	华泾地块	299.75	188 434.87
14	黄浦8-1	85.95	922 000.00
15	交通路纺织仓库	189.45	31 071.10
16	金沙江路1500号	97.89	4 327.41
17	静安区49街坊	13.98	85 000.00
18	静安区60街坊	30.59	370 600.00
19	垃圾山地块	46.35	5 795.45
20	龙华路1960号	154.22	724 500.00

〔续表〕

序　号	地　块　名　称	总供应面积（亩）	总供应金额（万元）
21	龙华路1970号	68.10	23 835.00
22	南站1-5号地块	888.36	992 777.22
23	彭浦十期C块（一期）	112.58	70 173.90
24	彭浦十期C块（二期）	53.78	24 562.50
25	平凉12街坊	38.55	121 930.00
26	平凉16街坊	68.41	175 780.00
27	平凉22、23街坊	114.84	325 940.00
28	浦东大道1550号地块	328.00	460 000.00
29	前卫农场	1 143.39	10 047.60
30	三林古民居项目	233.82	80 337.00
31	上海国际旅游度假区核心区一期	4 107.30	594 874.30
32	上粮八库	80.62	57 588.05
33	上粮二库	331.38	332 841.37
34	佘山天文台	151.20	6 000.00
35	闸北区长安地块198、199、120街坊	93.83	252 000.00
36	长宁239街坊	73.11	41 299.84
37	铸管厂地块	117.09	17 212.00
38	大居浦东航头	2 692.89	199 536.80
39	大居浦东民乐	3 557.11	485 617.00
40	大居嘉定城北	2 049.84	501 469.00
41	大居嘉定云翔	352.52	65 580.00
42	大居青浦华新	1 715.55	194 763.00
43	大居青浦新城	3 020.33	878 811.20
44	大居松江泗泾	2 257.65	329 439.60
45	大居松江佘山	2 664.45	373 653.00
46	大居闵行浦江	3 206.15	410 023.00
47	大居闵行旗忠	1 979.01	421 086.00
48	大居宝山罗店	4 323.89	481 598.40
49	大居奉贤南桥	3 610.36	333 038.00
50	大居嘉定黄渡	147.83	33 505.38
51	大居金山亭林	563.25	43 327.00
52	丹巴路565号	124.28	50 856.00

〔续表〕

序 号	地 块 名 称	总供应面积(亩)	总供应金额(万元)
53	同普路 660 号	19.29	7 893.50
54	仪电打包(五块)	56.90	14 651.75
55	耀华路后滩	26.12	6 138.20
56	高镜地块	91.76	27 442.43
57	东海农场 9、11 街坊	1 645.26	14 264.32
58	平塘路 188、185、168 号	30.70	10 745.00
59	上粮十库	342.72	117 646.40
60	老沪太路 1105 号	23.15	8 103.90
61	罗山路 1755 号	53.70	15 000.00
62	金张路 3338 号	177.06	22 000.00
63	塘祁路	0.48	128.80
64	康博地热地块	516.08	4 992.97
65	飞机制造厂	77.00	7 994.73
66	上南路	59.91	11 979.00
67	ES4 地块(HQ)	2 310.00	187 881.63
68	嘉定 B10 地块	243.49	5 362.02
69	光复路	14.56	14 700.00
	合　　计	49 512.24	12 168 334.71

第二章　旧　区　改　造

上海改革开放以来进行旧区改造的"旧区",是指上海市区内人口密集、房屋简陋、居民住房困难、生活设施缺乏的区域。1949年5月上海解放,人口约450万,住房面积2 359.4万平方米。其中,旧里、棚户、简屋占66.4%。1951年调查资料显示,有300万劳动人民集中居住在二级旧里、棚屋、简屋中。上海市委、市政府自成立起,为改善人民的居住条件,在建造工人新村的同时,对市区居住环境恶劣地区重点实施改造,拆除部分棚户、简屋和"滚地龙"翻建瓦房,如蕃瓜弄、药水弄、明园村、市民村等,均由政府组织进行集中旧改。

20世纪80年代初,上海按照国家城建总局的统一口径,人均居住在4平方米以下,12岁以上且男女同室的作为困难户。1982年上海人口普查的住房调查资料显示,市区160万户,其中人均居住面积低于4平方米以下的共45.5万户,人均居住面积不到2平方米的特别拥挤户4.4万户。1984年上海住房调查显示,市区180万户,其中人均居住面积低于4平方米以下的共21.6万户,人均居住面积不到2平方米的特别拥挤户1.5万户。1990年解决了人均居住面积2平方米以下的特困户,1992年解决了人均居住面积2.5平方米以下的特困户。1999年解决了人均居住面积4平方米以下的困难户。要全面改变上海居民住房困难的局面,不仅是百姓们的热切盼望,也是当时市政府面临的天字第一号难题。

旧区改造除少部分地区由政府出资进行旧改外,其余主要是采用"市场批租改造"的办法,即引进土地开发商,让他们出资将改造地块的居民进行动迁安置,并在缴纳一定数额的土地出让金后,取得该地块70年的土地使用权。然后,土地开发商在取得使用权的地块内进行商业开发——建造住宅、商办楼在市场进行销售,将取得的利润对上述投资成本进行抵充,扣除相关税费后,即为他们所得利润。此双赢的措施,加快了上海旧区改造的步伐。

20世纪末,上海的旧区改造在完成"365万平方米危棚简屋"改造任务的同时,利用商业批租地块进行旧区改造的办法也进入"瓶颈":在一些中心城区的地块,居民住房破旧简陋、生活条件困难,面积狭小、人口密度极大,若以商业性批租方法来测估,动迁居民的费用将大大高于该地块造房出售所得利润,从而使商业化运作的"旧改"办法受到阻碍。为继续推进上海城市的旧区改造,上海市政府利用土地储备的平台,在全市土地储备资金盈亏动态平衡的基础上,通过市、区两级政府联手出资,对无法进行商业性批租的旧改地块进行收储,动迁改善旧改地块贫困居民的住房条件,以缓解人口密集区域旧区改造资金缺乏的矛盾,使上海的旧区改造工作进入一个新阶段。

第一节　运　作　模　式

2005年8月,受市政府委托,上海土地储备中心与闸北区政府运用土地储备的形式,联手对闸北区上海火车站北广场进行旧区改造。这是上海第一块市、区两级政府联手进行旧改的项目,同时也开始运用新办法进行旧改运作模式的探索。

2005—2012年的7年间,旧改模式的发展完善大致经历了三个阶段:第一阶段是区政府提出二级旧里改造的要求,与市土地储备中心商定旧改资金各自承担的份额以后,报市建交委旧改办确认后执行。第二阶段是由区政府提出对二级旧里改造的立项要求,与市土地储备中心商定旧改资金各自承担的份额后,报市旧改办进行审批,市旧改办依照"两级以下成片旧里"的要求进行审核,符合条件的才予以确认。第三阶段是对区政府提出的旧改项目,在与市土地储备中心商定旧改资金各自承担份额的基础上,除市旧改办对项目是否符合"两级以下成片旧里"标准进行审查外,市储备中心要对该地块收储后出让的价格进行评估,对收支差额太大的暂时搁置,以维持旧改地块资金的大体平衡,达到可持续性滚动推进的资金要求。

上海旧区改造项目审批主要流程如下:首先,由区政府提出旧改的立项要求,报市旧改办、市规划局和市土地储备中心审核。市旧改办审核该项目是否属于"二级成片旧里";市规划局审核该项目是否符合上海城市规划;市土地储备中心审核市、区分担的旧改资金是否合理。其次,上述部门审核通过后,报市规土局审核列入市土地储备计划。再次,市规土局审核通过后,将立项计划报发改委立项,发改委通过旧改成本认定小组对旧改(征收)资金认定(包括市、区两级财政分担额)后正式立项,并向市财政下达资金计划。当市财政资金30%和区财政资金70%下拨到项目指挥部,并相应配备征收总金额30%的现金和总金额70%的动迁房后,征收(动迁)工作便可以正式实施。区政府在规土局通过储备计划向市发改委报立项时,就开始对旧改地块居民进行第一次动迁征询。当居民同意率达95%以上后,再进行具体补偿方案的第二次征询;当居民同意率达85%以上,并在上述资金和动迁房到位后,便开始征收(动迁)安置的实施。对在动迁中提过高要求的居民,动迁指挥部在动迁生效期两个月后,进行行政裁决。如果居民对裁决拒不执行的,动迁指挥部再向法院申请司法强迁。旧改地块完全拆平后,由市规土局收回(完成土地储备),再推向市场以招拍挂的形式出售,当出售资金收回财政后,该旧改项目正式完成。

根据旧改工作程序,市、区两级有明确分工:动迁实施前的工作,主要由市土地储备中心负责;动迁的实施主要由区政府负责。为做好资金管理和成本控制,市土地储备中心和区政府成立联合指挥部及办公室,市储备中心派员参与区政府动迁一线的管理工作,通过已制定的动迁费用预算执行制度和动迁信息管理系统,进行全过程的动态管理。联合指挥部对内监督资金和房源的规范使用,有效控制成本;对外保证动迁信息的公开、透明,从制度和程序层面确保旧改工作规范有序。

市土地储备中心在推进旧改工作中,重点做五个方面的工作:

一是积极筹措资金,保证旧改进度。市土地储备中心一方面积极协调财政资金支持,截至2011年年底,累计获得财政支持资金197亿元;另一方面通过与银监部门和商业银行协商,利用储备土地进行抵押贷款融资,截至2011年年底,累计获得银行贷款70亿元,全部投入旧区改造。

二是减少资金积压,降低财务成本。按照"控总量、按比例、少沉淀"的原则,市土地储备中心在实践中创建了一套动迁适时情况显现的信息化管理系统,在全市的动迁项目中广泛使用。该系统能使项目基地每天的居民动迁合约签订情况和资金、动迁房的使用情况在项目指挥部的终端上得到清晰的反映,帮助市土地储备中心准确把握动迁一线情况,实现既保证资金不断链,又努力将库存资金压缩到最低限度的成本控制要求。

三是积极筹措动迁房源,推进动迁尽早实施。按照旧改程序,提供旧改总资金量70%的动迁房,是动迁正式实施的前置条件。在上海动迁房源总量不足的情况下,地产集团(市土地储备中心)运用多种方法予以克服:通过在市场购买已建成的商品房,用作市政府土地储备项目的居民动迁用房,并购买浦东杉林新月家园、宝山成亿宝盛花苑、盛达家园等地的商品房10处,共计63.57万平方米,用于旧改的动迁用房;主动参与市属大型配套房建设(浦东曹路基地);在单独储备或市区联合储备地块中,拿出一些区位相对较好、服务配套比较成熟的地块,用于开发建造配套房(宝山顾村基地和闸北彭浦十期项目),累计建造配套商品房约 1 041 万平方米。另外通过自筹或联合采购等各种渠道采购房源 154 万平方米,为旧区改造工作提供房源支持。

四是积极参与旧改地块资金的核算工作。市土地储备中心及时派出了资深的动迁工作人员,积极配合市旧改成本认定小组,对区政府上报的动迁户数及人员进行核实,并对动迁的各项费用逐一进行核查确认,以保证旧改资金控制在符合政策、合乎情理的范围之内。

五是积极配合区政府进行旧改地块招商,通过集团的各种工作渠道,积极联系商家,以早日实现地块出售、资金回笼,降低财务成本。

第二节 基本情况

在 2000 年年初,上海"365 危棚简屋"的旧改基本结束之后,全市集中成片的旧区改造项目并不多。地产集团成立后,就将旧区改造工作列入主业范畴。2003 年年初,集团启动了黄浦区南外滩 8-1 地块的旧区改造。该项目共涉及动迁居民 2 393 户,单位 224 家。整个项目前后历时 4 年多,于 2007 年下半年基本结束,总动迁费用约 25.2 亿元。这个项目是地产集团(市土地储备中心)参与的第一个旧区改造项目试点。随后,于 2004 年 11 月,地产集团又启动铁路南站周边地区和浦东龙阳路地区的旧改工作,涉及居民约 1 500 户,单位 217 家,征地和基础设施费用达 64 亿元。上述地块是地产集团通过市场方式进行的旧区改造,它不仅改善城市面貌,解决民生困难,而且也为企业赢得了利润。

2004 年下半年,随着土地储备机制的逐步成熟,市政府提出"以土地储备形式进行的成片旧区改造"的模式,这是突破市中心城区成片旧改工作"难度大,费用少"的瓶颈作出的一种新的尝试。受市政府委托,市土地储备中心与闸北区政府联手,启动上海市第一块以土地储备形式进行的成片旧区改造项目——铁路上海站北广场地区旧区改造项目。市储备中心在没有任何参考模式的情况下,通过和区政府紧密合作,设立平台,建立机制,完善模式,在较短的时间内完成了各项前期的准备工作,启动了该项目一期的动迁工作。该项目共涉及 6 幅地块,土地总面积约 388 亩,动迁居民约 7 300 户,动迁单位 200 余家,旧改资金总额约 98 亿元。

2005 年,市政府正式提出《关于推进闸北区"北广场"等 5 个旧区改造重点项目改造的若干意见》,市土地储备中心在参与闸北区"北广场"旧改项目的基础上,又承接了杨浦区平凉西块的旧改任务,该项目共涉及 14 个街坊约 16 000 户动迁居民。

2006 年年初,市政府提出"十一五"期间完成 400 万平方米成片二级旧里以下房屋的改造任务。其中,市储备中心涉及的有杨浦定海地区、普陀中兴村地区和黄浦福佑路地区的旧改任务。

2007 年下半年,市储备中心与静安和卢湾区政府达成共识,共同参与静安区石二地块(原东八块遗留地块和 49 街坊)和卢湾区"龙凤"地块(属于新一轮旧改地块)项目的旧改工作。

2008 年,市储备中心与黄浦区政府签订《黄浦区董家渡 13A、15A 地块和环绿北侧地块旧区改造项目联合储备协议》,启动黄浦区董家渡 13、15 街坊(原区独立实施)和绿北侧地块旧区改造项目。

2009 年,市土地储备中心在与杨浦区联合储备平凉西块的基础上,启动了杨浦区平凉 18 街坊旧区改造项目,并将该街坊纳入整个平凉西块动迁范围内。

2010—2011 年,市土地储备中心同普陀、静安、闸北、黄浦及杨浦区政府签订框架合作协议,启动了真北村,石二地块二期,长安西地块,董家渡 13B、15B 及杨浦区平凉 12 街坊,定海 152、153 街坊等旧区改造项目。

2012年，市土地储备中心与闸北区联合储备鸿临二期旧区改造项目。该地块原为区土地储备中心单独储备，一期已由区土地储备中心完成储备；市、区联合启动二期的动迁工作，并将整个项目改为市区联合储备项目。

截至2012年年底，市土地储备中心与各区政府联手，共参与旧改项目29个，共动迁居民约43 800户，涉及土地面积170公顷，总共投入资金约853亿元，其中市土地储备中心投入512亿元。在收储的土地中，已出让6幅，收回资金约128亿元。

第三节　主　要　项　目

市土地储备中心自成立至2012年，与各区政府联手开展多个旧区改造项目，为改善中心城区的城市面貌、解决市民居住困难作出重要贡献，其中比较重大的旧改项目有：

一、黄浦区董家渡13、15地块项目

项目东至中山南路，南至薛家浜路，西至外仓桥街、南仓街，北至王家码头路，土地面积约19.66公顷（折合294.9亩），由市、区按照5∶5的出资比例进行联合储备。2008年10月10日签订《黄浦区董家渡13A、15A地块和环绿北侧地块旧区改造项目联合储备协议》；2010年6月24日签订《黄浦区董家渡13B、15B地块旧区改造合作协议》，并于之后签订《补充协议（13B15B）》。该项目涉及动迁居民7 463户，单位196个，完成拆平后已于2014年11月18日出让，出让土地面积262.71亩，总价248 500万元。

二、黄浦区环绿北侧地块项目

项目东至光启南路，南至环城绿带（中华路、河南南路），北至尚文路，土地面积约1.25公顷（折合18.75亩），由市、区按照5∶5的出资比例进行联合储备。2008年10月20日签订《黄浦区董家渡13A、15A地块和环绿北侧地块旧区改造项目联合储备协议》。该项目涉及动迁居民596户，单位26个，完成拆平后已于2013年9月出让，出让土地面积17.32亩，出让总价171 500万元。

三、静安区49街坊地块项目

项目东至上海公证处，南至凤阳路，西至石门二路（石门二路、凤阳路东北角），土地面积约1.25公顷（折合13.98亩），由市、区按照5∶5的出资比例进行联合储备。2008年1月签订《静安区石二地区旧区改造合作协议》。该项目涉及居民402户、单位26个，完成拆平后已于2009年12月30日出让，出让土地面积8.97亩，出让总价85 000万元。

四、杨浦区平凉13街坊项目

项目东至景星路、南至平凉路、西至大连路、北至榆林路，土地面积约2.97公顷（折合45亩），属平凉西块，按立项批复由市、区按照9∶1的出资比例进行联合储备，后市、区按6∶4出资。2012

年签订《2012年杨浦区市区联合实施土地储备协议书》。该项目涉及动迁居民1 021户,单位31个,完成拆平后已于2015年6月19日出让,出让土地面积51.98亩,土地收入总额345 400万元。

五、杨浦区平凉 22、23 街坊项目

项目东至通北路、南至霍山路、西至荆州路、北至长阳路,土地面积约7.09公顷(折合106亩),属平凉西块,按立项批复由市、区按照9∶1的出资比例进行联合储备,后市、区按8∶2出资。2005年签订《杨浦区平凉地块(西块)旧区改造合作框架合同》。该项目涉及动迁居民3 495户,单位137个,完成拆平后于2012年10月12日出让,出让土地面积106.74亩,土地收入总额325 940万元。

六、闸北区北广场(一期)项目

项目东至大统路、南至铁路线、西至孔家木桥路、北至中兴路,土地面积约7.21公顷(折合108.15亩),由市、区按照8.5∶1.5的出资比例进行联合储备。2005年1月19日签订《铁路上海站北广场地区旧区改造合作框架协议》。该项目涉及动迁居民1 116户,单位51个,完成拆平后已于2012年12月出让,出让土地面积7.67亩,出让总价17 011万元。

七、闸北区北广场(二期)项目

项目东至长兴路、南至交通路、西至大统路、北至永兴路,土地面积约5.32公顷(折合79.8亩),由市、区按照8.5∶1.5的出资比例进行联合储备。2005年1月19日签订《铁路上海站北广场地区旧区改造合作框架协议》。该项目涉及动迁居民2 007户,单位31个,完成拆平后于2007年4月出让,出让土地面积66.34亩,出让总价147 130万元。

八、闸北区北广场(三期)项目

项目东至大统路、南至中兴路、西至彭越浦河、北至中华新路,土地面积约13.34公顷(折合200.1亩),由市、区按照8.5∶1.5的出资比例进行联合储备。2005年1月19日签订《铁路上海站北广场地区旧区改造合作框架协议》。该项目涉及动迁居民4 700户,单位160个,完成拆平后于2015年7月出让,出让土地面积148.16亩,出让总价881 500万元。

表 2-2-1 2005—2012 年旧改项目具体情况表

所属区	序号	项目名称	土地储备面积(毛地)	预计项目总投入(万元)	预计市中心最终出资比例
杨浦区	1	平凉22、23街坊	70 868平方米(106亩)	286 170.00	76%
	2	平凉16、17街坊	55 814平方米(84亩)	230 000.00	78%
	3	平凉12街坊	33 419平方米(50亩)	250 000.00	64%
	4	定海153街坊	5 145平方米(8亩)	44 000.00	59%

〔续表〕

所属区	序号	项目名称	土地储备面积（毛地）	预计项目总投入（万元）	预计市中心最终出资比例
	5	定海121街坊	115 900平方米(174亩)	104 116.00	100%
		小　计	281 146平方米(422亩)	914 286.00	75%
	6	平凉18街坊	4 012平方米(60亩)	120 000.00	80%
	7	定海152a街坊	35 652平方米(53亩)	97 000.00	60%
	8	大桥109街坊	21 039平方米(32亩)	33 765.68	100%
杨浦区	9	平凉13街坊	29 667平方米(45亩)	250 706.77	60%
	10	定海152b街坊	15 893平方米(24亩)	156 542.27	60%
	11	定海152c街坊	39 500平方米(59亩)	234 484.36	60%
	12	定海152d街坊	34 043平方米(51亩)	329 216.00	60%
	13	大桥123、124街坊	63 034平方米(95亩)	600 000.00	60%
		小　计	278 952平方米(418亩)	1 821 715.08	62%
		合　计	560 098平方米(840亩)	2 736 001.08	66%
	14	北广场(一期)	72 063平方米(108亩)	140 000.00	76%
	15	北广场(二期)	53 117平方米(80亩)	210 000.00	58%
	16	北广场(三期)	133 426平方米(200亩)	630 000.00	76%
闸北区		小　计	258 606平方米(388亩)	980 000.00	72%
	17	长安西	62 548平方米(94亩)	370 000.00	54%
	18	鸿临二期	31 520平方米(47亩)	330 806.49	60%
		小　计	94 068平方米(141亩)	700 806.49	57%
		合　计	352 674平方米(529亩)	1 680 806.49	66%
	19	环绿北侧	12 008平方米(18亩)	94 800.00	49%
		小　计	12 008平方米(18亩)	94 800.00	49%
黄浦区	20	董家渡13A、15A街坊	97 900平方米(147亩)	720 069.28	50%
	21	董家渡13B、15B街坊	92 144平方米(138亩)	1 040 600.00	50%
		小　计	190 044平方米(285亩)	1 760 669.28	50%
		合　计	202 052平方米(303亩)	1 855 469.28	50%
	22	石二地区(49、60街坊)	29 900平方米(45亩)	326 100.00	46%
		小　计	29 900平方米(45亩)	326 100.00	46%
静安区	23	石二地区(67街坊)	44 800平方米(67亩)	701 288.26	50%
		小　计	44 800平方米(67亩)	701 288.26	50%
		合　计	74 700平方米(112亩)	1 027 388.26	49%

〔续表〕

所属区	序号	项目名称	土地储备面积（毛地）	预计项目总投入（万元）	预计市中心最终出资比例
普陀区	24	真北村（南块居民）	15 430平方米（23亩）	56 243.00	59%
	25	真北村（农民）	53 687平方米（81亩）	325 020.20	60%
	26	真北村（单位）	313 760平方米（471亩）	469 947.00	60%
		合　计	382 877平方米（574亩）	851 210.20	60%
徐汇区	27	铁路南站6、7号（农民）	27 719平方米（42亩）	95 668.00	70%
	28	铁路南站6、7号（单位）	80 000平方米（120亩）	100 000.00	70%
		合　计	107 719平方米（162亩）	195 668.00	70%
长宁区	29	135街坊（潘家塔）地块	24 760平方米（37亩）	110 000.00	80%
		合　计	24 760平方米（37亩）	110 000.00	80%
		总　计	1 704 880平方米（2 557亩）	8 456 543.31	60%

第三章 滩涂造地

由于人类繁衍和经济活动发展到现代社会，仅靠陆地的自然生长已适应不了人类对土地增长的需求，因此人们利用自然规律围海造地。现今，上海市6 340平方公里的土地中，62%是通过滩涂围垦得来的，滩涂资源无疑成为申城不可多得的一大土地资源。

在滩涂造地的同时，做好生态环境的保护，一直是上海市政府高度重视的问题。上海市政府相关部门组织专家积极开展科学研究，根据泥沙沉积和长江口河势演变的客观规律，提出"多促少围、促二围一"的促淤圈围总体方针，在空间上按照不同的地区需要，总结、确定"拦沙促淤、低滩出水、湿地优化、高滩成陆"的技术路线，并因地制宜地实行"先促后围""边促边围""不促即围""促而不围""不促不围"等五种形式，取得可喜成果。1984年，上海圈围443.5平方公里。2012年上海的滩涂湿地面积与1984年相比：正3米以上高滩地由90平方公里增至133平方公里；零米以上滩地保持540平方公里左右；负5米以上滩地由2 340平方公里增至2 362平方公里；2米与负2米以上滩地面积分别达到218.9平方公里和1 219.5平方公里。上海的滩涂湿地资源总体上做到了动态平衡。

第一节 沿革

1949年前的滩涂利用大多是居民自发的、零星的围圩，或是地主、商贾出资雇人围垦。

上海解放以后大规模的促淤圈围都留有历史的痕迹，并且都是由国家或集体组织进行。20世纪50年代围垦，主要发展粮棉油生产，"以工代赈"解决失业工人和社会待业青年的收入；60年代围垦，主要为克服国民经济遇到的暂时困难，响应党中央"全党动手，大办农业、大办粮食"的号召，中共上海市委和市人民委员会组织全市性的围垦，在崇明、南汇、奉贤、宝山建立市区副食品生产基地；70年代围垦，主要为安置城市知识青年就业，扩大国营农场土地，在奉贤、南汇两县沿海和江苏省大丰县黄海沿海围垦扩建3个农场，新建4个农场；80年代围垦，主要为发展淡水鱼养殖，建立水产养殖基地，由农场自己组织滩涂扩围；90年代围垦，主要弥补浦东开发规划实施后，郊区耕地减少，围垦崇明东滩，建立为上海内外贸易提供优质洁净农副产品的"绿色食品"基地和创汇农业基地。

为保障上海经济、社会的快速发展，20世纪90年代末，经市政府常务会议决定，成立上海市滩涂造地有限公司，进一步加强实施上海市滩涂资源的统一规划和加快滩涂的围垦、开发，促进上海市土地资源的总量平衡，探索滩涂资源开发与耕地置换结合、多渠道筹集资金的办法。同时，由市计委、市农委、市财政局、市水务局、市房地局、崇明县政府、农工商集团总公司的相关领导组成管委会，统筹协调各方利益关系，做好本市滩涂造地工作。从而掀开上海市滩涂湿地资源开发、利用与保护的新的一页。

第二节 管理

上海改革开放以来，随着经济、社会的持续快速发展，用地量不断增加，对土地需求显得越来越迫切，土地资源短缺逐渐成为制约经济和社会可持续发展的主要瓶颈。同时，滩涂资源的开发、利用和保护的一些问题也逐步凸显：全市各级政府和社会各方面多头、无序开发、占用和浪费国家滩涂资源的不良现象时有发生；国家纷纷建立国家级自然保护区，保护生态环境与开发、利用滩涂资源的矛盾突出；长江入海泥沙量持续下降，促淤圈围逐步进入中低滩，风险越来越高、成本越来越大、制约越来越多。

为了加强对滩涂造地的管理，市人大常委会1986年批准通过《上海市滩涂管理暂行规定》，其中明确了滩涂开发利用、管理的主管机关是上海水利局，同时制定了水利局具有的12条具体管理职责。另外，对滩涂的管理范围和所有权属性作出规定；规范滩涂开发利用的申请、审批程序和使用范围；对滩涂的促淤、圈围标准提出规范要求和优惠政策，并制定奖罚措施。从而使滩涂围垦开发进入规范化、法制化的新时期。

1996年10月，市人大常委会通过《上海市滩涂管理条例》，在原《上海市滩涂管理暂行规定》的基础上，进一步提出"谁投资、谁受益"的鼓励措施，明确了滩涂造地投资的资金来源，建立滩涂开发利用的许可证制度和国有土地使用权证制度，并进一步细化滩涂开发利用的管理程序和内容，具体明确奖惩措施，使滩涂围垦和合理开发利用全面走上法制化的发展轨道，使上海市滩涂管理工作更为成熟、完善和周密。

为进一步加强实施上海市滩涂资源的统一规划，加快滩涂的促淤、圈围、开发，促进上海市土地资源的总量平衡，根据市政府的决定，上海市滩涂造地公司在1999年7月正式成立，由上海市江海滩涂造地开发公司、上海崇明滩涂造地开发公司与上海市农工商（集团）总公司合建，注册资本1亿元，上述公司分别占股51%、24.5%、24.5%，由市计委、市农委、市财政局、市水务局、市房地局、崇明县政府、农工商集团总公司等组成管委会，并由市政府副秘书长任主任，统筹协调各方利益关系。2004年1月上海市政府批准，由地产集团收购崇明县政府、农工商集团股份，上海市滩涂造地有限公司整建制转为上海地产（集团）有限公司旗下的全资子公司。

上海市滩涂造地公司以上海市城市建设总体规划和《上海市土地利用总体规划》提出的滩涂造地战略目标为主要任务，为满足上海市新一轮经济发展对土地资源的需求，坚持从可持续发展的战略高度出发，有计划地对本市沿海沿江滩涂资源进行促淤圈围和综合开发，逐步形成造地投资—建设—开发—再投资的经营发展模式。

2004年8月《上海市土地储备办法》实施，市政府着手推进建立滩涂资源开发利用新体制，滩涂圈围、成陆、土地验收合格等全部纳入土地储备范围，逐步改革过去滩涂"谁投资、谁受益"的投资体制。按照市政府提出的"资源代表、建设管理、政府监管"三分离的要求，市土地储备中心作为上海市滩涂资源唯一代表，委托上海地产集团实施滩涂开发建设管理。2004年1月，上海市滩涂造地公司成为上海地产集团的全资子公司，作为上海市滩涂造地建设管理的运作载体，履行"滩涂促淤圈围年度计划预安排的编制"，专业承担上海市滩涂资源开发项目的前期研究、造地工程建设、成陆土地开发整理等任务，促淤工程均采用勘察设计施工总承包的建设管理模式，项目实行招投标，实现市场化运作。

上海造地公司坚持"多促少围、促二围一"的总体方针。至2013年，圈围项目的面积为186.2平方公里，而促淤的面积却达到462平方公里，几乎是圈围面积的2.5倍。该措施不仅拦截了泥沙资源，还创造了土地后备资源，从理论和实践的结合上，开创了滩涂资源开发、利用与滩涂湿地资源保护有机统一和双赢的先例，实现了长江口泥沙资源的科学、合理利用和滩涂湿地的动态平衡。与此同时，滩涂造地公司不断加强滩涂造地工程建设管理方面的信息化建设，建立建设项目投资控制与合同管理系统（简称"C3A"）、滩涂资源数据库管理系统、滩涂造地工程管理视频系统及财务信息系统等，并积极开展科技创新，制订"新工艺、新技术、新材料"三年行动计划，稳步推进淤泥筑堤、新型护面结构、新型促淤坝、可越浪大堤结构等课题的研究，运用科学的手段来解决工程建设中的难题，不断提高工程质量和安全，加强成陆土地的管理和开发。

上海的滩涂造地工程不仅投资大、施工周期长，而且有严格的技术要求。因此，市政府管理部门对项目审批制定了一整套规范的程序。按照滩涂造地的过程，大致可分为规划设计、施工论证、工程实施三个阶段，首先由市水务部门提出上海市滩涂开发利用总体规划和五年计划，并经市发改委论证、市政府批准；其次由市土地储备中心编制项目建议书及工程可行性报告，报市水务部门论证批准；最后由设计单位编制施工图，由市土地储备中心委托地产集团下属市造地公司论证和审定施工组织设计，并组织施工。

第三节　促淤、圈围和成陆

滩涂造地一般要经历促淤、圈围和成陆整理三个阶段，才完成从滩涂变为土地的整个过程。在上海的人工滩涂造地，每个阶段不仅有相应的技术要求，还要选择特定的季节时段，一个项目的整个过程需要3—5年或更长的时间。

一、促淤工程

"促淤"是指通过工程措施或生物措施来改变波浪、水流和泥沙等动力条件，使水流流速减缓、泥沙落淤，从而加速滩涂淤积。一般需要3—5年，甚至更长。促淤分为生物和工程两种形式。

上海历史上进行滩涂围垦，主要依靠滩涂长期自然淤涨，待滩地高度涨到平均高潮位以上时才圈围垦殖。1949年后，随着上海土地资源需求迫切性的增加和技术水平的发展，滩涂围垦不再消极等待缓慢的自然淤涨，而是在滩涂的自然淤涨过程中，在中、低滩地上采用生物和工程两种人为技术措施来加速滩地淤涨，使中、低滩地迅速淤涨成高滩，尽早成为可资利用的滩涂资源。

二、圈围工程

"圈围"是指在一定高程的滩涂上筑堤圈成封闭围区，形成土地或水域的工程。

滩涂围垦工程，一般需经过筑堤、龙口合龙、加高加固、堤身消浪措施（包括结构层构筑、护堤植物种植）等，将所需滩涂圈成封闭区。上海初期的圈围工程主要为高滩圈围工程（水浅的区域圈围），滩涂围垦工程规模较小，一般是筑土堤围圩。近年来，圈围工程大多进入中、低滩区域（水深的区域），均采用各种纤维编织袋灌泥浆，以充泥管袋为材料替代黄土堆积而成的围堤堤身，以及推广反滤层等防渗工艺，适应围垦工程向中、低滩大面积发展的需求。

表 2-3-1　1999—2012 年促淤、圈围工程汇总表

序号	项目名称	实施时间	促淤面积（亩）	圈围面积（亩）	竣工面积（亩）	投资额（万元）	完成投资额（交付资产）	管理模式
1	南汇东滩滩涂促淤圈围（一期）工程	1999年10月—2000年5月	58 800			19 000	19 000	自建
2	南汇东滩滩涂促淤圈围（二期）工程	2000年10月—2001年5月	50 800			162 225	120 916	自建
3	南汇东滩促淤圈围（五期）工程	2004年9月—2006年5月		48 900	48 900			自建
4	金山南滩（漕泾）促淤圈围工程	1999年10月—2000年12月	2 450	2 450	2 450	5 700	5 700	自建
5	南汇东滩滩涂促淤圈围（三期）工程	2001年10月—2002年12月		22 700	22 700	17 600	17 600	自建
6	奉贤南滩促淤工程	2002年4月—2003年2月	9 400			11 133	9 171	自建
7	崇明北沿四通港防冲应急工程	2002年10月—2003年7月	20 000			1 045	552	自建
8	崇明北沿滩涂促淤圈围一期工程	2002年10月—2003年12月	45 100	45 100	45 100	10 601	11 857	自建
9	崇明北沿三通港防冲应急工程	2002年8月—2002年12月						自建
10	奉贤三团港塘圈围工程	2002年10月—2003年12月		620	620	2 200	2 200	自建
11	横沙岛红星港北侧滩涂圈围工程	2003年11月—2004年11月		1 300	1 300	5 341	3 162	自建
12	横沙东滩促淤圈围（一期）工程	2003年12月—2004年12月	53 000			22 076	19 860	自建
13	金山漕泾西部促淤围垦工程	2003年7月—2004年12月	4 230	4 230	4 230	68 050	59 490	定向委托
14	污水治理三期滩涂圈围工程	2004年6月—2004年12月	98	98	98	2 971	2 710	定向委托
15	南汇东滩促淤圈围（四期）工程	2003年9月—2005年5月		36 300	36 300	139 600	139 600	自建
16	浦东新区五号沟—赵家沟滩涂促淤圈围工程	2004年11月—2009年12月	800	800	800	15 765	7 651	自建
17	浦东新区五号沟—赵家沟滩涂促淤圈围工程（二期）	2008年5月—2009年3月	460	460	460	8 975	8 975	定向委托

〔续表〕

序号	项目名称	实施时间	促淤面积（亩）	圈围面积（亩）	竣工面积（亩）	投资额（万元）	完成投资额（交付资产）	管理模式
18	长兴岛北沿滩涂促淤圈围工程	2004年11月—2005年12月	6 000	4 000	4 000	20 728	14 252	自建
19	临港新城芦潮港西侧滩涂圈围工程	2004年6月—2007年12月	4 500	4 500	4 500	80 500	80 500	定向委托
20	奉贤柘林塘南滩涂和华电灰坝东滩涂促淤围垦工程	2005年9月—2007年5月		8 500	8 500	40 749	29 335	自建
21	奉贤柘林塘南滩涂和华电灰坝东滩涂促淤围垦工程（保滩）*	2009年4月—2011年5月				8 400	7 278	自建
22	崇明北沿滩涂促淤圈围二期工程——五通港防冲应急工程	2005年12月—2006年10月				2 857	2 572	自建
23	崇明北沿滩涂促淤圈围二期工程——无名沙防冲应急工程	2005年12月—2008年12月				4 897	3 295	自建，分二次
24	横沙东滩促淤圈围（二期）工程	2005年12月—2007年10月	47 000			33 750	23 227	自建
25	宝钢前沿滩涂促淤圈围工程	2006年10月—2008年9月	1 600	1 600	1 600	28 748	25 519	定向委托
26	横沙岛新民港套闸圈围工程	2006年10月—2007年5月	300	300	300	680	680	参建
27	长兴岛南沿促淤圈围（一期）工程	2006年1月—2007年5月	200	200	200	8 200	8 200	定向委托
28	浦东新区五号沟—赵家沟圈围工程后续工程	2006年7月—2007年7月				8 200	8 200	自建
29	崇明北沿滩涂促淤圈围（二期）工程——一阶段达标工程	2006年9月—2009年12月		18 200	18 200	23 225	10 891	自建
30	崇明北沿滩涂促淤圈围（二期）工程——一阶段达标工程（吹填）	2009年9月—2011年1月				5 800	2 800	自建
31	中央沙促淤圈围工程	2006年9月—2007年8月	21 500	21 500	21 500	56 472	3 0303	自建
32	横沙东滩促淤圈围工程（三期）工程	2006年9月—2008年5月		26 000	26 000	41 148		自建
33	横沙东滩促淤圈围工程（三期）工程（吹填、水闸）*	2009年10月—2011年12月				60 000	79 703	自建

〔续表〕

序号	项目名称	实施时间	促淤面积（亩）	圈围面积（亩）	竣工面积（亩）	投资额（万元）	完成投资额（交付资产）	管理模式
34	长兴岛电厂圩东侧滩涂圈围工程	2007年9月—2009年6月		2 000	2 000	12 987	9 399	自建
35	横沙东滩促淤圈围（四期）工程	2007年9月—2009年5月	22 600			29 957	24 563	自建
36	浦东机场外侧滩涂促淤圈围工程（促淤项目）	2007年9月—2009年12月	23 500			63 057	57 691	自建
37	浦东机场外侧滩涂促淤圈围工程——3#围区圈围工程*	2010年11月—2012年12月		20 200		15 522	69 437	自建，建设用地
38	长江口南岸小沙背至长航码头段滩涂圈围工程	2007年10月—2008年12月		300	300	10 600	10 600	定向委托
39	崇明北沿滩涂促淤圈围（三期）工程——北六滧至北八滧达标工程	2008年9月—2010年1月	11 200	11 200	11 200	24 595	16 259	自建
40	横沙东滩促淤圈围（五期）工程	2009年4月—2011年6月				96 892	64 997	自建
41	崇明东滩鸟类国家级自然保护区互花米草生态控制与鸟类栖息地优化工程	2009年12月—2013年10月		36 500		66 400	4 700	绿化局生态用地
42	横沙东滩促淤圈围（六期）工程	2011年10月—2015年12月		48 000		285 000	45 837	
43	南汇东滩促淤工程	2013年3月—2017年12月	155 000			751 124	26 115	
44	生物促淤工程	1999—2005年	314 700			3 147	3 147	自建
	合　计		853 238	365 958	261 258	2 417 917	1 087 944	

说明：1. 面积为工程面积，非权证面积；2. 完成投资额为交付资产额，多数为财务决算价，已经审计的按审计后财务决算价（交付资产）调整；3. *为在建工程，交付资产额为中间数据。

三、成陆土地整理

"成陆土地整理"是指在经过圈围已形成陆地的基础上，进行平整、筑路、开沟渠以及河道，整理成为可耕农用地或建设用地。

上海的滩涂成陆土地开发整理项目属于市级土地整治项目，上海市土地储备中心是实施滩涂成陆土地开发整理项目的项目法人，它是使用市财政专项资金，对可以农耕的未利用土地进行开垦,对田、水、路、林等实行综合整治,开展土地平整工程、农田水利工程、田间道路工程、农田基础设施等,增加有效耕地面积,提高耕地质量,改善农业生产条件和生态环境的土地整治项目。滩涂成陆土地开发整理项目的新增耕地率一般可达70%,是通过整理开发出新增耕地,补充上海市耕地"占补平衡"指标所需的耕地面积。

地产集团下属的上海市滩涂造地公司十多年来秉承"保护、开发、利用"相结合的原则,积极推进本市滩涂资源的统一规划、集中控制、严格管理、有序开发、统筹使用,并取得成果。截至2012年年底,地产集团在南汇、崇明、奉贤、浦东新区、金山、宝山等地实施44个滩涂促淤圈围工程,共实施促淤面积85万亩,圈围面积33万亩,成陆土地26万亩,为上海市耕地占补平衡提供11万亩成陆土地指标。

第四节 成陆土地的整理和利用项目

成陆土地的整理和利用是滩涂造地工作的一项重要业务内容,滩涂造地公司圈围的土地用于建设用地等非农用地共约14万亩,分别为临港新城、化工区、外高桥港区、宝钢、浦东机场第五跑道、沪崇苏通道等项目提供建设用地;有约11万亩用于规划农用地并及时展开农田整理项目建设,承担了上海耕地占补平衡指标的主要来源。同时,滩涂造地项目也为上海岸线资源的开发利用,为青草沙水库和深水航道整治、南沙头通道限流工程的建设创造了先决条件,为浦东国际空港建设预留了空间。

滩涂造地公司10年来完成了多个成陆土地的开发整理和利用项目,其中规模比较大的项目有:

一、崇明黄瓜沙夹泓上段农业开发项目

该项目是上海承担的首个国家投资的土地整理项目,也是上海市滩涂造地公司实施的第一个成陆土地整理项目。项目位于崇明县北沿、推虾港出口以西的黄瓜沙夹泓上段。2001年由上海市土地发展中心组织申报立项工作;2002年国土资源部下达《关于2003年国家投资土地开发整理项目入库的通知》;上海市土地发展中心作为本项目的建设单位,于2004年委托上海市滩涂造地有限公司组织整理工程的实施,2005年1月正式开工,2006年11月完工。建设内容包括土地平整、开挖排水沟、河道疏浚,建设干渠、斗渠、田间路、生产路、防护林、农用桥、泵站、涵洞、桥梁等。土地整理面积8 250亩,新增耕地面积5 655亩。

二、奉贤华电灰坝土地开发整理项目

根据市府文件精神,上海市土地储备中心为本项目的建设单位,并委托上海市滩涂造地有限公司组织实施。本项目于2010年3月取得市规土局《关于奉贤华电灰坝东滩土地开发整理项目工程可行性研究报告(含规划、初步设计)的批复》,2010年12月23日开工,2012年1月22日完工,土地整理面积4 696.4亩,新增耕地面积3 847.4亩。

三、横沙岛红星港土地开发整理项目

根据市府有关文件精神,上海市土地储备中心为本项目的建设单位,并委托上海市滩涂造地有

限公司组织实施。本项目于2010年3月取得市规土局《关于横沙岛红星港土地开发整理项目工程可行性研究报告(含规划、初步设计)的批复》,2010年8月10日开工,2011年1月16日完工。土地整理面积525.45亩,新增耕地面积375.15亩。

四、长兴岛北沿及电厂圩土地开发整理项目

根据上海市政府文件精神,上海市土地储备中心为本项目的建设单位,并委托上海市滩涂造地有限公司组织实施。本项目于2010年3月取得市规土局《关于长兴岛北沿及电厂圩土地开发整理项目工程可行性研究报告(含规划、初步设计)的批复》,2010年12月20日开工,2012年1月16日完工。土地整理面积5 077.5亩,新增耕地面积4 140亩。

表2-3-2 1999—2011年圈围造地项目土地利用表　　　　面积单位:万亩

序号	项目名称	造地建设期	成陆时间	造地工程面积(万亩)	用于非农项目面积	用于农田整理面积(毛地)	非农用项目用途	使用方	备注
1	南汇东滩三、四期	1999—2005	2005	5.95	5.95		开发区	临港新城管委会	
2	南汇东滩五期	2000—2006	2006	4.89	1.99	2.9	规划老港固废物综合利用基地18 904亩	商飞公司、浦东新区、武警、上海城投等	填埋场5 000亩现为租赁、区污水厂2 500亩为划拨。农田整理项目3♯库区17 000亩、1♯12 000亩。上海229工程195亩、商飞2 300亩
3	金山南滩	1999—2000	2001	0.25	0.25		化工	市化工区	
4	奉贤华电灰坝	2003	2003	0.57		0.57			
5	奉贤柘林塘	2002—2003	2003	0.36	0.36		建设用地	未定	
6	奉贤三团港	2002—2003	2003	0.06	0.06		市政工程	奉贤区	区给排水公司
7	金山漕泾西部	2003—2004	2004	0.46	0.46		化工	市化工区	
8	污水三期	2003—2004	2004	0.01	0.01		污水处理	水环境建设公司	定向
9	五号沟	2004—2009	2005、2009	0.14	0.14		港区等	国家海洋局南极基地、上海海事局、港务集团	含1,2期.海事局基地75亩、极地227亩、外高桥1 100亩

〔续表〕

序号	项目名称	造地建设期	成陆时间	造地工程面积（万亩）	用于非农项目面积	用于农田整理面积（毛地）	非农用项目用途	使用方	备注
10	芦潮港西侧	2004—2008	2006、2008	0.44	0.44		工业	临港	含1、2期
11	崇明北沿一期	2002—2003	2003	4.51	3.68	0.83	旅游景区		已垦0.83万亩，形成耕地0.56万亩
12	崇明北沿二期一阶段	2009—2011	2010	1.82	0.05	1.77	崇启大桥	上海城投	增加吹填
13	横沙岛新民港	2006—2007	2008	0.03		0.03			江海公司建设，规划用途未定
14	横沙岛红星港	2003—2004	2004	0.08	0.02	0.03	救捞局221亩	救捞局	
15	中央沙	2006—2007	2008	2.15	2.15		水源地	上海城投	
16	宝钢外侧工程	2006—2008	2008	0.17	0.17		工业	宝钢	
17	长兴岛南沿一期	2006—2007	2007	0.02	0.02		工业	港机厂	港机厂自建
18	长兴岛北沿	2004—2009	2005、2009	0.67	0.06	0.61	电厂420亩、填埋场150亩	华能等	含电厂圩圈围面积
19	横沙东滩三期	2006—2011	2011	2.6	0.7	1.9	深水岸线区		规划预留港口用地7 000亩
20	崇明北沿三期	2008—2011	2011	1.12		1.12			
21	宝山区小沙背	2007—2008	2009	0.03	0.03		港区等	宝山区、崇明县等	游轮码头252亩、客运码头79亩
	小计			26.33	16.54	9.79			农用地占37%

第四章　国家级开发区建设管理

20世纪70年代末,党的十一届三中全会的胜利召开,标志着中国开始转入以经济建设为中心的发展轨道。通过引进外资和国外先进技术来发展经济,是中国实行改革开放战略的重要一环。1984—1986年,经中华人民共和国国务院批准,决定设立14个经济技术开发区作为改革开放的"试验田"。作为沿海开放城市,上海的国家级开发区——虹桥开发区、闵行开发区应运而生,翻开了对外开放、引进外资发展经济的新篇章。

虹桥开发区和闵行开发区分别于1979年和1983年启动规划和建设,1986年经国务院批准正式成为国家级经济技术开发区。1985年2月,上海虹桥经济技术开发区联合发展有限公司(简称"虹联公司")和上海闵行联合发展有限公司(简称"闵联公司")正式成立。经上海市外资委批准,虹联公司和闵联公司的资产于2004年12月划归地产集团;经上海市政府批准,上述两个公司的行政关系于2010年1月划归地产集团。

1986—2012年,两个国家级开发区从体制创新、利用外资、引进技术和管理、产业结构调整等方面发挥改革开放"试验区"和"排头兵"的辐射、带动作用,推动区域经济的持续高速发展,走上以发展现代工业、创新现代服务业、吸收利用外资、拓展外资出口为主的经济发展道路。

截至2011年年底,虹桥开发区注册外资企业343家,累计引进合同外资33亿美元,实际外资32亿美元,开发区土地每平方米实际利用外资近5 000美元;区内注册企业累计实现营业收入1 136亿元,利润总额114亿元,上交税金77亿元,取得良好经济效益。闵行开发区累计引进项目173个,投资总额超过36.9亿美元,平均单项投资超过2 148万美元,世界500强投资的企业主要经济指标在开发区中的比重已超过80%;开发区累计销售收入4 853亿元,企业利润512亿元,上缴税收419亿元。

第一节　虹桥开发区

上海虹桥开发区1979年开始规划,1983年启动建设,1984年12月,中华人民共和国外经贸部发文,批准上海虹桥联合发展有限公司合资企业合同。

上海虹桥联合发展有限公司注册资金为人民币7 000万元。其中上海闵行虹桥开发公司出资额占比50%;港澳中银集团出资额占比25%;中国银行上海分行出资额占比25%。

公司经营范围包括新区内市政公用基础设施的开发(不包括城市规划的道路及其水、电、煤气、电话、雨水、污水处理等市政公用基础设施),负责区内土地的使用管理,收取新区土地开发费;独资或与外资、侨资、港澳资本、国内资本合资、合资合作或允由外商独资从事房地产经营;以上述资本形式兴建并经营旅馆、餐厅、商场、文体娱乐等生活服务和其他服务性企业及交通运输业务;投资经营工商企业,办理本公司和新区内企业有关进出口业务;为国内外投资者介绍共同合资、合作兴办企业的对象及接受其他委托代办业务。

1985年2月14日,"上海虹桥经济技术开发区联合发展有限公司"正式经工商局登记注册成立。受上海市人民政府委托,虹联公司统一负责虹桥开发区的开发建设和经营管理。

1986年，经国务院批准，虹桥开发区成为国家级开发区；2004年12月，经上海市外资委批准，虹联公司资产划归地产集团；2010年1月，经市政府批准，虹联公司行政管理关系正式划入上海地产（集团）有限公司。

虹桥开发区位于上海西部，西距上海虹桥交通枢纽5.5公里，东距上海人民广场7.5公里。开发区占地面积0.652平方公里，是全国面积最小的国家级开发区。根据面积小、位于市区的特点，开发区定位于涉外商贸中心，总体布局上分为展览展示区、商务办公区、酒店居住区、外事活动区、绿化区等几个部分。在功能上以展览展示、商务办公、宾馆居住、对外事务等为主，是全国最早以发展服务业为主的国家级开发区，也是全国唯一辟有领馆区的国家级开发区。

虹联公司首先致力于开发区的基础设施建设，搞好"七通一平"，使开发区具备良好的硬件环境；其次致力于开发区的产业、配套、绿化等软环境建设，使开发区成为外商青睐的投资热点。经过20多年的开发建设，虹桥开发区已经建成一个以展览展示为龙头、以对外贸易为特征、以现代服务业为核心的现代商贸区。开发区内引进并建成项目25个，建筑总面积138万平方米，其中展览展示场馆30万平方米，写字楼宇48万平方米，商住楼宇26万平方米，宾馆饭店24万平方米，生活娱乐配套设施10多万平方米。

上海市外贸和外资企业主管、审批机构市商务委（原上海外经贸委、外资委），以及上海市外国投资促进中心、对外投资促进中心、外商投资企业协会等都设在开发区内。开发区同时拥有"一站式服务"机构，海关、商检、外税、银行、保险、邮政、运输、进出口代理等单位都在开发区设有办事机构，按国际规范和市场需求，为投资商提供全方位的咨询服务，方便中外客商在开发区投资经营。

虹桥开发区是中国唯一设有领事馆区的开发区，现已与6个国家签订了借地建馆协议，已有8个国家驻沪总领事馆址设在虹桥开发区。领事馆区除已建成并投入使用的日本领事馆和澳大利亚领事馆官员公寓外，美国、韩国、新加坡、巴基斯坦等已签订借地建馆合同或互换外交用地协议。古巴、以色列、罗马尼亚、丹麦、荷兰、瑞士、智利、哈萨克斯坦、印度、阿根廷、捷克等国在开发区租房设馆。

虹桥开发区已建成的25个房地产项目，建筑面积共138万平方米，合同投资总额13.42亿美元。

经市政府批准，引进外资注册在虹桥开发区的企业共计108家，合同投资总额27.25亿美元。其中三资企业101家，合同外资金额22.38亿美元。虹桥开发区的两大展览、展销场馆，每年举办各类展览会近100场。在会展活动的辐射和带动下，入驻开发区的中外客商和贸易机构已达2 000多家，其中贸易企业或机构占50%左右。在商务活动的带动下，开发区办公楼的出租率和酒店客房率长期保持在较高水平，各配套产业效益显著。

1986—2012年的开发建设，虹桥开发区已经初步形成以世界贸易商城、国际展览中心为主体的展览展示区，营造国际一流的会展贸易氛围，构筑中外客商发展事业的理想平台。虹桥开发区商贸功能产生的人流、物流、信息流，成为资金、技术、管理、人才的集散地，带来开发区办公居住、宾馆餐饮和生活娱乐等服务业的繁荣，促进了周边地区的社会和经济发展，取得了良好的经济和社会效益，成为上海国际商贸的中心之一。

"十二五"期间，虹桥开发区确立"立足虹桥、完善虹桥、走出虹桥、发展虹桥"的发展战略。一方面加快万都中心的竣工开业和31号基地动迁安置以及领事馆外交公寓地块建设商住综合楼的设计方案；另一方面主动投资参与上海新安亭国际汽车城、浦东联洋房产和上海东南郊环高速公路等重大工程的开发建设，在不断完善和提高开发区的服务和管理能级的同时，积极寻找企业经济投资项目,搞好企业经营和发展。

第二节 闵行开发区

1983年,上海闵行经济技术开发区开始建设;1985年2月,市建委下属的闵虹公司与港澳中银集团、中国银行上海分行共同出资,组成沪港合资的闵联公司。闵虹公司出资65%,为闵联公司的控股方。闵联公司采用企业化经营运作的方式,实行董事会领导下的总经理负责制,负责闵行经济技术开发区的开发建设和经营管理。公司独立面对市场,独立核算,自负盈亏,不承担开发区内社会行政事务,以便将资源集中到开发建设上。经上海市外资委批准,闵联公司资产于2004年12月划归地产集团;经上海市政府批准,行政关系于2010年1月划归地产集团。

闵行开发区位于上海市闵行区的西南部,距离市中心人民广场约39公里,总面积为3.5平方公里,1986年经国务院批准成为国家级开发区。闵联公司初始注册资本人民币1亿元,后多次增资,截至2014年注册资本达到人民币4亿元。

闵联公司的主营业务为闵行经济技术开发区的开发、建设和经营管理,同时咨询代理、投资兴办企业、从事进出口业务、物资供应,并经营商品厂房、住宅及公寓等。闵行开发区在中央和上海市领导的关心和指导下,积极引进外资,消化吸收国外先进技术,发挥对外窗口的经济辐射作用,带动区域经济发展,取得了显著成效。开发区各项主要经济指标按单位面积计算,始终位于全国各开发区前列,成为国内成熟开发区的成功典范。

由于闵联公司不具备政府管理职能,为解决入区企业办理各种申报手续、进出口业务,由市外资委牵头,于1987年成立上海闵行经济技术开发区管理办公室,成员单位包括海关、商检、税务、工商、治安、项审等,在投资审批、项目建设、生产经营等环节为企业提供便捷服务。

开发区在发展中已形成三大主导产业:以轨道交通、电站设备为代表的机电产业;以血制品、常用药物为代表的医药、医疗产业;以食品、饮料为代表的轻工产业。开发区项目引进项目的特点体现为"四高":企业层次高——世界著名跨国公司有40余家;投资金额高——投资总额超过1000万美元的项目有52个;技术含量高——有外商投资先进技术企业29家,在国内市场同类产品中市场占有率位居前列的企业40家;出口比例高——产品出口型企业占全部企业数的50%,出口金额占销售收入70%的企业有近30家。截至2012年年底,闵行开发区累计引进项目173个,投资总额超过36.9亿美元,平均单项投资超过2148万美元,全球500强企业中有29家进驻开发区,企业主要经济指标在开发区中的比重已超过80%。开发区累计销售收入4853亿元,企业利润512亿元,上缴税收419亿元。在全国所有工业开发区中,闵行开发区单位面积企业利润、上缴税收和工业增加值名列前茅。

闵行开发区的基础设施建设不断发展。截至2014年,开发区建成道路22.8公里,市政桥梁8座;建成雨污水泵站6座、配电站17座,埋设雨污水管线50.1公里;建成煤气调压站4座。同时还修筑沙港河部分河段防汛墙和工农河驳岸,防汛墙长度3.8公里。

闵行开发区的配套设施建设逐步完善。1988年3月,闵行开发区外商服务中心成立;1990年2月,具有三星级服务水平的紫藤宾馆建成开业。随后,中国银行、工商银行、建设银行和交通银行入驻开发区。1999年9月,开发区与闵行区政府联手辟通东川路,新增一条连通市区的主干道。2000年4月,"莘闵线""开发区环线"从新建成的开发区公交枢纽起点站试通车。2002年,上海机电专科学校(后更名为上海机电学院)入驻开发区,为开发区的产业工人提供了教育培训基地。2003年11

月,闵联公司直接参与投资建设的轨道交通5号线正式通车,成为企业员工上下班的主要交通工具。闵联公司同时筹资建设的闵行开发区生态公园建成,公园占地0.4平方公里,2004年7月开始免费对外开放。

闵联公司为保护和治理好开发区的生产、生活和工作环境,按照天蓝、地绿、水清、路畅的目标治理保护好生态环境。2003年12月,开发区取得ISO14001环境管理体系认证和整体通过ISO14000环境管理体系认证;2005年10月,开发区被评为"上海市质量与环境双优园区""上海品牌园区""上海市节水型工业园区"。

闵联公司积极整合开发区资源,成立开发区外商投资服务中心等服务机构,并把加强和改善服务理念贯穿到开发区建设经营管理的全过程。公司倡导"需求"式服务,培育形成"亲商、近商、便商、利商"的文化,做到"无事不插手、好事不伸手、有事不撒手、难事伸援手",秉承"政策有限服务补、硬件不足软件补"的服务理念,为开发区对外引资和优化管理创造了良好的环境。

第五章　保障性住房建设与运营

2007年,《国务院关于解决城市低收入家庭住房困难的若干意见》指出:"为全面建设小康社会和构建社会主义和谐社会的目标要求,要把解决城市低收入家庭住房困难作为维护群众利益的重要工作和住房制度改革的重要内容,作为政府公共服务的一项重要职责,加快建立健全以廉租住房制度为重点、多渠道解决城市低收入家庭住房困难的政策体系。"保障性住房,是政府针对中低收入家庭的住房困难而建设的具有社会保障性质的政策性住房,其目标是加快建立市场配置和政府保障相结合的住房制度,完善符合国情的住房体制机制和政策体系,立足保障基本需求、引导合理消费,加快构建以政府为主提供基本保障、以市场为主满足多层次需求的住房供应体系,逐步形成总量基本平衡、结构基本合理、房价与消费能力基本适应的住房供需格局,实现广大群众住有所居。

上海的保障性住房由廉租住房、共有产权房(原称"经济适用房")、公共租赁住房、征收安置房(原称"动迁安置房")等四类组成,也称为"四位一体",即四类保障性住房共同组成上海的住房保障体系。其中,共有产权房和征收安置房属销售型保障性住房,廉租住房和公共租赁房属租赁型保障性住房。

作为大型国有房地产企业集团,上海地产集团积极响应市委、市政府的号召,全力以赴参与上海市保障性住房建设,发挥应有的骨干和示范作用,成为上海保障性住房建设队伍中起步较早、规模较大、种类齐全、投资量大、品质优良的生力军。据统计,截至2013年6月底,共开发建设25个保障性住房项目,规划总建筑面积1 041万平方米(其中住宅792万平方米),已竣工总建筑面积600万平方米(其中住宅431万平方米),约占同期上海保障性住房建设总量的16%。

第一节　建　设　概　况

地产集团承担保障性住房的建设形式,是随着上海城市建设的发展和住房保障制度的深入,而不断发展深化的。主要有"挖潜存量土地"建设保障性住房项目、"1 000万平方米"配套商品房重点项目、大型居住社区建设等三种形式。

一、"挖潜存量土地"建设保障性住房

地产集团成立初期,正逢本市动迁安置用房紧缺。为缓解这一状况,集团主动向市政府提出"用收购储备的国有改制企业土地建造动迁用房"的建议,拿出一批"退二进三"收储的地块,如南站Ⅱ号、华发路206号、高镜储运厂地块等,经市房地资源局认定为"企业认定类"配套商品房建设项目用地后,再由市房地资源局"配套商品房建设项目"招投标,由中标的房地产开发企业进行开发建设,建成房屋全部按照市主管部门确定的价格,定向供作土地储备项目的动迁安置用房。共有6个项目,总建筑面积约97万平方米。

2009年,按照市政府"加快建设公共租赁住房"要求,集团再次将具有较大市场开发价值的上粮二库、南站等地块,经市房地资源局批准后,供作本市首批集中新建公共租赁住房建设项目用地。

表 2-5-1 2002—2009 年"挖潜存量土地"建设保障性住房项目表　　　单位：万平方米

序号	项目名称	总建面	动迁房	公租房
1	宝山盛达家园	17.64	15.56	
2	宝山馨良苑	10.40	9.24	
3	徐汇馨汇南苑	13.24	11.42	
4	杨浦 109 号	16.74	9.8	
5	宝山钢管厂	1.64	1.35	
6	徐汇馨宁公寓	37.90	12.84	17.26
7	普陀馨越公寓	26.25		20.57
8	徐汇馨逸公寓	22.78		17.50
9	古美五街坊待建地块	1.34		1.20

二、"1 000 万平方米"配套商品房项目建设

2005 年上半年，市政府提出建造 1 000 万平方米配套商品房的要求，由市房地资源局在规划地块上进行配套商品房建设项目招标，建成房源由市建委和市房地资源局统一调配使用。集团及其成员企业共中标 7 个项目，总建筑面积达 334 万平方米。

表 2-5-2 2005 年"1 000 万平方米"配套商品房项目表　　　单位：万平方米

序号	项目名称	总建面	动迁安置房	共有产权房
1	西郊九韵城（区属）	113.32	82.55	
2	菊泉新城古北陆翔苑	11.02	10.91	
3	顾村新选址 2 号基地 1 号（菊翔苑）	17.18	16.11	
4	安阁苑（中星）	13.56	11.94	
5	顾村馨佳园	152.33	78.22	42.37
6	浦江镇 5 号地块	17.17	15.33	
7	浦江镇 9 号地块	9.60	8.10	

三、承担大型居住社区建设

2009 年年初，市政府总结大型国有房地产企业集团建设保障性住房的经验，充分肯定地产集团等大型房地产开发的国企在融资能力、项目品质等方面的优势，提出"大企业集团对口建设大型保障性住房基地"的新思路。首批由地产、城投、城建等五大集团对口建设浦东曹路、浦江镇、宝山顾村、南汇周浦康桥地区、江桥镇、泗泾镇等六大基地。其中，地产集团承担宝山顾村拓展基地和浦

东曹路基地。2010年,市政府将这建设机制拓展到8个郊县区、16幅基地。截至2015年6月底,除宝山顾村拓展基地因腾地因素暂未开发之外,地产集团及所属成员企业共承担大基地中的保障性住房建设总建面约553万平方米。

表 2-5-3　2009—2010年大型居住社区基地项目表　　单位:万平方米

序号	项目名称	总建面	动迁房	共有产权房
1	浦东曹路基地北块	115.00	93.18	
2	浦东曹路基地南块	199.00	127.00	
3	青浦徐泾北(华新)基地	19.27	14.99	
4	浦江镇新一轮大居 22-04	15.91	12.86	
5	奉贤南桥 J1	72.77	52.84	
6	奉贤南桥浦星公路西侧、南奉公路以北 J4	34.28	25.51	
7	嘉定城北大型居住社区(南块)	40.57		29.55
8	罗店大型居住社区 C1、C2、C4 地块	38.25	30.17	
9	松江洞泾 38-03、39-02	18.17	5.59	9.32

第二节　征收安置房(动迁安置房)

上海在20世纪80年代,旧区改造动迁或者市政建设动迁的居民,往往没有现房安置,被动迁的居民常要自行找房过渡,有的甚至过渡期长达八九年,给居民生活带来极大的不便。为缓解动迁过渡的矛盾,市政府要求动迁部门在动迁居民的同时,能提供现房或在建期房进行安置,这类房屋称作"征收安置房"。

上海征收安置房分为市属、区属、企业认定三类。其中,市属征收安置房由市主管部门招投选聘开发企业,建成后房源主要供给市属项目;区属征收安置房由区主管部门招投选聘开发企业,建成后房源主要供给区属项目;企业认定征收安置房主要是世博、地产、申江等具备土地储备职能的企业集团,拿出存量土地,由市主管部门"征收安置房建设项目招标"选聘开发企业,房屋建成后定向供作该企业集团土地储备项目的征收安置房源。

地产集团筹建"征收安置房"共有两种情况:

一、收购

地产集团(市土地储备中心)在土地储备项目中,缺少现成的动迁用房,通过在市场购买已建成的商品房,用作市政府土地储备项目的居民动迁用房,缓解动迁居民的生活困难。2005—2006年间,地产集团购买了浦东杉林新月家园、宝山成亿宝盛花苑、盛达家园等地的商品房10处,共计63.57万平方米,用于土地储备项目的动迁用房。具体情况如下表:

表 2-5-4　2005—2006 年收购征收安置房情况表　　　　　　　　　单位：万平方米

序号	项　目	建设单位	总建面	供应情况
1	浦东三林环林东路 879 弄	上房实业	3.092 4	黄浦 8-1# 地块
2	浦东三林环林东路 799/879 弄	上房实业	2.014 8	
3	浦东三林环林东路 799 弄	上房实业	0.997 6	
4	浦东三林杉林新月（C）	上房实业	8.18	委托销售
5	宝山顾村成亿宝盛花苑	上房实业	7.46	2.5 万 M2 平凉旧改 5 万 M2 委托销售
6	宝山顾村丰水宝邸（东块）	科　捷	7.25	闸北北广场旧改
7	宝山顾村丰水宝邸（西块）	科　捷	7.73	闸北北广场旧改
8	宝山顾村爱建顾园	爱　建	5.15	闸北北广场旧改
9	南汇周浦美林小城	世　博	9.57	委托销售
10	南汇周浦 2# 住宅基地	周　航	12.13	杨浦平凉旧改
	小　计		63.574 8	

二、建造

西郊九韵城征收安置房项目，是集团成立后建设的第一个保障性住房项目。自 2003 年始，该项目由集团所属上海馨安置业有限公司分期开发建设，首批约 44.8 万平方米，建成后主要用于长宁、黄浦等中心城区的土地储备、旧区改造以及市政建设的动迁安置。

2009—2012 年年底，集团共开发建造征收安置房项目 22 个，总建筑面积达 990.42 万平方米。具体见表 2-5-5：

表 2-5-5　2009—2012 年征收安置房建设情况表　　　　　　　　　单位：万平方米

序号	项目名称	总建面	住宅面积	总套数	征收安置房	
					住宅面积	套　数
1	宝山盛达家园	17.64	15.56	1 842	15.56	1 842
2	宝山馨良苑	10.40	9.24	1 104	9.24	1 104
3	徐汇馨汇南苑	13.24	11.42	1 386	11.42	1 386
4	徐汇馨宁公寓	37.90	30.10	4 472	20.73	2 904
5	闵行西郊九韵城	113.32	82.55	10 531	82.55	10 531
6	杨浦 109 号	7.10	5.45	846	5.53	846
7	宝山钢管厂	16.74	13.40	2 107	9.80	1 307
8	宝山菊泉新城古北陆翔苑	11.02	10.91	1 421	10.91	1 421
9	宝山菊翔苑	17.18	16.11	2 309	16.11	2 309

〔续表〕

序号	项目名称	总建面	住宅面积	总套数	其中：征收安置房	
					住宅面积	套 数
10	安阁苑	13.56	11.94	1 651	11.94	1 651
11	宝山馨佳园	152.33	120.59	16 276	78.22	10 257
12	浦江镇5号地块	17.17	15.33	2 135	15.33	2 135
13	浦江镇9号地块	9.60	8.10	1 158	8.26	1 158
14	浦东曹路基地北块	115.00	94.22	11 588	94.22	11 588
15	浦东曹路基地南块	199.00	127.00	16 933	127.00	16 933
16	青浦徐泾北(华新)基地	19.27	14.99	2 382	14.99	2 382
17	浦江镇新一轮大居22-04	15.91	12.86	1 386	12.86	1 386
18	奉贤南桥J1	72.77	52.84	5 331	52.84	5 331
19	奉贤南桥浦星公路西侧、南奉公路以北J4	34.28	25.51	2 472	25.51	2 472
20	嘉定城北大型居住社区(南块)	40.57	29.55	4 464		
21	罗店大型居住社区C1、C2、C4地块	38.25	30.17	4 505	30.17	4 505
22	松江洞泾38-03、39-02	18.17	14.91	2 186	5.28	770
	小 计	990.42	752.75	98 485	658.47	84 218

第三节 共有产权房（经济适用房）

2009年6月，市政府颁布《上海市经济适用住房管理试行办法》。经济适用住房（现称"共有产权房"），是指政府提供政策优惠，按照有关标准建设，限定套型面积、销售价格及租金标准，面向本市城镇中低收入住房困难家庭供应的具有保障性质的政策性住房。上海共有产权房限定销售对象，以市场价格为基础确定销售价格。一般根据所处区位和建设成本，以3∶7或4∶6的比例，由政府（以地价作股）与买房者共同承担，房屋产权由政府与个人共有。

集团积极参与共有产权房的建设，至2012年年底建设共有产权房42.37万平方米、6 019套（其中240套转作廉租房）。具体见表2-5-6：

表2-5-6 2006—2011年共有产权房建设情况表　　　　　　　　单位：万平方米

项目名称	总建面	住宅面	总套数	经适房（共有产权房）	
				住房面积	套 数
宝山馨佳园	152.33	120.59	16 276	42.37	6 019(其中240套转作廉租房)

第四节　廉　租　住　房

1999年4月,国务院颁布《城市廉租住房管理办法》。廉租住房对象是无力购买共有产权房的城镇最低收入家庭,即政府以租金补贴或实物配租的方式,向符合城镇居民最低生活保障标准且住房困难的家庭提供的租赁住房。

1999年9月,上海市廉租房办公室成立,并着手对全市18万户困难家庭的住房情况进行调查摸底;2000年10月,闸北区、长宁区先行进行廉租房试点工作;至2001年12月,上海市19个区县全面推开廉租房工作。至此,上海市初步形成了廉租住房保障制度。

2012年5月,市政府颁布《上海市廉租房租金本租管理实施细则》,对廉租房租金配租的方式、发放时间、违规认定等作出详细规定,使廉租房政策得到进一步完善。

集团所建廉租房,主要是徐汇馨宁公寓配建的88套和宝山馨佳园共有产权房转作廉租房的240套。廉租房建成后,由区政府回购并配租给廉租对象。

第五节　公共租赁住房

2010年9月,市政府颁发《本市发展公共租赁住房的实施意见》,对公共租赁房的房源、租赁及管理等作了具体的规定。公共租赁住房,是指限定建设标准和租金水平,面向符合规定条件的城镇中等偏下收入住房困难家庭、新就业无房职工和在城镇稳定就业的外来务工人员出租的保障性住房。由专业机构采用市场机制运营,按略低于市场租金水平的标准确定租赁价格。

由于公共租赁住房只租不售,其投资依靠租金收益回收时间较为漫长,一般的房企开发商都不愿意承担。在此情况下,集团主动担起国企职责,积极探索,提出"共有产权房转作公共租赁住房""公共租赁住房捆绑商品房"的建设新思路,真正做到"为政府分忧、为百姓解愁"。具体做法是:

2010年9月,市政府颁发《本市发展公共租赁住房的实施意见》时,上海还没有可供应的公租房房源。面对群众企盼热情高涨的态势,市政府要求次年必须要有一定量公开配租的公租房房源。为此,集团主动提出将即将竣工(2011年6月竣工)的徐汇馨宁公寓2 900套公有产权房转作公共租赁住房,为上海提供了第一批公共租赁房源。尽管此举使集团原本可以收回的共有产权房资金成为公租房的沉淀资金、财务成本大大增加,但集团仍为承担民生工程的社会责任而不为所动,坚持将该项目推进到底。

公租房的建设投资依靠公租房租金根本无法实现投资平衡,其租赁运营的长期亏损,必将会使公租房建设难以为继。为了破解这一难题,地产集团集思广益,创造性地提出了"公租房与商品房捆绑开发"的建设新思路,即将公租房地块与商品房地块进行捆绑供地建设,将商品房取得的利润贴补公租房的运行亏损,以维持公共租赁房运转的资金平衡,使之可持续发展。按照这一思路,集团在"上粮二库地块"及"地产南站项目"上率先实践,加快推进两个项目中公共租赁住房的建设,至2013年第二季度,如期实现"馨越公寓"与"馨逸公寓"公租房的公开配租。

公共租赁住房的租后管理运营工作繁多,为提高运营效率、提升管理水平,集团组建保障房公司,集中骨干和资源对公租房的开发、建设、运营等进行全面管理,并重点在服务质量、运营成本、维护修建等方面制定管理规范,将公租房的运营管理纳入规范的渠道。

2009—2012年,地产集团总共开发建设公共租赁房项目5个,总建筑面积达105.01万平方米。

具体见表2-5-7：

表2-5-7　2009—2012年公共租赁住房建设情况表　　　　单位：万平方米

项目名称	总建面	住宅	总套数	公租房 面积	公租房 套数
1. 徐汇馨宁公寓	37.90	30.10	4 472	9.38	1 568
2. 普陀馨越公寓	26.25	20.57	4 042	20.57	4 042
3. 徐汇馨逸公寓	22.78	17.50	3 276	17.50	3 276
4. 古美五街坊待建地块	1.34	1.20	251	1.20	251
合　计	88.27	69.37	12 041	48.65	9 137

第六章　房地产开发和经营

市场性房地产开发是地产集团的主业。地产集团组建时，按照市政府"政企分开"的要求，将市建委和市房地局下属的原房地产开发企业归集于集团旗下。这些企业原本都具有一定的房地产开发能力和经历，在房地产业都创有骄人的业绩。它们进入地产集团以后，集团领导根据各企业公司的实际，建立了适应性的管理体制，在班子建设、人员配备、筹资融资及企业基础建设方面，给予切实的支持和帮助，使企业的素质水平和业务能力得到提高，房地产开发业务得到进一步的发展。同时，地产集团按照房地产产业链的规律，整合房地产流通、服务功能，拓展房地产开发的下游业态，有力地提升了地产集团的竞争能力，较好地完成了市国资委下达的各项年度指标及集团国资的保值、增值目标。集团10年来所建成的一批中、高档商品住宅及商务大楼，不仅成为企业的品牌标志，也为所在地区的建筑增添了新亮点。

第一节　房地产开发企业

地产集团曾拥有7家具有一级房地产开发资质的企业，它们分别是上海地产集团、中华企业、中星集团、上房集团、公房实业、古北集团及经营公司，它们随着上海城市的发展，诞生在不同的历史时期。2002—2012年，根据房地产市场的发展需要，地产集团对原本结构分散、产业相仿、功能重叠、效能低下的公司结构形式进行逐步优化整合，形成了5家房地产开发企业加1家项目公司的新格局。

一、中华企业股份有限公司

中华企业股份有限公司（以下简称"中华企业公司"）是地产集团下属的主要房地产开发公司。中华企业公司成立于1954年4月。20世纪50年代初，为做好上海对外商产业的接管工作，经国务院决定，在上海市房屋管理局二处外产科设立了中华企业公司，其主要职责是与外商谈判，处理外商在沪的房地产转让、接受、租赁和买卖业务。20世纪50年代末至80年代初，为解决旅居海外的华侨、归侨、外籍华人和港澳地区同胞来沪定居或供眷属居住，中华企业公司在沪建造和出售一批侨汇商品住宅，如华侨公寓和华侨新村等，使中央的统战政策和侨务政策得到落实。

1993年9月24日，中华企业公司以社会募集资金的方式成功改制为股份制上市公司，公司股票在上海证券交易所上市，证券代码为600675，其上级主管单位为上海市房屋土地管理局。1996年，根据国家政企分开的政策要求，上海市房屋土地管理局成立了上海房地（集团）公司，中华企业股份有限公司作为二级子公司划归上海房地（集团）公司。2001年前后，上海房地（集团）公司实施了资产重组，由中华企业公司作为上海古北（集团）有限公司（占87.5%股份）和上海房地产经营（集团）有限公司（占90%股份）的控股公司，使三家具有国家一级房地产开发资质的房地产企业实现了强强组合。2002年，地产集团成立，上房集团整建制划入，成为地产集团二级子公司。2004年7月，中华企业公司从上房集团划出，与上房集团并列成为地产集团二级子公司。2010年12月，中华企业公司以收购方式受让地产集团持有的上房集团40%的股份；2013年7月，继续以收购方式受让地产集团持有的上房集团60%的股份，完成了对上房集团100%股权收购，成为上房集团的唯一股东。

中华企业公司开发的各类商品房地产项目约750万平方米，公司总股本由上市之初的7863万元增至2013年年底的15.55亿元，总资产由上市之初的5亿元增至2013年年底的258亿元，累计实现归属母公司净利润59.7亿元，年平均净资产收益率14.7%，累计上缴税金62.2亿元。

二、上海中星（集团）有限公司

上海中星（集团）有限公司是一家具有国家一级房地产开发资质的综合性国有企业。公司成立于1982年，原系上海市住宅建设办公室与上海市房地产管理局合并后建立的上海市住宅基地开发公司，属市房地产管理局领导，下设10个居住区开发分公司。1984年，上海市住宅基地开发公司划归市建委直接领导，并改名为上海市居住区开发公司，下设8个分公司。1990年，上海市居住区开发公司更名为上海市居住区综合开发中心。1994年，上海市居住区综合开发中心改建为上海中星（集团）公司，是具有法人资格的全民所有制企业，注册资金人民币5亿元。1998年，上海中星（集团）公司改制为上海中星（集团）有限公司，注册资金人民币10亿元，其中职工股占30%。2002年，上海中星集团划归地产集团管辖。2006年，上海中星（集团）有限公司改制，股本金中的职工股全部退出，中星集团成为地产集团全资子公司。

中星集团成立30年来，已开发建设33个居住区、74块基地，约4万亩土地的开发建设任务，共约3200万平方米，其中包括上海著名的仙霞、田林、中原、彭浦、长白、沪太、长风、上南等大型居住区，相当于一个中等规模城市的面积。2002—2012年，中星集团开发的各类商品房地产项目约4632204万平方米，总资产由71亿元增至322亿元，主营业务收入由7.26亿元增至70.7亿元，利润总额由1.22亿元增至10.3亿元。

三、上海房地（集团）有限公司

上海房地（集团）有限公司成立于1996年8月，是上海市房屋土地管理局按照市政府要求，为实现政企分开、政资分开，将下属的上海房地产经营公司、建筑装饰材料集团等9家企业和1家房屋建筑设计院等涉及房地产开发、设备生产、建材相关单位划出组建而成。公司注册资金为人民币5.7亿元，其下拥有全资、控股、参股企业共计200余家，基本形成房地产开发、房屋设备生产、建材生产营销、装饰施工、公房管理、房屋设计六大产业板块的多法人、多层次、多元化的经济实体。

上房集团成立后，在企业收购兼并、资产重组、盘活国有存量资产、实现资源优化配置等方面进行了积极的探索，发挥了房地产开发的主业优势，通过下属的中华企业公司、经营公司的房地产开发拓展市场，创立品牌效应。同时，在房屋流通领域也创有业绩，并积极开展资本运营，通过成功收购ST嘉丰公司股权，以上海金丰投资股份有限公司的全新面目上市，借助上市公司融资通道，解决房地产开发的资金问题。

2004年7月，上房集团与地产集团签署《国家股划转协议》，上房集团将其持有的金丰投资国家股份和中华企业国家股份划转给上海地产（集团）有限公司所有。

2005年12月，上房集团实施重组，层级压缩、人员精简，产业结构发生重大变化，下属的材料公司、设备公司、装饰集团等七家企业全部从原有国有企业体制剥离,共计4 000余人离开原国有体制,平稳实现体制改革。重组后的上房集团房地产开发项目主要有四个：上海铁路南站建设配套的保障房——馨汇南苑、商品住宅——尚汇豪庭、安亭新镇三个项目,建筑总面积约168.2万平方米;现代物流仓储用房——松江工业区物流仓库,建筑总面积约4.19万平方米。

四、上海金丰投资股份有限公司

上海金丰投资股份有限公司(以下简称"金丰投资")是以房地产服务流通为主的上市企业,是1998年由上房集团收购上海纺织控股(集团)公司持有的下属上海嘉丰股份有限公司(以下简称"嘉丰股份")国有股权并经资产重组及更名而成立的。资产重组后,公司股票于1998年7月1日正式在上海证券交易所复牌交易。2004年,上房集团将其所持有的金丰投资全部国家股无偿划转给地产集团持有,使之成为金丰投资控投股东,占股55.45%。金丰投资进入地产集团以后,基本形成"投资+服务"的发展定位,并初步建成房地产投资开发、房地产流通服务、房地产金融服务和房地产代建服务的四大业务板块。

从2002年开始,金丰投资凭借房地产开发的专业优势,投资开发的商业性房产项目有金丰苑、金丰蓝庭、新上海花园洋房、新上海弄里人家、世茗雅苑、瑞金南苑、海上梦苑、富豪金丰酒店,无锡"印象剑桥""观湖铂庭"等住宅和商用项目,已开发建设项目约达135万平方米,曾荣获"上海市房地产开发企业50强""中国房地产企业200强"等称号。

五、上海馨安置业有限公司

上海馨安置业有限公司原隶属于上海公积金管理中心,经营范围是房地产开发、经营、销售、室内装潢、销售建筑装潢材料及物业管理等。2003年划入上海地产集团,地产集团占80%股权、担保公司占20%股权。2011年担保公司退出20%股权,地产集团占全部股权,注册资金为1亿元。

馨安公司的房地产开发开始是以保障房为主,有西郊九韵城、馨宁佳苑、馨良园、盛达家园等项目,开发面积共约88万平方米,及时地解决了政府动迁用房,为百姓提供安居环境。同时,馨安公司也开发多项商品房项目,有馨亭家苑、马鞍山东方明珠、虹苑、畅翠苑及华傲等,总面积约84.26万平方米。

六、上海地产明居发展有限公司(项目公司)

上海地产明居发展有限公司作为上海地产(集团)有限公司的全资子公司,于2006年8月成立,注册资金人民币1亿元,注册地址为上海市浦东三林镇沿江路劳动新村十八间五号房。经营范围为房地产开发,主要负责"世博民居文化区"项目的建设管理,从项目的策划定位、规划编制和设计方案比选,直至项目建成。

地产集团开发的"世博民居文化区——美丽上海"项目,是通过修复收藏濒临消失的近百幢老民居建筑,传承中国传统建筑等文化遗产。同时,通过搬迁滨江污染企业等环境整治,推进上海滨水城市新形象,推动黄浦江两岸综合开发建设。项目具有文化、历史、商业和社会观赏价值。

项目由地产集团全额投资32亿元,于2007年12月正式开工。项目整治原有大型垃圾堆场、煤场等污染环境,通过对赣、浙、皖收藏迁建再生的 93 栋老民居和保留部分老工业厂房改造利用,同时与新建时尚酒店建筑相结合,建造成一处集民居展示、文化会展、创意商业、时尚消费以及特色酒店于一体的,以中国传统民居建筑为主要特色的多功能综合区域。

地产集团成立 10 年来,下属企业市场性房地产开发项目,共建造住宅、办公楼及别墅约 1 156 万平方米,取得利润在国资委系统名列前茅。

第二节 商业房地产项目开发

由于房地产业的发展直接涉及城市的规划和建设,关系到城市产业的布局,也与百姓的生活有着密切的联系,因此政府对企业的房地产开发,执行严格的管理规范和审批程序,以确保城市的房地产业能在城市建设总体规划的框架内得到有序发展。同时,企业对房地产项目的实施,除了对投入产出的经济评估外,对楼盘的品质、式样、质量及适用人群的对象也有精细周到的设计和要求,以确保产品实现预期的市场销售。

企业房地产开发过程主要包括两个方面:一是申报政府的审批,二是企业的组织施工。

依据中国当前法律、法规、规章,政府的审批许可流程一般包括六个阶段:选址定点、规划总图审查及确定规划设计条件、初步设计及施工图审查、规划报建图审查、施工报建、建设工程竣工综合验收备案。每个阶段由政府相关的责任部门按规范要求进行审核,必须全部审核通过,项目方能开工建设、进行销售。

企业房地产开发主要是以投资效益为中心、市场需求为前提、产品质量和工期为重点,对项目楼盘进行全面评估、科学设计、精心施工、宣传销售。企业对房地产开发除了向政府部门申报审批外,内部过程大致可分为五个阶段:制定可行性报告、取得土地、确定项目方案、开工建设、项目销售及交付使用。

地产集团从成立至 2012 年年底,开发的商品房地产项目有住宅、别墅以及办公楼等类型。总共开发的商品房地产项目面积达 11 558 458 平方米。其中,中星集团 4 632 204 平方米、中华企业 3 497 322 平方米、金丰投资 805 332 平方米、上房集团 1 781 000 平方米、上海馨安公司 842 600 平方米。

表 2-6-1 2002—2012 年中星集团市场性房地产开发项目统计表　　面积单位:平方米

序号	项目公司名称	项目名称	项目地址	房屋类型	建筑面积	开、竣工时间
1	虹达公司	中星美华村(中山西路1350 号地块)	长宁区虹桥路 1168 弄	住宅、别墅	82 508	2005 年 7 月—2012 年 12 月
2	旗捷公司闵润公司	旗忠村(马桥镇 133、134、135 地块)	闵行区昆山北路 3399 号	别墅	133 064	2009 年 6 月至今
3	中星集团第一项目部	虹口区 74 号地块(天星公寓)	虹口区天水路 69 弄	住宅	28 403	2001 年 7 月—2003 年 9 月
		虹口区 46 号地块(海伦新苑)	虹口区华昌路 68 弄	住宅	51 137	2001 年 11 月—2004 年 12 月
		赤峰路 53 号地块(书香公寓)	杨浦区赤峰路 59 弄	住宅	68 900	2000 年 7 月—2003 年 9 月

〔续表〕

序号	项目公司名称	项目名称	项目地址	房屋类型	建筑面积	开、竣工时间
4	全策公司	江桥新镇地块	江桥海波路850、1000弄、嘉涛路60弄等	住宅、别墅	537 050	2009年12月至今
		江桥养殖场	江桥华江支路677弄	住宅	215 749	2006年1月—2009年5月
5	城镇置业	海上御景苑一至五期	宝山区罗泾镇长虹路777-779、718弄、潘沪路399弄等	住宅、别墅	305 800	2009年10月至今
6	湘大公司	松江18#地块（华亭新苑）	松江区文诚路1999弄	住宅、别墅	113 587	2004年9月—2011年12月
7	龙宁公司	广富林四号地块	松江区龙腾路1015弄	别墅	124 208	2010年12月—2013年8月
8	星舜公司	闸北456街坊（中星馨恒苑）	闸北区江场西路	住宅	178 351	2011年9月至今
9	协利公司	莘城7号地块	闵行区天河路	住宅	93 674	2003年12月—2005年12月
		莘城14-3#地块		住宅	46 693	2005年12月—2008年12月
10	新城公司	宝山淞南小区（鎏园）	宝山区淞发路25弄	住宅	66 754	2004年12月—2008年3月
11	安亭公司	安亭新镇（东块、5#、12#）	嘉定区安亭镇墨玉南路等	住宅、别墅	327 608	2008年1月—2014年12月
12	昆山公司	清水湾项目	昆山市张浦镇锦淀路88号	别墅	95 568	2004年11月—2009年5月
		庆丰路项目	昆山市庆丰东路555号	住宅、别墅	155 996	2009年10月—2012年7月
		中华园路AB、C块	昆山市九华山路66号	住宅、商业	225 851	2010年12月至今
13	宜兴公司	中星湖滨城（A、B、C、D、EF、G块）	宜兴市宜城街道	住宅、别墅、商业	1 051 213	2004年10月—2015年3月
14	无锡公司	半山一号	无锡环山东路1号	别墅	58 678	2005年1月—2010年12月
15	扬州公司	扬州B-09B-04号地块A、B区（海上紫郡）	扬州市邗江北路、西湖路	住宅、商业	312 268	2011年11月至今
16	天津公司	天津雪优花园	天津东丽区华明镇	住宅、别墅	359 144	2012年1月至今

表 2-6-2　2002—2012 年中华企业市场性房地产开发项目统计表　　面积单位：平方米

序号	开发商	项目名称	项目地址	建筑面积	房屋类型	开竣工时间
1	中华企业	东方中华园	浦东新区羽山路600弄	120 000	商品住宅	2001年1月—2004年4月
2	中华企业	虹桥中华园	长宁区虹桥路2388号	56 573	联体排屋、低层公寓	2000年1月—2003年9月
3	中华企业	淮海中华大厦	黄浦区人民路889号	40 442	商务楼	2002年5月—2004年4月
4	中华企业	静安中华大厦	静安区北京西路1703号	42 260	商办楼	2003年11月—2006年3月
5	中华企业	美兰湖中华园（二期）	宝山区抚远路1288弄	119 202.52	住宅	2008年12月—2011年3月
6	中华企业	万泰大厦	静安区乌鲁木齐北路480号	29 179	商业与办公楼	1995年1月—2008年5月
7	中华企业	苏州中华城	苏州工业园区津梁街133号	294 818	高层住宅	2004年9月—2011年1月
8	中华企业	南郊中华园一、二期	浦东新区航头镇航鹤路1699弄	62 678	联体别墅	2007年6月—2008年11月
9	中华企业	南郊中华园三期	浦东新区航头镇航鹤路1699弄	61 047	联体别墅	2008年6月—2010年1月
10	经营公司	御品大厦	静安区北京西路969号	25 530	24层	1996年12月—2003年11月
11	经营公司	丹江新苑	齐齐哈尔路240号	28 400	公寓	1996年12月—2003年11月
12	经营公司	万都花园	普陀区杨柳青路118弄4、5号	10 729	公寓	2004年开工
13	经营公司	上海春城	闵行区莲花南路1288弄	400 000	高层、多层公寓	1998年9月—2005年1月
14	经营公司	华宁国际广场	长宁区宣化路300号	68 000	商办楼	2007年4月—2008年11月
15	经营公司	上海港国际客运中心	虹口区东大名路600号	400 000		2009年7月竣工
16	经营公司	周浦印象春城	浦东新区周浦镇	560 000	住宅	2007年8月开工
17	经营公司	馨宁公寓	徐汇区华发路206号、	392 879	公租房	2008年7月开工
18	经营公司	御品·谷水湾豪庭	松江区方松街道广富林路南侧	360 000	高层公寓、联排别墅	2011年6月开工
19	经营公司	江阴项目	江阴市澄南路东	180 000	商品住宅	2011年12月开工

〔续表〕

序号	开发商	项目名称	项目地址	建筑面积	房屋类型	开竣工时间
20	古北集团	恒丰古北苑A楼	闸北区光复路877号	10 110	商品住宅	2001年3月—2002年6月
21	古北集团	宝山区顾村镇1号基地2号地块	宝山区顾村镇陆翔路358弄	108 805	商品住宅	2004年4月—2005年7月
22	古北集团	宝山区顾村镇2号基地1号地块	宝山区菊联路232弄、233弄	168 016	商品住宅	2006年5月—2007年6月
23	古北集团	古北虹苑C块	闵行区虹松东路251弄	11 790	延虹绿地农民动迁安置房	2004年5月—2005年6月
24	古北集团	古北国际花园	长宁区黄金城道600弄	146 528	商品住宅	2003年10月—2006年2月
25	古北集团	古北国际广场	长宁区富贵东道229弄	106 776	商品住宅	2004年5月—2006年10月
26	古北集团	西郊古北国际别墅	青浦区赵巷镇特色居住区业辉路600弄	75 145	别墅	2003年11月—2004年3月
27	古北集团	古北国际财富中心	长宁区虹桥路1452号	39 650	商办楼	2006年5月—2008年12月
28	古北集团	浦东香堤岭	南汇区宣桥镇南六公路578号	56 391	别墅	2009年4月—2010年10月
29	古北集团	古北虹苑A块	闵行区姚虹东路259-359号	125 942	住宅	2002年5月—2004年6月
30	古北集团	古北国际财富广场	长宁区虹桥路1438号	187 650	商办楼	2009年1月—2012年1月
		合　计		3 497 322		

表2-6-3　2002—2012年金丰投资市场性房地产开发项目统计表　　面积单位：平方米

序号	项目公司名称	项目名称	项目地址	房屋类型	建筑面积	开、竣工时间
1	上海公房实业有限公司	瑞金南苑	徐汇区瑞金南路458号	住宅	122 522	1998年4月—2003年5月
2	上海金丰投资有限公司	金丰苑	浦东大道2583号	住宅	87 000	2000—2003年
3	上海茸欣房地产置业有限公司	新上海里弄人家	松江九亭镇九亭大街	住宅	130 000	2004年竣工
4	上海茸欣房地产置业有限公司	新上海花园洋房	松江九亭泖亭南路290弄	住宅	144 000	2001年7月—2002年9月
5	上海公房实业有限公司	东兰世茗雅苑	闵行区龙茗路1597弄	住宅	89 237	2004—2006年

〔续表〕

序号	项目公司名称	项目名称	项目地址	房屋类型	建筑面积	开、竣工时间
6	上海茸欣房地产置业有限公司	金丰蓝庭	松江九亭镇洙坛路、沪亭北路	住宅	210 000	2004—2008年
7	上海龙宛房地产开发有限公司	海上梦苑	卢湾区蒙自路598弄	住宅	22 570	2005年4月—2007年10月
	合计				805 332	

表2‑6‑4　2002—2012年上房集团市场性房地产开发项目统计表　　面积单位：平方米

序号	项目公司名称	项目名称	项目地址	房屋类型	建筑面积	开、竣工时间
1	上海民诚置业有限公司	馨汇南苑	明珠以西、武宣路以东	住宅	133 000	一期2007年9月—2009年2月；二期2008年9月—2010年3月
2	上海凯峰房地产开发有限公司	尚汇豪庭	中山西路	住宅	386 000	2012年12月开工
3	上海国际汽车城置业有限公司	安亭新镇	安亭镇	住宅	1 220 000	2003年4月开工
4	上海上房现代物流有限公司	上房现代物流仓储用房	中凯路	工业	42 000	一期2006年8月—2007年5月；二期2009年年底—2010年11月
	合计				1 781 000	

表2‑6‑5　2002—2012年上海馨安公司市场性房地产开发项目统计表　　面积单位：平方米

序号	项目公司名称	项目名称	项目地址	房屋类型	建筑面积	开、竣工时间
1	上海馨亭置业有限公司	馨亭家苑		住宅	316 000	一期2007年9月—2009年2月；二期2008年9月—2010年3月
2	马鞍山市金申置业发展有限公司	马鞍山东方明珠		住宅	467 400	
3	上海馨安置业有限公司	虹苑		住宅	15 200	

〔续表〕

序号	项目公司名称	项目名称	项目地址	房屋类型	建筑面积	开、竣工时间
4	上海馨安置业有限公司	畅翠苑		住宅	7 600	
5	上海馨安置业有限公司	华傲		住宅	36 400	
	合　计				842 600	

说明：5家公司开发项目合计11 558 458平方米。

第三节　房地产流通和经营

在计划经济体制年代，房地产企业基本上只管造房，不管卖房，主要是按照政府有关部门的计划要求，造出的房屋由政府统一定价、统一收购、统一配售，生产企业不用担心产品的利润和销路。随着商品房的出现，市场的竞争和选择将直接关系到企业的生存，因此房地产开发公司也将商品房销售列为企业的一项重要业务。为确保商品房的市场销售，企业除楼盘选址、建造质量及户型设计等方面力求优质外，还组建专门的房地产销售部门，并对销售的市场调研、销售办法及销售合作各个环节制定规范，以加快房屋的销售和现金流的回笼，同时强化市场客户对房屋意见信息的反馈，促进企业产品对市场需求的适应和改进。

上海中星（集团）有限公司的房地产销售系统逐步发展、完善的过程，在国有房地产企业中是具有代表性的：该公司原先承担的住宅建设任务，主要是按政府部门的要求和计划进行，公司由综合计划科（后更名为"经营销售部""销售部""市场营销部"）负责向住宅建设单位或者需要房源的单位集中调配房源，用作福利分房。企业从1994年开始由计划经营部负责房源销售，销售方式主要是批量的房屋使用权买卖。1998年，公司打破属地化开发并负责销售的传统，采用公司内部招投标办法开展房屋销售，从销售策划、销售宣传、销售模式及销售考核等方面，形成一整套规范的房屋销售管理办法，从而全面进入商品房买卖阶段。1998年起，中星集团在全市商品房销售排行榜上名列前茅，2000年更是成为上海市商品房销售面积、销售金额双冠军。另外，中华企业是房地产开发量较大的企业，在商品房不断发展的背景下，摆脱原来单一造房的企业结构，不仅成立市场部专门负责商品房销售，还制定市场调研、产品定位、价格管理、销售费用及流程等各种制度，强化房产销售管理，形成了市场化经营发展模式。

20世纪90年代，随着住房制度改革的逐步推进，导致房地产业的分工更加细化。市场商品房大量增加，房地产业也从开发建房向房屋销售、交易及服务管理等下游产业延伸拓展，原先房地产企业内的销售功能逐步演化成专业的独立产业，以一手房销售代理、二手房置换租赁、房地产信息服务、公积金贷款及担保为标志的流通、服务业不断完善，使之成为上海房地产业发展的必要前提和保证，也使房地产的产业链逐步得以健全。

地产集团下属的上房集团公司于1997年10月与上海纺织控股（集团）公司签署股份转让协议，纺织控股一次性向上房集团转让其所持有的上海嘉丰股份有限公司74.69%的总股本，上房集团公司成功并购ST嘉丰股份。1998年7月，ST嘉丰股份正式更名为上海金丰投资股份有限公司,确立以住宅流通服务业务为公司主营业务,成为国内第一家房地产行业综合服务型上市公司。

上房集团公司下属的上海房屋置换股份有限公司成立于1997年12月,以二手房中介为主业,是上海市房地产行业首家发起式的股份制公司。1999年9月,上房集团公司将其控股的上房置换公司53%股权,重组到由其控股的上市公司上海金丰投资股份有限公司,成为上市公司的控股公司,以"金丰易居""上房置换"为业务品牌,始创住宅消费流通服务业,涵盖了一手房策划代理、二手房置换租赁、房地产网络信息服务以及其他相关增值服务业务。

一、房地产销售

2000年8月,上房集团旗下金丰投资公司第三届董事会第十三次会议决定,金丰公司与中百一店联合组建"上海房地产住宅消费服务有限公司",旨在服务于开发商,从前期市场调研、策划产品定位、营销策划到销售代理等形成产业链,提供专业化、集约化服务,此举走在全国房地产开发行业前列。公司成立后,在2000年9月、10月、11月及2001年3月,开设静安寺广场市店、市百一店东楼中心店、金丰易居购房中心鑫联广场"浦东店"和曲阳商务中心等连锁销售店,以市场营销的方式进行各式商品房楼盘的集中销售。该公司除积极开拓新房代理业务外,还努力探索大规模收购、包销房地产项目,仅2001年上房销售公司就成功收购、包销了三和花园、荣民大厦、中福花苑等多个项目,累计实现销售面积8万余平方米,销售金额5亿元。

2002年1月,"上海房地产住宅消费服务有限公司"更名为"上海房屋销售有限公司"。

2003年8月,金丰公司第四届董事会第十四次会议决定投入1 020万元对上海房屋销售有限公司进行同比增资扩股,该公司注册资本由2 500万元增至5 000万元,金丰公司持40.8%的股权。

2003年11月,金丰公司第四届董事会第十七次会议决定投资上海浩源房地产代理有限公司。浩源公司系2000年10月成立,专业从事房地产经纪业务,注册资本100万元,由两位自然人持有。截至2003年8月31日,经评估后的净资产值为305.75万元。金丰公司的投资是对浩源公司进行增资扩股,使其注册资本增加至2 000万元,其中原股东以当前净资产出资300万元,占15%股份;金丰公司出资600万元,占30%股份;上房置换出资1 100万元,占55%股份。

浩源公司增资扩股后,"浩源公司"更名为"上海房屋置业顾问有限公司",简称"金丰易居""置业顾问"。其重点业务是:一手代理,即项目全程营销策划及顾问、项目总代理销售、投资顾问、可行性分析及承接包销项目等;二手房中介,即住宅、写字楼、商铺的买卖与租赁中介、客户顾问、买方代理等,及评估、测绘、代办手续及法律服务等。

2004年11月,金丰公司第五届董事会第六次会议决定出让上海市房屋销售有限公司40.8%的股权,由上海金岳投资发展有限公司承接。

上海金丰易居房地产顾问有限公司是专业从事房地产策划代理业务的企业。公司业务拓展至国内27个城市,代理楼盘数量219个,累计代理面积1 128万平方米,销售总额233亿元,会员客户近10万人。连续7年入选"金桥奖"营销代理20强,连续7年被评为"中国房地产策划代理百强企业",并多次获得"中国房地产诚信品牌""中国商业地产最佳服务机构"等称号。

二、房屋置换

上海规模性的房屋置换起源于20世纪50年代。1956年,上海成立了房屋调整委员会,专门为上班路远的职工调整工作地点和住房。到80年代住房紧缺矛盾急剧尖锐,当时的上海到达换房的鼎盛期,全市自发形成了一批较大规模的换房自由市场,分别设在卢湾区淡水路、徐汇区上海跳水池、虹口区昆山花园、普陀区曹安房管所门口、静安区愚园房管所门口以及闸北区彭浦新村房管所门口,无专人管理。1984年6月,市房地局传达贯彻国家城建部佛山会议精神,建立市房屋交换中心是其中的重要内容。于是,上海不仅在市、区、街道设置三级换房机构,而且各系统也都同时开展换房工作,全市出现纺织、机电、轻工、仪表、冶金、公用、交通等43个系统换房机构,属行政机构管理的非市场性房屋置换模式。

上海房屋置换股份有限公司成立于1997年12月31日,是经上海市人民政府批准的上海市房地产行业首家发起式股份制企业,是专职从事房屋置换的公司,注册资金5 000万元。

上海房屋置换公司从成立至1998年年底,在上海开设了108家住宅消费服务便利店,并和上海市民政局、市妇联合作,结合再就业工程的推进,培养出一批600人的房屋置换业务人员(房嫂)。

1999年9月,经过资产重组,上房置换公司由金丰投资公司控股53%,以"金丰易居—上房置换"为品牌,使业务得到进一步拓展,年门店规模达到208家,一线业务队伍规模近千人。公司于2000年携手金融机构,推出了置换安家宝业务,为百姓住房改善提供金融支撑;2001年,房屋置换业务系统形成了五大管理中心,导入了总部—管理中心—门店三级管理体制,在中介业务得到发展的同时,相继成立了"上房权证代理公司""上房商铺服务网络有限公司""普润房地产"等子公司,加强对房地产细分市场的拓展。

2005年,上海房地产市场开始步入"宏观调控—市场反弹—再宏观调控"的阶段,房地产调控政策法规相继出台,上海的房屋置换业务也逐步走向了低谷。除2007年和2009年外,上房置换公司一直面临着市场低迷、交易萎缩、观望浓厚的局面,交易量从最高峰的1.97万套/年下滑至0.22万套/年,上房置换公司的生存遇到了极大的危机。对此,上房置换公司确立"降本增效、巩固主营、加快改革、综合发展"的方针,对部分绩差门店进行关闭、调整和淘汰,对部分区域门店进行归并。2005年,上房置换公司将门店规模压缩至120家,随后相继在2008年、2011年将门店规模压缩至60家,上房置换公司对部分管理层面和人员进行压缩和精简,从而降低运营成本,度过企业困难期。

上房置换公司在2012年确立"打造综合领先的房地产流通服务商"的总体目标,通过对自身存在的问题和市场竞争态势的分析,初步确立建立"房地产中介行业一流品牌机构和住房保障服务领域的领先企业"的发展目标,按照"全力遏制亏损、保持品牌地位、稳定骨干队伍"的宗旨,在遏制中介业务亏损、拓展住房保障市场和创新多元服务模式方面采取了措施,以构建一个高端、中端、低端搭配的产品序列和服务体系。即以公租房经租与市场化租赁的互动为主要手段来整合低端租赁市场;以集中性的人才公寓和分散性的包租后规范合租为主要手段来拓展中端租赁市场;以高端物业的售后包租与包销代理相结合的业务形态来探索高端租赁市场。公司在新目标的指引下,正在努力推进各项措施到位,以扭转被动局面。

上房置换公司成立13年来,是本市房地产经纪行业中唯一获得国家级现代管理创新成果奖和市级文明单位称号的企业,也是唯一连续12次蝉联上海市房地产经纪行业最高奖项——"金桥奖"

的房地产中介企业,保持着全国房地产中介行业领先品牌的荣誉地位。公司13年的交易面积达830万平方米、交易金额逾500亿元,为22万多市民打开安居之门,并催生"房嫂"这一职业,为3 000多名下岗女职工提供了再就业岗位。

表2-6-6 1998—2012年上房置换历年业绩统计表　　　　面积单位:万平方米

项目		1998年	1999年	2000年	2001年	2002年	2003年	2004年	2005年	2006年	2007年	2008年	2009年	2010年	2011年	2012年	合计
置换	套数	3 901	14 457	14 443	19 796	16 248	12 112	13 102	7 744	8 290	8 772	3 984	9 560	3 668	2 158	1 754	139 989
	面积	17	65	81	123	103	81	89	51	53	57	24	58	21	12	10	845
	金额(亿元)	5	15	21	33	36	40	60	45	43	56	30	82	41	28	23	559
租赁	套数		2 173	5 985	9 617	8 740	6 194	6 350	7 160	6 726	6 109	5 753	4 801	4 515	4 415	3 077	81 615
	营收(万元)	710	5 515	7 086	9 611	9 464	9 318	9 465	5 568	5 662	7 273	5 413	9 768	8 574	5 560	7 257	106 245
利税	利润(万元)	366	953	1 140	1 341	1 435	1 352	1 581	−173	213	870	401	2 718	1 857	2 009	611	16 674
	税收(万元)	316	546	815	1 033	904	1 149	1 032	743	343	612	416	601	781	386	972	10 649
	小计(万元)	682	1 499	1 955	2 374	2 339	2 501	2 613	570	556	1 482	817	3 319	2 638	2 395	1 583	27 323

第四节　住房贷款担保

地产集团下属的上海市住房置业担保有限公司于2000年7月正式成立,为配合上海公积金制度的推行,防范和化解住房公积金贷款风险,对公积金贷款进行担保,是房地产服务业中的一项重要内容。担保公司以3亿元注册资本起步,最初单纯开展住房公积金贷款担保业务,之后逐步扩展到组合贷款担保和商业性贷款担保,并在全市各区县设立22家分支机构和网上营业部,注册资金达9亿元,总资产达50亿元。截至2012年,是国内资本规模最大、综合实力最强的住房置业担保机构。

一、公积金贷款担保业务

担保公司承担的公积金贷款担保业务即受市公积金管理中心委托,咨询受理审核全市纯公积金贷款,以及公积金建、翻、修贷款;复核组合贷款中的公积金贷款各项要素,确保银行受理的公积金贷款借款人资格、贷款额度期限符合公积金中心的要求,借款资料完整、担保、抵押得到有效落实;为借款人提供担保,承担3项保障责任,即意外死亡或完全丧失劳动能力剩余债务承担、抵押物全部毁损剩余债务承担,以及因生活特困贷款逾期罚息承担;贷后风险管理,承担包括存量公积金贷款(非担保贷款)在内的全部住房公积金逾期贷款催收、债务重组、司法诉讼、抵押资产处置等全方位的风险管理工作。

二、商业性担保业务

担保公司承担的商业性担保业务有房贷担保、转按揭担保及阶段性融资担保。

商业性房贷担保业务即借款人申请的商业性贷款由担保公司进行担保,借款人将所购住房抵押给银行,担保公司按合同约定承担相应保证责任。2012年担保公司与工行、农行、建行、中行、上行、浦发、兴业、光大、民生、农商行等多家银行均有合作。

转按揭担保业务是由担保公司提供担保而实现个人住房贷款随房屋产权或抵押权转移而实现转移,包括有交易转按揭担保和无交易转按揭担保业务。

阶段性融资担保业务是通过担保公司担保,银行将个人住房贷款的发放时间节点由办妥《上海市房地产权利证明(他项权利)》之日提前至取得《上海市房地产权利证明(他项权利)收件收据》之日。另外,担保公司还承担商户贷款担保、留学贷款担保、出境游担保、个人消费贷款担保及诉讼保全担保、不动产拍卖担保等各种业务。

公司通过加强员工专业培训、建立岗位制衡和前后台制约机制,完善风险考核机制、强化流程控制、建立不良客户信息共享平台等措施,保证公司的担保业务不良率和代偿率始终保持在优良水平。2012年担保公司被人民银行指定的信用评估机构评定为AA－信用等级,在国内同行业中居领先水平。截至2012年年底,置业担保公司公积金贷款担保总量达2 499亿元,担保户数约125万户,担保余额1 420.50亿元;商业性房贷担保、转按揭及阶段性担保等市场性业务收入达3.76亿元,累计担保162 142笔,累计担保额1 218亿元。

第三篇 改革与管理

概　　述

　　地产集团成立时，下属企业多达437余家。按照市委、市政府"推进具有房地产、住宅管理职能的政府部门政企分开，并组织和实施其所属房地产企业国有存量资产盘活，实现房地产企业中国有资本退出"的要求，地产集团通过清产核资摸清家底，并在改革改制过程中，盘活资产、调整主业，做好资产整合、优化调整工作，至2008年，将下属企业减至210家。地产集团通过制定和落实《企业主业发展与非主业调整三年行动规划》，对二层次企业，以其主营业务定位和与地产集团层面业务关系，推进"投资主体多元化、股权结构合理化、利益主体分散化"改革，合理调整国有股权比重；按"主辅分离"要求，对与二层次主业发展无关的小企业，采取歇业关闭、兼并重组、转让出售等多种形式进行改革，优化地产集团资产布局结构，提高经济效益，增强主业竞争力。

　　地产集团按照现代企业制度和国资管理要求，加大对成员企业国有资产保值、增值的监管力度，通过加强制度建设、完善组织构架、强化部门功能等措施，实现对地产集团所属全资和控股子公司的全面监管。监管目标主要是资本经营效率和投资收益率，监管的重点主要有四项内容：明确各企业年度发展计划、工作目标及经营预算，实行契约式管理；企业对外投资、对外担保、融资等重大经营活动，实行一体化管理；企业经营运作、资产状况、财务运行等情况由集团本部相关部门有效管控；对公司经营者实行绩效考核制度。同时，集团通过统一的基础建设管理，如颁布《上海地产（集团）有限公司法律事务管理办法》《上海地产（集团）有限公司固定资产投资项目管理暂行规定》以及《上海地产（集团）货币资金管理办法》等管理制度，对地产集团及成员企业的资金管理、法务工作、固定资产管理工作从制度和程序上予以规范，强化地产集团系统的基础建设，推进企业核心竞争力的增强。特别在房地产市场波动的特殊时期，地产集团运用各子公司的组合优势，在全面分析市场形势的基础上，统一思想认识、部署运作方案，相互合作互补、抱团取暖，顺利渡过难关。

第一章　改革改制和产业整合

上海市政府成立地产集团的初衷之一,就是要使计划经济体制下的国有企业不再受政府的直接管理而走向竞争的市场,将国有企业改革成为市场经济的主体。因此,地产集团成立后的首要任务,就是要对计划经济体制下的国有企业进行改革改制,并对原有的多层次、分散化的产业结构进行调整和重组。2005年,市国资委与地产集团签订《上海市规范国有中小企业改制工作责任书》,由国资委授权,明确地产集团在国有中小企业改制工作中所拥有的权利和责任。地产集团在对刚组建的企业基本情况进行调查摸底和清产核资的基础上,按照市国资委"三个收缩、三个集中"(即收缩层级、跨度、比重;向优势产业,先导性、基础性、公益性产业,大企业集中)的国资国企发展原则,规划地产集团改革改制"三步走"的方针,并根据企业实际情况,制定改革方案和措施。在地产集团全力推进下,剥离企业亏损负担、精简产业结构层次、凸显地产集团主业发展,形成以土地储备和前期开发、滩涂造地、房地产开发、流通服务为重点的资产布局,完成地产集团改革改制和产业整合的目标。

第一节　集团初建时资产构成

一、企业资产的组成

上海地产(集团)有限公司经市委、市政府批准于2002年11月18日挂牌成立。地产集团授权经营的国有资产主要包括在市城投总公司的上海中星(集团)有限公司、上海闵虹(集团)有限公司的国有资产;上海房地(集团)公司的国有资产;纳入组建范围的市公积金中心所属的瑞南房产公司,市城投总公司所属的城投置业公司,市房地资源局所属的土地发展中心和市住宅发展局所属的通联、住友等房产公司的国有资产。

二、企业清理

2003年4月,在国资委进一步加强国有资产管理体制改革的背景下,为加强地产集团的基础管理工作,进一步厘清家底、夯实资产,根据上海市清产核资办公室的批复,地产集团作为上海市在新组建的国有资产授权经营公司,推行清产核资工作试点,自上而下组织实施清产核资工作。按照清产核资"机构清、人员清、资产清"的三清要求,做到有资产关系的单位清,重点企业的人员清,各级全资、控股企业的资产清。清查结果如下:

按清产核资口径,截至2002年12月31日,地产集团共有各级次独立法人单位437户,其中中星集团84户,上房集团250户,闵虹集团82户,安居房6户,瑞南置业4户,城开公司4户,房产实业7户。

在437户各级次独立法人单位中,全资单位26户,控股及相对控股单位172户,参股单位239户。其中,上房集团一级次为全资单位,二级及以下级次中全资单位16户,控股及相对控股单位

113户,参股单位120户;中星集团一级次为控股单位,二级及以下级次中全资单位2户,控股单位及相对控股29户,参股单位52户;闵虹集团一级次为全资单位,二级及以下级次中控股及相对控股单位19户,参股单位62户;其他组建范围的企业中全资单位6户,控股及相对控股单位10户,参股单位5户。其中安居房发展中心一级次为全资单位,二级次中全资单位1户,控股单位3户,参股单位1户;城开公司一级次为控股单位,二级次中全资单位2户,参股单位1户;房地产实业公司一级次单位为控股单位,二级次中全资单位1户,控股单位3户,参股单位2户。

第二节　企业改制和改革

一、企业改制过程

按照市委、市政府的要求,地产集团针对部分成员企业存在主业不突出、投资分散、级次过长、效益低下等问题,为落实国有资本从一般竞争性中、小企业有序退出,推进改制工作平衡实施,根据市国资委的国资国企发展方针,市国资委与地产集团签订《上海市规范国有中小企业改制工作责任书》的授权范围和责任要求,地产集团制定《上海地产(集团)有限公司成员企业深化改革的若干具体问题的意见》,对企业改制的目标要求、工作程序、审计评估、解除职工劳动合同及经济补偿标准、资产抵扣和产权转让价格以及企业职工持股会等问题提出明确处理意见。具体做法是:将中、小企业的国有资本向企业经营者、业务骨干或其他职工转让,向民营投资者、境外投资者、集团外部法人转让,实现企业所有制性质的转变;企业与职工协议解除劳动合同,给予一定的经济补偿,实现职工由"企业人"向"社会人"的身份转换;改制后的企业党组织关系及企业与政府和社会有关的事务,由企业注册地党组织和政府实施管理,实现企业隶属关系的转移。

结合地产集团实际情况,地产集团分层次地对中、小企业进行了改制:

从2003年下半年至2004年第二季度,对地产集团下属的部分三级公司及三级以下公司实施改革,并按照计划完成方圆物业、瑞地置业、房地产实业、上房集团信息公司等29家企业的改制工作,实现国有资产的退出,并通过工龄折算的经济补偿方式对国企职工实施身份转换,退出的企业均实行属地管理。

从2004年下半年起,地产集团对下属二级企业——上房集团下属的国有老企业实施改革,其中包括上房集团房屋设备、房屋实业、装饰集团、公房资产和设计院等单位的改制工作,并于当年基本完成。

地产集团通过对下属中、小企业的改制,共退出国资4.20亿元,3 224名国企职工实施身份转换,企业从业人员减至4 419名。

二、企业改革整合

地产集团按照产业定位的发展规划,于2004年将中华企业、金丰投资两家上市公司国有股权的出资人由上房集团变更为地产集团;闵联公司、虹联公司的出资人由上海市闵行虹桥开发公司变更为地产集团,闵虹集团机构调整后,原上海市闵行虹桥开发公司变更登记为上海地产闵虹置业公司。至2005年上半年,集团全面完成上房集团二层次企业的改革改制和两家上市公司股权划转工作。下半年,完成城开公司国有产权转让交割工作,对中星集团18家企业制定清退职工持股会的实施方案。

2006年,地产集团组织实施中星集团的职工持股会与二、三层次企业的联动改革,做好资产清理和整合,清退中星集团本部与二层次企业的职工持股会,注销虚设多年的7家分公司,撤销11家股份制的合作企业,使经济效益低、企业管理差、股权比例少的企业得到清理。2008年,金丰投资公司设立房地产投资事业部、房地产流通服务事业部和房地产金融服务事业部,实现了以事业部制为特点的业务条线机构重组;公房实业公司职工持股会清退工作也顺利完成。

图 3-1-1　地产集团股权组成结构图

地产集团通过改制和改革重组,至 2008 年初步形成以土地储备及前期开发、滩涂投资和房地产开发、服务为重点的产业布局。至 2008 年年底,地产集团从成立之初的 437 家各级次独立法人单位减至 210 家(其中一级次企业 1 家,二级次企业 25 家,三级次企业 129 家,四级次及以下企业 55 家),集团 99% 以上的资产集中到主业上,95% 以上的收入和利润来源于主营业务。

2008 年 9 月 1 日,中共上海市委、市政府出台《关于进一步推进上海国资国企改革发展的若干意见》(以下简称《若干意见》)等 5 个文件,拉开上海市国资国企改革的新一轮大幕。根据《若干意见》的要求,结合地产集团实际编制主业发展与非主业调整三年行动计划,提出未来三年国资国企改革的基本目标:以提高核心竞争力为重点,使地产集团主业更加突出,资产布局更加合理优化;逐步实现核心业务资产上市,积极推进资产证券化,做优做强核心企业;努力打造集团品牌,将地产集团建设成为上海房地产开发行业具有较大影响力和带动力的国有集团。在地产集团层面,做到核心业务明确,业务流程清晰,机构设置合理,内部机制灵活,人员精简高效;在二级公司层面,根据其核心业务定位和与集团层面的业务关系,按照"投资主体多元化、股权结构合理化、利益主体分散化"的要求,合理调整国有股权比重;在三级及三级以下公司层面,按主辅剥离的要求,对与二级公司主业发展无关的小企业,采取歇业关闭、兼并重组、转让出售等多种形式进行改革。

至 2008 年年底,地产集团下属 210 家企业中非主业企业有 27 家,其中合并报表范围 8 家,参股公司或壳公司 19 家。按照"非主业资产调整三年规划",并根据地产集团的实际情况,2010—2012 年共清理非主业企业 6 家:2010 年申银万国、国泰君安、上海佳创贸易有限公司 3 家;2011 年上海联合羊绒针织品有限公司 1 家;2012 年上海信隆拍卖有限公司、上海宝鼎投资股份有限公司 2 家。

三、企业不良资产处置

2002 年 12 月 31 日,地产集团授权经营国有净资产的账面数为 40.4 亿元,2003 年度通过清查发现不实不良资产 7.42 亿元,其中,中星集团 5.04 亿元,上房集团 2.02 亿元,闵虹集团 0.36 亿元。纳入地产集团组建范围的其他单位共清理出不实不良资产 197.08 万元,其中,城开公司 69.88 万元,房产实业 127.20 万元。安居房发展中心(瑞南公司)基本做到账账相实、账物相实。

地产集团本着尽量盘活消化不良资产,实事求是核销不实资产的原则,对部分不良资产以"债转股"的形式进行盘活;对企业有能力的,将部分不良资产在企业以后年度进行损益消化;对确实无法处置的不实资产,报上级部门进行核销。经认真分析核定,上报核销企业权益的不实资产为 1.9918 亿元。其中,中星集团 0.7968 亿元,上房集团 1.1211 亿元,闵虹集团 0.0739 亿元。经国资委商审计局专项审计,并报市政府批准,认定地产集团截至 2003 年 9 月 30 日,不实资产为 14 053.81 万元,并准予核销。

第二章　上市公司

地产集团下属的"中华企业股份有限公司"(简称"中华企业")和"上海金丰投资股份有限公司"(简称"金丰投资")两家上市公司,分别于1993年9月24日和1997年10月15日上市。这两家上市公司原先的大股东系上海房地(集团)有限公司,2004年11月,上海房地(集团)公司将其持有的全部国家股股权无偿划转给上海地产(集团)有限公司,使地产集团成为"中华企业"和"金丰投资"的控股公司。地产集团接手两家上市公司后,按照《中华人民共和国公司法》和《中华人民共和国证券法》及其他有关规定,以国有资产保值、增值为中心,对上市公司的重大经济行为进行监管;根据企业发展需要,对上市公司资产进行必要的重组;对上市公司经营活动进行监督,提出建议或质询;按照地产集团要求,每年根据上市公司经营结果,对经营班子人员进行绩效考核和奖惩。

第一节　简　况

中华企业成立于1954年,是上海解放后第一家专业从事房地产开发经营的企业,公司受上海市政府委托,承办外商在沪的房地产转让、租赁和买卖业务。20世纪50年代末,公司在沪率先建造和出售首批侨汇住宅。1980—2012年,公司营建的各类商品房达百万余平方米,项目遍布上海各区县及部分外省市。

1993年,中华企业经上海市建设委员会及政府其他主管部门批准,由公司独家申请以股份有限公司改制、社会募集股份方式设立;在上海市工商行政管理局注册登记,取得营业执照,营业执照注册号:3100001002555。公司发起人为中华企业,1993年8月1日经上海市证券管理办公室批准,于9月10日首次发行人民币普通股7863.19万股,每股面值人民币1元。其中,发起人中华企业以资产折股5863.19万股获准发行国家股,向社会法人招募法人股493.4万股,招募社会公众个人股1506.6万股(其中包括公司内部职工股190万股)。1993年9月24日,公司股票在上海证券交易所上市交易(股票代码为600675)。

2001年,中华企业实施重大资产重组,完成对上海房产经营(集团)有限公司和上海古北(集团)有限公司的购并,3家国家一级资质的大型房地产企业实现强强合作,中华企业的品牌形象和整体实力得到迅速提升,确立了进入中国资本市场50强、打造中国资本市场蓝筹股的经营发展目标。

上海金丰投资股份有限公司前身为上海嘉丰股份有限公司,是上海房地(集团)公司通过收购原"上海嘉丰股份有限公司"国家股,经跨行业资产重组,变更主营业务并由上海房地(集团)公司控股的上市公司(股票代码:600606)。

1992年3月,经中国人民银行上海市分行批准,上海嘉丰股份有限公司向社会公开发行股票115万股,每股面值10元,每股发行价格为35元,募集资金总额4025万元。发行成功后,公司股票于1992年3月27日在上海证券交易所上市交易,股票代码为600606。

嘉丰股份主营业务在1996年、1997年连续两年出现亏损,沦为ST公司。1997年10月15日,嘉丰股份的控股股东上海纺织控股(集团)公司和上海房地(集团)公司签订股权转让协议,上海纺织控股(集团)公司将持有的嘉丰公司国家股 6 478.199 2 万股(占总股本的 74.69%),以协议方式一次性转让给上海房地(集团)公司,每股转让价格为人民币 2.628 8 元,同时更名为"上海金丰投资股份有限公司"。2004 年 11 月,上海房地(集团)公司将其持有的全部国家股股权无偿划转给上海地产(集团)有限公司。

第二节 管 理

地产集团作为"中华企业"和"金丰投资"两家上市公司的控股大股东,对上市公司的管理是以中国证监会《上市公司治理准则》为依据,着重对制度建设的合法性及运作程序的规范性进行监督,发挥董事会和经营班子的自主能力,推动两家上市公司建立和完善现代企业制度,以确保公司股东的合法权益,促进上市公司健康发展。

地产集团严格审核上市公司董事、监事候选人的提名,确保提名的董事、监事候选人具备相关专业知识条件和决策、监督能力。地产集团主要领导在担任上市公司董事、监事期间,做到用足够的时间和精力承担上市公司工作,为上市公司的健康发展发挥应有作用。地产集团对公司提交董事会的有关议事规则的执行及重大决策的程序,做到事先监督,确保合乎规范。

地产集团从加强自身内部管理入手,严格做到不直接干预上市公司的决策及依法开展的生产经营活动,规范自身企业与上市公司之间的关联交易。对上市公司实行人员、资产、财务分开,机构、业务独立,各自独立核算、独立承担责任和风险,不以各种形式占用或转移上市公司的资金。同时,地产集团尊重股东大会人事选举决议和董事会人事聘任决议,不直接干预。

地产集团在对上市公司的管理中,始终强调金融纪律,特别是可能对股东和其他利益相关者决策产生实质性影响的信息披露,严格按照证监会要求,保证上市公司信息披露的及时性、合法性、真实性和完整性,在地产集团两家上市公司的重组及控股情况发生变化时,未发生事前信息泄露情况,使所有股东都有获得信息的平等的机会。

第三节 重 组

地产集团组建后,对所属的上市公司前后进行多次重组与整合。

一、国家股划转

2004 年 7 月 8 日,地产集团与上海房地集团签订《国家股划转协议》并报市国资委,市国资委对划转双方主体资格适格、被划转企业产权关系、是否符合中央企业主业及发展规划、划转所涉及各方决策程序是否合法合规、相关文件是否齐备有效以及相关风险防范和控制情况进行审核后,批准地产集团以划转方式受让房地集团持有的中华企业 347 821 429 股国家股、金丰投资 141 360 947 股国家股,分别占中华企业股本总数的 49.87% 股权以及金丰投资股份总数的 55.45%。收购完成后,地产集团成为中华企业和金丰投资的第一大股东。

二、股权分置改革

2005年11月,根据《关于上市公司股权分置改革的指导意见》《上市公司股权分置改革管理办法》《上市公司股权分置改革业务操作指引》等相关规定,中华企业股份有限公司与金丰投资股份有限公司进行股权分置改革。

中华企业进行股权分置改革的要点是:作为第一大非流通股股东上海地产(集团)有限公司将所持有的部分股份向流通股股东直接送股,送股完成后,地产集团持有的原非流通股获得上市流通权,转为流通股。考虑到市场其他公司的对价水平以及与有关投资者沟通情况等因素,地产集团支付7 964.003 1万股作为对价以获得流通权,支付对价的方式为直接送股,由此折算,流通股股东每10股可获送2.5股。

表 3-2-1 2005年改革前后中华企业股本结构变化表

	方案实施前			股本变化（万股）	方案实施后		
	股份(万股)	比 例	股权性质		股份(万股)	比 例	股权性质
地产集团	34 782.142 9	49.87%	国有股	−7 964.003 1	26 818.139 8	38.45%	有限售条件的流通股
募集法人股东	3 107.354 6	4.46%	法人股	—	3 107.354 6	4.46%	有限售条件的流通股
流通股股东	31 856.012 2	45.67%	流通A股	+7 964.003 1	39 820.015 3	57.09%	流通股
总股本	69 745.509 7	100%			69 745.509 7	100%	

金丰投资股权分置改革方案也为由非流通股股东上海地产(集团)有限公司按一定比例向流通股股东支付对价,以换取其非流通股股份的流通权,具体为流通股股东每持有10股流通股获得非流通股股东支付的3.5股股票的对价安排。

表 3-2-2 2005年改革前后金丰投资股本结构变化表

股 份 类 别		变 动 前	变 动 数	变 动 后
非流通股	国家股	155 497 042	−155 497 042	0
有限售条件的流通股份	国家股	0	+111 768 126	111 768 126
无限售条件的流通股份	A股	124 939 759	+43 728 916	168 668 675
股份总额		280 436 801	0	280 436 801

三、上市公司资产重组

2010年,地产集团为解决内部同业竞争、关联交易问题,在内部和外部动力下进行资产整合,以谋求长远发展,并达到市国资委资产证券化要求。5月17日,经向管理部门申请批准,将两家上市公司中华企业、金丰投资因控股股东研究重大事项双双停牌,研究推动资产重组工作。其间,外部环境发生变化。中国证监会根据国务院房地产调控要求,10月15日在证监会网站上披露新闻:证监会暂缓受理房地产开发企业重组申请,并对已受理的房地产类重组申请征求国土资源部意见。此外,证监会相关人士表示,目前正研究涉及房地产业务的并购重组政策,待相关政策规则推出之后,将根据新规则确定的标准和程序恢复对新项目的受理和审批。为此,集团对下属上市公司的重组方案被搁置。

在上述背景下,集团及时修改重大资产重组方案,以低于重大资产重组标准,由上市公司向集团收购部分股权(达到重大资产重组的标准,须向中国证监会提出重组申请,并经并购重组委上会通过后方可实施)。集团将上述方案与上交所作了沟通并获得认可。具体做法是:中华企业收购集团持有上房集团40%股权;金丰投资收购担保公司10.5%股权。

12月6日,中华企业、金丰投资两家上市公司董事会通过收购议案。

12月7日,股票复牌,市场给予3个涨停板予以回应。

12月23日,上市公司股东大会在上海影城召开,中华企业以到会有表决权的99.6%、金丰投资以到会有表决权的94.88%同意收购议案。

12月28日,市国资委批复同意转让部分股权。

12月30日,地产集团拿到2010年第1306号、1307号产权交易凭证,取得转让上房集团40%股权和担保公司10.5%股权的全部合法有效文件,完成本次资产整合工作。

2012年年底,经中华企业股份有限公司第七届董事会第五次会议及公司2012年度股东大会年会审议通过,并经上海市国有资产监督管理委员会《关于上海房地(集团)有限公司部分股权转让有关问题的批复》原则同意,公司以1 275 732 870.04元收购公司控股股东上海地产(集团)有限公司所持有的上海房地(集团)有限公司60%股权,并于2013年7月办妥股权变更的工商登记手续,完成收购上房集团60%股权的事宜。

第三章 综合管理

确保成员企业国有资产保值、增值,是地产集团推行企业管理的重要目标之一。地产集团围绕提高企业经济效益为中心,从体制构架的实际情况出发,以统一监管、分类指导的原则,对成员企业进行有效管理。

地产集团按照现代企业制度的管理要求,对成员企业的战略发展规划、重要经营决策以及两级班子人员配备等重大企业行为,实行统一的直接管理;对成员企业的业务经营、资产变动、财务预算等,在各自按照程序自主操作的基础上,由地产集团责任部门有效管控;对企业的行政管理、监查审计、综合治理、法务建设、信息化推广以及员工培训等基础建设方面的工作,由地产集团统一部署推行。最终,以目标管理、绩效考核的方法对成员企业进行契约式考评,推进地产集团各项管理的落实。

第一节 经营管理模式

2002年地产集团成立,根据其成立背景和组建结构的特殊性,地产集团本部与下属开发公司之间的关系有着自身的特点:地产集团子公司历史长于母公司,地产集团成立时下属子公司已有多年房地产开发历史和业绩;地产集团子公司房地产开发经验优于母公司,子公司各自具有成熟的运作模式,已形成适应市场竞争的实力和优势;各子公司的管理自成体系,并形成各自品牌,尽管都是在地产集团旗下,但相互间并未形成资源共享的互补平台,地产集团对下属公司的业务统筹协调能力不完善。地产集团面对运营成熟的各子公司,本着因势利导、发挥现有优势,聚利弃弊、推进主业发展的原则,采取统揽全局、分级管理,凸显主业、分类指导的措施,在四个层面开展工作:

一是抓好地产集团产业结构调整规划,构建主业板块,集聚优势能量,避免同业竞争,形成地产集团核心竞争力。地产集团根据自身的发展规划和部署,对下属子公司从整合产业结构入手,采取合并、剥离及购并等多种形式,逐步形成:以房地产开发为主的中华企业股份有限公司、上海中星(集团)有限公司;以房地产流通服务和金融服务为主的上海金丰投资股份有限公司、上海市住房置业担保有限公司;以国家级开发区建设和管理为主的上海虹桥经济技术开发区联合发展有限公司、上海闵行联合发展有限公司;以滩涂造地建设管理为主的上海市滩涂造地有限公司;以世博项目建设管理为主的上海世博土地控股有限公司;以拓展绿色农业产业板块为主的上海地产农业投资发展有限公司;以存量资产管理为主的上海地产资产管理有限公司、上海地产酒店管理有限公司以及专事保障房建设管理的上海地产保障房投资运营管理有限公司,从而使地产集团各业务板块条线明晰、结构精简、主业凸显、职能定位明确,避免市场同业竞争和产业布局重叠,提升了集团核心竞争力。

二是发挥地产集团大平台优势,对管理层人员配备、资金运行及基础管理相对集中,对市场业务和专业技术基本放手,使各子公司在集团的大框架中,不仅在市场竞争中继续发挥自身优势,加强相互间的沟通和互补,同时又得到集团层面的支撑和助力,推进主业得到长足发展。地产集团党委定期对下属企业领导班子进行考核,根据集团人员变化和业态发展需要,进行班子成员使用和青年干部培养,打破原企业框架,在地产集团大层面上统一调配,推进班子结构改善,加强企业优势的交流和发扬。

三是地产集团紧抓资金纽带,根据各子公司业务的需求,提供资金的支撑援助和风险管理监督。在市场竞争平台上,保证资金链的正常运行是房地产企业得以发展的重要前提。集团以财务预算管理为龙头,协调各子公司的资金运行,使各项计划推进得到保证;地产集团利用自身信誉和实力优势,不仅为子公司贷款提供担保,开拓融资渠道,降低企业财务成本,同时又强化资金运行的风险监督措施,增强企业资金安全的防范能力;当企业遇到资金暂时短缺,地产集团在全系统层面调度运作,筹集资金为企业进行应急支助。

四是地产集团在全系统统一部署开展法务建设、安全生产管理、综合治理、党建及文明建设等基础建设工作,帮助督促各子公司制定相关制度和规定,推进企业管理水平的提高和企业综合素质的加强;地产集团建立对经营者业绩考核的评价体系,通过与成员企业经营者签订责任书的形式,发挥和调动企业自身的积极性,落实企业年度责任目标,使之在地产集团的统一规范下,将企业的基础建设纳入正常轨道。在房地产市场波动的特殊时期,地产集团运用各子公司的组合优势,在认真分析市场形势的基础上,统一思想认识,部署运作方案,相互合作互补、抱团取暖,顺利渡过难关。

第二节 资产管理

一、资产类型

地产集团拥有的资产可分为股权资产和实物资产。

根据上海市政府对国有房地产资源进行整合的要求,将原上海市房屋土地管理局、上海住宅建设发展局等单位所属房地产企业公司划入地产集团集中经营,并由国资授权,地产集团接收划入公司全部股权的88.1%。2009年年底,经市国资委批准,地产集团占有的公司股权调整为100%,成为国有独资公司。

地产集团实物资产分为两个管理层面:地产集团本部层级的实物资产由集团本部直接经营管理;地产集团二层次企业的实物资产由二层次企业自行经营管理。

地产集团本部实物资产主要来源于四种途径:一是市场收购,即针对那些具备增值潜力和改造空间的优质资产,通过市场化操作方式进行收购;二是国资授权后改制收回,即在地产集团深化下属企业改制中,以国有出资人代表身份,收回改制企业划拨性质的土地及其他实物资产等;三是委托管理,即其他产权单位委托地产集团管理的房产,主要是有居民入住的"实心房";四是国资划拨的资产,主要是世博土控公司归并地产集团后,其原有的实物资产一并划入地产集团本部。

【股权资产】

地产集团成立以后,为优化资源配置、凸显产业集聚优势,地产集团对下属控股或全资公司进行调整,对相关职能相仿、业态重叠的公司进行整合,对与主业相关度不大的企业进行精简,逐步形成:以房地产开发为主的中华企业股份有限公司、上海中星(集团)有限公司、上海房地(集团)有限公司、上海馨安置业有限公司、上海地产明居发展有限公司;以房地产流通服务和金融服务为主的上海金丰投资股份有限公司、上海市住房置业担保有限公司;以国家级开发区建设和管理为主的上海虹桥经济技术开发区联合发展有限公司、上海闵行联合发展有限公司;以滩涂造地建设管理为主的上海市滩涂造地有限公司;以世博项目建设管理为主的上海世博土地控股有限公司的地产集团企业架构。

2011年,地产集团成立上海地产资产管理有限公司、上海地产酒店管理有限公司、上海地产保障住房投资建设管理有限公司、上海地产农业投资发展有限公司,从而使集团各业务板块职能定位更加清晰,主业竞争力得到提升。

上海地产(集团)有限公司

- 36.17% → 中华企业股份有限公司 → 三级13家,四级24家,五级3家
- 38.96% → 上海金丰投资股份有限公司 → 三级10家,四级1家
- 29% → 上海市住房置业担保有限公司 → 三级4家,四级2家
- 65% → 上海闵行联合发展有限公司 → 三级5家,四级3家
- 50% → 上海虹桥经济技术开发区联合发展有限公司 → 三级9家,四级2家
- 50% → 上海至尊衡山酒店投资有限公司
- 60% → 上海丰利居置业有限公司

全资公司:
- 100% → 上海中星(集团)有限公司 → 三级35家,四级9家,五级2家
- 100% → 上海馨安置业有限公司 → 三级7家,四级1家
- 100% → 上海地产资产管理有限公司
- 100% → 上海缤纷商贸发展有限公司
- 100% → 上海七彩汇商贸发展有限公司
- 100% → 上海外事用房经营公司
- 100% → 上海地产明居发展有限公司
- 100% → 上海明馨置业有限公司
- 100% → 上海周馨置业有限公司
- 100% → 上海地产馨浦置业有限公司
- 100% → 上海地产农业投资发展有限公司
- 100% → 上海地产酒店管理有限公司
- 100% → 上海地产保障住房投资建设管理有限公司
- 100% → 上海地产馨虹置业有限公司

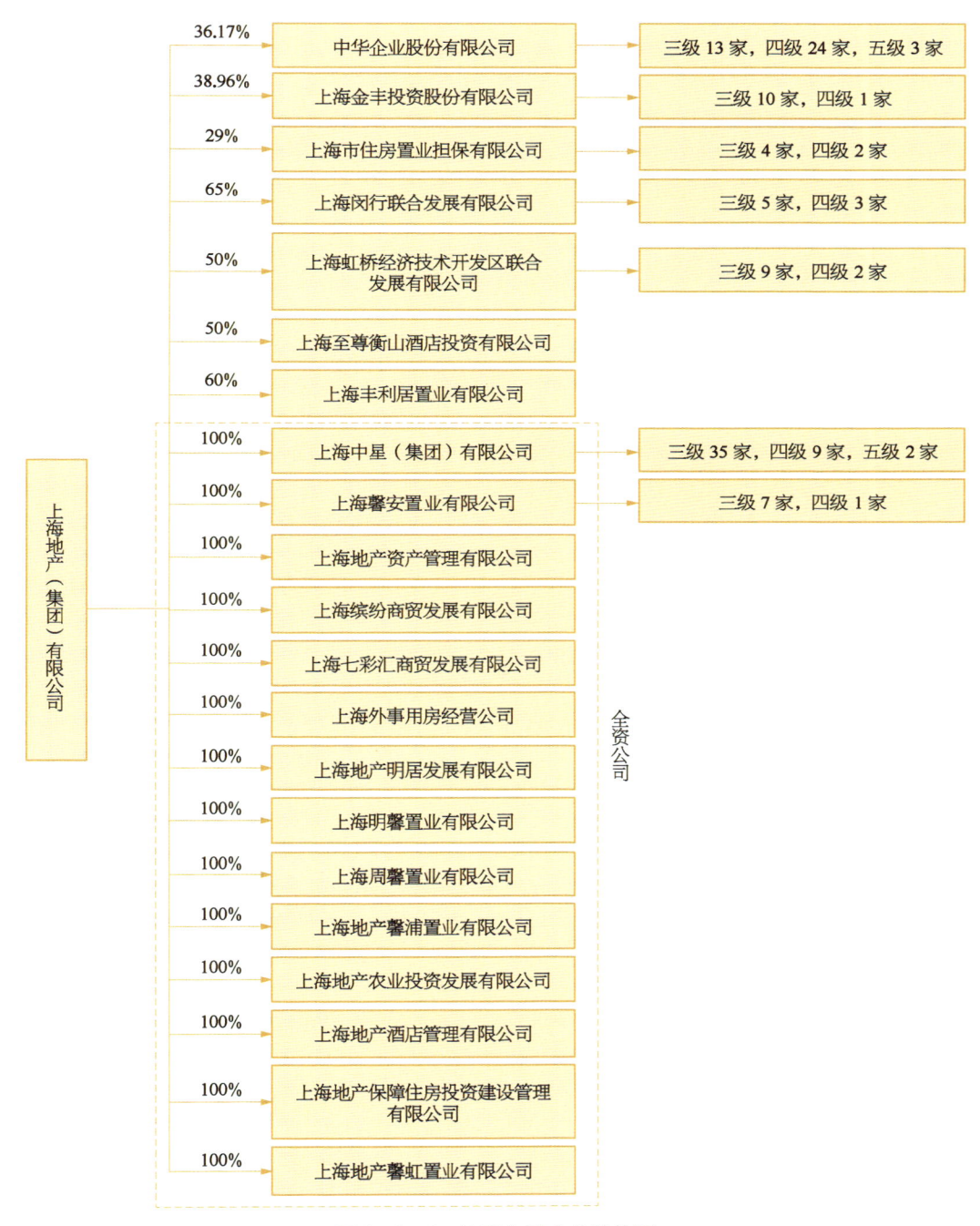

图3-3-1 地产集团企业结构图

说明:图中百分比系地产集团所占股份比例。

至2013年10月,地产集团拥有控股企业168家,列入合并范围的二级次子公司有21家,参股企业96家,共涉及行业大类19个。其中,主业10个,为房地产业以及与房地产相关的住房担保、装修材料零售、建筑安装、建筑装饰、物流仓储、旅游饭店、工程服务管理、城市园林绿化管理和投资与资产管理;非主业共24户,涉及行业大类9个(主要是参股企业),为纺织业、饮料制造业、文化娱乐业、其他建筑业、商务服务业、广告业、电子设备制造业、印刷业、城市公共交通业等。

表3-3-1 地产集团控股公司一览表

(截至2013年12月31日)

序号	公 司 名 称	级次	出 资 人
1	上海地产(集团)有限公司	一级	国资委100%
2	上海中星(集团)有限公司	二级	上海地产(集团)有限公司100%
3	上海中星集团新城房产有限公司	三级	上海中星(集团)有限公司100%
4	上海鎏宇房产有限公司	四级	上海中星集团新城房产有限公司60%;上海锦惠投资有限公司40%
5	上海中星集团振城不动产经营有限公司	三级	上海中星(集团)有限公司100%
6	上海星客来公寓酒店管理有限公司	四级	上海中星集团振城不动产经营有限公司100%
7	上海中星集团申城物业有限公司	三级	上海中星(集团)有限公司100%
8	上海新城物业有限公司	四级	上海中星集团申城物业有限公司100%
9	上海良城物业管理有限公司	四级	上海中星集团申城物业有限公司100%
10	上海一通软件有限公司	四级	上海中星集团申城物业有限公司76%;自然人24%
11	上海中星集团宜兴置业有限公司	三级	上海中星(集团)有限公司100%
12	无锡申锡房地产实业有限公司	三级	上海中星(集团)有限公司90%;无锡市经协投资发展有限公司10%
13	无锡半山一号酒店有限公司	四级	无锡申锡房地产实业有限公司100%
14	上海中星集团昆山置业有限公司	三级	上海中星(集团)有限公司100%
15	昆山太平洋酒店有限公司	四级	上海中星集团昆山置业有限公司100%
16	昆山星耀房地产开发有限公司	四级	上海中星集团昆山置业有限公司100%
17	上海硕和房地产开发有限公司	三级	上海中星(集团)有限公司52%;上海耘兰房地产开发有限公司29%;上海森杰房地产开发有限公司19%
18	上海全策房地产有限公司	三级	上海中星(集团)有限公司90%;上海振城房地产有限公司10%
19	上海虹达置业有限公司	三级	上海中星(集团)有限公司90%;上海中星集团新城房产有限公司10%
20	上海旗捷置业有限公司	三级	上海中星(集团)有限公司90%;上海中大股份有限公司10%
21	上海闵润置业有限公司	三级	上海中星(集团)有限公司95%;上海中星集团振城房地产有限公司5%
22	上海湘大房地产开发有限公司	三级	上海中星(集团)有限公司70%;上海三湘股份有限公司30%

〔续表〕

序号	公司名称	级次	出资人
23	上海龙宁房地产开发有限公司	三级	上海中星(集团)有限公司95%;上海中星集团新城房产有限公司5%
24	上海安阁房地产开发有限公司	三级	上海中星(集团)有限公司90%;上海中星集团申城物业有限公司10%
25	上海春日置业有限公司	二级	中星集团95%;上海汇海房地产开发公司5%
26	上海中星城镇置业有限公司	三级	上海中星(集团)有限公司80%;上海市城镇建设发展有限公司20%
27	上海地产中星曹路基地开发有限公司	三级	上海中星(集团)有限公司90%;地产集团10%
28	上海中星城际置业有限公司	三级	上海中星(集团)有限公司100%
29	上海中大股份有限公司	三级	上海中星(集团)有限公司46.3%;深圳市投资控股有限公司19.4%;南京市城市建设开发(集团)有限公司13%;中房合肥公司12%;广州城市建设开发(集团)有限公司9.3%
30	上海好饰家建材园艺超市有限公司	三级	上海中星(集团)有限公司52%;上海世纪阳光居住园区开发有限公司28%;上海建材商城15%;上海十三冶建设有限公司5%
31	上海中星集团中星房产营销有限公司	三级	上海中星(集团)有限公司80%;上海中星集团申城物业有限公司20%
32	上海中星广告装潢有限公司	三级	上海中星(集团)有限公司100%
33	上海中星集团怡城实业有限公司	三级	上海中星(集团)有限公司100%
34	上海德怡资产经营管理有限公司	四级	上海中星集团怡城实业有限公司70%;上海盈添资产经营管理有限公司30%
35	上海中星集团实业有限公司	三级	上海中星(集团)有限公司100%
36	上海中星百友房地产有限公司	三级	上海中星(集团)有限公司100%
37	中星(昆山)城际置业有限公司	三级	上海中星(集团)有限公司100%
38	中星(扬州)置业有限公司	三级	上海中星(集团)有限公司100%
39	天津星华商置业有限公司	三级	上海中星(集团)有限公司70%;中华企业30%
40	天津星华府置业有限公司	三级	上海中星(集团)有限公司70%;中华企业30%
41	天津星华城置业有限公司	三级	上海中星(集团)有限公司70%;中华企业30%
42	上海星舜置业有限公司	三级	上海中星(集团)有限公司90%;北方城市发展有限公司10%
43	上海星汇置业有限公司	三级	上海中星(集团)有限公司60%;上海汇金置业有限公司40%
44	上海城北房地产开发有限公司	三级	中星集团100%
45	安徽中州置业股份有限公司	三级	中星集团86.635%;合肥市房产开发有限公司13.365%
46	吉林市海上置业有限公司	三级	中星集团50%;上海中环投资开发(集团)有限公司20%;吉林市百通房地产经纪有限公司30%

〔续表〕

序号	公司名称	级次	出资人
47	上海馨亭置业有限公司	三级	中星集团100％
48	中星（镇江）置业有限公司	三级	中星集团100％
49	马鞍山金申置业发展有限公司	三级	中星集团100％
50	中华企业股份有限公司	二级	上海地产(集团)有限公司36.36％
51	上海古北(集团)有限公司	三级	中华企业股份有限公司87.5％；新长宁(集团)有限公司12.5％
52	上海古北顾村置业有限公司	四级	上海古北(集团)有限公司100％
53	上海古北京宸置业发展有限公司	四级	上海古北(集团)有限公司70％；浙江金湖机械集团有限公司30％
54	苏州洞庭房地产发展有限公司	四级	上海古北(集团)有限公司65％；苏州市吴中区西山镇房地产开发公司10％；古北集团香港有限公司25％
55	上海古北文化娱乐建设发展有限公司	四级	上海古北(集团)有限公司90％；上海古北房产租赁有限公司10％
56	上海古北物业管理有限公司	四级	上海古北(集团)有限公司100％
57	上海新古北物业管理有限公司	五级	上海古北物业管理有限公司60％；上海迪城建筑工程有限公司40％
58	上海古北房产租赁有限公司	四级	上海古北(集团)有限公司100％
59	上海古北劳动服务有限公司	五级	上海古北房产租赁有限公司100％
60	上海古北新虹劳务服务有限公司	五级	上海古北房产租赁有限公司100％
61	上海杉野置业有限公司	四级	上海古北(集团)有限公司100％
62	上海浦东古北置业有限公司	四级	上海古北(集团)有限公司100％
63	古北集团香港有限公司	四级	上海古北(集团)有限公司100％
64	上海古北朱家角置业有限公司	四级	上海古北(集团)有限公司100％
65	上海锐思资产管理有限公司	四级	上海古北(集团)有限公司100％
66	上海房地产经营(集团)有限公司	三级	中华企业股份有限公司90％；地产集团10％
67	上海金樱房地产发展有限公司	四级	上海房地产经营(集团)有限公司100％
68	上海江森房屋设备有限公司	四级	上海房地产经营(集团)有限公司50％；台湾旭宝建设股份有限公司35％；日本国万生株式会社15％
69	上海瀛浦置业有限公司	四级	上海房地产经营(集团)有限公司70％；中华企业股份有限公司30％
70	上海华宁置业有限公司	四级	上海房地产经营(集团)有限公司50％；上海古北(集团)有限公司50％
71	上海瀛翔投资咨询有限公司	四级	上海房地产经营(集团)有限公司100％
72	上海瀛茸置业有限公司	四级	上海房地产经营(集团)有限公司55％；中企45％
73	江阴金安置业有限公司	四级	经营公司51％，上海达安企业股份有限公司29％；集汇置业20％

〔续表〕

序号	公司名称	级次	出资人
74	无锡中城置业有限公司	四级	经营公司60%;无锡滨湖区城投发展有限公司40%
75	无锡中城誉品置业有限公司	五级	无锡中城置业51%;经营公司49%
76	上海房地(集团)有限公司	三级	中华企业100%
77	上海上房现代物流有限公司	四级	上海房地(集团)有限公司51%;经营公司49%
78	上海房地集团物业服务有限公司	四级	上海房地(集团)有限公司100%
79	上海民诚置业有限公司	四级	上海房地(集团)有限公司100%
80	上海国际汽车城置业有限公司	四级	上海房地(集团)有限公司50%;中星集团50%
81	上海国际汽车城安亭新镇能源技术服务有限公司	五级	上海国际汽车城置业有限公司90%;上海国际汽车城物业管理有限公司10%
82	上海国际汽车城安亭新镇酒店管理咨询有限公司	五级	上海国际汽车城置业有限公司90%;上海国际汽车城安亭新镇能源技术服务有限公司10%
83	上海国际汽车城物业管理有限公司	五级	上海国际汽车城置业有限公司90%;上海国际汽车城安亭新镇酒店管理咨询有限10%
84	上海凯峰房地产开发有限公司	四级	上海房地(集团)有限公司71%;地产集团10%;大华(集团)有限公司19%
85	上海中鸿置业有限公司	三级	中华企业股份有限公司100%
86	苏州工业园区中华企业房地产开发有限公司	三级	中华企业股份有限公司90%;上海鼎达房地产有限公司10%
87	上海南郊中华园房地产开发有限公司	三级	中华企业股份有限公司90%;上海房地产经营(集团)有限公司10%
88	上海鼎达房地产有限公司	三级	中华企业股份有限公司90%;古北(集团)有限公司10%
89	上海房产之窗房地产信息有限公司	三级	中华企业股份有限公司97.33%;龙胜平2.67%
90	浙江锦华大酒店管理有限公司	三级	中华企业股份有限公司95%;中企物业管理有限公司5%
91	上海顺驰置业有限公司	三级	中华企业股份有限公司100%
92	杭州中华企业房地产发展有限公司	三级	中华企业股份有限公司100%
93	江阴中企誉德房地产有限公司	三级	中华企业股份有限公司95%;中欧能源新技术(上海)发展合作中心有限公司35%
94	苏州中华园房地产开发有限公司	三级	中华企业股份有限公司100%
95	中企汇锦投资有限公司	三级	中企100%
96	上海融欧股权投资基金管理有限公司	四级	中企汇锦42%;经营公司18%;中融信托40%
97	上海新泓生态农业有限公司	三级	中企100%
98	上海金丰投资股份有限公司	二级	上海地产(集团)有限公司38.96%
99	上海房屋置换股份有限公司	三级	上海金丰投资股份有限公司90%;上海家化置业有限公司5%;上海联创房地产有限公司2%;上海万欣房地产有限公司2%;奚智祥0.5%;虞海发0.5%

〔续表〕

序号	公司名称	级次	出资人
100	上海金丰易居房地产顾问有限公司	三级	金丰投资100%
101	徐州金丰易居房地产顾问有限公司	四级	上海金丰易居房地产顾问有限公司51%；上海诚策房地产咨询有限公司49%
102	上海金丰易居网有限公司	三级	上房置换有限公司95%；上海茸欣房地产置业有限公司5%
103	上海公房实业有限公司	三级	上海金丰投资股份有限公司100%
104	邛崃市金丰置业有限公司	四级	上海公房实业有限公司80%；上海德赢行投资管理有限公司20%
105	上海茸欣房地产置业有限公司	三级	上海金丰投资股份有限公司95%；上海金丰易居网有限公司5%
106	无锡灵山房地产开发有限公司	三级	上海金丰投资股份有限公司100%
107	无锡金丰投资有限公司	三级	上海金丰投资股份有限公司100%
108	上海金丰建设发展有限公司	三级	上海金丰投资股份有限公司100%
109	上海金益酒店管理有限公司	三级	上海金丰投资股份有限公司100%
110	上海智金资产管理有限公司	三级	金丰投资45%；仁和资本35%；网新仁和20%
111	上海馨安置业有限公司	二级	上海地产(集团)有限公司100%
112	上海馨盛达置业有限公司	三级	上海馨安置业有限公司90%；上海馨汇地置业有限公司10%
113	上海华禹物业管理有限公司	三级	上海馨安置业有限公司90%；上海恒力房地产发展有限公司10%
114	上海馨汇地置业有限公司	三级	上海馨安置业有限公司90%；地产集团10%
115	上海馨悦餐饮有限公司	三级	上海馨安置业有限公司100%
116	上海馨宁置业有限公司	三级	上海馨安置业有限公司100%
117	上海市住房置业担保有限公司	二级	地产集团29%；上海市房地产交易中心2%；中星集团15%；金丰投资40%；上海久事公司5%；中国建银投资有限公司9%
118	上海集汇置业有限公司	三级	上海市住房置业担保有限公司100%
119	上海建实财务监理有限公司	四级	上海集汇置业有限公司100%
120	江阴集汇置业有限公司	四级	上海集汇置业有限公司80%；上海欣馨投资发展有限公司20%
121	上海承大网络科技服务有限公司	三级	上海市住房置业担保有限公司90%；上海集汇置业有限公司10%
122	上海市房地产交易资金管理有限公司	三级	上海市住房置业担保有限公司100%
123	上海联合融资担保有限公司	三级	担保公司63.288%；长江联合资产经营有限公司5.205%；上海国盛集团投资有限公司27.397%；合肥兴泰资产管理有限公司4.11%

〔续表〕

序号	公司名称	级次	出资人
124	上海黄浦联合小额贷款有限公司	三级	担保公司40%;集汇置业10%;虹联10%;闵联10%;上海东方网股份有限公司10%;上海淮海商业(集团)有限公司10%;上海新世界(集团)有限公司5%;上海得强实业有限公司5%
125	上海闵行联合发展有限公司	二级	上海地产(集团)有限公司65%;上海东兴投资控股发展公司10%;香港中鹏投资公司13%;逸进有限公司4%;华泓有限公司4%;宏熹有限公司4%
126	上海闵联临港置业有限公司	三级	上海闵行联合发展有限公司100%
127	上海闵联临港联合发展有限公司	三级	上海闵行联合发展有限公司60%;上海临港经济发展(集团)有限公司40%
128	上海闵联临港建设发展有限公司	四级	上海闵联临港联合发展有限公司90%;上海临港建设发展有限公司10%
129	上海闵临置业有限公司	四级	上海闵联临港联合发展有限公司100%
130	上海闵联投资管理有限公司	三级	上海闵行联合发展有限公司100%
131	上海闵联置业有限公司	四级	上海闵联投资管理有限公司51%;上海闵行联合发展有限公司49%
132	上海名潮置业有限公司	三级	上海闵行联合发展有限公司70%;上海闵联临港联合发展有限公司30%
133	上海闵联奉南房产置业有限公司	三级	上海闵行联合发展有限公司100%
134	上海杭州湾新兴产业发展有限公司	三级	上海杭州湾经济技术开发有限公司50%;上海闵行联合发展有限公司30%;上海虹桥经济技术开发区联合发展有限公司20%
135	上海虹桥经济技术开发区联合发展有限公司	二级	上海地产(集团)有限公司50%;上海东兴投资控股发展公司25%;中彰投资有限公司13%;逸升投资有限公司4%;华燊投资有限公司4%;虹杰投资有限公司4%
136	上海虹联投资管理有限公司	三级	上海虹桥经济技术开发区联合发展有限公司100%
137	上海虹锦物业管理有限公司	四级	上海虹联投资管理有限公司51%;上海虹桥经济技术开发区联合发展有限公司49%
138	上海虹俱商贸有限公司	四级	上海虹联投资管理有限公司100%
139	上海虹浦置业有限公司	三级	上海虹桥经济技术开发区联合发展有限公司90%;上海虹联投资管理有限公司10%
140	吴江虹桥置业有限公司	三级	上海虹桥经济技术开发区联合发展有限公司90%;上海虹联投资管理有限公司10%
141	无锡太湖花园置业有限公司	三级	上海虹桥经济技术开发区联合发展有限公司80%;无锡山水城资产经营部20%
142	上海虹桥经济技术开发区物业经营管理有限公司	三级	上海虹桥经济技术开发区联合发展有限公司34.24%;上海虹联投资管理有限公司35%;香港华翠企业有限公司15.38%;香港安富国际投资集团有限公司15.38%
143	上海虹联绿化工程有限公司	三级	上海虹桥经济技术开发区联合发展有限公司80%;华翠实业有限公司20%

〔续表〕

序号	公司名称	级次	出资人
144	上海虹合置业有限公司	三级	上海虹桥经济技术开发区联合发展有限公司100%
145	上海虹奉房地产有限公司	三级	上海虹桥经济技术开发区联合发展有限公司100%
146	铜陵虹闵现代服务业园区发展有限公司	三级	上海虹桥经济技术开发区联合发展有限公司31%；上海闵行联合发展有限公司20%；铜陵开发区49%
147	上海地产明居发展有限公司	二级	上海地产(集团)有限公司100%
148	上海明馨置业有限公司	二级	上海地产(集团)有限公司100%
149	上海七彩汇商贸发展有限公司	二级	上海地产(集团)有限公司100%
150	上海缤纷商贸发展有限公司	二级	上海地产(集团)有限公司100%
151	上海市外事用房经营公司	二级	上海地产(集团)有限公司100%
152	上海周馨置业有限公司	二级	上海地产(集团)有限公司100%
153	上海至尊衡山酒店投资有限公司	二级	上海地产(集团)有限公司50%
154	上海地产馨浦置业有限公司	二级	上海地产(集团)有限公司100%
155	上海地产资产管理有限公司	二级	上海地产(集团)有限公司100%
156	上海地产酒店管理有限公司	二级	上海地产(集团)有限公司100%
157	上海地产保障住房投资建设管理有限公司	二级	上海地产(集团)有限公司100%
158	上海地产馨越置业有限公司	三级	上海地产保障住房投资建设管理有限公司100%
159	上海地产馨逸置业有限公司	三级	上海地产保障住房投资建设管理有限公司100%
160	上海瀛程置业有限公司	三级	上海地产保障住房投资建设管理有限公司100%
161	上海地产馨丰置业有限公司	三级	保障房公司80%；金丰投资20%
162	上海九韵置业有限公司	三级	上海地产保障住房投资建设管理有限公司100%
163	上海地产馨远置业有限公司	三级	上海地产保障住房投资建设管理有限公司100%
164	上海地产馨虹置业有限公司	二级	上海地产(集团)有限公司100%
165	上海丰利居置业有限公司	二级	地产集团60%；上科实业有限公司40%
166	上海地产农业投资发展有限公司	二级	地产集团60%；上海滩涂造地有限公司40%
167	上海市滩涂造地有限公司	二级	上海地产(集团)有限公司100%
168	上海垦龙工贸有限公司	三级	滩涂公司90%；恒祥滩涂开发公司10%
169	上海恒祥滩涂开发管理有限公司	三级	滩涂公司100%
170	上海恒道建设工程管理有限公司	三级	垦龙工贸90%；恒祥滩涂开发公司10%

表3-3-2　地产集团参股公司一览表

（截至2013年12月31日）

投资公司名称	序号	被投资公司(参股)	参股比例
上海地产(集团)有限公司	1	上海兴华地会所有限公司	30.00%
	2	上海远洋宾馆有限公司	20.97%

〔续表〕

投资公司名称	序号	被投资公司(参股)	参股比例
上海地产(集团)有限公司	3	上海启华有限公司	40.00%
	4	上海嘉定地产开发有限公司	40.00%
	5	上海地产园林发展有限公司	40.00%
	6	上海城投置业管理有限公司	30.00%
	7	上海众合房地产开发有限公司	30.00%
	8	交运股份	1.06%
	9	国际信托投资公司	0.67%
	10	上海市申江两岸开发建设投资(集团)有限公司	18.00%
	11	东南郊环高速公路投资发展有限公司	35.00%
	12	上海市住房置业担保有限公司	15.00%
	13	上海市绿地(集团)有限公司	9.65%
	14	上海侨建房地产有限公司	49.00%
	15	上海松江新城建设发展有限公司	20.00%
	16	上海银行	
	17	海通证券	0.94%
上海中星(集团)有限公司	18	上海德城物业管理有限公司	中星振城 50.00%
	19	上海凌城房地产开发有限公司	中星振城 30.00%
	20	上海管道纯净水股份有限公司	中大 10.00%
	21	吉林市百通房地产开发有限公司	中大 48.00%
	22	上海浦东新区上钢集贸市场经营管理有限公司	百友 50.00%
	23	上海长百经济发展有限公司	百友 50.00%
	24	上海宏盟房地产发展有限公司	中星新城 10.00%
	25	上海恒城房地产有限公司	中星新城 25.00%
	26	上海利昊物业管理有限公司(原利城)	中星新城 50.00%
	27	上海金城房地产投资咨询有限公司	中星新城 20.00%
	28	上海虹城房地产有限公司	中星新城 25.00%
	29	上海松江好饰家家居市场经营管理有限公司	好饰家 30.00%
	30	九州国际(天津)家居建材大市场联盟有限公司	好饰家 24.00%
	31	上海好饰家工程技术有限公司	好饰家 40.00%
	32	上海营口加油站有限公司	中星怡城 50.00%
	33	上海康健加油有限公司	中星齐城 50.00%
	34	天津农药	
	35	大邱庄万全发展	

（续表）

投资公司名称	序号	被投资公司（参股）	参股比例
上海中星（集团）有限公司	36	天女化工（原：天津油墨）	
	37	港岳（原：珠海恒通）	
	38	民源A（原：北京中关村科技）	
中华企业股份有限公司	39	上海浦东金鑫房地产发展有限公司	50.00%
	40	天津星华商置业有限公司	30.00%
	41	天津星华府置业有限公司	30.00%
	42	天津星华城置业有限公司	30.00%
	43	上海房地（集团）有限公司	40.00%
	44	上海瀛利置业有限公司	瀛翔50.00%
	45	国泰君安投资管理有限公司	0.17%
	46	上海金城房地产投资咨询公司	10.00%
	47	海通证券	
	48	成都海发股份有限公司	
	49	上海东方低碳系统集成有限公司	房产之窗房地产信息公司25.00%
上海金丰投资股份有限公司	50	常州房屋担保置换有限公司	5.00%
	51	上海财金产业投资有限公司	50.00%
	52	上海馨丰投资管理有限公司	
	53	上海龙珠房地产开发有限公司	财经公司100%
金丰拟参股杨浦科创小贷公司沪地产（2012）第28号	54	上海久五商业管理有限公司	50.00%
	55	上海市住房置业担保有限公司	40.00%
	56	上海金丰易居置业有限公司	金丰建设13.04%
	57	上海天丰房地产顾问有限公司	金丰易居网1%
	58	上海黑石股权投资合伙企业	6.00%
上海房地（集团）有限公司	59	上海闵虹投资有限公司	47.79%
上海馨安置业有限公司	60	马鞍山市二中实验学校	金申置业100%
上海市住房置业担保有限公司	61	上海银行股份有限公司	0.20%
	62	上海金岸投资发展有限公司	10.00%
	63	上海德尚房地产开发有限公司	32.00%
	64	合肥市兴泰融资担保有限公司	13.04%

〔续表〕

投资公司名称	序号	被投资公司(参股)	参股比例
上海闵行联合发展有限公司	65	上海宝鼎投资股份有限公司	
	66	上海百事可乐饮料有限公司	46.00%
	67	南京百事可乐饮料有限公司	46.00%
	68	上海蓝波高电压技术设备有限公司	25.00%
	69	上海新天地置业发展有限公司	25.00%
	70	上海航空印刷有限公司	10.00%
	71	上海新航空印务有限公司	10.00%
上海虹桥经济技术开发区联合发展有限公司	72	上海虹联广告有限公司	30.00%
	73	上海国际汽车城新安亭联合发展有限公司	31.36%
	74	上海虹桥商业发展有限公司	30.00%
	75	上海扬子江大酒店有限公司	20.00%
	76	上海国际展览中心有限公司	40.00%
	77	上海虹桥友谊商城有限公司	30.00%
	78	上海国际贸易中心有限公司	22.50%
	79	上海虹桥世纪企业发展有限公司	20.00%
	80	上海倍诚贸易有限公司	虹联投资30.00%
	81	上海新安亭置业有限公司	5.00%
	82	上海太平洋大饭店有限公司	30.00%
	83	东南郊环高速公路投资发展有限公司	10.00%
	84	上海虹桥集艺文化发展有限公司	37.00%
	85	上海谷元置业有限公司	3.00%
	86	上海世界贸易商城有限公司	1.00%
外事用房	87	上海诚安建筑装潢有限公司	40.00%
	88	中原百货股份有限公司	0.03%
资产公司	89	上海城捷置业有限公司	40.00%
	90	上海新虹桥企业有限公司	40.00%
	91	上海四通现代仓储有限公司	15.00%
	92	上海中科股份有限公司	10.46%
	93	上海红旗新型建筑材料厂	0.00%
缤纷商贸	94	东方证券	1.66%
滩涂造地	95	上海经怡实业发展有限公司	5.57%
	96	上海地产园林发展有限公司	40.00%

【实物资产（集团本部实物资产）】

地产集团本部拥有的实物资产主要包括三类：第一类是通过市场收购、改制回收及受委托管理，拥有产权及使用权的各类房产，共58项；第二类是国资划拨的资产，即世博土控公司划入集团后归并的建筑及土地，共9项；第三类是集团收购及管理的上海市保留保护建筑。

表 3-3-3　地产集团收购、改制回收及受委托管理 58 项资产一览表

（截至 2012 年 12 月 31 日）　　　　面积单位：平方米

序号	现状	坐落	权属	土地面积	使用权来源	房屋面积	房屋用途	备注
1		新乐路 82 号		1 505	出让	3 598.17	花园住宅	徐汇
2		番禺路 508 号		2 546	划拨	920.09	花园住宅	长宁
3		汾阳路 112 弄 4 号		644	出让	761	花园住宅	徐汇
4		延安中路 632 弄 50 号		1 185	划拨	1 778	花园住宅	静安
5		泰安路 120 弄 2 号		643	划拨	988.80	花园住宅	长宁
6		宛平路 10 弄 10 号		1 035	出让	436.05	花园住宅	徐汇
7		东湖路 9 号		3 008		25 981.62	办公楼	徐汇
8		祥德路 381～393 号		7 323	划拨	11 560	厂房	虹口
9		昌平路 71 号		1 837	划拨	3 998	厂房	静安
10		龙吴路 118 号		12 087	划拨	1 228	厂房	徐汇
11		大连西路 50 号		3 734	划拨	6 693	厂房	虹口
12		庙行镇场北村 30 丘		8 324	划拨		仓储	宝山
13	出租	江杨南路 590 弄 8 号	产权	6 703	划拨		仓储	宝山
14		泗塘街道 04 坊 10 丘		13 518	划拨		仓储	宝山
15		江杨南路 590 弄 5 号		7 981	划拨	2 304.87	仓储	宝山
16		民治路 14 号		7 872	划拨	748	仓储	杨浦
17		打浦路 350 号		4 070	划拨	2 008.72	店铺	黄浦
18		打浦路 435～437 号		171	划拨	1 011	店铺	黄浦
19		大连西路 42 号、50 号甲 大连西路 40 弄 1,2 号		3 239	划拨	638 1 487.70	办公、店铺	虹口
20		日晖二村 100～102 号		796	划拨	567.57	店铺	黄浦
21		泰安路 120 弄 7 号（中心）		303	划拨	225.60	花园住宅	长宁
22		漕溪北路 749 号甲（中心）		504	国有	1 838.96	办公楼	无房产证 徐汇
23	待租	七宝镇沪星村七队	集体土地	4 732	集体土地		店铺	闵行
24	改造	宝庆路 3 号	产权	4 750	出让	1 048.20	花园住宅	徐汇

〔续表〕

序号	现状	坐落	权属	土地面积	使用权来源	房屋面积	房屋用途	备注
25	自用	复兴中路1367号	使用权			284.50	花园住宅	徐汇
26		复兴中路1369号				162.49	花园住宅	徐汇
27		江宁路912号中间	产权		划拨	68.10	店铺	静安
28	空置待处	江宁路906弄4号201～205室				211.13	办公房	静安
29		浦东南路4607号底层	使用权			136.20	店铺	浦东
30		衡山路305号5车间				12.35		徐汇
31	动迁	三林乡劳动新村沿江路	产权	1 843	划拨	2 234	公寓	浦东
32		虎丘路107号				220.79	店铺	黄浦
33		南昌路201号底层				35.28	店铺	徐汇
34		南昌路201号二层				35.28	店铺	徐汇
35		定西路1235弄5号401～404室				247.80	宿舍	长宁
36		定西路1235弄5号501～505室					办公	长宁
37		宝庆路18弄3号				110.84	办公	徐汇
38		延安东路160号309室	使用权			119.54	仓库	黄浦
39		延安东路160号320室				64.93	仓库	黄浦
40	待处	新市北路1471号				125	店铺	虹口
41		国和路1038号				128	店铺	杨浦
42		山东南路112号				20	店铺	黄浦
43		定海路166～168号				119	店铺	杨浦
44		崂山东路644弄3号102室				76.51	宿舍	浦东
45		崂山东路644弄3号103室				34.25	宿舍	浦东
46		外马路880号	产权	2 104	划拨			房屋灭失黄浦
47		外马路888号	产权	277	划拨			
48		外马路880号对面	产权	472	划拨			
49		106万直管房	授权			1 069 030		
50	大部分实心房	10万特种房	授权			95 633		
51		永嘉路571号				501		仅为经营管理单位徐汇
52		陕西南路164号				518		

(续表)

序号	现状	坐落	权属	土地面积	使用权来源	房屋面积	房屋用途	备注
53	大部分实心房	车站新村16处房产				1 003.42		
54		金钟路340弄8处房产				454.46		
55		华发路100弄、180弄				10 025.60		闵行
56	裁决用房	罗阳路258弄9号602室				83.14		闵行
57		罗阳路258弄10号602室				86.99		闵行
58	牌照	沪D-V 3 791、9 651、3 494、3 412、4 572、4 559、9 687、9 719、9 720、9 699、3 698；沪D-W 7 363、9 212、2 986、0 840、8 615、9 613、9 019、2 990、1 313、1 270、2 946、3 558、1 338、9 775；沪D-M 0 917、3 307、3 309；沪D-U 8 795、8 826						

【纳入世博地块资产】

根据2011年6月市政府会议精神，地产集团保留世博村地块内全部经营性资产，并通过补地价的方式取得土地权证。

表3-3-4　2011年地产集团纳入世博地块9项资产一览表

序号	项目名称	账面原值(元)(含土地前期开发费)	地址	建筑面积(平方米)
1	世博村A地块	1 429 080 421.34	雪野路1188号	70 35.10
2	世博村E地块	529 534 219.08	雪野路928号	59 289.10
3	世博村B-18	32 197 222.79	世博大道555号	4 655
4	世博村B地块	3 204 770 370.50	雪野路999号	215 948.50
5	世博村D地块	1 761 304 656.26		142 439
6	世博村H地块	63 553 042.73		8 563.50
7	世博村I地块	278 845 386.23		24 137
8	世博村J地块	522 385 078.44		78 160
9	世博村C、F地块	309 118 098.40		

【保留保护性建筑】

地产集团作为上海最大的全国资房地产开发企业，建设有一流的现代建筑，为上海城市发展添光增彩，同时抢救和保护素有"万国建筑博览会"之称的上海老建筑，以保存上海历史文脉、传承上海文化精髓。

1991年12月，上海市人民政府颁布《上海市优秀近代建筑保护管理办法》，对上海具有历史文化价值的优秀老建筑提出了保护和管理要求。地产集团成立后,对具有上海特征的旧花园洋房倍加关注:一是通过下属"外房公司",管理、保养被外国领事馆租用的花园洋房,使之不因年久失修而毁坏;二是收购一批可能流入私人手中的老式花园洋房(其中不少是市、区级的保护建筑),并通过修缮,保持老式花园洋房的原有风格,使之成为独具特色的历史建筑。

上海的花园洋房是随着上海的开埠和发展不断形成的特色建筑,有着悠久的历史,已成为"时代的缩影"和"历史的年鉴"。上海开埠初期,外国传教士和外国商人来到上海,由于其经济实力还比较薄弱,只能在黄浦江沿岸建造一些四坡顶式的简单"洋房"。上海区域内出现的第一幢较完整的花园洋房是在1872年建造的外滩李家庄(今北京东路、圆明园路交会处)。上海在光绪十九年,即1893年开始形成一定规模的花园住宅,但居住者均为外国人。上海花园住宅建筑发展的高峰时期,是在1920—1936年期间,由于法租界内外侨急剧增加,不少民族工商业者加入富裕的上层社会,使花园洋房的社会需求相应扩大。同时,1929年的世界经济危机,使大量欧美建筑市场滞销的各类建筑材料倾销到上海,从而出现了花园住宅建筑发展的高峰时期。在1946年前后,由于通货膨胀、百业凋敝,资本家为资本保值,把资金投向房地产,于是又一批新的花园洋房出现在上海街头。

上海的花园洋房受气候气温影响、地理地形位置的不同,根据建筑造型特征和时代特征的演变,大致可归纳为7种类型:仿古典式、欧洲乡村别墅式、西班牙式、美国殖民地式、混合式、现代式及其他样式,并各具特色。花园住宅数量在上海住宅中虽然偏少,但是无论从建筑价值还是从历史价值来衡量,都是上海历史的一笔巨大财富,并且随着时间的推移不断增值。地产集团所管理和收购的独立式花园洋房,都是地处市中心繁华地段,经历了上海的历史沧桑,也见证了上海百年的历史变迁。集团持有或代管的部分保护建筑和花园洋房情况如表3-3-5:

表3-3-5 2002—2012年地产集团收购花园住宅一览表　　　　面积单位:平方米

序号	资产坐落	权属性质	土地面积	建筑面积	权利人
1	宝庆路3号	产权	4 750	1 048.20	地产集团
2	新乐路82号	产权	1 505	3 598.17	地产集团
3	延中路632弄50号	产权	1 185	1 778	地产集团
4	番禺路508号	产权	2 546	920.09	地产集团
5	泰安路120弄2号	产权	643	988.80	地产集团
6	汾阳路112弄4号	产权	644	761	地产集团
7	宛平路10弄10号	产权	1 035	436.05	地产集团
8	复兴中路1367号	使用权		284.50	地产集团
9	复兴中路1369号	使用权		162.49	地产集团
10	永嘉路571号	经营管理权		501	地产集团
11	陕西南路164号	经营管理权		518	地产集团
12	泰安路120弄7号	产权	303	225.60	储备中心
13	华山路913号	产权	1 241	521.85	馨安公司
14	衡山路9弄1号	产权	1 213	596.83	馨安公司

二、资产管理方式

地产集团对资产管理的总方针遵循了国资管理的主线,从两个方面着手:根据市国资委下达的产业结构调整规划,结合地产集团实际进行股权整合,以实现主业凸显、结构科学、制止亏损、规避风险、提高收益、推进发展的目标,达到国有资产保值增值目的;按照国有资产流转及保护的制度,管理地产集团本部及下属企业相关工作,规范和监督下属企业国有产权变动行为,负责下属企业产权变动的操作,重大事项上报国资委产权管理处进行审核。

地产集团的资产管理是根据国资委"落实国资监管责任,依法监管经营国资"的要求,参照行业水平制定适合集团自身情况的资产运营标准、建立具体的评价体系,用于指导、规范、考核地产集团及下属企业的资产运营状况,使各种经济行为在符合国资管理规范的前提下,实现资产的保值增值。下属企业根据自身发展需要提出新设、并购、注销等股权变动要求,上报地产集团核准。地产集团在审核中负责把好三个关键要素:一是政策关,即按照政策制度要求进行对照,对可行性进行把关;二是程序关,即对操作流程的规范性、合法性进行监督把关;三是价格关,即对资产价格的评估进行核准把关。在符合国资管理规范和地产集团整体发展规划的前提下,由地产集团对下属企业提出的资产变动或股权调整申请给予批复并指导操作。

围绕国有资产保值增值的要求,地产集团资产管理方式主要通过五个方面来体现:一是指导下属企业改制、改革发展和产业规划,二是产权股权界定登记管理,三是资产评估管理,四是证券事务管理,五是实物资产利用管理。

【指导下属企业改革发展和产业规划】

认真贯彻执行国资委下达的有关国企改制、改革发展和产业规划要求,是地产集团作为国资委一级监管企业的重要任务。在市国资委的统一指导下,集团在制定产业发展规划基础上,指导下属企业作好相应的发展规划进行衔接支撑,重点是按照产业板块进行整合,避免同业竞争和产业的重叠浪费。特别是地产集团组建时划入的企业,基本都是在全国资的计划经济体制下运行多年,企业功能和产业结构难以适应市场经济体制下的竞争环境。因此,按照市国资委的统一部署,调整企业产业结构、加大企业改革力度,成为地产集团资产管理的重要方面。主要是:负责参与指导成员企业的改革改制、行业梳理和层级压缩,通过股权转让、歇业清算等方式,使国有资本从竞争性中小企业中退出、对非主业产业进行剥离调整、减少企业层级等;负责指导成员企业的对外投资,包括设立企业、国内外兼并收购、合资合作、金融投资等经济行为;负责进行成员企业资产整合、开放性市场化重组联合。

【产权股权界定登记管理】

进行国有资产产权界定和登记,是企业摸清家底,确保国资合法权益和防止国资流失的重要基础。国务院、市政府以及国资委、市国资委对国有资产产权界定和登记工作颁发文件,具体有:国务院的《企业国有资产产权登记办法》、国资委的《关于印发〈企业国有资产产权登记业务办理规则〉的通知》《关于印发〈国家出资企业产权登记管理工作指引〉的通知》、上海市政府的《上海市企业国有资产产权界定暂行办法》、市国资委的《本市企业国有资产产权登记、产权界定办理指引》。地产集团根据分级管理原则,由资产管理部门在地产集团系统内各企业进行国有资产产权的界定和登记工作，其中包括直接拥有的产权、对外投资的股权及证券类资产等，理清集团资产的基本情况。集团在进行国有资产产权界定和登记的具体操作中，建立自身的国有资产产权基本数据库，同时指定专人负责在国资委产权登记系统上进行登记，并根据集团本部及下属企业的产权变动进行相应更新。

根据国资委《关于印发〈国家出资企业产权登记管理工作指引〉的通知》，地产集团系统内各企业办理产权登记都通过该产权登记系统，填报企业基础信息、经济行为信息以及合规性资料目录。系统的具体操作和管理在市国资委产权事务中心的指导下进行，通过系统培训在集团内部形成以下操作原则：实际控制下一级，即母公司负责下一级子公司信息的填报，层层审核；涉及新设或变更的合规性纸质材料全部送至部门归档；集团有专门岗位负责出具打印盖章的企业产权登记表。

截至2013年10月，地产集团拥有控股企业168家，列入合并范围的二级次子公司21家，参股企业96家。

【资产评估管理】

资产评估管理是为产权流转提供公允价值尺度，是确保国有资产不流失的重要前提。地产集团作为市国资委出资企业和授权备案单位，负责协调集团本部及成员企业的资产评估工作，并审核由地产集团备案的所有资产评估报告和转报由市国资委审核备案的所有评估报告。

按照国务院及市政府有关文件精神，制定适合地产集团实际的操作办法，是做好地产集团资产评估工作的根本。1991年，国务院发布《国有资产评估管理办法》，提出为了正确体现国有资产的价值量，保护国有资产所有者和经营者、使用者的合法权益，在国有资产占有单位进行资产拍卖、转让、企业兼并、出售等经济行为时，应当进行资产评估，并对组织管理、评估程序、评估方法等进行规定。2005年，国资委《企业国有资产评估管理暂行办法》对国有资产评估的范围进行进一步规范，强调13种必须要进行资产评估的经济行为，同时规定企业国有资产评估项目实行核准制和备案制。上海市国资委颁布《关于印发〈上海市国有资产评估项目核准备案实施细则〉的通知》，对项目核准备案程序进行完善，规定了三类必须核准的项目：经上海市人民政府批准实施的重大经济事项的评估项目；市属一级单位的评估项目；市国资委持有国家股且为第一大股东的上市公司（视同一级单位）的评估项目，除此以外的国资评估项目均实行备案制。

地产集团为完善国有资产评估管理方式，规范集团及成员企业国有资产评估行为，按照上级部门的有关文件精神，于2009年制定《上海地产集团资产评估管理暂行规定》，对集团及下属企业资产评估范围、核准备案、评估程序、委托方和评估机构、审核管理等进行详细规定和要求，并将其作为地产集团资产评估管理工作的主要依据。同时，在资产评估程序上，地产集团责任部门从严选评估机构开始，历经与委托方、评估公司、标的公司、审计事务的沟通，参与出具评估报告初稿，必要时聘请专家组，进行备案资料合理性审核，对评估报告的备案与转报备等所有环节进行严格把关，认真把握好评估过程的合法合规以及评估结果的合理性。

2010—2012年，地产集团审核评估项目61项，确保了国有资产的实值，避免了国资流失的情况发生。

【证券事务管理】

根据地产集团下属公司系独立法人单位的实际，地产集团对证券事务管理工作分为两个层面，即集团本部层面和二级公司层面进行不同形式的管理方式：对集团本部的证券事务进行直接的管理和操作；对集团下属子公司的证券事务进行指导、监督、协助管理，不直接干预。

地产集团管理证券事务的具体内容：一是对持有的国有控股上市公司股权监测、上市公司市值管理；二是负责或参与指导地产集团和成员企业所持有上市公司股份的受让、转让、质押等管理；三是负责地产集团金融投资业务事宜及成员企业金融投资监督管理；四是由地产集团责任部门协助处理下属上市公司证券市场方面业务。具体内容包括对上市公司（地产集团控股和非控股）的市值管理，股票的增值、减值，以及可供出售的金融资产（如地产集团持有的东方证券1.67%的管理）。一方面，对持有股票的是否适合增持减持，或者券商通道的质押式回购（没有约定用途，市场利率9%左右，不更改股东名册）、约定式回购（更改股东名册，市场利率9%左右，和券商约定，相当于在市场上两次交易，市国资委对此有监管政策），并根据国家政策，结合地产集团实际需求提出相应的具有可操作性的建议方案；另一方面，配合地产集团对持有的上市公司的其他证券事务工作，如出具承诺函、股东意见等。

2010年，市证监委为落实公司企业"参一控一"的政策规定，上海证监局发函致地产集团指出，日常监管中关注到地产集团控股的企业持有东方证券、海通证券、申银万国、国泰君安的公司股权，不符合中国证监会"参一控一"监管政策要求，应当于2010年12月31日前完成整改。否则，对证券公司及相关股东采取相应监管措施，包括但不限于依法限制相关股东单位及关联企业IPO、再融资、并购重组等涉及资本市场的活动。

地产集团组建资产整合工作机构，根据政策规定，立即对地产集团控股的企业持有证券公司的股权进行梳理，提出"抓大放小、集团整体利益最大化"原则，并制定了处置方案，报地产集团领导同意后进行实施。地产集团向证监局回复承诺，保留东方证券和海通证券，转让申银万国和国泰君安，以满足"参一控一"的要求，不影响集团资产整合工作的推进。

【实物资产利用管理】

根据资产类型，地产集团本部拥有的实物资产可划分为六大类，共67项：花园住宅12项、办公楼3项、工业性质的厂房场所9项、商业用途的房地产22项、住宅类房地产17项和其他类资产4项。

地产集团对于实物资产的管理，经历了从间接管理到直接管理、从分散管理到集中管理的过程。地产集团从2002年11月成立至2004年，地产集团本部拥有的实物资产数量不多，主要是通过市场途径取得的房地产，并由地产集团职能部门直接管理。2004—2005年，地产集团下属老企业深化改制，地产集团从改制企业收回部分划拨土地和其他房地产。考虑到资产来源不同，决定将从市场取得的房地产继续由地产集团职能部门直接管理，从改制企业处收回的房地产，仍由改制企业租赁经营和日常管理，地产集团职能部门仅负责产权管理和安全监督。

2009年，地产集团将名下大部分花园住宅委托下属二层次上海馨安置业有限公司日常管理，地产集团职能部门负责检查、监督和综合评定。

2012年，地产集团建立集中、统一、专业的上海地产资产管理有限公司，将地产集团和储备中心名下的58项实物资产分两次授权给该公司管理，以逐步实现不良资产处置去化、遗留问题妥善解决、优质资产高效经营、资本市场培育发展的整体目标。在全面梳理资产状况的基础上，上海地产资产公司从资产安全入手，着重整改安全隐患，并将地产集团—改制企业—使用单位的间接管理模式逐步调整为地产集团—使用单位的直接管理模式，强化分类管理，压缩管理层级，并逐步解决资产管理上的历史遗留问题。

据2012年统计,地产集团的年资产经营收入达2 500万元。

第三节　项目投资管理

地产集团对投资项目的管理分两种类型:一类是地产集团直接投资项目,另一类是地产集团下属企业的投资项目。

对于地产集团直接投资项目,若属"三重一大"(重大问题决策、重要干部任免、重大项目投资决策、大额资金使用)范畴的,首先由地产集团责任部门提出项目建议书,由地产集团党政工作会议讨论通过。在组成项目公司董事会后,地产集团派员作为董事参加管理,并按照项目公司管理规定,董事会对经营班子人员进行任免,项目的实际操作由项目经营班子负责。年初,项目公司制订全年工作目标计划,经董事会批准后,报地产集团审核备案。地产集团本部的各部门,按照部门职能对项目的招标、设计、资金、质量、进度及安全等问题进行直接的监督和管理,并及时将项目情况报地产集团领导,以确保对项目全程的掌控和把握。年中,项目公司进行一次项目进展情况汇报,报告工程进度、质量、资金使用等情况的同时,提出亟须解决的问题或难题,由地产集团领导统一协调解决。地产集团到年终对项目公司的计划目标进行绩效考核,考核内容一般包括工程进度、质量、资金使用、安全生产等事项。项目结束后,地产集团进行项目审计,由地产集团专业销售公司进行销售。

对于下属企业的投资项目,地产集团主要是以间接管理的方式,通过三个方面开展:

第一,作为市国资委一级监管企业,地产集团按照国资委下达的有关国企改制、改革发展和产业规划要求,并结合地产集团自身总体规划,通过制度对成员企业的营运等经济行为进行管理。2005年12月,地产集团制定《上海地产集团成员企业投资监督管理暂行办法》,明确规定地产集团和成员企业对外投资(包括出资设立企业、国内外收购兼并、合资合作和对出资企业追加投入等)、固定资产投资和金融投资的不同管理权限。作为投资责任主体的成员企业,其主要职责是:负责投资项目的可行性研究;负责投资决策并承担投资风险;开展投资分析,组织投资管理。地产集团的管理职责是:组织研究投资导向;审核成员企业的年度投资计划,核准成员企业的计划外投资项目,根据需要对成员企业的重大投资项目实施备案管理;组织开展分析活动,对重大投资项目组织实施稽查、审计、后评估等动态监督管理。

第二,根据地产集团全年的总体工作计划,对成员企业年初提出的项目投资计划、资金计划及全年工作目标进行汇总、审核、调整、统筹和安排。《上海地产集团成员企业投资监督管理暂行办法》(以下简称《暂行办法》)明确要求,按照"分级决策、分级管理"原则,成员企业每年第四季度向地产集团提交本单位下年度投资计划草案,内容包括年度投资规模与投资结构、投资方式及比重结构、年度投资进度安排,以及投资项目汇总表。由地产集团对成员企业投资计划草案进行审核,并向成员企业反馈审核意见;由成员企业组织修改完善,并经董事会审议通过后,报地产集团备案。同时,《暂行办法》还具体规定成员企业500万元以上的对外投资项目,要报地产集团审批;严格限制成员企业进行金融投资,不得从事期货投资、股票投资和委托理财,购买债券和基金必须报地产集团备案;固定资产投资在按规定编制项目建议书、可行性报告和扩初设计文件后,经地产集团审核评估通过,列入企业年度计划并申报列入政府部门固定资产年度投资计划,待批准后方能组织实施。

第三,通过年终绩效考核,推进成员企业完成全年工作目标。地产集团成立之后,根据市国资委《关于市国资委出资监管企业领导人员薪酬分配制度改革的试行意见》,专门制定对成员企业产权代表国有资产经营指标(目标)进行考核的薪酬分配办法。其原则是收入与经营业绩相挂钩、基本收入与风险收入相结合、激励与约束相结合、分类分层管理。

地产集团根据成员企业的不同类型,分别按经营性指标和经营性目标两种形式,实施业绩考核。考核指标由核心指标、辅助指标、特定指标和综合指标四部分组成,其中前3个指标为量化考核指标,后一个指标为综合考核指标。核心指标一般包括资产保值增值率、净资产收益率、经营活动中的现金净流量、收益上缴及时率等;辅助指标一般包括主营业务收入、资产负债率、应收款及其他应收款余额等;特定指标将根据各企业不同时期的管理和改革工作要求确定具体工作目标,如结构调整、深化改革等;综合指标为无重大安全责任事故、无重大违法违纪案件、落实党风廉政责任制等。

考核程序即年初由地产集团通过与成员企业主要经营者签订《国有资产经营目标责任书》,将成员企业产权代表年薪及考核指标(目标)采用契约形式下达,明确经营指标(目标)、考核办法和产权代表年薪标准。年终按《国有资产经营目标责任书》进行考核。责任书一经签订,除发生重大政策调整和不可抗力因素影响外,考核指标(目标)一般不作调整。

第四节 财 务 管 理

地产集团设有"财务部"和"资金部"两个部门,分别对地产集团资金和土地储备中心的资金进行管理。账务部管理的是集团及下属公司的资金,资金部管理的是土地储备的政府财政资金。

一、地产集团财务管理

地产集团受市国资委委托,对地产集团本部资产及下属企业国有资产进行管理,而地产集团财务管理是国资管理的重要基础,也是确保国资保值增值的基本前提。

地产集团下属企业成立时间早于地产集团,其本身具有独立的法人资格和财务运行系统。因此,在地产集团成立初期,财务管理主要工作是按照国资委要求,对下属企业下达指标、按期汇拢数据,对各企业的财务基本状况进行把握,并编制年度企业财务预决算、国资预决算及财政预决算进行上报。同时,地产集团在管理过程中,也面临下属各企业财务管理水平参差不齐的局面。例如,统计科目不统一,使用软件不统一,核算方式不统一。由于财务基础管理现状的不同,地产集团无法对全系统进行财务运行的有效管控和全面监察。

2003年年底,市国资委、市财政局联合下发"关于做好《企业会计制度》的通知",明确提出2002年1月1日后新设立的企业要执行《企业会计制度》,以加强企业会计核算和财务管理工作,提高会计信息质量。地产集团以推行《企业会计制度》为契机,成立了《企业会计制度》领导工作小组、制定详细的推进工作方案、开展资产损失摸底调查等工作,分别对地产集团及下属各企业的利润、资产及所有者权益等财务状况进行摸底调查统计,对各企业会计人员组成情况和会计制度执行情况进行汇总,对各企业资产损失情况进行统计。经过推进《企业会计制度》的前期准备工作,使地产集团领导对本系统财务管理的基本状况有了全面性掌握。

2005年1月1日起,地产集团依照《企业会计制度》文件精神,颁布执行《上海地产(集团)有限公司企业会计核算办法》,并组织下属成员企业人员进行专门培训,要求其制定相应的细则进行贯彻落实。同时,为尽快将地产集团系统的财务管理全面纳入规范、统一的轨道,地产集团从审计整改入手,对各企业在审计中出现的问题,针对性地提出整改措施,推进下属企业的财务管理逐步向地产集团统一的财务制度规范靠拢,完善财务统计核算的基础建设。地产集团根据审计对2003年和2004年财务管理提出的部分资产、负债、损益核算不准确,部分投资效益不佳、存在潜在亏损,部分资产处置不合规,部分资金支付无依据,使用不合规以及个别公司内部管理薄弱等情况,专门下发《关于认真贯彻落实市审计局〈审计报告〉〈审计决定书〉中审计查出问题的整改工作通知》,通过企业自查、分析原因、制定措施、落实整改等四个阶段的工作,对存在问题的企业逐一督促改进落实。

2005年9月,地产集团根据自身实际情况,向市国资委、市财政局提出地产集团系统全面推进《企业会计制度》的申请,其中包括地产集团及下属子公司尚未执行行业会计制度的44家企业。9月25日,市国资委和市财政局下达了同意集团执行《企业会计制度》的批准文件。12月31日,市国资委对地产集团上报的资产清查损失处理情况进行了批复,同意对执行《财务制度》后预计产生的资产损失258 866 039.22元作为资产减值准备的计提,冲销所有者权益258 866 039.22元。

2008年6月,市国资委下发国有企业执行《企业会计准则》通知,对企业财务审计、会计工作提出新的要求。地产集团及时进行转发,并根据进度与安排,地产集团本部及成员企业在执行《企业会计准则》准备阶段,完成新会计准则期初调整事项审计工作,进行新会计准则的学习培训,修订统一的地产集团会计核算办法,完成新旧会计准则科目衔接工作,完善内控制度,完成企业户数清理工作及做好企业资产负债清查等工作。市国资委于2009年12月,正式批准地产集团自2009年1月1日起执行《企业会计准则》。

地产集团通过执行《企业会计准则》,细化完善财务管理制度,统一地产集团的会计核算办法,并结合地产集团系统推进财务管理信息化建设,用统一的财务软件系统,将下属企业的财务运行纳入一个平台,统一地产集团系统财务统计的一、二级科目,规范财务统计核算的口径,进一步加强地产集团财务系统的基础建设。至2012年,地产集团139家子公司、167个核算账户全部纳入信息化平台,使地产集团财务管理部门不仅能统一管理制度、厘清家底,还能及时了解下属企业财务运转信息,便于进行全面监管和统筹管理,使地产集团的财务基础管理走上科学、规范的新台阶。

2010年起,市国资委多次发文强调加强国有企业财务监管工作:要求各单位进一步深化完善财务风险预警体系建设,提高企业风险防范能力;加强资金集中管理,强化财务监管;通过加强企业财务领导人员队伍建设和财务信息化建设,以动态监测形式,重点对企业的主业情况、投资情况、资金变化情况、成本费用、税负变化以及资产质量进行监测,及时采取应变措施,加大财务管控能力。

按照市国资委要求,地产集团推进财务工作的精细化管理,贯彻落实市国资的财务风险预警工作,每月及时对亮灯情况作详细分析,找到问题根源,为企业经营决策提出合理的建议。2009年,财务核算平台统一上线。2012年年底,地产集团财务部协同信息部门拟定完善二次开发的申报流程,同时把包括公租房业务系统在内的二次开发项目列入需完善的二次开发项目,以适应未来企业发展需要,提高财务核算的安全性。同时,财务管理健全监测体系,按照国资预警的要求,设立含资产负债率、存货周转率、速动比率、已获利息倍数以及担保净资产比等重要指标,按月度跟踪执行情况。在强化资金管理方面,对地产集团合并范围内的开户银行进行全面清理,掌握各级子公司的开户情况,结合房地产行业资金管理的特殊性,探索适合于本集团的资金集中管理模式。地产集团财务部加强预算执行动态分析工作,通过编制"月度预算执行情况统计表",召开月度财务例会,对下级每个子公司的预算执行情况进行动态跟踪,及时发现重大的预算偏差,不仅从资金平衡的角度关注重点子公司的重点项目,分析当年固定资产投入及销售款回笼情况,而且重点关注年度收入、利润。另外,倡导学习,加强专业培训,也是地产集团开展财务管理基础建设的重要方面。鼓励年轻的财务人员提高自身的业务能力,邀请专家为二级子公司的财务负责人进行专题讲座,拓宽职工视野,提高专业能级;加强对财务部门负责人以及二级子公司财务负责人的管理,通过外派锻炼、业务考核等手段,挖掘财务管理优秀人才安排到适合的岗位,发挥其工作能力,提高各级子公司的财务管理水平。同时,地产集团注重不断完善企业审制度:对于上一年财务决算批复中提到的内控测试缺陷,予以高度关注,抓紧制定相应的整改措施,督促各子公司改正缺陷,预防风险。2012年年底,集团拟对于担保公司具有行业特殊性的金融企业,专设"风险决策委员会",引进专业决策人员以预防系统性风险发生。

集团的财务管理内容包括以下几个方面:

【集团本部直投项目管理】

地产集团对本部直接投资的项目(保障性住房项目及美丽上海等酒店项目),在财务上按照工程项目流程,委派专门人员进行管理。包括对项目概预算进行专门的审核确认,并严格按照合同规定及实际进度进行款项支付,对竣工决算实施专门的审核、审计,并设置相应的启事或凭证,如实记载各项目一切业务的开展情况,确保工程项目得到有效控制。在项目实施过程中,定期进行预算财务分析,及时纠正和改进出现的问题。

【企业预决算管理】

企业的年度预决算管理是企业财务管理的重要内容和抓手,也是地产集团向市国资委汇报企业运营情况的重要方面。为正确反映企业预算年度内资本运营、经营效益、现金流量及重要财务事项的预算情况,地产集团于2005年颁布《地产集团财务预算管理办法》,要求各成员企业建立财务预算管理制度,组织开展内部财务预算编制、执行、监督和考核工作,推进实施全面预算管理。同时,各成员企业要在规定的时间内,按照国家财务会计制度规定和地产集团财务监督工作要求,以统一的编制口径、报表格式和编报规范,向地产集团报送年度财务预算报告。地产集团在汇总各成员企业预算数据的基础上,根据地产集团全年工作目标,进行分析和调整,编制地产集团年度财务预算报告报市国资委,待批准后执行。地产集团通过建立以预算目标为中心的各级责任体系,推进企业有序的可持续发展。

按照市国资委的要求,每年11月底前,地产集团各部门根据集团下一年目标及本年实际情况,编制部门预算,经分管领导及董事长预审后,报地产集团党政联席会审议通过,并作为执行依据。地产集团同时将预算编制过程作为加强企业管理、完善考核体系、安排资金收支、控制企业成本、实现年度目标的重要手段。

地产集团财务预算的范围包括:预计的现金流量、损益、资产负债、投资、国有权益变动、投资收益、融资、资产减值及管理费用等,建立以现金流量预算为纽带,以预算损益、预算资产负债为核心的财务预算管理体系,同时将预算类别进行详细划分,并对资金支付的分工责任进行具体的落实。在预算执行过程中,财务部门设立专门台账,设置专人进行核算、审核、月末汇总分析预算执行情况及说明,并递交按年度预算分解的下月预算,报董事长审批执行。财务部门依据各项预算内容审批程序,由业务经理办理资金结算。

【企业资金管理】

融资管理 根据地产集团发展资金需求不断扩大,利用地产集团资产和信誉优势,拓展融资渠道,采取低成本融资、发行企业债、发行依托产品等措施,至2012年年底,集团融资583亿元,为集团企业的发展提供资金保障。

企业债 企业债是由发行企业以本企业产品等价支付利息,到期偿还本金的债券;企业短期融资券,是期限为3~9个月的短期债券,面向社会发行,以缓和由于银根抽紧而造成的企业流动资金短缺的情况。2012年,集团发行企业债券28亿元。

低成本融资 地产集团在2011年建造保障房的项目中,运用政策优势,开拓低成本的融资渠道。通过太保公司发行债权计划40亿元,并取得低于基准利率12%的优惠。在公积金中心获得公租房项目融资额度20亿元,2012年年底按公积金贷款利率提款14.3亿元,使政府的项目工程得到了有力的资金支持。

【货币资金管理】

为加强集团对货币资金的内部控制,保证货币资金的安全,提高货币资金的使用效益,地产集团于2009年专门制定了《上海地产集团货币资金管理办法》(以下简称《办法》)。

根据货币资金的特殊性,《办法》在管理上明确了货币资金管理的范围和内容,以及相应的检查监督制度。货币资金管理的范围包括现金收支管理、银行账户管理、银行印鉴管理、票据管理、银行存款收支管理、银企对账管理、检查监督等。在现金收支管理中规定办理货币业务的不相容岗位相互分离、制约和监督,特别对货币资金支付的权限和审批程序作了严格规定,不仅对现金开支范围和支付流程有规定,而且对现金盘点有不定期飞行检查的要求,以确保现金账面余额与实际库存相符。《办法》对货币的银行存款及银行开账户、清理销户的申请和审批权限也作了明确规定,并指定专人定期核对银行账户,以确保企业货币资金安全。同时,要求下属各级子公司、各动拆迁指挥部,结合各公司实际,制定相应的管理规定。

【企业融资担保管理】

地产集团成立以后,由于业务发展需要,地产集团下属公司的资金需求不断加大,要求地产集团进行融资担保的项目时有发生。为防范担保风险、控制信贷规模、规范成员企业融资担保行为,地产集团于2005年制定《担保暂行管理办法》(以下简称《办法》),要求下属各企业必须严格遵照执行。

《办法》将融资担保计划纳入企业经营计划的管理范围,要求各类融资担保计划必须与企业主业发展方向相符、与自身的财务能力相匹配,并列入企业财务预算。同时还对担保顺序作了自身信用、实物资产担保在前,依靠母公司担保在后的规定。

《办法》规定了集团对成员企业融资担保的主要原则和具体细则,重点对贷款资金的风险、担保审批的程序、担保额度的确定以及调整等方面作了规定,确保集团融资担保在合理、规范、可控的范围内。

《办法》对地产集团对外融资担保的行为进行严格规范和压缩,分别对担保依据、担保标准和担保范围进行了具体的划分,规避了地产集团在融资担保中可能产生的不必要风险。同年,地产集团颁发《地产集团对外担保管理暂行办法》,对担保程序、担保控制和跟踪管理、反担保等方面作出规定。至2006年,地产集团对外担保已全部取消。

地产集团成立10年来,在执行《办法》的过程中,要求下属企业的担保做到年初报计划、报资金用途,地产集团不仅对担保的总量控制在自身总资产额度内,而且还对担保资金使用的过程进行审核监控和事后的审计监察。地产集团每年为成员企业提供大量的融资担保,不仅较好地利用了地产集团的有限资金资源,极大地支持了成员企业的发展,同时也保证了企业资金和资产的安全,未发生过融资担保所造成的资金、资产损失。

【企业税务管理】

税务工作是企业财务管理的重要方面,不仅涉及企业信誉的荣损,也关系到企业成本的高低。地产集团每年认真做好有关政策、法规的学习,并聘请专门咨询公司做顾问指导,将企业的税务缴纳全面纳入合法合规的轨道。同时,地产集团专门组织人员,对下属企业进行有关税务政策、法规的学习辅导,及时掌握政策、法规的动态和变化。地产集团成立10年来,自始至终严格税务管理,按期进行税务的检查和自查,及时纠正和改进税务工作方面存在的不足和偏差,各项税务缴纳从未被管理部门处过罚金及滞纳金,保持了企业的良好信誉。

【财务信息管理】

根据市国资委财务管理信息化能力评价标准,地产集团明确自身财务信息化水平所处阶段,以"需求导向、问题导向、瓶颈导向"为出发点,在地产集团统一信息平台构建的基础上,推动财务信息一体化。

2012年年底,对财务系统的服务器的网络环境及硬件进行重新搭建,以提升运行速度。讨论和论证通过vpn安全认证的方式实现集团外企业的安全登录,保证了企业财务数据的完全和稳定的设计方案可行性。地产集团规划寻找或设计符合企业实际需求和发展的合并报表、资金集中管理、全面预算管理、资产动态管理等功能软件,以提升财务信息化水平。

二、市土地储备中心资金管理

上海市土地储备中心是市政府指定的土地储备专业部门,行使的是政府收储土地职能,收储土地所使用的资金是政府的财政资金。

抓好土地储备资金管理,是实施土地储备职能的重要基础,也是确保政府土地储备可持续发展的重要环节。市土地储备中心成立后,遵照市政府要求,充分调动自身的积极性,严格执行财政政策,认真落实财政制度,完善储备资金管理系统,较好地完成市政府下达的各项土地储备任务。

【资金来源】

以2008年9月市发改委、市财政局、市房地局颁发的《关于规范本市国有土地使用权出让收支管理的意见》(以下简称《意见》)为界,市土地储备中心的资金来源分为前、后两个不同阶段。

《意见》颁布前,也就是地产集团成立初期,市土地储备中心独立收购土地使用权的资金主要由地产集团提供。例如在收购黄浦区8-1地块时,就由地产集团向市公积金中心借入低息资金,以及向银行借入资金,将其提供给市土地储备中心使用,并由市土地储备中心承担借入资金的财务成本。同时,市土地储备中心将收购的土地使用权出让后,扣除收购成本后的盈余资金,就成为储备中心的自有资金,并设独立账户,成为再次收购土地使用权的运作资金。

《意见》颁布后,按照规定:市土地出让收支金额纳入地方政府基金预算管理,收入按照规定全部缴入市、区县两级国库,支出一律通过地方政府基金预算从土地证出让收入中安排,实行彻底的"收支两条线"。在执行《意见》的具体操作中,土地储备资金大致来源四个方面:市财政提供的资金、银行贷款资金、储备中心自有资金和地产集团提供的资金。上述资金在储备中心及定期审计监管下,单独在土地储备账户内运作,不涉及政府土地储备以外的任何业务。

【资金管理模式】

《意见》颁布前,资金部门将各业务部门编制的月度收款、用款计划汇总平衡后,并根据市土地储备中心月末银行存款情况、市储备中心拥有的、可供银行质押的土地权证数量,确定下月度融资计划,并结合地产集团可提供的贷款或担保,来匹配土地储备额度。

《意见》颁布后,土地储备资金的管理即根据国土资源部颁发的《土地储备管理办法》和《上海市土地储备办法》规定,由市财政、市房地局与市发改委等部门按照国家规定的要求,编制土地储备、供应计划,并汇总编制土地出让收支预算报同级政府审定。市土地储备中心按照经批准的年度土地储备计划,编制土地储备专项资金年度收支计划,报市发改委、市财政局、市房地局等部门,经批准后,报市土地管理领导小组批准实施。

在土地储备资金的管理内容中,土地储备成本的认定是直接涉及财政收入的重要环节。为此,市政府相关管理部门颁发《上海市土地储备成本认定暂行办法》,成立由市房地资源局、市财政局、市发改委、市建设交通委、市审计局、市土地储备中心等部门组成的"土地储备成本认定工作小组",负责项目预算及预算调整的审核和项目核销工作。《办法》分别对征收农村集体土地证成本开支范围、收购滩涂围垦成陆土地的成本开支范围、城市建设用地的成本开支范围以及土地储备涉及的其他费用范围作了界定,并对储备资金的预算、申请、调整及决算审计的程序作出规定。在市政府上述文件的规范下,使土地储备资金的使用受到全面的监督检查和追踪问效的制度约束,市土地储备中心的土地储备资金使用基本做到事前审核、事中监控和事后检查,防止资金的浪费和流失。

【资金控制】

强化土地储备资金的控制,是节约储备成本的重要方面。市土地储备中心在项目资金管理中,根据不同情况,从实际出发、从细节入手,抓好储备资金的贷入和支出控制,有效降低财务成本。

严格控制贷款资金到账数额,减少资金沉淀 资金部根据各储备项目的计划进度和实际进度需求,编制年度和月度资金计划,切实保证业务正常开展,减少资金成本支出。

严格控制支出金额 对储备中心独立储备项目,按照合同约定,并参照拆迁进度付款;对联合储备项目,根据项目实际银行存款,按资金计划、动迁进度、资金需求付款。

强化项目现场监控 建立动拆迁信息系统,监控项目进度一线情况,动态掌握动迁户基本信息、动迁进度和资金使用状况。同时,市储备中心派出项目"动迁办"副主任及财务负责人,负责项目资金使用的现场审核,动态跟踪资金实际使用情况,纠正资金的不当使用;每季度编制各项目资金使用分析报告,对异常情况进行专题研究,杜绝项目资金挪用,并减少项目资金沉淀。

第五节 审 计 管 理

2002年11月地产集团成立后,就将审计作为一项重要工作列入企业管理组成部分。在地产集团成立初期组织构架尚未完善的情况下,确定将审计职能暂划入计划财务部。随着地产集团业务量的增加和组织机构的健全,2008年1月,地产集团发文正式成立监察审计部,负责地产集团本部内部审计工作,并指导地产集团成员企业开展内部审计工作。至2012年年底,地产集团监察审计部共有3名工作人员,其中专职审计人员2名;集团及成员企业共建立内部审计机构8个,其中专职机构4个,非专职机构(财务部下设内审岗位)4个;内审人员共有23人,其中专职人员14人、非专职人员9人。

地产集团审计工作的主要内容有:配合上级部门对地产集团本部(储备中心)进行审计,并跟踪落实地产集团(储备中心)审计整改工作;按照上级部门要求,进行专项审计;按地产集团要求进行内部审计,如内管干部经济责任审计、企业改制改组审计、内控审计、财务收支审计和工程审价复审和项目竣工决算审计等。

一、工作制度

建立健全审计工作的各项制度,是强化审计工作的重要基础。地产集团自成立后,从加强基础入手,通过制度建设,使监察审计工作的质量和水平得到提高。地产集团制定《上海地产(集团)有限公司审计工作暂行办法(试行)》《上海地产(集团)有限公司监察工作暂行规定(试行)》《地产集团经济责任制审计整改工作暂行办法》《关于加强企业改制及一般股权变动事项财务审计工作管理的通知》《上海地产(集团)有限公司(上海市土地储备中心)招标管理暂行办法》等制度。通过上述审计制度的制定和执行,使地产集团和下属企业在工作业务运营中有了规范和制约,增强了企业运营风险的防范意识,使企业管理的能力和水平得到了提高。

二、上级部门审计

配合上级部门审计主要有两方面内容:市审计局对集团主要负责人经济责任审计和市国资委对集团的财务收支审计;国家政府有关部门对市土地储备中心的审计,目的是检查储备中心对政府财政资金使用的合法、合规情况。

2002—2012年,地产集团接受市审计局2次主要领导经济责任审计,分别是"2003年度至2004年度资产负债损益及领导人员任期经济责任审计"以及"董事长2007年1月至2009年12月任期经济责任审计"。对市审计局提出的问题,地产集团进行了整改,并将整改结果上报给市审计局、市国资委以及市委组织部。

市储备中心曾多次接受国家审计署、市审计局以及市财政局、市规土局等部门的土地专项审计,对审计提出的问题进行整改。

三、专项审计

集团成立后,按照国资委要求进行的较具规模的专项审计有三项:

【开展"小金库"专项治理】
2009年,按照市国资委纪委《关于在市国资委系统出资企业、事业单位等开展"小金库"专项治理工作的通知》要求,地产集团监察审计部在所属企业事业单位开展"小金库"专项治理工作,通过各单位自查自纠和集团监察审计部进行复查等方式,共发现有"小金库"问题的单位4家,涉及金额96.91万元。通过自查自纠,4家单位及时进行整改,撤销账户,"小金库"资金全部纳入规定账簿核算。2011年,地产集团监察审计部对下属169家企业事业单位进行"小金库"专项治理的全面复查,没有发现私设"小金库"问题。

【国有企业土地监管专项检查】

按照市国资委《关于开展国有企业土地监管情况专项检查工作的意见》要求,2010年上半年,地产集团在全系统开展国有企业土地监管专项检查工作,对地产集团本部和所属企业共147家进行土地监管专项检查,其中包括137家地产集团合并报表范围内的企业,对土地状况、已开发土地、待开发土地、待出售房产、出租经营房产、企业自用房产、地下车库、会所等进行全面梳理,基本查清土地及房产的面积、性质、位置和使用状况,以及土地权证的管理情况。在土地管理的内控制度建设和执行方面,做到各企业的土地权证均妥善保管在相关的职能部门,由专人负责管理,房地产的出租、转让及抵押等均经过规范的程序审批。通过检查,完善了地产集团及下属企业的土地监管制度,并将土地监管工作全面纳入规范管理的轨道。

【对外投资参股情况检查】

按照市国资委《关于开展市国资系统企业对外投资参股情况专项检查工作的通知》要求,地产集团监察审计部于2012年上半年,组织开展了对集团系统各企业对外投资参股情况专项检查。通过检查,厘清家底、规范操作。根据最终统计,至2011年年底,集团及各级控股公司对外投资的参股企业共99家,参股企业初始资金299 802.37万元,平均年投资回报率达21.9%。

四、其他内部审计

在市国资委和市内审协会的指导下,地产集团内审工作开展主要有三项内容:内管干部经济责任审计,主要是对地产集团内管干部任期内审计以及离任审计;企业改制改组审计,对改制企业的资产处置、职工安置情况等进行审核,把好企业改制资产清理关和审计关;对地产集团直接投资项目的工程审价复核和竣工决算审计,把好工程成本控制关。

地产集团通过开展内部审计,为完善企业管理、控制经营风险、堵塞管理漏洞等发挥了重要作用。根据2010—2012年度统计,监察审计部对地产集团主要成员企业中星集团、中华企业、金丰投资、闵联公司、担保公司、上房集团、世博土控、滩涂造地等19家单位主要负责人进行经济责任审计。地产集团及成员企业共完成经济责任审计23项、效益审计81项、基本建设审计96项、财务收支审计36项、改制改组审计15项、其他审计29项,并通过后续审计等途径跟踪审计提出的整改意见和建议的落实。

五、审计整改

审计整改是整个审计工作的落脚点,地产集团在开展审计工作中始终将其作为强化企业管理的重要抓手。地产集团于2011年8月专门制定了《地产集团经济责任制审计整改工作暂行办法》,

对审计整改的操作程序、整改时间要求以及整改结果上报等提出具体规定,并将审计整改的结果列为企业主要负责人业绩考核的重要内容。同时,地产集团对下属企业审计中发现的问题,对每家企业的审计结果专门下发整改通知书,要求企业在规定的时间内,逐一将审计问题整改的措施和结果进行上报,并由地产集团审计部门根据上报整改内容,逐一进行回访复核,做到每项问题检查有回音、落实有结果。

第六节 法务管理

2002年地产集团刚成立时,鉴于各部门人员缺乏的现状,地产集团并没有设立专门的法律部门,仅在综合管理部设置了一个法务岗位,其主要职责是对地产集团重要合同的签订进行事前审查、对地产集团法律诉讼案件进行具体操办、参与地产集团规章制度的制定等。2008年,为适应市场运作的企业和政府运作的市土地储备中心不同要求,集团在综合部设有法务岗位的基础上,又在资产部增加了一个法务岗位,分别负责土地储备和企业营运两块不同业务的法务工作。

强化法务工作的规范性,始终是地产集团法务建设的重要环节。2003年9月1日,地产集团制定并印发《上海地产(集团)有限公司合同管理暂行规定》,对合同签订的格式、基本内容、审签程序、分级管理权限、合同的履行以及合同档案的管理都明确了具体要求,使地产集团合同签订的程序和各级责任等得到统一的法律规范。

随着地产集团管理的规范和业务范围的扩大,为了建立健全地产集团系统法律风险防范和控制机制,2008年6月,依据国资委《国有企业法律顾问管理办法》,地产集团制定《上海地产集团法律事务管理办法》(以下简称《办法》)。《办法》对各投资企业设置法律事务机构和人员作出规定,对企业法务部门的工作职责范围和法务人员要求制定具体条款。《办法》要求各投资企业应建立重大经营决策论证与法律意见书制度,从制度和程序上加强企业法律事务风险的防范;《办法》还要求各投资企业根据自身情况,外聘法律顾问参与管理,加强企业法务培训,提高法务人员工作水平,普及员工法律风险知识。

2010年8月,地产集团专门成立法务部,其主要职责是:负责地产集团内部日常经营过程中的法律事务工作,为地产集团重大经营决策提供法律意见,负责地产集团合同的审核,参加地产集团有关的法律诉讼案,联络地产集团法律顾问单位并对其工作进行监督,参与起草地产集团重要规章制度,做好法制宣传教育和法律事务培训工作,指导下属企业法律事务工作等。

地产集团法务部建立后,改变了各出资企业法务工作管理分散的局面,实现专业部门、专业条线的管理,并使法务工作渗入集团经营、管理的各个层面,增强企业运营管理行为的法律意识,为企业在市场竞争的法制轨道上安全运行提供法律保障。

一、为地产集团重大决策提供保护

地产集团在重大政策性课题调查研究、起草发展战略课题报告等事项中,始终将法律规范作为基础,为地产集团发展的法律保障和正确的政策导向起到积极作用。

2007年年初,地产集团与市法制办合作完成《土地储备制度实证研究》课题研究报告,阐述上海市土地储备的发展过程,比较国内十多个主要城市的土地储备制度设计和实践做法,对完善和推进上海土地储备机制建设,提出较为系统的可操作性建议。2010年,地产集团法务部门组织相关人员,完成《土地储备立法研究》的课题研究报告,梳理和分析了中国土地储备政策规范的现状和不足,从土地管理的角度对中国土地储备的统一立法提出了可行性建议。研究成果为上海土地储备的规范性和科学性,以及相关政策的制定起到基础性的作用。[①]

2010年9月,上海市政府颁发《本市发展公共租赁住房的实施意见》。地产集团在推进落实过程中,为保证公租房政策的顺利运行和可持续发展,由地产集团重点从法律的规范性和可行性出发,进行"公共租赁住房与商品房联动开发运营机制"研究,对地产集团承担的上粮二库(馨越公司)和南站(馨逸公司)公共租赁房建设,以及后续经营管理在开发机制、资金平衡、经营租赁中所遇到的各项问题进行分析,并从土地获取、开发建设和经营运行机制以及政策支持等方面提出相应的建议,为推进集团公共租赁住房的机制建设和可持续性发展,提供有力的法律依据和可靠性保证。

加强对中央政策法规的研究,以规范自身的业务工作,是地产集团法务工作的一项重要内容。针对国务院修订出台的《城市房屋征收和补偿条例》,围绕完善住房保障体系以及公共租赁住房开发建设及后续经营管理等问题,地产集团(市土地储备中心)结合自身工作,特别是市政府要求地产集团参与的重点旧区改造任务,总结已经形成的实践操作经验,研究新《条例》对相关业务形成的新的要求,配合和参与符合市政府有关部门(法制办、发改委、建交委、房管局等)制定的关于上海市实施办法和具体操作规则的工作,有序衔接地产集团(市土地储备中心)土地储备和旧区改造的各项工作,使国务院的《条例》精神得以贯彻执行。

二、为强化业务管理提供支撑

地产集团在改制和改革的资产重组中,法务工作起到了重要作用:审核相关法律文件,协调律师事务所各项工作,对律师事务所出具的法律意见书进行完善等,从而保证了企业在改制和资产运作中合法合规的操作。为使企业在业务运作中合理规避法律风险,地产集团法务部不仅参与地产集团各项重大合同的起草、修改,而且从制度上规定,任何合同必须由法务部门审核通过才能生效,从法律层面保证企业业务经营的安全。同时,按照地产集团的统一要求,企业聘请律师事务所律师担任企业常年法律顾问,建立定期联系机制,在重大事项咨询、法律纠纷专项委托等方面开展工作。至2011年年底,地产集团17个出资企业共聘请律师事务所12家,为股权转让、人员分流、股东大会以及劳动合同、职工福利等各方面的经营决策出具法律意见,在推动企业合规合法经营中起到了积极作用。

【强化合同管理、规范企业经营】

地产集团在《法律事务管理办法》基础上陆续出台《合同管理办法》《法律风险管理指引》等文件,完善合同起草、谈判、审核、签署的流程,明确合同审核的要素和在执行过程中需要关注的重点。结合地产集团施行的法人授权审批流程、印章管理规定、档案管理规定等制度,基本形成一套以重要合同审核全覆盖为主的合同管理体系。各出资企业的法律事务机构贯彻执行地产集团要求,发挥专业部门作用,参与到公司并购、资产整合、银团贷款、债券发行及信托担保等众多领域,使合同审核与管理水平日趋严密、合同签订与履行日趋规范。

地产集团一般每年签订合同达数十份。其中包括地产集团重大项目合同,如地产集团与各区

[①] 该两项研究成果在《中国房地产研究》丛书2008年第一卷和《中国房地产研究》丛书2010年第三卷中发表。

签订旧改项目协议合同、"上海大型居住社区联手储备"协议文件,合同金额都涉及数十亿元,地产集团都由法务专业部门会同有关部门起草或修改合同协议,对合同文本的合规性、周密性进行审查和提出修改意见,预防和避免在履行过程中产生纠纷,合理维护企业合法权益。地产集团对直接投资的重大项目合同及有关协议,更是着重进行法律审核,如"美丽上海""衡山路12号"等酒店项目管理合同,委托项目的金额都达十几亿元,地产集团法务部门对合同条文逐条把关,提出修改意见,为集团权益提供保障。同时,地产集团管理规章制度的起草,也必须通过专业部门的法律审查,保证了企业管理规范纳入法律轨道;组织修订有关公司章程和有关格式文本,如对地产集团变更为国有独资公司后的章程修正案、上房集团与闵虹公司章程的修改审核等,通过法律专业部门的审核把关,为企业的规范管理起到积极作用。

【以法律手段维护企业利益】

地产集团有关的各类经济纠纷案,由法务部牵头进行协调处理,通过专业的法律手段,维护企业合法权益。其中,对中星德城公司系列诉讼案跟踪协调,经多方沟通推进,取得满意结果;跟踪处置闵联公司的"百事可乐股权纠纷案",通过法律手段顺利结案,维护了国有资产权益。同时,地产集团依靠法律途径解决历史遗留问题,完成"关于虹桥、闵行开发区土地遗留问题解决方案研究"课题研究报告,为政府部门出台《关于闵行经济技术开发区和虹桥经济技术开发区原场地使用土地整改方案的函》中的解决方案奠定了基础。

【健全企业法务工作制度】

为强化地产集团系统的法务工作基础建设,地产集团组织法律专业人员编制地产集团《法律风险管理指引》,对地产集团法务部门的职责、重大决策法律审核、法律意见书制度、合同管理、诉讼管理、外聘法律顾问管理、培训与考核等作了明确规定,为地产集团及成员企业法律事务工作的操作提供规范化依据。同时,地产集团还组织修订《集团合同管理办法》,结合地产集团与市土地储备中心业务的发展,对合同协议的起草、审核、执行管理、纠纷处置等作了细致规定。为规范操作,地产集团还制定"修改制定公司章程格式文本",《公共租赁房租赁合同》《公共租赁房管理规约》等法律性文件,为下属各公司的法律行为奠定规范化基础。

为提高法务工作人员的业务水平,地产集团积极开展法律业务培训,组织相关企业和人员参加"国有企业法律风险防范""国企法律风险管理工作要求"等讲座,进行业务指导。地产集团定期召开法务工作会议以及培训,成为推动各出资企业重视、提升法律事务工作能级的专业平台。2012年,地产集团向市司法局申请公司律师试点获批。至2012年年底,地产集团有14人获批成为公司律师。地产集团除了重视企业法务人员的日常业务学习外,还特别结合国家新政策法规的出台,及时组织法务工作人员进行培训学习。在《国有土地上房屋征收与补偿条例》出台后,地产集团组织本部及下属企业法务专业部门赴北京培训学习新政策,为集团在旧区改造工作的规范运作建立了新的标准和模式。

【开展"五五普法"】

2007年,地产集团按照市国资委的统一布置,开展"五五普法"教育活动,根据不同法律适用对象,对全体员工或相关人员采取培训、讲座、集体学习与自学结合等形式开展法制宣传教育,为员工购买相关学习书籍。同时,集团开展与企业经营管理相关的《公司法》《物权法》《企业破产法》《担保法》《企业所得税法》《劳动合同法》《证券法》等法律法规的学习和培训。据不完全统计,地产集团所属单位领导干部在"五五普法"过程中,参加法律专题学习和培训36次、909人次,共计119学时;各类专业岗位管理人员参加财务、工程管理、客户服务法律培训1008人次;中星集团、中华企业、金丰投资、担保公司、滩涂造地公司等单位分别邀请市纪委和司法机关领导、律师事务所专家进行授课,并结合培训对员工进行了相关知识测试,增强培训效果。

第七节 综合治理

地产集团的综合治理主要包括三方面的工作内容:信访稳定工作、治安工作和安全生产工作。地产集团行政管理部是该项管理工作的责任部门。2010年,按照市国资委的工作要求,地产集团综合治理工作中的安全生产工作划归投资管理部负责管理。

一、信访工作

地产集团按照国务院2005年颁布的《信访条例》要求,在市国资委的指导下,紧紧围绕企业发展的中心工作,加强对信访稳定工作的领导,从落实责任、建立制度、完善机制、注意调动和发挥各方面的工作积极性入手,形成工作合力,妥善处理群众来信来访,化解突出矛盾,着力抓好源头维稳工作,有效化解矛盾。

在地产集团董事长为信访第一责任人的前提下,成立了由党委副书记任分管领导、有关部门负责人和二级相关公司负责人组成的地产集团信访工作领导小组,下属各企业设立以公司主要领导为第一责任人、分管领导领衔和相关部门人员组成的公司信访办公室,从而形成整个地产集团的信访工作系统,负责处理与地产集团有关的信访事务。

地产集团刚成立时,由于下属企业经历了改革、改制等重大变革,信访矛盾较多,激烈时还发生围楼堵路、哄闹打砸的群体事件,影响了企业正常的工作次序和环境。为使企业稳定状况得到彻底改观,地产集团经全面排摸分析,对企业的信访情况有了全面掌控,矛盾的主要内容包括企业改制遗留问题、房屋动拆迁矛盾、房屋土地租赁纠纷、房屋建设质量投诉等四大类,共有信访事项100多件,涉及300余人。

地产集团在掌握了信访矛盾的总体情况后,逐一分析制定了有针对性的矛盾化解方案,并组织人员积极推进落实。为将信访矛盾处理纳入规范化、程序化的轨道,按照上级部门的要求,地产集团从责任制入手,制定了《信访目标考核制度》《地产集团来信来访接待制度》《地产集团信访例会制度》《社会稳定风险评估制度》《建立健全初信初访办理机制实施意见》等制度,并切实推进落实,使企业的信访运作系统得到完善健全,矛盾处置能力得到加强。

地产集团组织力量针对重点事项及重点人物,逐一制定化解方案,并切实执行落实,取得良好成效:从来信来访最高峰的2005年信访145件/批、来访65批/次、300人/次,锐减到2012年信访25件/批、来访5批/次、50人/次;2009—2012年连续4年实现"零进京上访";在全国"两会"、上海"两会"及世博会期间等各个重要时间节点,从未发生影响社会稳定的重大事件,地产集团系统的信访矛盾始终处于受控状态,取得局面稳定的良好成效。化解和稳控方案影响较大的信访矛盾案例有姚虹西路259弄居民动迁信访矛盾、南汇东滩虾农信访矛盾、彭浦地区动迁居民矛盾及上房集团改制信访矛盾等。在上级领导的关心指导下,地产集团组织力量开展认真细致的调解工作,信访矛盾都得到化解，对社会及地产集团未造成动乱和影响，确保了一方平安。

二、治安工作

治安工作是指为维护社会治安秩序，保障公共安全，保护公民、法人和其他组织的合法权益的工作。在企业中，治安工作主要是依靠当地政府治安管理部门，维护、保障企业的生产秩序、财产安全和职工的公共安全。同时，在企业内部建立治安工作系统，以建设"治安安全合格单位"为抓手，建立治安工作制度，完善治安工作基础建设，加强治安工作措施落实的检查，构建平安、和谐的企业环境。

按照市公安局治安总队的要求，地产集团系统建立了企业治安工作网络，各层次企业以公司分管领导牵头建立的综合治理领导小组，承担本企业的治安领导工作，并依照"治安安全合格单位"的要求，建立企业《治安保卫工作管理制度》。其中对企业财务部门、计算机机房、档案室等重点部室，以及外来人员制定专门的管理守则；建立基础资料台账，记录安全保卫信息员变动情况、治安责任书签订和检查情况、企业重要处所人员进出登记情况以及治安巡视检查、问题整改、信息上报情况等，使工作过程有较完整的记录。

按照"治安安全合格单位"建设要求，地产集团要求下属企业针对本单位的治安重点处所，增设红外线防盗和监控探头，对企业人员流动量较大的地点增加高清探头，使企业办公楼层面公共场所基本达到监控全覆盖，并可实现在45天内的监控回放，提高企业对治安环境全面掌控的能力。

地产集团坚持在法定节假日前及上级要求的重要时段，要求各企业加强治安工作自查，并组织人员对重点企业的治安措施落实情况进行检查。若存在问题则当场发出整改通知单，并在整改后进行跟踪检查。

地产集团从2010年开始建设"市治安安全合格单位"，并对达标单位提出建设"平安单位"的要求（"平安单位"的达标要求要比"合格单位"更严格、更全面）。至2012年年底，下属所有的二层次单位（项目公司未参加），经过市治保管理部门评审，都取得"平安单位"证书，各企业的治安防范措施和水平得到提高，整个地产集团系统未发生过重大治安事件。

三、安全生产工作

地产集团的主业是房地产投资、开发、建设，主要承担项目投资和建设管理。具体施工是以承包的方式，委托建设施工单位进行建造作为项目业主单位，地产集团主要负责通过对施工单位现场安全生产措施的检查、督促，以确保各项安全措施落实到位，房地产开发建设项目具体的安全生产工作则由施工单位负责。为强化业主单位对安全生产的主动性和责任意识，地产集团的安全生产工作具体包括以下四方面内容：

地产集团及各成员企业建立和健全安全生产工作领导小组，由企业党政一把手任组长。地产集团和各成员企业签订安全生产责任书，成员企业和下属单位也分别签订责任书，使安全责任通过责任网络落实到部门和个人。从2004年起，地产集团每年自上而下地与各级企业领导签订《安全生产责任书》，其主要内容是在强调"党政同责、一岗双责、齐抓共管"安全生产责任机制的基础上，规定各级领导关于安全生产的主要职责和年度目标，提出主要工作事项和要求，其中包括建立集团系统的安全生产管理网络、设立必要的机构、配备专业人员、事故隐患的排查和治理、安全生产标准化达标创建、制定安全事故应急预案、安全生产宣传和教育等内容,并明确安全事故的责任追究,使企业安全生产的任务和责任得到具体落实。

地产集团房地产开发企业,都将安全生产作为项目开发的一项主要考核指标,并通过三个层面将安全生产管理措施落到实处:各施工项目业主单位与施工企业签订《施工安全合同》,明确施工企业承担的工程安全责任及后果;业主单位外包聘请专业的安全生产监理,并赋予其特别的管理权限,开展日常的施工现场安全检查,担负施工现场的生产安全责任;各公司根据自身实际情况,制定安全生产制度,并配置专职的安全生产管理人员,负责督促施工监理、监督施工企业推进安全生产制度的落实和检查。

地产集团进行安全生产检查采取两级负责制:集团根据市消防委、市国资委、市安监局、市消防局等单位的安全生产工作要求,每年在各个不同的时间节点上,发文要求各单位进行安全生产自查;各企业在规定时间内,组织专人对项目工地、管理区域进行安全生产的专门检查,内容涉及防火、防汛、电器安全、工地高空作业安全、特种岗位操作人员持证上岗核查及操作考核等,对发现的问题进行整改,各企业将检查结果和整改措施上报集团进行备案。地产集团组织责任部门和专业人员,在各企业自查的基础上,对重点单位和项目再进行安全生产现场抽查,对查出的问题出具整改通知单,并限定整改时间,后续进行跟踪检查,以消除安全隐患。

地产集团的安全生产培训工作从两个层面展开:对集团管理人员进行安全生产培训,要求集团及各企业分管安全生产的领导及安全生产管理员须接受专业培训并持证上岗;进行安全生产的全员培训,针对工程项目现状的薄弱环节,以农民工安全生产培训为重点,督促检查施工单位对本单位或所属企业中有劳动合同关系的、尚未取得安全生产培训证书的,以及企业新招录用的工人全部进行安全培训,要求其只有取得相应证书才能上岗,从源头上加强对安全生产责任事故的控制。

2012年年底,地产集团按照市国资委的要求,在集团中系统推行"企业安全生产标准化达标创建工作",根据"安全第一、预防为主、综合治理"工作方针,对企业系统属达标范围的63家企业,分3批进行达标的工作部署。各企业通过安全生产标准化达标创建工作,完善安全生产制度、充实网络组织构架、健全安全生产措施、强化推进贯彻力度,使企业安全生产的管理水平得到整体提高。

第八节 信息化管理

地产集团成立后,就将信息化建设列入企业建设工作的重要内容中,通过设立专门岗位、引进专门人才,推进地产集团信息化建设与业务基础建设同步展开。地产集团的信息化发展经历了从无到有、由浅入深、从单一到全面的过程。

一、摸索尝试

2003年9月,市建委印发《上海建设系统信息化工作规划纲要(2003—2010)》的通知,对城市管理和企业管理提出电子信息化要求。其中对下属企业要求在5年内整合办公自动化与行业管理信息化应用资源,建立统一的管理信息系统,实现基础数据库资源共享。地产集团在成立不到一年、办公场地及设施十分简陋的情况下,根据实际情况,先以推进地产集团本部办公自动化为切入点,为逐步全面实现全集团系统的信息化建设奠定基础。2004年2月,地产集团本部成立以分管领导挂帅的信息化建设领导小组,下面成立专门工作班子,以引进"金蝶"办公软件系统、建立地产集团本部信息平台和对外网站为标志,启动信息化建设工作。

由于该项工作涉及地产集团各个业务部门以及具体业务的方方面面,地产集团本部主要做了以下工作:组织多次职工全员培训,学习和提高员工信息化管理的业务知识水平;以建立信息管理的规范业务流程为目标,梳理各部门的信息化管理业务需求;为保证网络平台的正常运转,制定和完善业务规章和制度。地产集团初期目标是通过本部的OA系统,建立公司电子邮件系统平台、公司内部信息共享平台和公司内部行政审批流程信息化平台,实现文件流转、信息发布、会议管理、行政管理以及后勤管理等电子信息处理功能。由于"金蝶"软件系统自身存在的设计缺陷、难以进行符合集团实际"量身定制"的改动,在试行中出现较多问题,最终未能投入正常使用。但通过这一阶段的工作,各部门都接受了办公自动化的概念,并积累了一批业务需求和规章制度的调查资料。同时,地产集团健全了网络运行的基本基础设施硬件,包括个人电脑、网络、办公设备以及服务器及自主域名网站等,从而在思想认识和物资条件等方面,都为推行办公自动化作好了准备。地产集团网站经过各部门的合作,于2004年11月正式对外发布,使外界可以及时了解地产集团的基本情况、主要业务及进展情况、动态信息等,同时也展示了地产集团服务社会和发展自身的形象。由于网站数据采集和维护机制未能跟上,使网站内容更新不够及时,后期处于停滞状态。

二、建设实施

2005年下半年,地产集团按照"总体规划、分步实施"的原则,对办公自动化工作进行了推进。在总结前一次集团办公自动化建设经验和教训的基础上,与上海万达信息公司合作,结合地产集团实际情况,定制开发了自动化办公软件,软件管理包括土地储备、财务管理、资产管理、综合管理四大板块。2006年上半年,初步完成第一期建设任务:以OA为核心,采用电子、纸质双轨并行的文件流转审批方式,实现行政办公系统的全面运行,并进行了机房改造和电子邮件系统升级。

2006年3月,市国资委印发《市国资委系统"十一五"信息化发展专项规划》的通知。地产集团根据文件要求,结合自身实际情况,编制《上海地产(集团)有限公司"十一五"信息发展规划》,并重点对近3年的信息化建设制定目标,使集团的信息系统在科学规范的轨道上得到推进。

在编制《地产集团"十一五"信息化规划》过程中,发现地产集团主要下属企业基本建有网络、数据库等基础平台,并配备专门的信息化管理部门和专业人员,但这些信息系统覆盖面小,各业务之间的信息资源未能共享,形成"孤岛"态势,缺乏完善的管理制度,缺少企业信息化中长期规划,也没有明确的企业信息化建设资金预算,各企业间的信息化水平参差不齐。面对地产集团信息化建设的实际情况,"十一五"规划本着"长期规划和短期安排相结合、先进性与实用性相结合、共性与个性相结合"的原则,设定前3年和后2年的建设目标,分别对地产集团本部和下属企业列出重点任务,为建立集团系统统一的信息化大平台,逐步实现"集中共享数据、形成工作规范、协同实现业务、提高管理水平"的目标。

按照《地产集团"十一五"信息化规划》的目标和任务,地产集团本部的"综合业务信息系统"自2007年正式运行后,着重从两个方面进行拓展。一是对系统功能进行优化和补充:逐步取消纸质传阅件的流转,改为网上平台浏览;建立地产集团车辆管理、信访、食堂管理等信息模式,强化管理效能;改进跨部门文件流转的提醒功能,提高文件处理效率;建立"全球眼"视频监控系统,完善地产集团资产管理的方法和手段；开发旧区改造动迁的动态监控软件，为旧改成本控制发挥作用；加入国资委安全生产管理信息系统，强化与外部信息沟通功能。二是以财务信息化管理为切入点，逐步建立集团系统的信息大平台。2009年，地产集团与用友软件公司合作，采用"财务NC核算系统"软件，先试点、后推行，建立覆盖集团合并范围的全部公司，形成地产集团统一财务核算体系，用统一的财务软件系统，将下属企业的财务运行纳入一个平台，规范财务统计核算的口径，加强地产集团财务系统的基础建设。地产集团财务系统于2010年起正式上线使用。至2012年，集团139家子公司、167个核算账户全部登上信息化平台，使地产集团财务管理部门不仅统一制度、厘清家底，还能及时了解下属企业财务运转信息，便于进行全面监管和统筹管理，推进财务基础管理走上科学、规范的新台阶。

三、完善推进

2010年2月，市国资委颁发《关于市国资委出资企业编制信息化工作专项规划（2011—2013）的通知》，要求下属企业在总结以往信息系统建设和应用情况的基础上，健全工作机制、完善监管系统、建立信息网络、提升生产经营信息化能力、建立信息化工作制度，在企业的"十二五"规划中要具备专门的信息化工作三年专项计划，并制定明确的量化目标。地产集团结合文件精神，编制《上海地产集团"十二五"信息发展规划》，并研究制定"地产集团信息化建设总体框架"，通过对信息系统的IT基础设施、核心数据库、统一门户、系统基础平台和应用平台等方面的建设与整合，以提高信息系统对业务专题的决策支持应用水平，全面强化整个集团的管控能力，增强企业竞争力。

地产集团在编制《地产集团"十二五"信息发展规划》过程中，在对下属企业信息化情况进行调查汇总的基础上，对整个集团系统信息化建设的现状进行分析，制定了"长期规划与短期安排相结合、超前性与实用性相结合、统一规划与分类指导相结合"的发展原则，在规划总体目标的前提下，重点对地产集团3年信息化建设的主要任务和项目进行节点安排，提出近期主要目标是：围绕网络平台、应用平台、数据平台和保障体系（三平台一体系）的建设分别制定量化指标。

2011年6月，地产集团召开全系统的信息化动员大会，启动"地产集团信息化建设总体框架"课题研究，在原有开发团队的基础上，采取承上启下、上下结合的原则，多次组织专家论证，综合各参选方的长处和多轮优化，于2012年4月形成最终成果，并通过专家组和地产集团领导的审核批准。

"总体框架"结合集团生产经营现状、发展趋势及管理模式，以建设"一个大平台"为目标，将整个集团企业系统纳入"统一规划、统一标准、统一管理、资源有序共享"的轨道，并采取"总体规划、分步实施"方法展开和深化。根据"总体框架"模式，地产集团信息化建设将形成：以"基础平台"为底、以"统一门户"为顶、以"GIS平台""OA平台""财务平台"和"BI平台"为支柱，围绕"人财物"管理要素进行基础平台和各类业务应用系统搭建的构架，使之成为地产集团转型发展的重要推动力。"总体框架"形成地产集团信息化建设的硬件、平台、系统规划，制定了基础的技术标准和基本的制度规范。

第四章 人力资源管理

地产集团成立后，企业领导始终将优化职工队伍、充实和提高职工政治素质和业务水平，作为企业基础建设的一项重要内容，并结合工作实践，加强职工素质教育，调整职工队伍结构。地产集团通过改革改制，优化职工队伍；通过面向社会招聘，引进企业急需的专业技术人才，充实职工队伍；通过加强岗位培训和学习，提高员工专业素质，使集团各岗位人员保持政治素质好、文化程度高、专业技术能力强、年龄结构合理。

第一节 职工队伍组成

自2002年开始，地产集团按照企业经营管理等工作的需要，坚持以劳动合同为依托，以岗位工作需要为前提，注重人员招聘和配置的针对性，保证人员招聘和配置工作与企业经营管理的实际相结合，使企业职工队伍与企业经营管理保持合理的配置比例，保证企业改革发展、经营管理及各项工作的需要。

地产集团成立之初的职工队伍，是指划归地产集团的原国有企业和国有控股企业的职工。主要包括中星集团、上房集团等国有企业的职工，由于是较早的国有老企业，职工队伍人员较多，职工文化程度参差不齐，生产一线的工人占有较大的比例，2003年年报统计职工总人数为4 282人。

根据国家关于国有企业改革改制的通知精神，地产集团根据各企业的经营情况、盈利能力等，对划入地产集团的原国有企业中一批盈利能力差、出现连续亏损等非主业企业进行改革改制、歇业、关闭，职工队伍进行分流，在改革改制中按照国家政策，对部分职工进行工龄买断、劳动合同终止等。通过改革改制，职工队伍发生了明显变化，不仅人员得到精减，职工队伍的文化程度和整体素质有了显著改变。至2012年年底，地产集团所属企业总数为79个，在岗职工总人数为3 760人。

第二节 职工队伍结构

地产集团职工队伍是一支政治素质好、文化和技术素质较高、以中青年为主体的职工队伍。共产党员比例较高，共青团员占适龄青年的绝大多数。2012年年底统计职工总人数3 760人。

职工政治状况：中共产党员总数1 127人，占职工总人数的29.97%。

职工年龄结构：35岁及以下1 632人，占43.42%；36～50岁1 584人，占42.12%；51岁及以上544人，占14.46%。

职工学历结构：大专及以上2 528人，占67.23%，其中博士5人，硕士173人；中专、高中、技校毕业949人，占25.23%；初中及以下283人（低学历人员主要集中在物业、酒店等劳动密集型行业），占7.54%。

职工职称结构：高级职称133人，中级职称712人，初级职称266人。

职工专业技术等级：高级技师11人，技师21人，高级工63人，中级工277人，初级工161人。

第三节　退休职工

地产集团认真贯彻落实《全国总工会关于进一步加强退休职工管理服务工作的通知》精神,关心重视退休职工管理工作,制定退休职工管理及生活补贴原则,使退休职工管理工作落到实处。截至 2012 年 12 月底,地产集团共有退休职工 692 人,其中:地产集团本部 8 人,上海中星(集团)有限公司 308 人,中华企业股份有限公司 114 人,上海金丰投资股份有限公司 10 人,上海房地(集团)有限公司 26 人,上海闵行联合发展有限公司 75 人,上海虹桥经济技术开发区联合发展有限公司 116 人,上海市住房置业担保有限公司 6 人,上海市滩涂造地有限公司 2 人,上海市外事用房经营公司 26 人,上海馨安置业有限公司 1 人。

地产集团退休职工管理工作由人力资源部和工会具体负责,根据地产集团实际情况分为两个层面:

第一个层面,地产集团本部的退休职工管理。地产集团在徐汇区复兴中路 1367 号的一幢老式洋房设立了老干部活动中心,配置了适应退休老干部活动需要的各类文化娱乐和健身活动设施,退休老干部可以到活动中心读书看报、健身娱乐等。

第二个层面,地产集团所属各公司退休职工管理。地产集团所属二层次公司在退休职工管理上由该公司人力资源部和工会具体负责,根据各公司退休职工具体情况,退休职工较多的公司分别建立了退休职工管理委员会和退休职工党支部。对于部分二层次公司退休职工人数较少而没有成立退休职工管理委员会的,由地产集团退休职工活动中心统一管理。

地产集团及所属二层次公司退休职工活动安排,由各公司在年初制订全年的活动计划,并听取退休职工意见,然后按计划执行。

为满足退休人员关心企业发展的愿望,地产集团及所属各公司每年以不同的会议形式,向退休人员介绍一年的工作情况,以及企业发展面临的形势和下一步的发展规划,使退休人员了解企业的经营发展情况以及面临的问题。

地产集团及所属公司每年组织退休人员进行一次全面的身体健康检查,使退休人员能够及时了解自己的身体健康状况,积极做好有针对性的预防和治疗工作。同时,地产集团老干部活动中心还定期邀请医学专家举办养生及健康讲座,指导退休职工做好养生、健身和疾病预防。

另外,地产集团及所属公司每月进行一次退休职工集中活动。活动内容有棋牌类娱乐项目、政治与经济形势报告、艺术欣赏、知识讲座以及市内参观学习等。

地产集团及所属公司逢重大节日,对退休职工进行普遍慰问,送上节日慰问品;关心生重病、大病的退休职工,对有的困难的退休职工,积极提供经济等方面的帮助。

第四节　劳动管理

根据《中华人民共和国劳动法》《中华人民共和国劳动合同法》《上海市劳动合同管理条例》《上海市集体合同条例》等法规,地产集团制定了《上海地产(集团)有限公司劳动合同制管理暂行规定》,规范劳动用工制度,维护职工应有的权利。地产集团及所属企业实行劳动合同制,通过社会招聘选拔引进人才,与职工签订有限期与无固定期劳动合同及新招聘职工试用期劳动合同,职工劳动合同签约率达 100%。同时各企业与工会签订了《集体合同》及《女职工权益保护专项集体合同》,保证了职工的各项正当权益。

为加强内部管理，提高企业管理水平，正确评价员工的德才表现和工作实绩，地产集团根据国家有关法律法规制定了《上海地产（集团）有限公司岗位考核暂行规定》，实行年度岗位工作考核制度，考核成绩作为对员工进行奖励、晋职晋级的依据。员工岗位考核结果评定分为优秀、称职、基本称职、不称职4个等次，年度岗位考核评定为优秀等次的人数，一般控制在集团本部人数的10%以内。年度考核奖惩的具体办法如下：员工在年度考核中被评定为优秀、称职等次的，作为其高聘职务、职称和适当上浮工资的依据；员工连续2年被评定为优秀或连续3年被评定为称职及以上等次的，本人岗位工资可适当上浮；员工连续3年被评定为优秀或连续5年被评定为称职及以上等次的，作为其高聘职务岗位的依据。对于年度考核被评定为基本称职等次的员工，第一年进行教育后继续留原岗位工作；连续2年考核评定为基本称职等次的员工，低聘职务岗位，并按低聘职务的新岗位执行岗位工资。对于年度考核评定为不称职等次的员工，低聘职务岗位，并按低聘职务的新岗位执行岗位工资；连续2年考核评定为不称职等次的，予以解除劳动合同。

第五节　干部管理

2002—2012年，地产集团干部工作始终围绕企业经营发展、开拓创新为重点，突出建设一流人才队伍和干部队伍，不断深化人事制度改革，大力加强干部队伍和后备干部队伍建设，加快培养、选拔、造就一批高素质的经营管理者和各类专业技术人才，在干部的培养、选拔、任用、考核、交流等方面不断创新机制，激励和发挥各级干部的积极性和创造性，带领全体职工创新发展、灵活经营，不断提高企业经济效益。

一、干部任免

地产集团党委认真执行《党政领导干部选拔任用工作条例》《党政领导干部选拔任用责任追究办法（试行）》等干部监督管理制度，坚持德才兼备、以德为先的用人标准，坚持党管干部与现代企业制度规范运作相结合的原则，建立健全和执行选人用人制度，加快对年轻干部的培养使用，建设一支能推进集团改革发展的干部队伍。地产集团党委坚持民主、公开、择优选拔任用干部，坚持充分听取基层干部意见，选准用好干部；坚持党委集体讨论，坚持落实党管干部原则，通过征求意见、酝酿提名、民主推荐、个别访谈、实地考察、集体讨论、任前公示、任职谈话等程序，提高选人用人的公信度。

2002年11月地产集团成立以后，对企业内部机构进行了设置和人员配备，在干部任免上实行岗位聘任制，地产集团业务总监，本部各部门经理、副经理一年一聘。2003年4月，地产集团本部进行了各部门领导干部聘任，聘任业务总监1人，部门经理6人、副经理3人。至2012年，坚持每年对地产集团本部部门经理、副经理、经理助理岗位进行聘任。

地产集团党委坚持党管干部原则与董事会依法行使用人权相结合，完善法人治理结构。集团直属企业班子成员由集团直接任命，上市公司以推荐形式将拟进入领导班子的干部推荐给该公司董事会，由董事会聘任。

2005年3月，地产集团对部分下属企业领导班子进行调整，在选拔配备二层次班子副职时，对部分单位实行企业内部公开竞聘上岗。中华企业股份有限公司通过公开竞聘提拔了一名副总经理和一名总经理助理；上海房地产经营（集团）有限公司提拔了两名副总经理；上海房地（集团）有限公司提拔了一名总经理助理。由此建立了集团干部选拔竞聘上岗机制，拓宽了干部选拔任用的渠道。

二、干部考核

地产集团党委坚持干部考核与任前考察相结合，坚持把基层领导班子的党风廉政建设、安全生产综合治理、信访目标责任、主要领导任期责任审计与年度经营业绩目标考核结合起来，强化对干部的日常管理和监督。

2007年1月，地产集团下发了《关于实施2006年业绩指标考核及申报2007年业绩考核指标的通知》，明确对成员单位2006年业绩指标进行考核。考核内容为各单位对经地产集团核定的2006年业绩指标完成情况、2006年度领导人员薪酬分配的实施情况进行自查，以专题书面形式，并附审计结果及有关资料向集团报告，同时明确了2007年业绩考核指标。至2012年，地产集团对成员企业坚持年终考核，同时明确下年度业绩考核指标。

三、干部队伍建设

地产集团党委坚持把开展学习型党组织建设作为加强党的建设、提高干部队伍素质的重大举措。各单位党组织注重不断拓宽学习渠道、创新学习方式、丰富学习内容、提高学习效果，努力建设学习型党组织，造就学习型干部。地产集团党委坚持组织集团领导、基层党政主要领导和集团本部部门负责人参加"上海干部在线学习"。闵联公司、造地公司制定了《创建学习型党组织实施方案》；中星集团以"四位一体"，努力开展创建活动；虹联公司建立创建活动常态机制，形成比较完善的考评体系；上房集团围绕创建活动，安排系列专题业务讲座；中华企业、金丰投资、土控公司等单位坚持集中与自学和向领导班子成员推荐学习书目相结合。担保公司被命名为市国资委系统"学习型党组织建设示范点"。

2012年，地产集团党委开展了领导干部深入学习科学发展观主题教育培训活动，先后邀请了市规土局、市委党校、市国资委政策法规处、海通证券公司投资银行等有关单位的领导和专家学者作相关内容的培训辅导。各单位党组织也以各种形式开展主题培训，拓展领导干部的学习视野。

地产集团党委立足企业长远发展，在不断加强企业领导班子建设的同时，注重加强基层单位领导班子建设，不断优化基层领导班子结构。一是注重加强"四好"领导班子建设，坚持把"政治素质好、经营业绩好、团结协作好、作风形象好"作为深化企业领导班子建设的重要内容，切实加强对干部队伍的建设。二是先后考察4个基层领导班子，对中华企业、中星集团、担保公司等领导班子进行调整充实；全年考察干部32人，选拔交流14个干部；组建了农投公司，配备了领导班子。

四、后备干部队伍建设

根据地产集团干部队伍建设和企业发展需要，按照市国资委的统一部署，地产集团及所属二层次企业普遍建立了后备干部队伍。按照地产集团党委关于选拔后备干部的工作要求，各单位通过组织考察、听取群众意见、组织群众推荐等形式，选出了各单位后备干部名单，并经地产集团党委研究确定后进行备案。地产集团后备干部经地产集团党委研究确定后，报市中共国资委党委备案。

五、青年干部培养

青年干部培养工作集团采取的主要形式：一是组织青年干部参加国资委党校举办的青干班学习培训。2002年以来，地产集团不断选送青年干部参加集中培训，提高了青年干部的政治理论素养和工作能力。二是关心关注青年干部成长，让青年干部在一线实践锻炼中增长才干。如利用集团新开发项目，选拔青年干部进行轮岗培训。2009年，地产集团党委选派了18名青年干部到杨浦、黄浦和闸北3个区的旧区改造项目基地进行轮岗锻炼半年，鼓励他们到艰苦岗位去工作、去锻炼。通过基层一线的实践锻炼，青年干部的整体素质和工作能力得到显著提高，一批青年干部被提拔到领导岗位。

第四篇 党群工作

概　　述

地产集团党委坚持党在企业的领导地位，充分发挥党组织的监督保证作用，把抓好企业党建和精神文明建设列入重要议事日程。坚持抓好企业党的建设，建立健全党的基层组织，努力培养和配齐各级党的基层组织干部，认真做好发展党员工作，充分发挥党组织在推进企业改革、发展、稳定及做好各项工作的重要作用。

2003年起，地产集团党委在党员和干部中，先后开展"让人民高兴、让党放心"主题活动、"保持共产党员先进性"教育实践活动、学习实践"科学发展观"教育活动、"创先争优"活动等，使全体党员干部在学习教育中，思想政治素质不断提高，党的观念进一步加强，党员的先进性意识得到提升。党委根据房地产行业的特点，认真抓好党风廉政建设，制定一系列党风廉政建设规章制度，通过教育与治理相结合，开展"工程建设领域专项治理商业贿赂"活动、"小金库专项治理"活动、"制度＋科技"建设等，把党风廉政建设的各项规定和要求渗透到日常管理和工作中去，使党风廉政建设的各项制度和规定落到了实处。

加强基层工会组织建设。2004年12月，地产集团召开工会第一次代表大会，选举产生了地产集团第一届工会委员会。2010年10月，地产集团召开工会第二次代表大会进行工会换届选举，产生地产集团第二届工会委员会。工会积极维护职工的合法权益，组织和发动职工多层次参与企业民主决策、民主管理和监督，充分发挥全体职工在企业改革发展各项工作中的主人翁作用。

加强共青团组织建设。2005年9月，地产集团召开共青团地产集团第一次代表大会，选举产生了共青团地产集团第一届委员会。共青团组织紧紧围绕地产集团中心工作，积极开展团员青年理想信念教育，带领团员青年立足本职岗位成才，建功立业，为推进集团可持续发展作出了积极贡献。

地产集团在取得较好经济效益的同时，注重承担力所能及的社会责任，党政工团积极开展社会公益活动，为希望工程、扶贫帮困、抗震救灾等捐款捐物，伸出援助之手。2004年以来，地产集团及所属企业为上海市慈善基金会、结队帮扶村镇、汶川地震灾区、玉树地震灾区、希望工程等筹款捐款合计共3 500万元。

地产集团党委重视抓好企业精神文明建设，积极开展文明单位创建活动，涌现了一批地产集团文明单位和多家上海市文明单位。在加强企业精神文明建设中，地产集团注重把企业文化建设作为加强企业精神文明建设的重要内容，确立了地产集团"履行使命、勇担责任、诚信务实、贴心为民"的企业精神，"做好关系民生的事、做强拓展市场的事"的企业宗旨，"锐意进取、勇于竞争、开拓创新、追求卓越"的企业经营理念和"团结、勤勉、严谨、高效"的企业作风。地产集团的企业精神、企业宗旨、企业经营理念、企业作风，是地产集团广大员工精神风貌的集中反映，是一份宝贵的精神财富，是广大员工继往开来、开拓进取的精神支柱。

第一章 中国共产党组织

截至2012年年底,地产集团共有党员1 127人,建有基层二级党委13个,党总支9个,基层党支部97个。

地产集团党委坚持以邓小平理论和"三个代表"重要思想为指导,认真学习贯彻科学发展观理论,深入抓好党的基层组织建设和制度建设,积极探索创新新形势下企业党组织各项工作的思路和方法,注重加强全体党员和各级领导干部的思想作风建设,认真学习贯彻党的路线、方针、政策,不断增强党组织参与企业经营发展的决策能力,不断提高党员和各级领导干部的政治素养。各级党组织围绕地产集团的改革发展,认真开展"让人民高兴、让党放心"主题活动、"保持共产党员先进性"教育实践活动、学习实践"科学发展观"教育活动、"创先争优"活动等,不断加强党组织建设和思想建设,不断加强党员队伍建设,不断提高组织的战斗力、凝聚力。

地产集团纪委认真贯彻落实中央、中纪委以及市委、市国资委党委、市国资委纪委一系列会议精神,深入抓好对党员干部的党性、党风和党纪教育,增强党员干部遵纪守法的意识和拒腐防变的能力,认真查处以权谋私、行贿受贿、损害企业和职工利益等各种违法违纪问题,建立健全各项管理制度。

第一节 组 织 建 制

2002年11月5日,中共上海市委决定:建立中共上海地产(集团)有限公司委员会,上海地产(集团)有限公司党的关系归口中共上海建设和管理工作委员会;皋玉凤任中共上海地产(集团)有限公司委员会书记;白文华任中共上海地产(集团)有限公司委员会副书记;沈正超任中共上海地产(集团)有限公司委员会副书记。郑建令同志任中共上海地产(集团)有限公司纪律检查委员会书记。2004年2月,上海地产(集团)有限公司党的工作归口中共上海市国资委。2005年3月,张阿根任地产集团党建督察员。2008年11月28日,市国资委党委发文,余力、陈晓平任地产集团党委委员。2009年5月15日,市国资委党委发文,张建晨任地产集团党委副书记,免去白文华地产集团党委副书记职务。2009年9月7日,市国资委党委发文,免去沈正超地产集团党委副书记职务。2009年12月9日,市国资委党委发文,辛继平任地产集团党委委员。2010年3月5日,市国资委党委发文,郑建令任地产集团党委副书记,薛宏任地产集团党委委员。至2012年年底,地产集团党委班子成员共6人,皋玉凤为党委书记,张建晨、郑建令为党委副书记,陈晓平、辛继平、薛宏为党委委员。

第二节 党员代表会议

2007年4月9日,地产集团召开党员代表会议,选举出席上海市第九次党代会代表一名。出席大会代表60名,经无记名投票选举,皋玉凤当选为上海市第九次党代会代表。

2012年4月11日,地产集团召开党员代表会议,选举出席上海市第十次党代会代表两名。出席大会代表74名,经无记名投票选举,皋玉凤、吴晔当选为上海市第十次党代会代表。

第三节 组织建设

一、二级党组织班子建设

2002年11月至2012年12月,地产集团共建有基层二级党委13个,党总支9个,基层党支部97个。集团党委坚持认真贯彻落实党的十六、十七和十八大精神,认真抓好基层二级党委班子建设。2003年2月,地产集团党委制定下发《加强和改进党政班子中心组学习制度》;2004年3月,地产集团党委下发《关于开展"让人民高兴、让党放心"主题活动的通知》;2003年4月,地产集团党委下发《地产集团党委议事和决策制度》《领导干部个人重大事项请示报告制度》《上海地产(集团)有限公司党政领导干部党风廉政建设责任制》;2004年6月,地产集团党委制定《企业改制工作中的若干纪律规定》。地产集团党委通过坚持中心组学习制度和开展"让人民高兴、让党放心"主题活动,加强领导班子的思想政治建设;通过开展创建"四好"领导班子建设、学习型党组织建设等活动,全面提升领导班子的整体素质和领导能力;通过民主推荐和挂职锻炼,培养、选拔优秀青年干部,不断充实和优化领导班子结构,加强基层领导班子建设,增强领导班子活力;通过民主生活会、民主评议干部和民主监督,不断加强领导班子的民主集中制建设和党风廉政建设,充分发挥党委班子的政治核心作用,不断提高党组织参与企业经营发展的决策能力。

二、党支部建设

2012年年底,地产集团共有基层党支部97个。根据《中国共产党章程》和上海市《基层党支部建设纲要》,集团党委认真抓好新形势下基层党支部建设,通过深入开展"保持共产党员先进性"教育活动、"创先争优"活动和"党务公开"等,积极推行基层党支部换届"公推直选",充分发扬党内民主,正确行使党员的民主权利,认真履行党员义务,发挥基层党支部的战斗堡垒作用。2002—2012年,共有20个党支部被评为地产集团先进基层党组织。

三、党员队伍状况

2012年年底,地产集团共有中共正式党员1 088名,预备党员39名,合计1 127名,其中:男787名,女340名;汉族1 111名,少数民族16名;35岁及以下234名,36~59岁702名,60岁及以上191名;研究生115名,大学本科458名,大学专科343名,中专53名,高中101名,初中及以下57名。

第四节 纪律检查

一、组织建制和组织建设

【组织建制】

2002年11月1日,中共上海市委决定:建立中共上海地产(集团)有限公司纪律检查委员会,郑建令任中共上海地产(集团)有限公司纪律检查委员会书记。

2011年5月25日,地产集团党委决定:增补王秋福为上海地产(集团)有限公司纪律检查委员会副书记;黄健健、陈力、张景载、辛卫东、林青云等为上海地产(集团)有限公司纪律检查委员会委员。至2012年年底,地产集团纪委班子成员共7人,郑建令为纪委书记,王秋福为纪委副书记,黄健健、陈力、张景载、辛卫东、林青云为纪委委员。

【组织建设】
截至2012年年底,地产集团及所属二层次单位共设立纪律检查委员会13个,纪委书记12名,副书记3名,纪检干部44名。2002年以来,集团纪委积极组织纪检监察干部认真学习贯彻党的十六、十七和十八大会议精神,认真学习贯彻落实中纪委历次全会精神,积极探索创新新形势下企业加强党风廉政建设的思路和方法,教育引导广大纪检监察干部牢固树立"忠于职守,乐于奉献"的思想,为党的队伍的纯洁,为企业的健康发展发挥应有的作用。为了提高全体纪检监察干部的思想政治素质、政治政策水平和办案能力,集团党委和纪委认真抓好对全体纪检监察干部的学习培训。一是组织全体纪检干部参加国资委党校举办的纪检干部学习培训,使纪检干部通过集训接受专题学习,熟悉和掌握有关法规政策,了解党风廉政建设和反腐败工作的形势和任务,提高和增强纪检干部的工作能力和办案水平。二是定期组织纪检干部学习培训,交流工作,分析案例,相互学习,取长补短,共同推进各单位纪检工作不断取得新的成绩。

二、党风廉政教育

2002—2012年,地产集团党组织和纪检组织根据中央纪委和上海市纪委、市国资委纪委的工作部署,深入抓好对党员干部的党风廉政教育。2004年3月,地产集团党委下发《关于开展"让人民高兴、让党放心"主题活动的通知》,在全体党员干部中深入开展"让人民高兴、让党放心"主体活动;2007年9月,下发《关于推进工程建设和交通领域治理商业贿赂专项工作的通知》;2011年6月,开展"小金库"专项治理和"制度+科技"活动等,用科技手段加强管控,深入做好预防和治理工作。同时坚持每年两次召开加强党风廉政建设干部大会,学习贯彻中纪委、上海市纪委和市国资委纪委等会议精神,通报情况,部署工作,观看警示教育片,加强对全体领导干部的党风廉政教育,做到警钟长鸣,让全体领导干部树立廉洁自律的自觉意识,提高全体领导干部拒腐防变的自觉性。

三、领导干部廉洁自律

2002年以来,地产集团党委相继制定了一系列加强领导干部党风廉政建设制度:2003年4月,制定《地产集团党委议事和决策制度》《领导干部个人重大事项请示报告制度》《上海地产(集团)有限公司党政领导干部党风廉政建设责任制》;2004年6月,制定《企业改制工作中的若干纪律规定》;2008年认真落实中纪委"七项规定"要求,制定《地产集团"十不"规定》等。每年地产集团党委和所属二层次公司党政领导班子都要召开一次以廉洁自律为主题的民主生活会,做到:会前确定民主生活会主题,广泛听取群众意见;班子成员会前进行认真准备,民主生活会召开时吸收党员和群众代表参加会议;会上班子成员敞开思想畅所欲言谈问题,积极开展批评和自我批评。民主生活会结束后,及时向党员和群众进行通报,向上级党组织报告民主生活会召开情况。同时,按照上级党组织要求,认真落实处级以上干部个人有关事项报告制度,坚持每年对二层次党政主要领导落实党风廉政建设责任制情况进行测评考核。

四、案件查处

2002—2012年,地产集团纪委认真做好群众举报和案件查处工作,对举报问题积极组织人员和责成有关单位开展调查,坚持实事求是,对违反党风党纪的人和事按照有关规定作相应的处理,对触犯法律的移送司法部门依法处理。2002—2012年,共查处党员违纪8人,其中开除党籍6人,党内严重警告1人,党内警告1人,撤销职务3人,免去职务2人,判刑3人。

第五节 党员教育活动

一、日常教育

2002年起,地产集团党委坚持抓好对党员的思想政治教育,通过各级党组织认真组织党员学习党的基础知识,学习党的十六、十七、十八大通过的新党章,学习邓小平理论、"三个代表"重要思想和科学发展观理论,学习新时期党的路线、方针、政策和社会主义市场经济的法律、法规等,不断提高全体党员党的观念,不断提高全体党员发挥先锋模范作用的自觉性。

二、主题教育实践活动

【先进性教育活动】

2005年,根据《中共中央关于在全党开展以实践"三个代表"重要思想为主要内容的保持共产党员先进性教育活动的意见》和市委、市国资委党委的部署,地产集团系统第二批党员先进性教育活动从7月8日开始至11月29日结束,通过学习动员、分析评议、整改提高三个阶段的教育活动,顺利完成各项任务,达到了"高兴、放心、凝聚、覆盖""提高党员素质、加强基层组织、服务人民群众、促进各项工作"的目标要求。参加第二批党员先进性教育活动的二层次单位11个,共有党委8个、党总支5个、党支部70个,党员855人。经过4个多月的学习教育,各级党组织进行了群众满意度测评。党员和群众的测评满意率为99.47%,党员对党支部的满意率为99.79%。

【学习实践科学发展观活动】

2009年3—8月,集团党委根据党的十七大和市委、市国资委党委的统一部署,深入开展学习实践科学发展观活动。集团党委坚持结合实际,加强领导,周密部署,注重实效,全面完成了学习实践活动三个阶段6个环节的各项任务,取得了明显成效。共有83个基层党组织参加了学习实践科学发展观活动,其中党委9个,党总支6个,党支部68个,党员769人参加了学习实践活动。

【"创先争优"活动】

从2010年下半年开始,地产集团党委按照市委和市国资委党委的统一部署,在全体党员和党组织中深入开展了"创先争优"活动。这次活动从 2010 年 7 月开始至党的十八大召开结束,分三个阶段进行。第一阶段围绕"成功举办上海世博会"开展创先争优;第二阶段以优异成绩向中国共产党成立 90 周年献礼;第三阶段喜迎党的十八大胜利召开。在历时跨度 3 个年头的创先争优活动中,地产集团系统全体党员和各级党组织紧密结合企业经营发展实际,从提高思想认识和推进企业发展着手,把创先争优活动落实到具体的工作上。全体党员精神饱满,充满激情,为上海世博会的成功举办贡献了力量,同时为迎接建党 90 周年和党的十八大胜利召开,在企业各项工作中发挥了党员应有的先锋模范作用,为推进企业的发展和创造优异的业绩作出了重要贡献。

表 4-1-1　2003—2012 年地产集团中共党员基本情况统计表　　　　　　　单位:人

	年　份	2003	2004	2005	2006	2007	2008	2009	2010	2011	2012
党员	总　计	1 486	1 338	858	831	784	769	822	1 077	1 100	1 127
	预备党员	39	29	21	12	14	22	25	33	28	39
性别	男	1 180	1 051	641	614	577	563	616	771	775	787
	女	306	287	217	211	207	206	206	306	325	340
民族	汉族	1 474	1 326	848	822	772	759	810	1 064	1 086	1 111
	少数民族	12	12	10	9	12	10	12	13	14	16
年龄	35 岁及以下	229	217	157	145	137	133	155	199	209	234
	36～45 岁	329	264	198	198	190	174	179	233	246	255
	46～54 岁	620	545	253	238	215	225	234	312	299	282
	55～59 岁	132	147	124	130	123	123	134	156	157	165
	60 岁及以上	176	165	126	120	119	114	120	177	189	191
文化	研究生	47	48	50	46	51	74	87	106	110	115
	大学本科	272	243	215	224	220	245	288	405	427	458
	大学专科	481	434	329	313	297	265	274	336	341	343
	中专	169	158	68	61	53	46	43	54	56	53
	高中	225	197	107	101	91	78	76	108	100	101
	初中及以下	292	258	89	86	72	61	54	68	66	57
入党时间	1937 年 7 月—1945 年 9 月	6	6	6	5	5	5	4	6	5	4
	1945 年 10 月—1949 年 9 月	30	28	28	27	24	24	21	21	20	18
	1949 年 10 月—1966 年 4 月	100	85	60	57	50	45	47	56	53	50
	1966 年 5 月—1976 年 10 月	295	246	152	137	122	106	98	112	106	101
	1976 年 11 月—1992 年 9 月	576	501	299	287						

〔续表〕

年　度	2003	2004	2005	2006	2007	2008	2009	2010	2011	2012
入党时间 1992年10月及以后	479	472	313	318						
1976年11月—2002年10月					477	455	473			
2002年11月及以后					106	134	179	272	315	373
1976年11月—1978年12月								41	40	35
1979年1月—2002年10月								569	561	546

说明：2007—2009年度报表，原1976年11月—1992年10月，改为1976年11月—2002年10月；2010—2012年度报表，原1976年11月—2002年10月，改为：(1) 1976年11月—1978年12月；(2) 1979年1月—2002年10月。

第二章 工 会

第一节 组 织 建 制

一、组织概况

截至2012年年底,上海地产(集团)有限公司工会委员会由7人组成,主席1人,副主席1人。地产集团工会下属基层工会54个,其中独立基层工会49个,联合基层工会5个,建会率100%,工会会员3 555人,职工入会率94.54%。

二、工会会员代表大会

地产集团于2002年11月成立以后,根据《中华人民共和国工会法》和《中国工会章程》,为了更好地组织带领职工在企业改革、发展各项工作中发挥主人翁作用、维护职工的合法权益,集团党委积极推进了工会组织组建的筹备工作。

2004年12月9日,地产集团工会第一次代表大会在地产大厦召开,37名会员代表参加了会议,上海市总工会副主席吴申耀、市国资委党群工作处副处长郑冬岩、地产集团董事长皋玉凤等领导出席大会并讲话。大会阐明成立地产集团工会的重要意义,明确今后一个时期工会工作的指导思想,提出工会工作的基本任务,动员和组织职工发扬主人翁精神,为搞好地产集团的经济发展作出积极贡献。大会以无记名投票方式选举产生了地产集团工会第一届委员会和经费审查委员会。李东浩、李舒菁、余晓峰、陈力、陈丽娅、郑建令和徐建国7人当选为地产集团工会第一届委员会委员;张涤赟、周骏、胡美君3人当选为地产集团工会第一届经费审查委员会委员。

2004年12月9日下午,地产集团工会第一届委员会和经费审查委员会召开第一次会议,选举产生地产集团工会第一届委员会主席、副主席和经费审查委员会主任。郑建令当选为地产集团工会第一届委员会主席,陈力当选为地产集团工会第一届委员会副主席,周骏当选为地产集团工会第一届经费审查委员会主任。

2011年10月12日下午至13日,上海地产集团工会第二次代表大会在地产大厦召开。大会应到会代表43名,实到41名。上海市总工会副主席肖堃涛、地产集团董事长皋玉凤等领导到会并讲话。大会总结了过去6年来,工会在集团党委和市总工会的领导下,在集团行政和各单位党政组织的大力支持下,坚持以中国特色社会主义理论体系为指导,贯彻科学发展观,紧紧围绕集团土地储备、滩涂造地、旧区改造、保障性住房建设、房产开发、国家级开发区建设管理和窗口优质服务等中心工作,充分发挥工会组织的基本职能,积极维护职工合法权益,深入开展职工宣传教育,组织开展创先争优和劳动竞赛等一系列富有成效的活动,发挥党联系群众的桥梁纽带作用,并取得了较好的成效。大会明确了今后5年工作的指导思想,提出5项工作任务,动员和组织全体职工发扬主人翁精神,为地产集团的进一步改革发展努力作出新的贡献。大会以无记名投票方式,差额选举产生了7名地产集团工会第二届委员会委员,差额选举产生了3名地产集团工会第二届经费审查委员会委员。方伟庆、孙美娟、陈洪、陈丽娅、郑建令、周布宪、黄健健 7 人,当选为第二届工会委员会委员。王珠、王幸儿、李丹 3 人,当选为第二届经费审查委员会委员。

10 月 13 日,地产集团工会第二届第一次全委会召开,到会 7 名委员以无记名投票方式等额选举产生了地产集团工会第二届委员会主席、副主席。郑建令当选为主席,孙美娟当选为副主席。

10 月 17 日,地产集团工会经费审查委员会第二届第一次全委会召开,到会 3 名委员以无记名投票方式,选举王幸儿为地产集团工会第二届经费审查委员会主任。

第二节　劳动竞赛和先进评选

一、劳动竞赛

地产集团各级工会坚持发挥职工主力军作用,积极组织动员职工创先争优、建功立业,围绕地产集团"五项定位"目标和国家级开发区建设管理等中心工作,以"当好主力军、建功'十一五'、和谐奔小康"为主题,以创建"工人先锋号"为载体,在重大工程建设和窗口服务中大力开展劳动竞赛和创先争优活动。地产集团工会在重大工程、重点工程项目中开展"服务大局创一流,六比六赛争先峰"立功竞赛活动;在城市窗口服务行业中开展争当优质服务明星活动;在为成功举办世博会中开展争当文明职工活动,形成创先争优、争当"工人先锋号"的良好氛围。中星集团持之以恒开展立功竞赛,获得上海市立功竞赛优秀公司 25 连冠和"金杯"公司荣誉称号。

地产集团工会全面贯彻实施《"十一五"期间上海职工素质工程发展规划》和《企业工会工作条例》,深入开展"创建学习型组织,争做知识型职工"活动和"职工之家""职工满意企业"等创建活动,积极推进基层工会"达标创优"。坚持以基层工会为主,广泛开展适合各企业特点的职工队伍素质工程建设活动,促进职工全面发展。担保公司围绕建设学习型企业目标,把读书活动作为提升职工素质的重要措施,增强职工的学习能力、创新能力、竞争能力、创业能力,曾被授予"上海市学习型企业"光荣称号。

2010 年上海世博会举办过程中,地产集团各级工会按照《中共上海市委、上海市人民政府关于制定实施〈上海职工群众迎世博 600 天行动计划〉的指导意见》的要求,深入开展"当好主力军、建功世博会、展示新风采"主题活动。在世博会举办期间,各级工会配合单位党组织,组织志愿者上街宣传交通法规、世博知识和文明礼仪等,在地铁站口、公交站点等开展保畅通执勤活动,在世博园区内为中外游客服务,在单位所在社区积极参加"三五"窗口服务日、整洁环境日、公共秩序日志愿者集中行动,以实际行动为成功举办世博会发挥应有作用。

地产集团各级工会积极开展文明单位创建活动,通过开展"建文明班组、创文明岗位、做文明职工""模范职工之家""关爱职工、实现双赢"等活动,不断推进文明单位、文明部室、文明工地、文明班组建设,提高广大职工的文明素质,促进企业和谐发展。

二、劳模、先进评选表彰

地产集团成立以来,广大职工立足岗位,激情奉献,涌现了一大批先进集体、先进工作(生产)者等先进典型。集团系统先后有 4 个集体和 2 人获得全国先进荣誉称号,有 37 个集体和 22 人获得上海市先进荣誉称号,有 51 个集体和 61 人获得集团先进荣誉称号。

表 4-2-1　2002—2012 年地产集团及所属企业获得各类先进集体和先进个人情况统计表　　单位：人

	荣誉名称	全国	上海市	集团
先进集体	工人先锋号	3	10	14
	巾帼文明岗	1	4	
	上海市劳动模范集体		2	
	上海市五一劳动奖状		1	
	上海市立功竞赛优秀公司 25 连冠和"金杯"公司		1	
	上海市三八红旗集体		1	
	上海市文明班组		3	
	上海市用户满意服务明星班组		15	
	地产集团先进集体			33
	地产集团五一巾帼集体			4
	合计	4	37	51
	名誉称号	全国	上海市	集团
先进个人	五一劳动奖章	1	1	
	全国用户满意服务明星	1		
	上海市劳动模范		1	
	上海市三八红旗手		2	
	上海市用户满意服务明星		18	
	地产集团先进工作（生产）者			50
	地产集团五一巾帼个人			11
	合计	2	22	61

第三节　职工权益保护与厂务公开

地产集团工会面对新形势下劳动关系多变、利益格局多元、劳动争议多发的新情况，坚持以维护职工利益为重，主动依法维权，建立完善职工权益维护机制，积极维护和保障职工的合法权益。工会以《劳动合同法》《上海市集体合同条例》《上海市实施〈妇保法〉办法》等法律法规实施为契机，在落实维权机制上重点抓好四方面工作：一是推进企业与职工签订、修改、续订劳动合同，扩大集体合同、薪酬分配、职工休假、劳动安全、女职工特殊权益专项合同签订的覆盖面；二是建立领导干部与职工沟通联系制度，畅通民主渠道，对事关企业改革发展、经营管理、企业改制涉及职工切身利益等重大问题向职工公开，增强企业经营管理及各项工作透明度；三是服务企业经营管理，通过厂务公开民主管理，进一步调动职工的积极性，确保企业效益和经营管理水平不断提高；四是推进对企业领导人员的任用公示和评议，健全完善内部管理监督约束机制，进一步密切党群干群关系。地产集团各有关单位工会在对非主业企业实施退出或行业收缩调整、清理歇业工作中，按照集团党委有关企业改革改制工作的部署和要求,积极主动做好职工维权工作,协调利益关系,化解矛盾,保障职工的知情权、参与权和监督权,尤其是对涉及职工切身利益的企业改制方案和身份置换等重大事项,都须经职工代表大会(职工大会)讨论通过,确保每一位职工的切身利益和企业改革改制的顺利推进。

地产集团工会认真贯彻落实上海市总工会等上级组织颁发的《关于进一步深入推进厂务公开工作的实施意见》《上海市厂务公开工作责任追究办法(试行)》等文件,坚持推进厂务公开民主管理,充分发挥职工参与企业管理的积极作用。地产集团各单位普遍建立了以职代会(职工大会)为基本形式的厂务公开民主管理制度,形成党组织和行政主导、各方支持、工会运作、职工参与的民主管理工作机制。把厂务公开融入企业改革之中,同建立和完善现代企业制度、加强企业管理有机结合起来。坚持深入推进重大决策科学化、分配制度规范化、干部管理民主化、干部廉洁自律报告制度化、经营管理重点环节程序化,以及大宗物资材料采购、工程招投标等重大经营管理事项公开化,做到厂务公开民主管理工作与推进和谐企业建设相结合,与完善现代企业制度和推进企业文化建设相结合,与推进党风廉政建设相结合,与健全完善劳动关系协调机制建设相结合。通过厂务公开,增强广大职工参与企业经营管理的意识,畅通民主渠道,维护职工群众的权益;协调企业内部关系,化解内部矛盾,促进企业和谐健康发展;加强对企业领导人员的监督,密切党群、干群关系。

第四节　女职工工作

地产集团工会认真贯彻落实《上海市实施〈中华人民共和国妇女权益保障法〉办法》和《中华全国总工会办公厅关于启动实施女职工"关爱行动"的通知》精神,建立健全女职工委员会组织,建立女职工维权机制,通过建立女职工健康档案、参与《女职工互助保障》、签订《女职工专项集体合同》等使依法维护女职工权益工作落到实处。至2012年年底,集团各企业签订《集体合同》和《女职工专项合同》率达80%以上。

地产集团工会注重加强女职工组织建设,对新建企业做到女职工委员会与工会委员会同步建立,改制企业女职工委员会与工会委员会同步调整,对女职工少的企业设立工会女干部或女干事,使女职工组织健全、人员到位,使工作顺利开展。至2012年,地产集团及所属企业职工总人数3555人,其中女职工1436人,占职工总数40%,建立女职工组织54家,女职工组织组建率达到100%。

地产集团女工委紧紧围绕企业中心工作,组织女职工开展"建功'十一五'巾帼绘和谐"建功立业、争创巾帼文明示范岗活动,在全面完成地产集团各项工作任务中发挥女职工的半边天作用,为上海的城市建设、经济发展作出积极贡献。有1个女职工单位被授予上海市"三八"红旗集体;2人被授予上海市"三八"红旗手;1个女职工单位被授予全国"巾帼文明岗";4家女职工单位被授予上海市"巾帼文明岗"。

地产集团女工委注重开展适合职工特点的各种文艺活动,愉悦身心、陶冶情操、丰富职工精神文化生活。先后举行世博知识竞赛、世博文艺汇演、世博征文活动等。同时,各女工委在三八妇女节期间,积极开展形式多样、丰富多彩的文化艺术活动,提高广大女职工的艺术素养,增强女职工的凝聚力和吸引力,受到广大女职工的欢迎和好评。

第五节　帮困送温暖活动

地产集团工会把为职工群众服务、维护职工的切身利益作为工作的出发点和落脚点,认真做好为困难职工群体帮困送温暖工作。通过建立工会援助服务体系等举措,形成帮困工作经常化、制度化的长效机制,做到一般困难定期帮、突出困难重点帮、重病困难及时帮,坚持"元旦春节送温暖""金秋助学"等活动制度。2005—2010年,地产集团各单位在元旦、春节期间坚持开展帮困送温暖"一日捐"活动,共募款293.67万元,资助困难职工(包括离退休职工)3 259人,在困难职工最需要的时候伸出了援助之手,为困难职工送去温暖和关怀。

工会积极组织职工发扬"一方有难、八方支援"的互助精神,情系灾区,奉献爱心。在四川汶川"5·12"大地震、青海玉树"4·14"大地震、上海胶州路"11·15"特大火灾等灾害发生后,各级工会和全体职工慷慨解囊、踊跃捐款,捐款合计达768.85万元,为受灾群众送去了地产集团职工的浓浓真情和关爱。

第六节　职工文体活动

地产集团工会注重开展适合职工特点的各种文体活动,愉悦身心、陶冶情操,丰富职工精神文化生活。在地产集团成立3周年和5周年时,开展征文活动,对征文稿件进行了编辑出版。在世博会举办期间,先后开展了"庆三八、树先进、迎世博"知识竞赛、"迎世博、庆三八"文艺汇演、"庆世博、树形象、作贡献"征文活动,使广大职工关注世博,积极投身和参与服务世博的各项活动,营造了关注世博、服务世博的良好氛围。在纪念建党90周年之际,地产集团工会配合党委成功举行了由各基层单位普遍参加的"颂歌献给党"大型文艺汇演。同时,工会还不定期举办歌咏、演讲、征文、摄影展等活动,组织开展羽毛球等球类和棋牌类比赛,春节等重大节日组织职工自编自演、自娱自乐,举办联欢活动,不断丰富和活跃职工的文化生活,展现了企业和谐、欢乐、向上的精神风貌,增强了企业的向心力和凝聚力。工会还积极组织获得集团以上先进集体代表和优秀个人赴井冈山、延安、重庆等革命圣地开展红色之旅,接受革命传统教育,弘扬党的光荣革命传统。

第三章 共青团组织

第一节 组织概况

2005年9月,中国共产主义青年团上海地产(集团)有限公司委员会成立,夏时勤任团委书记,孔瑜、张晓东任副书记。2011年5月,张晓东因工作变动离职,不再担任地产团委副书记职务。至2012年年底,地产团委书记为夏时勤,副书记为孔瑜。地产团委有二级团委6个,团总支7个,团支部27个,团员556人,35周岁以下的青年1514人。2005—2012年,推荐60名优秀青年加入中国共产党。

2005—2012年,地产集团团委始终把加强自身建设、提高自身工作能力作为工作重点,根据集团青年工作特点,制订了《地产集团团建工作指导手册》,为基层团组织规范化建设提供理论指导。同时注重加强团干部队伍建设,坚持团委中心组学习,开展团干部培训,不断提高各级团干部的思想政治水平和工作能力,尤其在适应青年网络文化,学会使用网络语言,掌握微博、微信等新媒体方面,通过开设微博、微信,进行网上服务,增强青年工作的时代性。在加强作风建设上,团干部深入基层,与青年交朋友,倾听青年呼声,关心青年疾苦,帮助青年解决实际问题,使团组织成为团员青年信任和依靠的组织。

第二节 团员代表大会

共青团上海地产(集团)有限公司第一次代表大会于2005年9月29日召开。出席大会代表70名。其中共青团专职干部1名,先进模范人物、先进集体代表26名,团员代表41名,中共党员(含预备党员)29名;男代表38名,女代表32名;代表中大专以上文化程度68名;代表平均年龄28.1岁,25岁以下19名,26~30岁31名,31~35岁20名。

应邀参加会议的领导有:市国资委党委领导、团市委领导、地产集团党政领导、各部门经理以及集团所属各单位党政主要领导。大会选举产生共青团上海地产(集团)有限公司第一届委员会。

共青团上海地产(集团)有限公司第一届委员会委员经无记名差额选举:孔瑜、沈磊、张晓东、夏时勤、蒋振华、蔡琼、翟弋7人当选为共青团上海地产(集团)有限公司第一届委员会委员。

共青团上海地产(集团)有限公司第一届委员会经选举:夏时勤当选为共青团上海地产(集团)有限公司第一届委员会书记;孔瑜、张晓东当选为共青团上海地产(集团)有限公司第一届委员会副书记。

第三节 团员教育与主题活动

一、思想教育

2005—2012年,地产集团团委坚持用中国特色社会主义理论教育团员青年,帮助他们把牢正确政治方向,坚定跟党走的理想信念。在中华人民共和国成立60周年、中国共产党成立90周年、中国共产主义青年团成立90周年等重要节日,开展"学党史、知党情、跟党走"党史知识竞赛、"纪念五四,砥砺青春"等系列主题教育实践活动,加强对团员青年的党史、团情和爱国主义教育。通过团课和团组织活动,邀请离休老干部给团员青年作"弘扬艰苦奋斗传统,立足岗位做人成事"的主题报告,进行光荣革命传统教育,帮助团员青年树立正确的世界观、人生观、价值观,引导和激励青年树立远大理想,肩负起建设祖国和发展企业的历史使命。

二、主题实践活动

地产集团团委坚持围绕党政工作部署,把青年的成长与地产集团发展紧密相连,在团员青年中积极开展"青年岗位能手"和"青年文明岗"等主题活动,营造地产青年立足岗位、创新实践、奉献青春的良好氛围。全体团员青年在地产集团重大工程建设、经营和改革发展等各项工作和重要活动中,充分发挥生力军作用,做出了良好业绩。同时组织和指导各基层团组织开展主题活动:担保公司团委开展"学业务、练技能、比素质"劳动竞赛;申江集团团总支利用浦江游览游船以及建成后的老码头、南码头、阳光沙滩、十六铺、东码头等开拓活动阵地,举办不同类型的体验活动,加强青年对企业的归属感;中华企业团委开展"企业谋发展,营销我有招"创意营销大赛活动,把青春热情和聪明才智投入到岗位作奉献的实际工作中去,培养了一批工作能力强、业务技能精、爱岗敬业的优秀青年员工。

三、志愿者活动

地产集团团委根据团市委开展的"青年文明号与世博同行"岗位建功行动的工作部署,积极组织广大团员青年参加世博志愿者服务和社会公益活动,展示地产团员青年的精神风貌。在世博会举办期间,地产集团团委与世博园区开展了团建联建活动,广大团员青年踊跃争当志愿者。世博土控公司成立世博村青年服务队,为参展的单位和参观人员提供了优质服务。在世博园区、市区交通路口、公交车站和地铁站口,广大团员青年认真做好维护秩序、问询服务、交通执勤等工作,服务世博,奉献世博,为上海世博会的成功举办作出了应有的贡献。同时中华企业团委和担保公司团委分别成立志愿者服务队,积极参加社区交通执勤、学雷锋活动日等志愿者活动,为城市文明建设作出了自己的贡献。地产团委根据党委和工会工作部署,积极开展帮困送温暖"冬日阳光"活动和抗震救灾活动,向地震灾区和贫困地区捐款捐物、奉献爱心。中华企业团委和担保公司团委等单位,长期坚持结对助学帮困活动,为驻地学校和社区家庭经济困难学生提供经济帮助。

表4-3-1 2002—2012年地产集团团委先进集体一览表

序号	荣誉名称	获奖单位
1	2006年度上海青工工作先进团组织	上海地产(集团)有限公司团委
2	2007年度上海青工工作先进团组织	上海地产(集团)有限公司团委

〔续表〕

序号	荣誉名称	获奖单位
3	2007年度上海市"五四红旗团委"	上海市住房置业担保有限公司团委
4	2007年度上海市"五四特色团委"	上海房屋置换股份有限公司团委
5	2007年上海市"新长征突击队"	上海明馨置业有限公司
6	2009年度上海市"五四特色团委"	中华企业股份有限公司团委
7	2009年度上海市青年立功竞赛优秀青年突击队	华泾项目青年突击队
8	2010年上海市青年文明号	上海世博土地控股有限公司世博村服务团队

表4-3-2　2002—2012年地产集团团委先进个人一览表

序号	荣誉名称	获奖个人	所在单位
1	2007年上海市"新长征突击手"	奚　坚	上海中星(集团)有限公司
2		沈　磊	上海金丰投资股份有限公司
3	2007年上海市青年岗位能手	贾　玲	上海市住房置业担保有限公司
4	2009年上海市"新长征突击手"	朱　伟	上海房地(集团)公司
5	2009年上海市青年岗位能手	李　俊	上海房屋置换股份有限公司
6	2010年上海市青年岗位能手	金　戈	上海世博土地控股有限公司
7		朱锦屏	上海世博土地控股有限公司
8	2010年度上海共青团"青春世博行动"优秀个人	瞿昊智	上海市住房置业担保有限公司
9	2011年度上海市优秀团干部	夏时勤	上海地产(集团)有限公司
10		周　菁	上海市住房置业担保有限公司
11	2012年度五四青年奖章	陶　冶	上海瀛浦置业有限公司

第四章　企业文化与精神文明建设

第一节　企 业 文 化

　　企业文化是由企业领导者与全体员工共同创造的企业经营管理文化，是支撑企业发展的无形力量。地产集团根据自己的特殊地位和职责，形成了自己独特的企业文化，并指导地产集团健康顺利地发展壮大。

　　企业精神：履行使命、勇担责任、诚信务实、贴心为民。

　　企业宗旨：做好关系民生的事，做强拓展市场的事。

　　企业经营理念：锐意进取、勇于竞争、开拓创新、追求卓越。

　　企业作风：团结、勤勉、严谨、高效。

　　地产集团的"企业精神、企业宗旨、企业经营理念、企业作风"是地产集团成立以来经过实践锤炼而形成的具有鲜明企业文化特征及广泛群众基础的思想共识。它是地产集团广大员工精神风貌的集中反映，是一份宝贵的精神财富，是广大员工继往开来、开拓进取的精神支柱。

　　地产集团是政府型的国有企业，承担市委、市政府赋予的土地储备、滩涂造地、保障性住房建设、旧区改造和国家级开发区建设管理等重大工作任务，行业特殊，使命光荣。地产人坚持"政府大事我有责，百姓之事有义务"的信念，以高度的历史责任感和使命感，积极贯彻落实市委、市政府的发展战略，发挥大集团优势，为上海"四个中心"建设作出应有贡献。

第二节　精神文明建设

　　地产集团开展精神文明建设活动主要有两个方面：一是加强对员工的思想政治和道德行为教育；二是广泛开展文明单位创建活动。

一、职工教育

　　集团党委十分注重抓好全体员工的思想政治教育和道德行为教育，利用多种形式教育员工树立远大的理想和目标，为国家和社会的发展多作贡献。地产集团先后在员工中开展了"创建学习型组织，争做知识型职工"活动和"四五""五五"普法教育活动等，不断提高全体员工的思想政治素养、文化素养、法制观念等，使全体员工做到知法、守法、用法，成为有知识、有文化、有涵养的知识型员工。

　　2010年上海世博会举办过程中，集团党委按照《中共上海市委、上海市人民政府关于制定实施〈上海职工群众迎世博600天行动计划〉的指导意见》，深入开展"当好主力军、建功世博会、展示新风采"主题活动。在世博会举办期间，各单位组织志愿者上街宣传交通法规、世博知识和文明礼仪等，在地铁站口、公交站点等开展保畅通执勤活动，在世博园区为中外游客服务，在单位所在社区积极参加"三五"窗口服务日、整洁环境日、公共秩序日志愿者集中行动，以实际行动为成功举办世博会发挥应有作用。

二、创建文明单位活动

集团以创建文明单位活动为抓手,通过开展各种思想教育及社会公益活动,提高职工思想道德水平和个人基本素质。积极开展文明单位创建活动:一是创建上海市文明单位;二是创建地产集团文明单位。2002年以来,制定《地产集团文明单位创建和管理暂行规定》,明确创建文明单位的分类和创建形式,通过开展"建文明班组、创文明岗位、做文明职工""模范职工之家"等活动,推进文明单位、文明部室、文明工地、文明班组建设,提高广大职工的文明素质,提升企业的文明水平,促进企业和谐发展。

表4-4-1 2002—2012地产集团文明单位一览表

序号	单位名称	上海市文明单位	集团文明单位
1	中华企业股份有限公司	1989—2012年连续12次被评为市文明单位	2005—2012年连续4次被评为集团文明单位
2	上海市住房置业担保有限公司	2003年起连续4次被评为市文明单位	2005—2012年连续4次被评为集团文明单位
3	上海滩涂造地有限公司	2003年起连续5次被评为市文明单位	2005—2012年连续4次被评为集团文明单位
4	上海金丰投资股份有限公司		2005—2012年连续4次被评为集团文明单位
5	上海房地(集团)公司		2005—2012年连续4次被评为集团文明单位
6	上海公房实业有限公司		2005—2012年连续4次被评为集团文明单位
7	上海房屋置换股份有限公司	2009年起连续2次被评为市文明单位	2005—2012年连续4次被评为集团文明单位
8	上海中大股份有限公司		2005—2012年连续4次被评为集团文明单位
9	上海金丰建设发展有限公司		2005—2012年连续4次被评为集团文明单位

第五篇　主要成员企业

概　　述

　　上海市政府在 2002 年 11 月组建上海地产（集团）有限公司，对国有房地产企业的产权进行了调整和整合，将原上海市房屋土地管理局、上海住宅建设发展局等单位所属房地产企业公司划入地产集团集中经营。此举是为了进一步改善政府行政管理方式，加大政企分开力度，推进国有房地产企业适应市场运行机制。当时划入地产集团的两级企业主要有上海中星（集团）有限公司、上海房地（集团）有限公司（包括中华企业股份有限公司、上海金丰投资股份有限公司）、上海市住房置业担保有限公司、上海市滩涂造地有限公司、上海市外事用房有限公司等，两级以下独立法人企业共约 430 余户。

　　地产集团成立十多年来，按照市国资委关于国有企业改革的要求，对下属企业进行了"国有资产从一般竞争性中、小企业退出"，执行"三个收缩、三个集中"的国资国企发展方针，按照"产业定位，突显主业、剥离非主产业"等多轮改革，精简管理层次、整合企业优势、压缩非主公司、制止亏损"出血点"，使地产集团主业得到进一步发展。地产集团围绕房地产开发的产业链，基本形成以房地产开发企业为主，并延伸至房地产服务业的企业结构新格局。截至 2012 年，地产集团旗下的 16 家二级企业，按照地产集团总体战略，和"十一五""十二五"发展规划，发挥优势、勇于创新，较好地完成各项任务，不断创造出新的业绩。

第一章　上海中星(集团)有限公司

上海中星(集团)有限公司(简称"中星集团")成立于1982年8月,成立初期为"上海市住宅基地开发公司",专门从事城市居民住宅建设任务,负责上海市新辟居住区的统一征地拆迁、住宅及公共服务配套设施和相关大市政的开发建设,同时,还接受地方财政和各系统集资建房的任务。

中星集团从成立至2012年,承担了上海市区边缘33个居住区、74块基地,约4万亩土地的开发建设任务,累计开发建成各类房屋共计3 200余万平方米。20世纪80—90年代中期,公司开发建设了仙霞、田林、中原、彭浦等配套设施齐全、小区环境优美的大型完整居住区。其中一批小区街坊获得全国和上海市住宅建设"鲁班奖""白玉兰奖"。邓小平、乔石、朱镕基、李瑞环等国家领导人曾多次亲临居民区视察指导。1987年10月,上海市市长江泽民视察新建成的长白居住区,并为中星集团题词勉励:"建设配套齐全、设施完善、生活方便、环境优美的住宅区,为改善上海人民的居住条件而努力。"

2002年地产集团成立后,中星集团成为地产集团所属二层次公司。10年来,公司不断拓展房地产的各种业态模式,积极承担服务社会的保障房建设,使经营规模和队伍素质得到提升,资产规模和利润总额得到提高。

表5-1-1　2002—2012年中星集团生产经营核心指标统计表　　　　单位:元

年　　份	主营业务收入	利润总额	年末总资产
2002	726 522 478.21	122 364 622.04	7 102 765 970.36
2003	1 104 664 044.34	249 696 101.07	9 326 001 647.05
2004	1 989 828 448.81	463 127 387.05	9 592 514 440.85
2005	2 511 224 089.66	643 526 047.71	11 230 575 845.28
2006	2 452 061 611.87	898 482 579.88	11 686 024 117.61
2007	3 366 350 302.69	811 435 697.62	12 225 633 877.65
2008	4 061 559 653.06	1 180 102 945.54	13 884 874 823.75
2009	4 234 052 791.58	1 068 994 438.53	15 614 349 919.32
2010	4 346 751 910.14	1 376 108 840.58	23 062 390 225.43
2011	4 607 113 653.55	1 370 239 642.36	26 780 314 508.49
2012	7 069 903 375.6	1 031 999 514.67	32 225 144 105.97

第一节　历　史　沿　革

1982年8月,市政府决定将原上海市住宅建设办公室与上海市房地产管理局合并,并组建上海市住宅基地开发公司（上海中星集团前身）。同年12月，由上海市基本建设委员会发文成立上海市住宅基地开发公司。公司主要职责是：负责征地、拆迁、地下管线工程及地面道路建设，为住宅建设单位提供达到施工条件的基地，统一组织地面工程施工，并承担一部分住宅建设任务。

1984年7月6日，市建设党委发文，将上海市住宅基地开发公司划归市建委直接领导，并改名为"上海市居住区开发公司"。

1990年5月8日市编委发文和1990年6月6日市建委发文，同意上海市居住区开发公司更名为"上海市居住区综合开发中心"。

1994年5月4日，市建委发文，同意将上海市居住区开发中心改制为上海中新（集团）总公司。公司是具有法人资格的全民所有制企业，董事长是法定代表人，注册资金5亿元人民币，注册地址为上海市中山东二路9号。以上海中新（集团）总公司为核心，由上海新城房产企业公司等18家全资、控股子企业，上海中大房地产实业股份有限公司等24家参股关联企业及上海远大房地产实业股份有限公司等8家契约协作企业，联合组建上海中新集团。

1995年1月20日，"上海中新（集团）公司"更名为"上海中星（集团）公司"。

1998年12月21日，市建委发文批准成立上海中星（集团）公司职工持股会，并同意上海中星（集团）公司改制为上海中星（集团）有限公司，注册资金10亿元人民币。其中上海市城市建设投资开发总公司出资7亿元，占70%；上海中星（集团）有限公司职工持股会出资3亿元，占30%。公司类型为有限公司，董事长为公司法定代表人，注册地址为曲阳路561号。

1999年2月28日和6月2日，市总工会和市建委分别发文，同意上海中星（集团）公司改制并设立上海中星（集团）有限公司职工持股会。

2002年11月，根据市委文《关于组建上海地产（集团）有限公司的批复》的精神，上海中星（集团）有限公司划归上海地产（集团）有限公司，属地产集团所属二级全资子公司。同年12月25日，中星集团党的关系划转到上海地产集团党委管理。

随着国有企业的深化改革，根据市建委《关于规范建设交通系统职工持股会的若干意见》文件精神，在地产集团的直接领导下，2005年启动制定解散持股会、清偿股权的实施方案。2006年1月13日，地产集团经研究并报请市国资委，审批通过了该方案。

2006年10月，中星集团以购买职工股份的形式，基本完成对占中星集团30%的职工股清退工作。职工持股会清退后，中星集团的股权结构调整为地产集团独家出资的有限公司。

第二节　主营业务范围

1982年，上海市住宅基地开发公司主要负责征地、拆迁、地下管线工程、地面道路建设，为住宅建设单位提供达到施工条件的基地，统一组织地面工程施工，并承担一部分住宅建设任务。

1994年，成立上海中新（集团）公司，经营范围为建设用地开发、经营、转让，房产开发、销售、经营。兼营建筑材料、产品加工，物业管理、内外装修、建筑设计、技术咨询，商服、餐饮、对外贸易。

2003年，中星集团经营范围为建设基地开发经营、房地产开发经营、自由房屋租赁、房产咨询、建筑材料、金属材料、机电设备、建筑装潢、建材加工、技术咨询，附设分支机构。

第三节　房地产开发

一、居住区开发

20世纪70年代末80年代初,上海老百姓的住房困难情况严重,在市政府的统一规划和安排下,中星集团承担了上海市33个居住区、74块基地,约4万亩土地的开发建设任务,每年综合开发量在500万平方米左右,约占全市住宅建设任务的1/4,被广大市民赞誉为"造福于民的居住性住房建设主力军"。到1993年前,建设仙霞、田林、中原、彭浦、泗塘、长白、曲阳、沪太、管弄、长风、上南、上钢和德州等配套设施齐全、小区环境优美的大型居住区,共约1330万平方米,为大批的住房困难居民解决了困难。

二、保障性住房

20世纪90年代,伴随着上海的浦东开发,上海城市建设节奏明显加快,特别是城市基础设施项目建设,使居民动迁的工作量大幅度增加。为此,中星集团为城市基础设施建设提供了193.3万平方米动迁房源,有力推进和保障了上海城市一大批重点工程的建设。其中包括:为上海铁路新客站、黄浦江上游引水、延东越江隧道、南浦大桥、市政道路拓宽等工程建设提供77万平方米的动迁用房;1990年,为吴淞路闸桥引桥工程无偿提供6.3万平方米动迁用房;1991年,为杨浦大桥、内环线工程、杨高路拓宽等工程提供60万平方米的住宅动迁用房;为成都路高架建设提供50万平方米的动迁用房。同时,按照市政府的要求,中星集团在1992年提供了23万平方米的解困用房,为缓解城市居民的住房困难作出了努力。

2002年,中星集团成为地产集团全资子公司后,继续发挥国有企业优势,服从政府指导、关注民生项目、承担社会责任,积极参与保障房建设,并提出"社会同心、政府放心、企业用心、百姓安心、居民舒心"的五心承诺。2009年和2011年,中星集团分别承担浦东曹路大型居住社区和嘉定城北保障房项目的开发建设任务,总面积近350万平方米,质量优良。

代表项目为曹路基地——上海六大保障性居住社区之一,东至凌空路,南靠锦绣东路,西临浦东运河,北倚东靖路,规划用地5.14平方公里,住宅面积221万平方米、市政公建37万平方米。该项目按照"规划科学、配套健全、环境良好、工程优质、服务到位"的要求,以新一代商品房标准,打造"五心级"保障性居住社区。

三、普通商品房

中星集团坚持面向大众的开发经营理念,将上海绝大多数的工薪阶层需求作为公司产品的主要市场定位,致力于建造"老百姓买得起的精品住宅"。由于定位准确,中星集团商品房销售量及销售金额始终在上海市处于领先地位,1997年、2000年获得上海市房地产销售面积、销售金额第一名,1998年、1999年分别位居全市第二和第四。为实现百姓住宅建成既是精品又是低成本的目标,中星集团提出了"以抓规划设计提升精品工程内涵"的战略思想,在以人为本、注重开发小区的设计与楼盘文化内涵的同时,注重产品质量的全面提高,以高起点规划、高标准设计、高质量建设、高水平管理的"四高"标准,率先在业内进行争创"无渗漏"工程、"无施工质量通病"工程,坚持"一个楼盘、一部作品、一座丰碑"的目标,坚持将"到中星,买放心"的诚信体现在产品质量和营销服务等方面的每一个环节上。2002年、2003年,公司开发建设的中星海上名庭、中星兰馨雅苑分别荣获"全国人居经典建筑金奖""上海市优秀住宅综合银奖"。中星书香公寓、海上华庭、海上名门、雪野家园、仕嘉名苑、海上景庭、新昌里公寓、兰馨雅苑、海上名庭等一批高质量、高品质、高服务的高性价比楼盘,得到了市场的青睐和好评。

四、高端楼盘

为满足消费者不断提升的居住需求、使土地价值最大化,中星集团全力研发建设高端楼盘,努力在规划设计、建筑风格、人文关怀、品牌价值、物业管理等各方面更上一个台阶,以满足消费者更高层次生活居住品质的需求。

中星集团具代表性的高端楼盘有:

中星红庐,地处闵行区旗忠高端别墅区,板块内拥有高端体育设施、商务配套以及相关产业支撑,聚集了上海诸多高端别墅,是上海最重要的顶级别墅区之一。中星红庐,容积率仅0.175,每一座独栋别墅占地2~4亩左右,共有200套建筑面积约300~600平方米的纯独栋别墅。建筑风格撷取经典的都铎式英伦、浪漫法式风格精华,融合百年海派居住文化。

中星美华邨,位于上海市虹桥路1168弄,由4幢高层公寓和18栋别墅组成,其中10栋别墅分别建造于1933—1947年,著名的美国援华将领陈纳德与陈香梅、宋美龄,太古洋行总裁、中国著名医学家倪葆春,王淑真等曾经是别墅住客。在"创新风暴暨2005中国居住创新典范"评选活动中荣获"2005中国创新楼盘奖"。

半山一号,位于无锡太湖风景区马山半岛。由99幢纯独立别墅组成,容积率仅0.23。小区设计了1所大型会所及5栋山顶国际会馆。大型会所设计包括网球场、室外游泳池、室外烧烤区、太湖湖鲜餐厅、巴厘岛SPA、太湖观景平台及一个会所公园。半山一号会所被意大利文化部"WIVI"文化委员会和著名米兰大学共同授予"2009年意大利最佳创意空间和室内设计年度大奖"。

五、城市综合体

随着时代的进步,为满足人们居住以外的生活、工作、社交、消费等综合需求,城市综合体建设也是居住质量的重要方面。中星集团紧跟时代步伐,精心选址,打造融合商业零售、商务办公、酒店餐饮、公寓住宅、综合娱乐五大核心功能于一体的城市综合体。截至2012年年底,城市综合体项目主要有中星城、昆山城际广场、凉城地区中心等,共计约90万平方米。

2010年上海召开世博会,中星集团圆满完成世博会的部分建设项目,包括上海世博会样板段及白莲泾公园等。通过精细设计、建设,项目获得了上海市金属结构行业协会颁发的"金刚杯"和上海市文明工地荣誉称号;白莲泾公园项目获得上海市建筑行业最高奖——白玉兰奖"市优质工程";公园的亲水平台被上海港建设工程安全质量监督站授予"优良工程和平工区称号"。为展现上海世博会"城市,让生活更美好"的主题作出贡献。

城市综合体项目的代表作品中星城,位于徐汇区柳州路浦北路口,毗邻上海南站,占地29 398平方米,总建筑面积约165 840平方米,是一个集五星级酒店、甲级智能办公楼、大型商业中心的综合性商业广场。该项目为中星集团投资金额最大、档次最高、商业形态最齐全的综合性城市商业地产项目，也是徐汇区政府重点推进的项目之一。法国雅高集团旗下的五星级品牌"铂尔曼酒店"和法国连锁商业巨头"家乐福超市"等品牌商家入驻。项目于2013年年底对外经营。

第四节 经 营 管 理

一、创新发展

中星集团在长期的房地产开发、建设及管理过程中，不断完善自身、克服困难、适应市场、开拓发展，不仅形成了独特的中星品牌和风格，也打造了一些房地产业内亮点：

20世纪80年代初，上海居民住房极度紧缺，政府造房资金匮乏，在此背景下成立的中星集团，一无政府拨款，二无启动资金，无法按照计划经济下的常规途径取得造房资金。面对难题，中星集团（上海住宅基地开发公司）全面分析研究矛盾的症结，从两方面入手积极解决资金问题：一是依靠市政府当时的建房政策，通过银行贷款融资、吸收参建单位参建款等渠道，自筹资金解决开发部分资金；二是通过公司为市政府各委办系统、中央在沪单位及地方财政（市府直属机关）集资建房这一平台，运用政策优势实行建房造价包干，即按市建委、建行每年联合核定的住宅造价与各系统代建单位签订协议，包干建房造价，收取代建预付款，在确保质量、节工省料的基础上，承包结余的50%上交政府，30%留为企业生产发展基金。这种创新的合作模式，在减轻政府负担的同时，既提高了企业控制成本的积极性，又为企业第一批项目上马的资金运作打下基础，从而使公司开发资金的运作机制逐步形成。

20世纪90年代，房地产市场逐步形成，公司于1994年6月改制转企，转企前经政府核定，公司以企业发展基金转为实收资本资金为5.17亿元，在90年代房地产市场迅猛发展中，公司抓住机遇，至90年代末净资产增加4.5倍，达到23亿元，进一步增强了企业开发的资金实力。

中星集团提出建造"公共建筑配置和市政公用基础设施齐全完整"的居住区，改变上海当时房地产开发的无序状态。同时，还开创当年出图、当年出照、当年施工、当年配套、当年竣工、当年交付使用的先河。

20世纪80年代初，新建的住房居民入住时煤气不通、公建配套不全的现象很普遍。中星集团作为上海市综合开发建设大型居住区的领头人，开创了"先地下、后地上"统一布局、统一设计、合理规划的基本建设综合开发模式，开发建造一大批规模大、质量高、配套全、环境美的小区，并领先操作诸多沪上小区建设史上的"第一"。这批新辟大型"完整居住区"，从大的市政配套到生活必需必备，进行系统完整的配套。这种配套可以满足半个多世纪的城市生活配套，市政桥梁、菜场学校、公共交通、商业金融统筹兼顾。随着城市建设的逐步推进，这些大型居住区已成为上海城市人口稠密、生活设施齐全的大型成熟社区和城市副中心。

长白居住区，于1987年建成，占地34.2公顷，建筑面积51.44万平方米，是最早竣工、具有真正完整街坊意义的大型居住区。长白居住区在建设过程中，首次实施大型居住区住宅建设与市政道路建设、设施配套施工建设同步进行，告别了"先造房子，后挖煤气管道；只建房，不考虑公用设施配套"的历史，街坊总体与环境建设做到交叉进行。1987年10月12日，上海市市长江泽民视察新建成的长白居住区，并欣然为中星集团题词加以勉励。

曲阳居住区，于1979年开工，1989年建成，是上海最早开工建设的小区之一，总建筑面积107

万平方米,居住人口5.6万人。曲阳居住区一改过去"兵营式"的新村风格,是当时设施完善、配套齐全的大型居住区,也是上海第一个没有化粪池,拥有7.5吨的污水处理厂和雨污水泵站,多层住宅屋顶无水箱的新型居住区。曲阳居住区以其合理的规划、齐全的配套、漂亮的环境建筑立面,被评为中华人民共和国成立40周年"上海市十佳建筑"之一。邓小平、朱镕基等国家领导人曾多次亲临居民区视察指导,并多次接待外国首脑、专家前往观摩。

康健居住区小区在规划设计上博采众长,建设构思新颖独特,并结合上海地区需求,采用低层高密度的建设形式,与上海里弄建筑特色融为一体。特别是在管线设施上更进一步,首开小区地面上无一架空线之先河,是上海率先实现无架空线和物业管理与项目开发同期介入、保健型生态园林的优美小区。小区建设根据国家"八五"规划要求和居住情况,主张"面积不大,功能全",强调住宅生活设施全、管理好、功能全,并在新材料、新工艺的应用上做了尝试。1990年,康健13、14街坊被国家建设部定为全国城市住宅小区试点工程,并获得建设部试点小区金奖,其中3街坊被评为全国样板房。康乐小区于20世纪90年代上海十大新景观评选活动中荣获"最佳居住小区建设奖",国务院副总理吴邦国为康乐小区题词:"为全市人民多建实用美观的新住宅。"

二、中星集团取得的科技创新成果

1993年,上海市开发区建设工程档案规范化管理标准研究获上海市科技成果奖。

2001年,混凝土多孔砖的性能及其应用研究获上海市科学技术进步奖三等奖。

2002年,天然粉刷石膏在建筑上应用技术研究获上海市建设和管理委员会组织评审的软科学研究成果评审证书,由国家科学技术委员会颁发。

2009年,ZL轻质砂浆内外组合保温系统建筑新技术应用研究获2007—2008年度上海市市级工法、上海市建材行业"台安月皇杯"技术革新奖一等奖、上海市建材行业"耀皮杯"技术革新奖二等奖。

三、商业不动产经营

1982年,为缓解上海市民的居住难题,新成立的上海市住宅基地开发公司(中星集团前身)受市政府委托实施大基地建设,所开发的居住区分布于全市11个区,为加快城市建设、改善人民居住环境作出努力。为保障这部分居民的生活所需,按当时总量的3.5%配建了中小学校、幼托、餐饮、零售、菜场、浴室、邮局、社区服务等一批公建用房,竣工后交由市政府相关部门统一对口配置。

1992年,中星集团在保证完成市政府交付的建设任务外,本着"开发为主,扩展优势,发展与主业相关的产业服务和多种经营"的指导思想,公司开始着手盘活一些无对口部门接管或闲置的留存公建配套,并将它们推向租赁市场。为充分发挥这些商业不动产的价值与效益,公司组织一部分人员专职从事经营管理工作,这支队伍便是中星集团最早的不动产商业经营管理团队。作为中星集团商业不动产投入经营的初步尝试,它起到增强企业盈利能力、促进国有资产保值增值、初创社区商业品牌的作用,并由此开启了不动产经营专业人才培养通道。

随着第三产业的不断发展,商业租赁市场日趋红火,特别是商业地产逐渐成为银行、开发商等多方关注的热点,市场盈利的重点也由开发、销售,转向持有、租赁。稳定的租金收益既规避政策与市场的风险，又对公司持续发展提供了保障。2000年以来，中星集团除了传统的社区商业经营外，也开始涉足纯商业项目的开发，例如由5A甲级办公、五星级铂尔曼酒店、精品社区商业等多业态组成的综合体项目——中星城等。

进入2010年，中星集团整合资源，加强制度建设，推进精细化管理，提升产品档次。面对机遇和挑战，中星集团提出"房地产开发和不动产经营要实现两翼齐飞"的目标，发展理念也由原来"重开发、轻经营"转变为"开发与经营并重、开发与经营并举"。公司计划通过3—5年的调整与发展，形成酒店、酒店式公寓、办公楼宇、社区商业中心、邻里商业等业态种类多样的商业经营不动产，从而具有一定规模效益、融资与盈利能力，并能支持集团开发及抵御市场风险。

2012年起，集团对已有100万平方米的商业不动产按照"调整结构、腾笼换鸟"的总体战略部署进行优存劣汰，保留较高能级的50万平方米用作经营，剩余部分将逐步去化。留存经营的商业不动产，加快转变传统社区商业经营模式，依据《社区商业改造建设标准》进行改建，涉及徐汇、长宁、虹口、闸北、浦东等区域共10余个项目总计1万多平方米。通过改建，提升项目的品质和能级，将原来的"卷帘门"变成具有中星特色的社区商业，由重"量"向重"质"方面转变，提升集团社区商业的品质和能级，提高市场化水平改建后的租金溢价空间在1.5倍～5倍不等，为中星商业地产的品质与形象提供有力的支撑。

为促进中星商业不动产的稳健发展，通过编制中星集团《商业不动产经营管理办法》《物业管理办法》《维修管理办法》等制度建设，将经营管理工作纳入规范化、标准化及科学化的轨道，提高工作效能与经济效益。

伴随着商业不动产板块的转型升级，为使公司的不动产经营管理主体进一步适应市场的变化，2008年3月底，中星集团按"十一五"规划和公司机构改革框架方案的具体情况，主动将现有的管理板块进行整合和调整，对中星集团公司二层次的11家"城字辈"公司（该层次同类企业名中都含"城"字）进行了机构的归并和改革，从地域、管理内容和组织机构等方面综合考虑，整合成为6家不动产经营单位，使其管理能力和效率都得到明显提高。至2010年，新的公司基本完成当初制定的战略要求和部分改革预期目标，稳定了中星集团公司的大后方，巩固和发展了中星集团的不动产经营成果。

2010年10月，中星集团对"城字辈"公司再次启动结构调整，并提出"撤六建三，集权决策，守土有则，分权执行"的构想，整合后形成了以振城、怡城、百友三家公司为不动产经营管理主体，申城物业、新城、中大等共同参与的格局。

在中星集团现有商业地产项目中，中星城作为中星集团自行开发并经营的纯商业项目，具有一定代表性。中星城总建面积17万平方米，总投资额达28亿元，是集购物中心、5A甲级写字楼和五星级酒店为一体的城市综合体项目。其中，1.9万平方米的主力店家乐福以周边居民的生活需求为基础，为项目带来持续性客流；1.1万平方米的精品商业依托周边居民与白领等主力客户的消费水平，定位在中高端餐饮和零售；5A甲级写字楼采用纺锤造型，时尚现代，引领徐汇南部板块，吸引了徐汇、闵行等一批科技、通信类企业入驻；五星铂尔曼品牌有助于提升酒店收入以及经营业绩的推广。各业态相互促进，彼此间相辅相成，使项目进入商业潜力与办公品质共同提升的良性循环。

四、物业管理

20世纪90年代初，随着上海市住宅建设速度的不断加快，一些企业、事业单位自建公有房屋管理及商品房售后管理跟不上的矛盾较多。根据上海市政府管理部门"建好一片、管好一片"的要求，为促进房地产业尤其是物业管理的发展，1992年6月8日，上海市居住区综合开发中心向上海市建设委员会提出书面申请，拟组建以经租各类房屋为主营的上海申城物业公司（上海中星集团申城物业有限公司前身）。7月23日，经上海市建设委员会批复同意组建"上海申城物业公司"。10月26日，经过黄浦区工商行政管理局核准，申城物业公司注册登记；11月8日，申城物业公司正式成立，公司地点设在浦东潍坊路2号，注册资金人民币1000万元。企业经营范围包括：主营各类房屋的经租和商品房的售后管理；兼营房产交易、房地产业务信息咨询、水电维修安装、绿化养护及内外装潢工程，综合经营食品、百货、五金交电、机电产品、化工原料、汽配零件、电梯配件、建筑材料零售及批发。

申城物业公司成立之初，管理面积80万平方米，其中，自有产业10万平方米，代理经租产业50万平方米，各类商品房20万平方米。至2012年年底，申城物业公司已成为一家拥有国家物业管理一级资质企业，是上海市成立最早的物业管理知名品牌企业之一，为上海市物业管理行业协会副会长单位、中国物业管理协会常务理事单位。申城物业公司自从2002年以来的历次全国和上海的物业管理百强企业评比中，资产总值、经济实力和管理面积三项指标均名列前茅。2011年，申城物业公司名列中国物业管理改革发展30周年综合实力百强企业，并进入上海物业管理行业综合实力排名前十名。截至2012年年底，申城物业公司在管物业项目（小区）92个、管理面积900万平方米，涉及管理物业类型包括商品住宅、办公、校区、公租房等。申城物业公司下属成立了苏州、宜兴、昆山、无锡、天津、扬州6家分公司，新城物业和良城物业两家全资子公司。

第五节　职工队伍

截至2014年12月，上海中星（集团）有限公司从业人员2248人，其中：在编人数1283人，中共党员192人（包括离退休党员17人）；35岁以下青年188人，团员100人，团干部24人；拥有技术职称人员200人。

第二章　中华企业股份有限公司

中华企业股份有限公司（简称"中华企业"）成立于1954年4月，其前身为中华企业公司，是经中华人民共和国政务院（国务院）批准设立的专业从事房地产开发经营的国有企业，是中华人民共和国成立后上海最早从事房地产开发经营的企业。

第一节　历　史　沿　革

1949年5月，对外商产业的接管工作是由市委"处理外资企业办公室"负责的，至1954年，该项工作已有较大发展。鉴于当时国际国内所处的政治大背景和重建经济的需要，同时，政府部门不便直接与外商谈判，经中华人民共和国政务院外交部门研究决定，1954年4月，在上海市房地产管理局二处外产科设立了中华企业公司。其主要职能是对外以企业的身份与外商进行业务谈判、签订合同、处理外产的转让、接管、租赁、支付债务和资产买卖业务；内部业务由房地产管理局各相关处室分担。之后，为方便业务开展，二处改为管理处，中华企业公司归管理处兼管，其业务活动是在上海市政府外事部门的指导和市政府地产管理局领导下开展的。公司早期办公地址为上海市昭通路56～58号。

20世纪五六十年代，中华企业除负责处理外产业务外，根据党的侨务政策和上海市政府的要求，开发建造侨汇住宅，并向侨胞侨眷出售，成为上海解放后最早开发经营商品房的企业。

1979年9月，"文化大革命"结束后，中华企业公司恢复了业务活动，继续开展侨汇房买卖业务，并签订上海第一份商品房销售合同。

1982年8月，市委、市政府发文《关于加快住宅建设若干问题的决定》，中华企业公司作为全市5家企业化的专业公司之一，为了逐步扩大住宅商品化经营的需要，1983年1月，经上海市房地产管理局党委批准，中华企业公司成为经济实体，实行独立核算，为市房地局直属单位，下设特种用房经营部和房屋装修工程队。公司业务范围经黄浦区工商局批准，主要经营商品房业务，办公地址迁至上海市南京东路61号。

1985年，经市房地局批准同意中华企业公司投资经营各类商品房、侨汇房的建设、买卖、租赁、调剂、承包代建及合资经营等多种房地产业务，成为独立核算、自负盈亏、具有法人地位的全民所有制企业。同年，经市房地局批准企业变更经营范围，除已有主营项目外，兼营房屋装饰装修和装饰材料、室内木器、电器用具及生活设施的配套供应。公司设立工程部、会计室、材料设备部、装修服务部和综合经营部。1986年9月，根据业务开展需要，在原装修服务部的基础上，组建成立了上海中企房屋装修有限公司。

1988年3月，经上海市对外经济贸易委员会批准，由中华企业公司、上海市房产经营公司、上海利达实业有限公司和香港顺发贸易公司四家企业合资成立上海市第一家中外合资房地产企业——上海东南对外房产发展有限公司。同年6月，经中华人民共和国中外合资经营企业批准，组建上海金城房地产投资咨询公司，成立上海首家中外合资房地产中介机构。同年8月，根据上海体改委要求，中华企业公司与上海市房产经营公司、上海市纺织住宅开发公司、交通银行上海分行、上海久事公司和徐汇区城市建设开发公司共同发起成立全国首家房地产股份制上市企业——上海兴业房产股份有限公司。1989年7月,中华企业公司办公地址搬迁至上海市江西中路246号。

1990年3月,经上海市外经贸委批准,由中华企业公司、中国银行上海分行房产经营公司、黄浦区房屋开发经营公司、中国建设投资(香港)有限公司四家企业合资组建上海国泰房地产发展有限公司,成立上海市第一家中外合资房地产开发企业。1992年11月,经上海市房地产管理局批准,中华企业公司成立上海中企贸易公司。

1993年7月,经上海市证券监督管理委员会、上海市建设委员会批准,中华企业公司正式改制为中华企业股份有限公司;经上海市建设委员会批准,中华企业公司采取招股募集方式向社会公开发行股票,于同年9月,完成公开发行2 000万股,实际募集总额12 850万元。公司股票在上海证券交易所上市,证券代码600675,正式改制为股份制上市公司。1996年,根据国家有关政企分开的政策规定,上海市房屋土地管理局成立上海房地(集团)公司(以下简称"上房集团"),将原来所管辖的企业单位全部并入上房集团统一经营管理,中华企业由此成为上房集团控股的下属企业。上房集团持有的中华企业国家股9 951.87万股,占总股本15 569.12万股的63.92%。

1997年7月,公司办公地址迁至上海市华山路2号中华企业大厦。

2000年11月,中华企业与浦江公司、上海古北置业股份有限公司和上海古北(集团)有限公司(以下简称"古北集团")职工持股会签订股权转让协议,使中华企业持有古北集团股权由37.5%增至87.5%,成为古北集团控股股东。

2001年4月,中华企业与上房集团和上海房地产经营(集团)有限公司(简称"经营集团")职工持股会签订股权转让协议,完成对经营集团90%股权的收购,成为经营集团控股股东。

2004年7月,地产集团与上房集团签订《国家股划转协议》,以划转方式受让上房集团持有的中华企业347 821 429股,占中华企业股本总数的49.87%。划转完成后,地产集团成为中华企业第一大股东,归由地产集团直接管理。2005年8月,公司撤销投资部。2008年4月,房产开发部更名为项目管理部。

2010年12月,中华企业以收购方式受让地产集团持有的上房集团40%的股份;2013年7月,继续以收购方式受让地产集团持有的上房集团60%的股份,完成了对上房集团100%股权收购,成为上房集团唯一股东。2012年11月,公司办公地址迁至浦东新区雪野路928号地产大厦。

第二节 经营范围、业绩

1954年4月,中华企业公司成立之后,主要经营业务是根据政府的要求,与在沪外商进行商务谈判、签订资产买卖合同、具体承办外商在沪的房地产转让、接管、租赁和买卖业务。

20世纪五六十年代,根据中央侨务政策和上海市政府的要求,在公司原有业务的基础上,增加侨汇住宅的开发建设和经营内容,首次涉足商品住宅领域。

1983年,作为上海市首批5家企业化的房地产专业公司之一,全面涉足投资开发经营各类商品房业务。

1985年,除已有的主营项目外,兼营房屋装饰装修和装饰材料、室内木器、电器用具及生活设施的配套供应并开展房产合资经营业务。

1993年,公司改制上市后经营范围为侨汇房、商品房设计、建造、买卖、租赁及调剂业务,各类商品住宅的配套服务,房屋装修及维修业务,建筑材料。

中华企业成立近60年来,为上海的城市建设和发展作出了贡献,特别是近10年来,实现了跨越式发展,截至2014年年底,公司合并口径总资产400亿元,归属于母公司净资产约50亿元。自1993年公司上市以来,累计实现归属于母公司的净利润约59亿元,年平均净资产收益率14.5%,累计已上缴税金83亿元,年平均上缴税金4亿元。截至2014年年底,公司总股本18.67亿股,其中地产集团持有6.79亿股,约占总股本36.36%。

第三节　主　营　业　务

一、接收经营外商资产

1954—1966年,中华企业公司接收和经营的外商资产主要有:

英商怡和有限公司及怡和机器有限公司的全部财产,包括办公大楼2幢,其中1幢办公大楼坐落在中山东一路27号(今外滩中国太平洋保险公司大楼);1座跑马厅(今人民广场、上海市人民政府所在地);2幢普通办公大楼、1幢厂房、6座仓库、100幢里弄住宅、4幢花园住宅、14幢代管花园住宅等。

英商业广地产有限公司在华的全部财产,包括2 888幢里弄住宅、41幢公寓大楼、163幢西式住宅、138幢简易建筑及19座仓库。

英商沙逊集团所属的英商华懋地产股份公司、远东营业股份公司、上海地产投资公司、新沙逊银行股份有限公司、新沙逊股份有限公司、三新地产股份有限公司、华懋洗衣厂、华懋饭店公寓、都城饭店9家企业在华的全部财产,包括沙逊大楼(今外滩和平饭店)18幢公寓大楼、1 897幢居民住宅、12幢厂房仓库、2家电影院、1个菜场等。

法商永兴洋行位于虎丘路95号、香港路51号、武康路390号、烟厂路223～227号数幢房屋,建筑面积约20 038平方米。

英商伦敦亚细亚火油有限公司位于延安东路1号一幢建筑面积约11 731平方米的办公大楼内。

英商汇丰银行大楼(原上海市政府办公所在地,今外滩上海浦东发展银行大楼)、哈同花园(今上海展览馆)、法国总会(今花园饭店)等。

二、开发侨汇商品住宅

1957—1988年,中华企业公司承担了华侨公寓、华侨新村住宅建设和经营业务,共计近15万平方米,主要有:

6幢四层高标准公寓式住宅,总计48套,总建筑面积7 624平方米。武宁一村24、31、32号计2 328平方米普通标准住宅。其中,地处衡山路上的华侨公寓是上海解放后第一幢华侨公寓楼房。

宛南华侨新村,位于中山南路宛平路口,总计11幢六层点状侨汇商品住宅,总建筑面积约2万平方米,是上海解放后建设的第一个华侨住宅小区。

曲阳居住区峰华大楼、通华大楼、辉华大楼、马华大楼侨汇商品住宅,总建筑面积约3.25万平方米。其中,马华大楼是上海与新加坡合作开发建设的首个房地产项目。

延吉东路、延吉新村、四平路平华园、天宝西路、共和新路、桂巷新村、龙凤新村、田林11村等处建造出租侨汇商品住宅计3.2万平方米。

徐汇区裕德路与蒲汇塘路之间的玉兰花苑,由5幢高层公寓组成,总建筑面积约6万平方米。也是上海当时最大的侨汇住宅,成为上海西区标志性高层建筑。

三、参与旧区改造和保障房建设

20世纪80年代,公司积极参与上海旧区改造,投入曲阳新村、田林新村、康健新村、梅陇新村、国和新村、泾华新村、三门路住宅小区、建东住宅小区、古美住宅小区等一批居民住宅小区的开发建设。其中曲阳新村是上海"六五"期间规划新建和扩建的12个居住区之一,由于设施完善、环境优美,被评为"1949—1989年上海十佳建筑"。

华泾保障房项目,是上海市首批建造的经济适用房惠民工程之一,总建筑面积约38万平方米,占地约135 460平方米,位于徐汇区,东至华发小区,西至长华路,南至华发路,北至淀浦河。2008年开工建设,2011年6月交付使用。该项目荣获上海市第六届"优秀住宅规划建筑奖"和"优秀房型设计奖"。项目团队荣获"2009年度上海市优秀青年突击队"称号,项目党支部被评为"2010年度上海市'五好'基层党组织"。

四、开发各类商品住宅、办公写字楼

20世纪90年代,中华企业顺应改革开放大势,紧紧抓住房地产市场发展机遇,开发建设了一系列各具特色的房地产精品项目,总量约300万平方米,项目遍布上海各区、县及部分外省市。其中代表项目为海怡花园、光明大厦(改革开放后外滩第一个现代建筑)、启华大厦、房地大厦、康吉大厦、石油大厦、申乐大厦、中华企业大厦、华侨大厦、港泰广场、淮海中华大厦、法华门大厦、静安中华大厦、虹桥中华园、上海春城、金乾公寓、金坤花园、东方金座、古北巴黎花园、罗马花园、宝石公寓、金鹿公寓、鹿特丹花园、东方中华园以及"古北新区"中高档住宅群等。

被评为"上海市四大示范居住区"之一的上海春城项目,位于闵行区春申路、莲花南路口,总建筑面积约40万平方米,是上海市率先开发的大型绿色生态居住区,由22幢板式高层组成。依托百米绿化带和春申塘活水,南北通透、浅进深出、排列有序,用环形道路把多层景观房和板式高层、小高层建筑分成两个层次,使整个小区都能欣赏到中央花园的美景。一条400米长的休闲商业街,把一、二、三期分隔成两块,既方便了小区业主购物和生活,又为业主提供了生活、购物、休闲场所。

坐落于上海西部虹桥的古北新区,是中华企业打造的以现代欧陆风情为特色的沪上最大高档生活社区,也是上海建立的第一个最大的境外人士居住区。古北新区拥有独特的居住生活文化及人文景观,被评为"上海90年代十大建筑景观"。

中华企业于2012年划归地产集团后,中华企业积极参与浦江两岸和长三角地区、重庆、天津等部分省市的项目开发,着力打造具有现代和海派建筑风格、适宜办公和居住、环境优美的精品项目,建造了浦东陆家嘴财富广场、北外滩上海国际客运中心、古北国际花园、古北御庭、古北国际广场、南郊中华园、周浦印象春城、苏州中华新城、宝山美兰湖中华园、佘山国际别墅、太湖古北雅园、浦东古北香堤岭、万泰大厦、华宁国际广场、古北国际财富中心、江阴誉品•尚海荟、江阴中企•上城、安亭德绍豪斯、莫奈庄园、古北黄金城道、松江誉品•谷水湾、朱家角香堤艺墅、徐汇尚汇豪庭、无锡中城誉品、长宁239街坊、苏州中企•桃花坞、重庆奥体馆、天津星华城等项目,开发总建筑面积约450

万平方米,实现了企业快速发展,创造了良好的经济效益。

第四节 经 营 管 理

一、融资和经营

中华企业秉承"务实创新、从严管理、高效执行、价值创造"的经营理念,稳健经营、诚信守诺,兑现对股东的承诺。中华企业从 1993 年上市至 1998 年,资本市场共融资 4 亿元,累计募集资金 6.3 亿元。1993—2012 年共向投资者派发现金红利 10.6 亿元。与此同时,中华企业从稳定回报股东和企业发展的实际需要出发,在项目开发经营过程中,努力加快周转、降低成本、提升效益,实行轻资产经营策略。除保留一些自用物业和效益较好的物业进行租赁经营外,绝大部分项目均得到销售去化,以促进企业不断健康发展。至 2012 年年底,中华企业经营性资产为商办楼出租面积约 40 万平方米,商铺出租面积约 3.5 万平方米,公寓出租面积约 1.8 万平方米,酒店经营面积约 2 万平方米,会所面积约 1.2 万平方米。2012 年固定资产经营收入约 1.1 亿元,商业和服务收入约 0.99 亿元。

二、强化企业管理

进入 20 世纪 90 年代,在上海城市建设大发展的历史机遇面前,中华企业紧跟发展潮流,通过强化管理,全面提升和增强企业的发展实力:从打开资本市场入手,筹备运作公司上市,通过上市募集资金的方式,为在房地产市场拓展获得资金支持;按照上市公司法人治理结构的要求,根据"产权清晰、权责明确、政企分开、管理科学"的方针,加快经营机制的转换,积极推行内部经济责任制,充分合理地调配人力资源,在全公司范围内以合同的形式,确立企业、职工双方的责、权、利,形成能上能下、能进能出的竞争机制和多劳多得、奖勤罚懒的奖惩机制,激励职工工作积极性;中华企业在经营上实行多元化发展,在以房地产开发经营为主的基础上,相继成立了建筑装修、材料设备、房屋销售、物业管理等多家子公司,使各项业务的专业化水平得到提高,同时,对内部机构进行改组调整,将公司本部原有的 130 名职工调整为 90 人,使人员得到精简,结构得到优化;积极推进设计标准的制定工作,提高企业管理水平,编制完成《中华企业新建住宅、办公项目弱电智能化工程建设指导书》《中华企业普通公寓精装修设计指导书》和《中华企业住宅建筑防水工程设计施工指导书》,强化企业的基础管理工作。中华企业于 1994 年被国家建设部评为"全国首批城市综合开发一级资质企业""中国房地产综合效益百强企业"。

进入 21 世纪,中华企业顺应房地产市场大潮,选择了资产并购发展战略,通过购并重组,增强发展实力。2000 年 11 月至 2001 年 4 月,在上房集团的支持下,中华企业成功购并了古北集团(控股 87.5%)和经营集团(控股 90%),实现了 3 家国家一级资质的房地产开发企业的强强联合,为中华企业发展主营业务、改善盈利结构、增强整体实力和市场竞争力打下了基础。资产购并后,中华企业总资产达到 50 多亿元,年开发总量达到百万平方米以上,商品房销售面积和销售金额大幅提高,公司利润不断提升,被市场看作是颇具发展前景的实力型企业。中华企业继 2002 年被评为"上海房地产关注品牌企业"以后,2003—2005 年连续 3 届入选上海房地产开发 50 强前 10 位,成为上海房地产开发十大著名企业。

随着房地产市场的不断成熟和发展，市场竞争也越来越激烈。中华企业曾经实行的多元化经营发展显示出经营不善和缺乏市场竞争力的问题，直接影响到中华企业母公司的盈利能力。为了迅速扭转不利局面，根据中央有关加强企业改革改制的文件精神和上海市国资委关于深化企业改革改制的工作要求，公司对非主业和没有新的开发经营业务企业进行了整合，从2001年开始，对下属非主业企业进行"关、停、并、转"的整合。其中，2001年对上海沪江房产公司进行转制；2002年对上海中顺房地产置业有限公司和上海中企材料公司进行关闭歇业；2003年对上海中企综合经营公司、上海国泰房地产发展有限公司、上海华澳国际贸易有限公司进行关闭歇业；同年完成对上海华业房地产发展有限公司、上海中企房屋建筑装修工程有限公司改制；2004年完成对上海中企物业管理有限公司改制；2010年完成对上海企华置业有限公司股权转让；2012年完成对上海港泰房地产开发有限公司歇业关闭。通过上述整合，企业资产和员工队伍得到优化，发展资源得到集中，集约化的发展方式得到了确定，为公司进一步做实做强奠定了基础。

2004年，中华企业划归上海地产集团直接领导，面对宏观经济改革调整和房地产市场形势变化，公司上下主动对接地产集团发展战略，坚持不断地深化改革、创新发展。2010—2013年分两次完成了对上房集团100%股份的收购，使中华企业的整体实力和发展潜力得到提升。2010—2014年，中华企业根据地产集团战略发展要求，主动适应市场变化和行业发展趋势，提高专业化经营水平，积极探索打造系统内房地产市场化平台，不失时机地推出了改革举措。围绕构建中企总部五大中心，强化市场化和问题导向，调整了内部管理架构，加强了战略管理，努力创新工作机制，激发企业活力和内在动力，保持公司良好发展态势。

三、产品技术创新

中华企业公司在房地产开发中，积极推进技术创新工作，开发的"中企·上城"大型低碳居住社区项目，位于江阴临港新城核心区，一期启动建设规模占地面积为186亩，建筑规模将达到22万平方米。该项目全面运用德国低碳高精技术，采用包括地源热泵系统、毛细管顶棚辐射系统、置换式新风系统、建筑节能围护体系、生活热水系统、外遮阳等低碳科技系统，以恒温、恒湿、恒氧、适光、低噪的技术特点将高舒适度、低能耗的绿色居住梦想得以落地实现。项目在建设过程中全面遵循了节能、节水、节地、节材、精装、环保的国家绿色建筑标准，并已取得国家绿色建筑标识三星级认证和德国碳排放认证能源证书，被评为江苏省绿色建筑示范项目，获得可再生能源建筑应用和低能耗建筑示范等奖励，并入围住建部"2013年度全国绿色建筑创新奖"获奖名单。

四、物业管理

中华企业成立了两家物业管理公司。上海沪江房产公司于1985年10月成立。在计划经济时期，主要负责市房地产局安排的公房管理，物业管理主要分布在杨浦区中原小区和长宁区茅台路芙蓉江小区等。改革开放后，随着中华企业公司房地产开发业务的发展，该公司承担了开发办公和住宅项目的物业管理，主要有马华大楼、峰华大楼、通华大楼、辉华大楼、南山大楼、鼎达公寓、虹光小区、虹梅小区、古北鹿特丹花园等，管理物业面积约50万平方米。2001年上海沪江房产公司改制为民营企业。1995年上海中企物业管理有限公司成立。中华企业大厦、港泰广场等一批涉及办公写字楼即将建成投入使用，由于许多境外国际性知名企业入住，为提高物业管理服务质量，中华企业专门成立了上海中企物业管理有限公司,并选派部分员工前往香港学习培训。上海中企物业管理有限公司成立后,不仅对中华企业自己开发的高端物业进行管理,同时面向市场不断开拓新的物业管理项目。至2004年改制时,管理商办楼物业面积约15万平方米,高端住宅小区约20万平方米,公司物业管理质量不断提升,并获得国家物业管理一级资质,所管理的中华企业大厦、港泰广场等现代化涉外办公楼被建设部授予"物业管理示范大厦"称号。同年,根据中华企业发展战略需要,上海中企物业管理有限公司改制为民营企业。

2000年11月,中华企业并购古北集团,上海古北物业管理有限公司曾是古北集团所属的物业管理公司。该公司成立于1991年11月(前身为上海安居乐物业管理有限公司,系上海首家专业物业管理企业),为古北集团全资控股子公司,公司业务涉及高档住宅、智能化办公楼、商业服务配套设施以及大型居住社区等领域,按照"人性化服务、规范化管理、标准化作业、持续化改进"的管理方针,将全面推行质量管理认证与建立和应用企业标准化体系有机结合起来,逐步形成一套特有的涉外高档物业管理新模式,为企业的专业化发展奠定了坚实基础。古北物业管理公司管理的古北新区,被评为"1999年上海最佳住宅小区""上海十大新景观和上海市文明示范标志区域";五金公寓、古北国际广场被评为"全国物业管理示范(优秀)住宅小区";华宁国际广场、古北大厦、巴黎花园、华丽家族古北花园等被评为"上海物业管理优秀大厦和小区"。古北物业管理公司获得过中国和上海物业管理协会、上海市人民政府、上海市总工会、上海市科委等多项表彰和荣誉称号。在2010年上海世博会服务立功竞赛活动中,古北物业管理公司获得"世博服务品牌奖"和"世博功勋奖",被评为服务保障先进单位、用户满意服务明星班组。至2012年,该公司是中国物业管理协会理事单位、上海市物业管理行业协会常务理事单位和上海市物业管理行业首批诚信承诺AAA级企业,拥有国家物业管理企业一级资质,物业管理面积约370万平方米。

第五节 职 工 队 伍

随着业务的发展,中华企业高度重视企业对人才的需求,不断加强职工队伍建设。通过不断引进人才,调整职工队伍结构,使职工队伍素质得到了进一步提高。截至2012年年底,企业职工基本状况如下:

表5-2-1 2012年年底中华企业职工情况表

单位:人

单位名称	在 岗	平均年龄	研究生	本科生	高级职称	中级职称
中 企	160	41岁	20	71	15	50
古 北	297	39岁	7	95	5	71
经 营	120	37.29岁	5	62	8	44
上 房	239	40岁	9	46	11	33
总 计	816	39.43岁	41	274	39	198

第三章　上海金丰投资股份有限公司

上海金丰投资股份有限公司(简称"金丰投资")成立于1998年7月,由上海房地(集团)公司收购上海纺织控股(集团)公司持有的上海嘉丰股份有限公司国有股权并经资产重组及更名而成立。

金丰投资资产重组后,总资产规模和主营业务不断扩大,主营业务定位不断适应市场形势变化而及时调整,主营业务经历了从建材配套—网络商务—房地产流通服务—房地产流通与房地产开发业务并举的四个阶段,逐步形成适应金丰投资发展的主营业务定位。

2004年,上房集团与上海地产(集团)有限公司签订《国家股划转协议》,将前者所持有的金丰投资全部国家股无偿划转给后者持有。地产集团成为金丰投资控股股东,占股55.45%。

金丰投资进入地产集团以后,依托大股东资源优势,牢牢把握持续稳定发展的主线,扎实推进各项经营管理工作,积极调整主营业务构架,基本形成了"投资+服务"的发展定位,并初步建成了房地产投资开发、房地产流通服务、房地产金融服务和房地产代建服务的四大业务板块。

金丰投资公司成立以来,参股控股了上海住房置业担保有限公司、上海公房实业有限公司、上海茸欣房地产置业有限公司、上海房屋置换股份有限公司、上海金丰易居房地产顾问有限公司、上海灵山房地产投资开发有限公司等企业;投资设立上海金丰建设发展有限公司、无锡金丰投资有限公司等企业。截至2012年年底,公司主要参股控股企业12家。

第一节　历　史　沿　革

一、收购嘉丰股份

上海房地(集团)公司与上海纺织控股(集团)公司均为上海市国有大型企业集团。1997年10月15日,上房集团与上海纺织控股(集团)公司签署转让协议,收购后者所持有的嘉丰股份6 478.199 2万股国家股,占嘉丰股份总股本的74.69%。每股转让价格为2.628 8元,转让总金额为170 301 603元。

1998年7月1日,嘉丰股份与上房集团进行整体资产置换。将公司所有资产与上房集团下属优质资产在评估后进行等值置换。上房集团置换资产包括其持有的上海红旗新型建材厂、上海兴华绿化公司、上海江森房屋设备有限公司、上海金宏房屋建材设备有限公司、上海房屋置换股份有限公司等公司的股权,以及上房集团开发的部分城市基础设施配套建设项目。

经上海立信资产评估事务所评估,截至1997年12月31日,上房集团拟置换资产总额为46 374.72万元,债务总额为32 044.06万元,净资产值为14 330.66万元。公司主营业务变更并正式更名为"上海金丰投资股份有限公司"(股票代码:600606)。

二、增发新股融资

2002年4月5日,金丰投资于上海证券交易所增发境内上市人民币普通股(A股)5 720万股A

股。本次发行采取在询价区间内网上申购累计投标询价方式,发行价格为 11.55 元/股,募集资金 66 066 万元(含发行费用),实收募集资金 62 922 万元。公司控股股东上房集团持股比例由 74.69% 下降为 55.45%。

三、企业股权划转

2004 年 7 月 8 日,上房集团与地产集团签订《国家股划转协议》,将前者所持有的金丰投资全部国家股无偿划转给后者持有。地产集团成为金丰投资控股股东,占股 55.45%。

四、股权分置改革

2006 年,金丰投资完成股权分置改革工作。2006 年 5 月 29 日,金丰投资公司股东会议审议通过了公司股权分置改革方案:流通股股东每 10 股获付 3.7 股,非流通股股东共支付 46 227 711 股。方案于当年 6 月 7 日实施。方案实施后,金丰投资公司控股股东地产集团持有的国家股由 155 497 042 股变更为 109 269 331 股,持股比例由 55.45% 下降为 38.96%;流通股股数由 124 939 759 股变更为 171 167 470 股,持股比例由 44.45% 上升为 61.04%。公司总股本保持不变。

第二节 主营业务

一、经营范围

金丰投资公司的经营范围是新型建材、楼宇设备的研制、开发、生产、销售,住宅及基础设施配套建设,环境绿化包装,实业投资,房地产开发经营、租赁、置换、咨询、建筑设计装潢、休闲服务,国内贸易,房地产经纪。

二、房地产服务

1999 年,金丰投资始创住宅消费流通服务业,以"金丰易居""上房置换"为业务品牌,涵盖一手房策划代理、二手房置换租赁、房地产网络信息服务以及其他相关增值服务业务。

其中,上海房屋置换股份有限公司(简称"上房置换")首开国内二手房中介业务先河,是房地产经纪行业中唯一获得"国家级现代管理创新成果奖"和"市级文明单位"称号的企业,不仅连获中房协和"上海市诚信企业"荣誉称号,也是唯一蝉联历届上海市房地产经纪行业最高奖项"金桥奖"的房地产中介企业。上房置业成立十多年来,共为百姓代理住宅置换 91 359 套,代理面积 602 万平方米,保持着全国房地产中介行业领先品牌的荣誉地位。

上海金丰易居房地产顾问有限公司(简称"金丰易居")是一家专业从事房地产策划代理业务的企业,共进军国内 27 个城市,代理销售 302.35 万平方米,实现销售金额 272.97 亿元,会员客户近 10 万人。金丰易居连续多年入选"金桥奖"营销代理 20 强、"中国房地产策划代理百强企业",并多次获得"中国房地产诚信品牌""中国商业地产最佳服务机构"等称号。

三、房地产投资开发

2002年以来,金丰投资开发了金丰苑、金丰蓝庭、新上海花园洋房、新上海弄里人家、世茗雅苑、瑞金南苑、海上梦苑、富豪金丰酒店,以及无锡"印象剑桥""观湖铂庭"等系列精品住宅和商用项目,已开发建设项目达到135万平方米,曾荣获"上海市房地产开发企业50强""中国房地产企业200强"等称号。

四、房地产代建服务

2008年,公司开始从事房地产代建服务业务(委托管理),代建"三林城市广场"、宝山顾村"上海馨佳园"、罗店大型居住社区、青浦华新拓展基地等项目,总代建面积超过280万平方米。其中最大代建项目"上海馨佳园"由地产集团投资成立,总投资约80亿元,占地约1.5平方公里,住宅面积约126万平方米,可以提供1.5万户居民入住,于2011年年底整体交接。"上海馨佳园"项目经济适用住房上市供应后,成为本市当年选房率最高的经济适用房项目之一。

五、房地产金融服务

2002年,金丰投资参股上海住房置业担保有限公司,标志着公司开始涉足房地产金融服务领域。2008年以来,根据中国证监会的相关要求,为解决与地产集团所属中华企业同业竞争问题,金丰投资逐步减少房地产开发业务领域,拓展房地产金融服务业。金丰投资依托自身的流通、代建等中介服务,为客户提供多元化增值服务,与国内外知名金融服务机构合作设立了信托基金、私募基金等产品。金丰投资出资认购黑石在中国发行的首个人民币股权投资基金;金丰投资与中航信托股份有限公司(简称"中航信托")等专业金融机构相继合作设立"金丰1号""金丰2号""金丰3号"房地产信托基金,丰富了房地产金融服务业务的内容;金丰投资与财大科技园公司合作设立上海财金产业投资有限公司,在产业金融投资领域取得了突破。

六、重点投资开发项目

"上房金丰苑"项目由金丰投资本部投资开发,坐落于浦东大道2583号,占地面积23 558平方米,总建筑面积为87 000平方米。该项目于2000年7月正式开工,由2幢24层高层和5幢12层小高层组成,前后分为三期开发。整个社区为全装修房,属成熟居住型社区。

"新上海花园洋房"是金丰投资旗下茸欣公司精心打造的独立别墅项目,坐落于上海市松江区九亭涞亭南路290弄。项目占地面积151 263平方米,总建筑面积66 945平方米。该项目于2001年7月开工,主要由144幢纯独栋海派人文风情美墅及7幢多层商住楼组成。

"金丰蓝庭"是由茸欣公司投资开发的大型住宅社区,位于上海市松江区九亭镇涞坊路及沪亭北路交汇处。项目占地面积约22万平方米,总建筑面积约21万平方米,于2004年动工,2008年全面竣工。

"无锡印象剑桥"是由无锡灵山房地产公司开发的英式小镇别墅项目。该项目位于无锡马山太湖国家旅游区,总占地面积78万平方米。金丰投资于2008年6月16日收购无锡灵山房地产公司

100%股权,实际收购的为项目二期、三期地块,占地面积共 50 万平方米。截至 2012 年 12 月 31 日,项目二期别墅已全部售罄,三期别墅部分已竣工。

"无锡观湖铂庭"是由无锡金丰投资开发的低容积率住宅项目。该项目位于无锡市滨湖区梅梁地区,观湖路与渔港路交叉口西北侧,比邻风景秀丽的太湖,占地 153 350 平方米,规划地上建筑面积约 214 690 平方米,产品定位为联排、叠加别墅和高层住宅,分 A、B、C 三个地块开发。2010 年 2 月,金丰投资通过公开竞拍,以总价 13 亿元获得该地块(土地证编号为:锡国土 2010-3 地块)。截至 2012 年 12 月 31 日情况,项目 B 地块已取得预售许可证,A 地块已获得施工许可证,C 地块尚未取得土地证。

"瑞金南苑"(又名"申江名苑")项目是由公房实业公司独立开发建设的住宅小区,位于上海市徐汇区瑞金南路 458 弄,于 1998 年 4 月开工建设,2003 年 5 月建成。项目总建筑面积 122 522 平方米,绿化率达到 40%,是被徐汇区政府评选为"上海市四高小区"的楼盘。

"东兰世茗雅苑"项目是由公房实业公司投资控股的上海龙茗房地产开发有限公司负责开发建设的住宅小区,于 2003 年 4 月开工建设,2005 年 4 月建成。该地块位于上海市闵行区龙茗路 1597 弄,占地面积 62 000 平方米,总建筑面积 89 237 平方米,小区由 21 幢多层、小高层组成。

"海上梦苑"项目是由公房实业公司投资控股的上海龙宛房地产开发有限公司负责开发建设的住宅小区,于 2005 年 4 月开工建设,2007 年 10 月建成。该小区位于上海市卢湾区蒙自路 598 弄,小区占地面积 8 000 多平方米,总建筑面积约 22 573 平方米。

七、代建管理项目

"三林城市商业广场"项目位于浦东新区三林城居住片区的核心区,项目占地总面积 42 400 平方米,总建筑面积 151 090 平方米,曾获得"上海市优质结构奖""白玉兰奖"等奖项。

"上海馨佳园项目"东起沪太路、南至宝安公路、西至陆翔路、北至鄱阳湖路,总占地面积约 150 万公顷,为上海市大型保障性居住社区,规划总建筑面积约 180 万平方米(含 C2、C3 地块,规划建筑面积约 28 万平方米),是兼具各项居住功能的大型综合性社区,规划可入住 1.6 万余户居民,接纳约 4.5 万人口。项目于 2006 年 3 月 18 日开工建设,于 2011 年年底整体交接。上海馨佳园项目被评为"全国保障性安居工程建设劳动竞赛优秀工程项目"。

"徐泾北城馨浦苑"项目位于青浦区徐泾镇,项目总占地面积 76 124.9 平方米。整个项目分为 3 个地块,设计总建筑面积约为 19 万平方米,于 2010 年 12 月 28 日正式启动。

"美罗家园大型居住社区"作为第二批共 23 个大型居住社区之一,基地位于上海市北部宝山区罗店老镇的西南角,罗店北欧风情新镇西侧,A30 郊环线以北,是近期推进的大型居住社区之一。公司代建项目为 C1、C2、C4 地块,总建筑面积约 37.5 万平方米,C2、C4 地块在 2012 年 5 月正式开工建设,2014 年 12 月竣工;C1 地块计划于 2013 年 7 月开工建设,2015 年 12 月竣工。

八、金融服务产品

天启·金丰 1 号房地产流通服务基金投资集合资金信托计划,2011 年 1 月由金丰投资与中航信托合作设立。募集信托资金总规模为 3 亿元,社会合格投资人与金丰公司的认购比例为 1∶1,信托期限为 2+1 年,预期固定年收益率为 9.5%/年。信托资金主要投向房地产项目包销和风险代理业务。

天启·金丰2号保障房投资集合信托计划，2012年7月由公司与中航信托合作设立。该计划募集资金4亿元，期限为4年，预期收益率为6.5%/年，主要为供应链融资。信托资金主要投向上海市宝山区罗店保障房项目。

天启·金丰3号集合资金信托计划，2012年11月由公司与中航信托合作设立。该计划募集资金总规模为2.14亿元，期限为15个月。信托计划资金用于上海某住宅项目和舟山某商办楼项目。

公司与国泰金枫股权投资基金管理（上海）有限公司在房地产金融服务业务等方面开展合作，达成了总规模约10亿元的"稳"字系列地产基金战略合作框架，设立"稳惠""稳顺""稳创"等基金，并由公司担任投资顾问。

第三节　主要投资企业

一、上海房屋置换股份有限公司

上海房屋置换股份有限公司（简称"上房置换"）成立于1997年12月，主要从事房地产经纪及相关业务的咨询服务、科技开发等，是经市政府批准成立的上海市房地产行业首家发起式股份制企业，注册资本5 000万元。公司成立以来，在"以房屋置换为纽带，促进房地产二、三级市场联动"理论的指导下，以"专业化、市场化、规模化、规范化、网络化"为房屋置换经营手段，以"小小贴补换新家"为理念，以房屋置换的连锁加盟特许经营为经营形式，开始了规模化房屋置换经营实践，并形成"上房置换模式"，全心全意为广大百姓梯级消费、逐级改善住房条件提供优质服务，多次获得省部级、市级荣誉。同时，公司根据企业发展需要，在动迁配套房签约服务、经济适用房销售、公租房经租外包服务等方面推广保障服务模式，积极拓展住房保障市场。

上房置换于2002—2012年共为居民置换房屋91 359套，置换面积602万平方米，创造利润1.3亿元，为国家创税7 967万元。2012年年末总资产为16 204.84万元，净资产为11 473.96万元，金丰投资持股比例为90%。

二、上海金丰易居房地产顾问有限公司

上海金丰易居房地产顾问有限公司（简称"金丰易居"）成立于2003年12月，原为"上海普润房地产顾问有限公司"，是在整合金丰易居、上房置换和鹏欣集团三大业界名企的优势资源基础上，对上海浩源房地产代理有限公司（原中原国际）增资扩股组建而成；2011年9月股权结构调整后正式更为现名，注册资本2 000万元。公司成立之初，主营业务涵盖项目代理、二手房中介及商业服务，2008年根据市场变化及金丰投资流通板块整体发展的要求，调整为专营一手代理业务（含住宅、商业、办公等各种业态）。具体从事房地产领域的土地评估、投资咨询、广告设计、营销代理、房地产电商、商业招商及营运等服务。

公司成立以来至2012年年底，累计销售房产30 702套，累计销售面积302.35万平方米，实现销售金额272.97亿元。2012年年末总资产为11 591.26万元，净资产为6 362.96万元，金丰投资持股比例为100%。

三、上海公房实业有限公司

上海公房实业有限公司(简称"公房实业")前身为上海市公房发展实业总公司,成立于1993年9月,主要从事房地产开发业务。公司成立初始注册资本由上海市房屋土地管理局出资500万元,1995年7月又增资1 000万元。上房集团组建成立后,上海市房屋土地管理局将所持有的公司股权划转至上房集团。其间又经历企业改制、引入公司职工持股会、主要经营者持股及上房集团工会增资等,公司注册资本变更为2 000万元。

2002年10月,金丰投资受让公房实业73.925%的股权,成为控股股东,公房实业职工持股会持股比例下调为26.075%。2004年4月,公司注册资本增加3 000万元,变更为5 000万元。

2008年7月,公房实业职工持股会以减少注册资本的方式,退出其全部投资计1 303.75万元。减资后,公司注册资本变更为3 696.25万元,成为金丰投资全资子公司。

公房实业2004年4月申报房地产开发一级资质并获得通过,成为具备一级房地产开发资质的开发企业。公司合作或独立开发了上海"瑞金南苑""东兰世茗雅苑""海上梦苑",四川邛崃"金丰宜居""金丰雅居"(保障房)等楼盘,累计开发各类物业近45万平方米,多次荣获上海市房屋土地管理局、地产集团精神文明单位称号,并获得"上海市房地产开发企业诚信承诺先进企业"荣誉称号。

公司2012年年末总资产为20 295.46万元,净资产为16 421.89万元,金丰投资持股比例为100%。

四、上海茸欣房地产置业有限公司

上海茸欣房地产置业有限公司(简称"茸欣公司")成立于1999年3月,主要从事房地产开发经营、自有房屋租赁。注册资本1 000万元,金丰投资公司出资950万元,占股95%;上海上房房产经纪咨询有限公司出资50万元,占股5%。2003年11月,原股东上海上房房产经纪咨询有限公司,变更为上海金丰易居网有限公司出资50万元,占股本的5%。2004年8月,公司注册资本增加到10 000万元,其中上海金丰投资股份有限公司出资9 500万元,占股本的95%;上海金丰易居网有限公司出资500万元,占股本的5%。

茸欣公司开发建造了"新上海弄里人家""新上海花园洋房""金丰蓝庭"等住宅项目。截至2012年年底,项目基本销售完毕。2012年年末总资产为28 950.46万元,净资产为27 419.93万元,当年实现净利润2 870.85万元,金丰投资持股比例为100%。

五、上海金丰建设发展有限公司

上海金丰建设发展有限公司(简称"金丰建设")成立于2005年6月,主要从事房地产开发与经营、市政公用工程、房屋建筑工程总承包、项目管理服务、国内贸易等业务,注册资本为3 200万元。2008年,地产集团将上海明馨置业有限公司现有业务和员工整体划转至金丰建设公司。2009年1月1日起,金丰建设公司正式开展代建业务。公司全力参与代建上海市保障房"上海馨佳园"项目和青浦华新拓展基地、罗店大型居住社区、世茗大厦以及商业地产"三林城市商业广场"等多个项目,总开发面积超过280万平方米,总投资额逾120亿元,涉及住宅、商业、办公、酒店等多个领域。金丰建设发展公司获得"上海市工人先锋号""上海市红旗文明岗""上海市新长征突击队""上海市重大工程配套商品房建设奖"等荣誉称号及奖项。

2012年年末公司总资产为44 209.51万元,净资产为15 729.86万元,金丰投资持股比例为100%。

六、无锡灵山房地产投资开发有限公司

无锡灵山房地产投资开发有限公司(简称"灵山房产")成立于2003年8月,主要从事房地产开发、经营业务,注册资本3 000万元。开发项目为位于江苏省无锡市马山太湖国家旅游区的"印象剑桥"别墅项目,项目规划总占地面积780 390.10平方米。金丰投资2008年6月与无锡灵山实业有限公司、无锡静安置业投资有限公司签订《无锡灵山房地产投资开发有限公司收购协议》,收购其100%股权,并于2011年4月增资12 000万元,注册资本变更为15 000万元。项目共分三期,收购时原开发商已经完成一期、一期半开发。截至2012年年底,一、二期销售完毕,三期规划共计158栋独立别墅,首批75栋别墅目前以现房销售,其他83栋别墅中50栋已结构封顶。

2012年年末总资产为99 112.87万元,净资产为48 446.35万元。

七、无锡金丰投资有限公司

无锡金丰投资有限公司(简称"无锡金丰")成立于2010年6月,主要从事房地产开发、经营业务,注册资本3 000万元,2010年12月增加注册资本至30 000万元。开发项目为位于江苏省无锡市渔港路的"观湖铂庭"项目。该项目是金丰投资公司于2010年2月通过公开竞拍,以总价13亿元获得(土地证编号:锡国土2010-3地块)。地块为住宅项目,占地153 350平方米,容积率为1.4,项目分A、B、C三块开发,分别以小高层、联排和叠加别墅、低层洋房为主。

截至2012年年末,项目B块已取得预售许可证,A块已开工。2012年年底总资产为176 146.87万元,净资产为28 928.06万元,金丰投资持股比例为100%。

八、上海金丰易居网有限公司

上海金丰易居网有限公司(简称"金丰易居网")2000年出资1 050万元人民币收购上海房产信息网络有限公司70%股权,并追加投资至持有其95%的股权,将公司更为现名,注册资本6 500万元。金丰易居网主要从事房地产经纪、专用软件开发、系统集成和科技经营等业务。2012年年末总资产为7 208.54万元,净资产为7 195.78万元,金丰投资持股比例为100%。

九、上海金益酒店管理有限公司

上海金益酒店管理有限公司(简称"金益酒店")成立于1998年,主要从事酒店管理业务,注册资本400万元。金益酒店公司管理的富豪金丰酒店于2009年9月开始试营业。公司2012年年末

总资产为 1 563.21 万元,净资产为-5 705.89 万元,金丰投资持股比例为 100%。

十、上海市住房置业担保有限公司

上海市住房置业担保有限公司(简称"置业担保")成立于 2000 年 7 月,注册资本 90 000 万元,金丰投资持有其 40%的股权。置业担保公司是上海市唯一一家从事住房公积金贷款担保的专业机构。经过十数年的稳健经营和发展,现已成为国内同行业中资本金数额、担保规模最大,资产质量优良的住房置业担保公司之一。在巩固发展住房公积金贷款担保业务的同时,置业担保公司不断开拓市场,推出个人住房商业性贷款担保、中小企业融资担保、诉讼保全担保等担保业务品种,已建立起健全的担保业务体系。

截至 2012 年年末,置业担保公司总资产为 421 152.87 万元,净资产为 175 818.50 万元,金丰投资持股比例为 40%。

第四节　资本市场运作

一、增发新股融资

2002 年 4 月 5 日,金丰投资于上海证券交易所增发境内上市人民币普通股(A 股)5 720 万股。本次发行采取在询价区间内网上申购累计投标询价方式,发行价格为 11.55 元/股,募集资金 66 066 万元(含发行费用),实收募集资金 62 922 万元。本次增发完成后,公司控股股东持股比例由 74.69%下降为 55.45%。主承销商为兴业证券股份有限公司。

二、股权分置改革

2006 年,金丰投资完成股权分置改革工作。2006 年 5 月 29 日,公司股东会议审议通过了公司股权分置改革方案:流通股股东每 10 股获付 3.7 股,非流通股股东共支付 46 227 711 股。方案于同年 6 月 7 日实施。方案实施后,公司控股股东地产集团持有的国家股由 155 497 042 股变更为 109 269 331 股,持股比例由 55.45%下降为 38.96%;流通股股数由 124 939 759 股变更为 171 167 470 股,持股比例由 44.45%上升为 61.04%。公司总股本保持不变。

股权分置改革项目保荐机构为华欧国际证券、平安证券有限公司;法律顾问为金茂律师事务所。

三、发行 6 亿元公司债

2009 年 12 月底,公司成功发行 6 亿元公司债,用以补充流动资金及偿还部分银行借款。发行价格为每张人民币 100 元,票面利率为 5.9%,债券于 2010 年 1 月 27 日在上海证券交易所上市交易,为公司开辟了一条新的融资渠道。发行公司债券募集资金有利于改善公司债务结构、锁定长期债务成本,使长短期负债匹配更趋于合理,提高了公司的抗风险能力。

第五节 职工队伍

截至2012年年底,在职员工:公司本部42人,主要子公司706人,合计748人。
专业构成:管理人员186人,业务人员433人,财务人员44人,其他人员85人。
文化程度:硕士及以上15人,本科113人,大专237人,其他人员383人。

第四章　上海房地(集团)有限公司

上海房地(集团)有限公司(简称"上房集团")前身为上海房地(集团)公司,成立于1996年7月,公司注册资金为5.7亿元人民币。旗下拥有全资、控股、参股和关联企业共计200余家,以资产为纽带,形成房地产开发、房屋设备生产、建材生产营销、装饰施工、公房管理、房屋设计六大产业板块的多法人、多层次、多元化的企业法人联合体。

第一节　历　史　沿　革

1996年4月,为贯彻落实党的十四届五中全会和中共上海市委六届四次会议精神,推进深化企业改革、理顺产权关系、加大产业结构、资本结构调整的力度,转换机制,增强国有企业活力,市建委发文,同意上海市房屋土地管理局按现代企业制度要求转变政府管理部门职能,实现政企分开、政资分开,将下属的中华企业股份有限公司、上海市房屋建筑材料总公司、上海建筑装饰(集团)总公司、上海市房屋设备总公司、上海市房产经营公司、上海市公房资产经营公司、上海市久实房地产发展公司、上海市公房发展实业总公司、上海市外事用房经营公司9家企业和1家上海市房屋建筑设计院等涉及房地产开发经营、建筑装饰、房屋设备、建筑材料、物业管理、商业贸易、工业生产、咨询服务的相关单位划出,以"9+1"模式结构,组建成上海房地(集团)公司。同年7月,经工商登记,上海房地(集团)公司成立。

1998年,上房集团通过收购原上海嘉丰股份有限公司,重新组建上海金丰投资股份有限公司。

2002年11月,上海地产(集团)有限公司成立,上房集团整建制划入地产集团。

2004年5月,为贯彻上海地产(集团)有限公司发展战略,实施国有资产的布局调整,充分发挥上市公司作用功能,经上房集团董事会研究决定,同意将上房集团所持有的上海金丰投资股份有限公司(600606)55.45%股权(计141 360 947股国有股)和中华企业股份有限公司(600675)49.87%股权(计347 821 429股国有股)划转给上海地产(集团)有限公司,并由上海地产(集团)有限公司对上述股权行使相应权利。

2004—2005年,根据上海地产集团关于深化企业改制的总体部署和整体要求,上房集团认真贯彻《上海地产集团成员企业深化改革若干具体问题的意见》等指导改革、改制的文件和政策,对上海建筑装饰(集团)有限公司、上海市房屋实业有限公司、上海房屋设备有限公司、上海市久实房地产发展公司、上海市公房资产经营公司、上海市房屋建筑设计院、上海豫章房地产文化传播有限公司、上海房产信息发展有限公司分别进行整体改制,实现了这8家企业国有资产全部退出,转为民营企业。

2005年12月13日,上海地产(集团)有限公司为积极实施发展战略,收缩国有资产运营层级,减少管理层次,提高管理效率,合理配置资源,经研究决定,自2005年12月1日起,调整地产集团部分资产布局。同时,对上海房地(集团)公司实施重组:将地产集团对上海地产闵虹置业公司、上海安居房发展中心的投资,以划转方式注入上海房地(集团)公司,将上海地产闵虹置业公司、上海安居房发展中心整建制划转上海房地(集团)公司,并由上海房地(集团)公司按资产关系实施管理;

上海房地(集团)公司对公司本部和各划入单位的业务进行归并整合,明确公司本部和各子公司的业务定位,上海房地(集团)公司由投资控股型企业转变为实体型公司,主要业务板块为:房地产开发、股权投资及投资项目经营管理、房屋资产管理、物业管理及地产集团储备土地的临时利用和管理、其他延伸业务;上海房地(集团)公司根据业务整合的具体情况,对重组范围内的资产运营层级、管理层次和组织结构实施调整,通过出资人变更等方式,注销上海地产闵虹置业公司、上海安居房发展中心法人登记。

2010年7月31日,上海地产集团同意上海房地(集团)公司改制为有限公司。

2010年11月23日,上海房地(集团)有限公司召开临时董事会,对上海地产(集团)有限公司将所持有上房集团40%股权转让给中华企业股份有限公司的相关事宜进行了讨论,鉴于上房集团是地产集团出资设立的法人独资一人有限公司,地产集团拥有上房集团100%的股权;地产集团已于2010年11月23日党政联席会议作出将所持有的上房集团全部股权中的40%转让给中华企业股份有限公司的决议;地产集团党政联席会议决议确定转让价格以经市国资委备案的上房集团评估净资产值确定。经上海房地(集团)有限公司董事会研究,作出以下决议:(1)按照地产集团要求,做好股东方股权变更的账务处理工作;(2)待股东方完成股权转让后,按照国资管理办法和工商管理规定,做好涉及国有产权、工商、税务等相关的变更工作。

2013年4月23日,上海房地(集团)有限公司召开临时股东会会议,形成决议如下:(1)同意股东上海地产(集团)有限公司将所持有的上房集团60%股权协议转让给上房集团的另一股东中华企业股份有限公司;(2)转让后中华企业股份有限公司拥有上房集团100%股权;(3)协议转让价格不低于经上海市国资委备案的上房集团净资产评估价;(4)股权转让后,由上房集团的唯一股东中华企业股份有限公司组成新一届董事会和监事会。

第二节　经　营　管　理

一、经营范围

1996年7月上房集团成立后,经营范围为:授权范围内的国有资产经营与管理,房地产开发经营,物业管理,建筑设计,营造,装饰,建筑总承包,建筑装饰材料,房屋设备,房地产交易及咨询服务,国内贸易(除专项规定)。根据中央进一步深化经济体制改革,加大国企改革力度要求,上房集团在企业收购兼并、资产重组、盘活国有存量资产、实现资源优化配置等方面不断做出探索,围绕首届董事会提出的"一个中心"(提高资产增值率)指导思想,实现"两个调整"(产品、产业结构和企业结构),抓住"三个环节"(投资、人才、分配)的工作方针,审时度势,迈出实质性步伐。

二、主业经营

上房集团成立伊始,除了着力完成上海市房屋土地管理局下达的利润指标外,重点关注土地储备,当时全市推出建立4个住宅示范区概念,上房集团积极筹划,跟踪春申住宅示范区,与闵行区住宅发展局、规划土地局经多次商榷,形成合作开发意向,取得500余亩土地的开发量,由上海市房产经营公司历经数年开发,在为上房集团获取一定利润同时,地处春申示范区的"上海春城"项目也为企业建树了品牌知名度。

1999年3月,上房财务结算中心正式运行,其主要任务是:办理财务结算;筹措和融通资金;受理项目评估、代办保险等中间业务。

上房集团积极开拓房地产两级市场。20世纪90年代后期,随着住房制度改革的逐步推进,商品房上市大量增加,二手房市场交易日趋活跃。上房集团与华东师范大学东方房地产学院联手进行产学研联动,开创"上房置换模式",提出"小小补贴换新家"口号,"上房置换模式"为推动国内房地产三级市场发展起到了积极作用,得到国家建设部的肯定和推广。在此期间,公司首创上海的"房屋银行",并催生了"房嫂"这一职业,即从下岗女工中选拔一批素质好的同志培养上岗,成为第一批房地产中介从业人员,得到上海市总工会、上海市妇联的充分肯定。

三、资本经营

上房集团积极依托资本市场开展资本经营,1997年10月,上房集团与上海纺织控股(集团)公司签署股份转让协议,纺织控股一次性向上房集团转让其所持有的上海嘉丰股份有限公司74.69%的总股本,上房集团并购嘉丰股份,改名为ST嘉丰公司。1998年7月,经过跨行业资产重组,ST嘉丰正式更名为上海金丰投资股份有限公司。

上海金丰投资股份有限公司成立后确立以住宅流通服务为公司主营业务,成为国内第一家房地产行业综合服务型上市公司。公司旗下的"金丰易居""上房置换"品牌在房地产流通领域享有很高的声誉,多次荣登上海市房地产优秀经纪企业"金桥奖"榜首,并入选上海市著名服务商标。

而后,时至2000年,上房集团又通过其旗下的中华企业股份有限公司收购了上海古北集团和上海房地产经营集团两家一级开发资质企业,收购总金额约为7.5亿元,涉及53亿元规模资本。上房集团借助上市公司通道,解决在房地产开发领域最为困惑的资金瓶颈,使企业能够走上健康发展之路。

四、企业管理

上房集团组成后,组织专门班子深入调查研究、摸清底数,对下属子公司人员结构、房产开发以及投资项目、存量物业及房地产权情况逐一查清,形成汇总表加以分析,本着"抓大放小"原则,积极推进企业改制,当年即启动并实质性落实三家中小企业股权转让,随后各企业根据自身发展情况,陆续开展深入改革改制探索,促使企业不断保持活力。

1999年7月,上房集团"再就业服务中心"揭牌成立。同时,材料公司分中心、设备公司分中心、装饰集团分中心同步成立。该中心的设立,为集团改革改制起到分流缓冲作用,为顺利推进企业改革提供了保障。

五、资产重组

2004年7月,上房集团与上海地产集团签署了《国家股划转协议》,根据协议,上房集团将其持有的金丰投资国家股份和中华企业国家股份,全部无偿划转给上海地产集团所有,使上海地产集团成为两家上市公司的第一大股东。

2005年12月,上房集团实施了重组,启动上房集团第二轮改制,此次改制原则为:1996年8月上房集团挂牌成立时的"9+1"企业及下属企业,除特种用房管理公司、中华企业及金丰投资两家上市公司以外,其他企业或实现经营者持股,或由外部经营者受让,全部从原有国有企业体制剥离,共计4000余人离开原国有体制走向市场。改制期间上房集团操作层面严格按照地产集团关于深化国企改革要求,按照《劳动合同法》原则,程序规范,管理有序,平稳实现了体制改革。

第三节 开发项目

2010年,上房集团改制更名为上海房地(集团)有限公司。经营范围为:授权范围内的国有资产经营与管理,房地产开发经营,建筑装饰材料,房屋设备,房地产交易及咨询服务,国内贸易(除专项规定)。

改制后的上房集团是一家以房地产开发为主营业务的综合性投资开发企业,相继投资开发建设了一批保障性住房和中高档商品房及工业房地产项目,为上海地产集团房地产企业改革发展作出了积极贡献。主要项目如下:

一、馨汇南苑

馨汇南苑是上房集团直属上海民诚置业有限公司开发建设的上海铁路南站的配套项目。上海民诚置业有限公司是上房集团为了开发建设馨汇南苑项目而在徐汇区注册的全资公司,公司注册资本金2700万元。

馨汇南苑地块位于明珠线以西,南宁路、武宣路以东,龙华港以南,规划磁浮线以北。用地面积58110平方米,建筑容积率2.0,总建筑面积约13.3万平方米,其中住宅面积11.2万平方米,共建设17幢13～15层住宅,1幢2层商场和1幢3层公建,建筑密度17%,绿化率35%,集中绿化率11%,住宅总套数1386套。项目分两期建设。2007年9月,一期项目开工;2009年2月,一期项目竣工。2008年9月,二期项目开工;2010年3月,二期项目竣工。馨汇南苑项目为了给南站地区动迁居民营造一个高品质小区,项目在房型设计、外墙立面、内部用材、环境降噪、总体设计等多方面体现了较高的水准和品质。该项目分别荣获"2009年度上海市住宅建设实事立功竞赛先进集体""2010年度上海市创建节能省地型'四高'优秀小区"以及"第六届'上海市优秀住宅'优秀保障性住房奖"。

二、尚汇豪庭

尚汇豪庭项目是上房集团下属上海凯峰房地产开发有限公司开发建设的大型高端纯住宅项目。上海凯峰房地产开发有限公司组建于2009年10月,于2009年10月由上海地产(集团)有限公司、上海房地(集团)有限公司和大华(集团)有限公司共同出资与凯峰公司原股东签订"股权转让协议",收购了凯峰公司100%股权,取得徐汇区小闸镇项目地块和项目的开发经营权,三家股东对凯峰公司的持股比例为上海房地(集团)有限公司出资额71%、上海地产(集团)有限公司出资额10%、大华(集团)有限公司出资额19%。为有利于凯峰公司的经营发展,股权收购后三家股东单位又通过两次注资将凯峰公司原注册资本4500万元提高到13亿元。

尚汇豪庭项目坐落于上海市中心城区内环线沿线西南段,在宜山路、中山西路、华石路、蒲汇塘范围内,是一个大型高端纯住宅新型生活社区,项目占地面积约11.79万平方米,总建筑面积约38.6万平方米,其中地上建筑面积约26万平方米,项目分为南、北两块建设用地,分三期开发建设,拟建11幢25～31层高层住宅、12幢7～8层花园洋房、1幢7层住宅及会所、幼儿园、社区中心、配套公建等。

尚汇豪庭项目市场定位是上海最具生活价值的豪宅,目标是高端市场,以高端客户群体为主力需求。尚汇豪庭项目一期工程获得"二星级绿色建筑设计评价标识",全装修和初装饰两类住宅分别获得了各自类型最高级别3A级和2A级性能认定初审证书。

三、安亭新镇

安亭新镇项目是上房集团下属上海国际汽车城置业有限公司开发建设的商品房。上海国际汽车城置业有限公司于2001年9月25日设立于上海,完成工商登记,注册资金1亿元,上房集团占30%股份。2009年12月股东变更,增资到5亿元,根据董事会会议决议,同意上海房地(集团)有限公司以127 543 942.14元的价格接收上海国际汽车城置业有限公司20%的股权,上房集团占50%股份,上海中星(集团)公司占50%股份,由上房集团负责操作。公司下设上海国际汽车城物业管理有限公司、上海国际汽车城安亭新镇能源技术服务有限公司、上海国际汽车城安亭新镇酒店管理咨询有限公司3家子公司。

安亭新镇项目为原市政府规划"一城九镇"之一。是上海备受瞩目的纯德式风貌小镇。项目位于安亭镇南,东至安亭镇龚闵村、西至墨玉南路、南至沪宁高速、北至吴淞江。安亭新镇毗邻G2G42(沪宁高速),处于吴淞江、蕰藻浜的交汇处。项目于2003年4月1日开工建设,以住宅为主,兼有公共服务设施、教育、商办及市政等其他设施。总建筑面积约122万平方米,其中住宅建筑面积约93万平方米,公共服务设施及其他建筑面积约25万平方米。项目社区级配套设施建筑面积约1.73万平方米,基础教育设施建筑面积约4.8万平方米,商办建筑面积约17.85万平方米,市政及其他建筑面积约0.68万平方米。截至2014年12月,已建成"魏玛原墅""德绍豪斯"等共计50万平方米的住宅,20万平方米的商办、教育等公建配套设施。城镇内绿化面积约1.4平方公里,种植了200多种乔灌木,成为具有特色的居住小区。

四、上房现代物流仓储用房项目

上房现代物流仓储用房项目位于松江工业区北部试点园区内,北靠缤纷路,西靠中凯路,东、南临河,所处园区附近有沪松、辰花、广富林及文翔四条市政干道,使物流基地融于松江乃至全市的大交通体系中。物流基地距离G60松江、新桥出口以及G15莘砖路出口各约5公里,距离S32、G1501高速公路约10公里,交通便利。该仓储项目通过招拍方式获得政府土地使用权,总占地面积102亩,容积率为0.616。项目分两期建设。2006年8月,一期项目开工;2007年5月,一期项目竣工投入使用。2009年年底,二期项目正式启动,并于2010年11月竣工投入使用。总投资约1.5亿元,总建筑面积约4.2万平方米。其中仓库面积为38 047平方米,1幢配套6层办公楼建筑面积为3 675平方米。按照高起点规划、高标准建设原则,参照国外先进物流地产企业通用标准,仓库建设采用高平台立体钢结构形式。该仓储项目建设分别获得"金钢杯""茸城杯""九峰杯"等荣誉。

第四节 主要控股企业

一、上海凯峰房地产开发有限公司

上海凯峰房地产开发有限公司是由上海地产（集团）有限公司、上海房地（集团）有限公司和大华（集团）有限公司3家上海著名的房地产集团按照股份共同出资组建的新公司，公司注册资金为13亿元，公司部门有综合管理部、计划财务部、总师办公室、项目管理部和前期部。

二、上海国际汽车城置业有限公司

上海国际汽车城置业有限公司成立于2001年9月，是上海国际汽车城四大主体公司之一。于2009年8月由上海房地（集团）有限公司和上海中星（集团）有限公司联合收购重组，注册资金5亿元。

三、上海民诚置业有限公司

上海民诚置业有限公司是上房集团为了开发建设馨汇南苑（上海南站Ⅱ号地块配套商品房）项目而在徐汇区注册的全资公司，公司注册资本金2700万元。

四、上海房地集团物业服务有限公司

上海房地集团物业服务有限公司注册资本300万元，具有国家物业服务企业二级资质，通过ISO9001-2008质量保证体系认证，是上海市物业管理行业诚信承诺AA级企业。公司主要业务分为三大板块：物业管理18处，面积111.60万平方米；上海市土地储备中心委托储备土地管理14幅，面积589亩；上房集团存量房代理经租管理9处，面积9375.77平方米。公司主要经营范围包括物业管理、园艺绿化、商务信息咨询、停车场管理服务等。

第五节 职工队伍

截至2014年12月，上海房地（集团）有限公司从业人员420人，其中在编人数322人，中共党员人数98人，团员30人，拥有技术职称人数82人。

第五章　上海闵行联合发展有限公司

1984年12月31日,经上海市人民政府以及国家对外经济贸易部批准,上海闵行联合发展有限公司正式成立,统一负责闵行开发区的开发建设和经营管理。

1986年8月29日,经国务院批准,上海闵行经济技术开发区正式设立,为国务院批准设立的首批14个国家级经济技术开发区之一,执行沿海开放城市经济技术开发区的各项优惠政策。

2006年2月,经国务院批准,闵行开发区在临港地区成功扩区,规划面积为13.3平方公里,重点发展现代装备工业和先进制造业。

2010年,闵联公司隶属关系由原市建设交通委划转上海地产集团。

经过26年的开发建设与优化调整,闵行开发区逐步发展成为具有良好投资环境、较强综合竞争力和影响力的外向型工业园区。开发区形成了以机电产业为主、以医药医疗产业和食品轻工产业为辅的三大产业板块;经过产业结构不断优化,在自然集中、产业集聚基础上,园区逐步向企业集群化方向发展,形成十多个企业集群及核心企业;注重引进2.5产业,发展以研发中心为主导的生产性服务业,不断提升产业能级。

闵行开发区成立以来,得到了党和国家领导人以及各级领导的支持和关心。1992年1月17日,中共中央总书记、中央军委主席江泽民视察闵行开发区,并题字"上海闵行经济技术开发区管理中心"。1992年2月12日,改革开放的总设计师邓小平在国家主席杨尚昆、市委书记吴邦国、市长黄菊的陪同下视察闵行开发区。1992年2月28日中共中央《关于传达邓小平同志重要讲话的通知》中,有不少内容是在闵行开发区视察时的讲话。2004年7月28日,中共中央总书记、国家主席、中央军委主席胡锦涛视察闵行开发区企业。2007年6月19日,中央政治局委员、市委书记习近平视察闵行开发区企业。另外,李鹏、朱镕基、李瑞环、尉健行、吴邦国、黄菊、李岚清、俞正声、邹家华、钱其琛、吴仪、韩正等党和国家领导人也曾到闵行开发区视察指导工作。

自2010年正式划转上海地产(集团)有限公司以来,闵联公司在地产集团的正确领导下,认真贯彻落实本市"创新驱动、转型发展"的总体要求,持续优化闵行开发区产业结构,不断提升产业能级;继续抓好园区土地节约利用,走集约化发展道路;继续加大节能减排和环保工作力度,积极创建国家生态工业示范园区;实施"走出去"发展战略,不断拓展区外项目,培育公司新的经济增长点;在促进开发区转型升级与公司主营业务持续增长、资产规模和利润总额提升方面均取得了较好成绩。

第一节　历　史　沿　革

1984年12月,国家对外经济贸易部批准上海闵行联合发展有限公司合资经营企业各方签订的合同、章程。公司注册资本为1亿元。其中上海市闵行虹桥开发公司出资额占比65%;港澳中银集团成员行出资额占比25%;中国银行上海分行出资额占比10%。

闵联公司经营范围为:新区内市政公用基础设施的开发(不包括城市规划的道路及其水、

电、煤气、电话、雨水、污水处理等市政公用基础设施），负责区内土地的使用管理，收取新区土地开发费；独资或与外资、侨资、港澳资本、国内资本、合资合作，或由外商独资兴办和经营现代化的工业企业及有关的商业企业；以上述各种资本形式从事房地产经营，如兴建并出售、出租办公楼、工业通用厂房、公寓、职工住宅等；以上述各种资本形式兴建并经营旅馆、餐厅、商场、文体娱乐等生活服务和其他服务性企业，以及仓储、交通运输业务；办理本公司和新区内企业有关进出口业务；为国内外投资者介绍来区内共同合资、合作兴办企业的对象，接受其他委托代办业务。

1985年2月14日，"上海闵行联合发展有限公司"经工商局登记注册成立。

1985年6月20日，闵联公司在上海展览中心宴会厅举行成立大会。出席大会的有上海市市长汪道涵、副市长倪天增、中国银行副董事长兼港澳管理处主任蒋文桂以及港澳中银集团成员行香港中国银行、香港金城银行、香港浙江银行、香港新华银行及香港广东省银行的领导。

2004年12月14日，股东方上海市闵行虹桥开发公司变更为上海地产（集团）有限公司。

截至2012年年底，公司在编人员54人，其中硕士学历占20%，本科学历占40%，大专学历占40%。

第二节　开发区概况

闵行开发区，东至北沙港，南至东川路、江川路、金彭河、黄浦江，西至碧溪路、天星路、昆阳路、丽江路、文井路，北至剑川路、古永路，总体面积3.5平方公里。

1979年，开发区开始规划；1982年，上海市政府决定建立闵行新工业区；1983年，闵行开发区征地动迁办公室和闵行虹桥开发公司成立，正式启动开发建设。

1986年8月29日，国务院批准闵行新工业区为经济技术开发区，经国务院批准成为国家首批沿海14个国家级经济技术开发区之一，执行沿海开放城市经济技术开发区的各项政策规定。

2006年2月27日，商务部、国土资源部、建设部联合发文，批准闵行经济技术开发区扩区浦东临港，面积为13.3平方公里。

表5-5-1　2002—2012年闵联公司主要经济指标一览表　　　　　　　　单位：万元

年　　份	营业收入	利润总额	年末总资产
2002	13 866.07	9 964.32	218 059.41
2003	17 780.14	9 839.01	208 102.54
2004	16 464.12	10 043.87	264 538.96
2005	20 082.42	10 233.73	281 187.25
2006	13 808.98	10 858.57	302 490.36
2007	17 044.86	21 209.72	339 540.51
2008	13 374.58	16 452.50	549 266.00

〔续表〕

年　份	营业收入	利润总额	年末总资产
2009	13 975.38	16 294.26	549 266.00
2010	16 560.81	7 770.84	599 544.78
2011	29 519.90	11 712.02	577 374.19
2012	38 709.29	13 766.85	561 768.36

第三节　主营业务

一、基础设施建设

通过历年的建设，闵行开发区的供水、供电、供气、通信、雨水、污水、道路等已纳入上海市政公用设施管网系统，园区内已建成道路22.3公里、桥梁8座、泵站6座、黄浦江货运码头1座、加油站1座；埋设雨水管31.7公里、污水管25.3公里；建成11万伏与22万伏变电站各1座、3.5万伏变电站3座、1万伏变电站13座、煤气调压站4座；修筑黄浦江驳岸及沙港河防汛墙8.2公里。

二、招商引资与产业升级

闵行开发区招商项目坚持以工业项目为主、外商投资项目为主、产品出口型与技术先进型两类企业为主的标准，进区企业呈现出层次高、投资额高、技术含量高的特征。开发区世界500强企业投资的项目有34家，占开发区企业总数的34%，形成了三菱、强生、西门子、ABB、圣戈班和阿尔斯通等14个企业集群和核心企业，其销售收入、税收、利润占开发区总量的80%以上。区内企业设立独立研发中心或者具备进行科研活动的企业一共有20家。全区累计引进项目174个，累计投资总额超过37亿美元，平均单项投资超过2 130万美元。累计销售收入5 361.5亿元，企业利润558.1亿元，实缴税金468.4亿元，上缴关税172.4亿元。在全国所有工业开发区中，闵行开发区单位面积的企业利润、上缴税收、工业增加值持续名列前茅。

三、土地集约节约利用

闵联公司创新经营理念，抓住产业、企业生命周期，贯彻土地利用须精耕细作，招商选资须精心策划，提升服务须精益求精，资金使用须精打细算和开发区建设须出精品工程的"五个精"工作标准，最大可能地放大集约利用土地带来的综合效应，通过采取调整功能回购、动迁回购、拍卖回购、协议回购、违约回购、到期回购这6种回购方式进行园区进区项目的优胜劣汰，推进产业集群的发展。截至2012年年底，开发区在总面积不变的情况下，一共回购厂房34.7万平方米，回购土地97.8万平方米，提高了地块的建筑密度和建筑容积率，在不增加土地面积的情况下扩大生产规模。2007年12月，闵联公司"提高开发区土地使用效益的集约管理"课题荣获"第十四届国家级企业管理现代化创新成果一等奖"。

四、园区环境保护

闵行开发区在建设发展过程中,始终重视环境保护,在"十一五"期间,开发区整体通过ISO14000环境管理体系认证和ISO9000质量管理体系认证;2005年荣获"上海市质量和环境双优园区"称号;2008年荣获首届"上海市品牌园区"称号;2010年获得"上海市节水型工业园区"称号。2012年,开发区单位能耗下降到0.05吨标煤/万元,水耗下降至1.07立方米/万元。开发区单位能耗、水耗等各项指标都远低于上海市平均水平。

五、临港园区开发建设

2006年2月,经国务院批准,国家三部委联合发文正式批准闵行开发区扩区上海临港地区,扩区面积13.3平方公里。经过多年建设,闵行开发区临港园区基础设施建设已基本完成,累计引进产业项目14个,项目总投资达45.56亿元,并逐步形成以新能源装备、船用设备制造为代表的先进装备制造企业集群。2012年,临港园区实现工业总产值31.9亿元,上缴税收3.51亿元。

六、房地产项目开发建设

闵联公司一直致力于工业地产建设,为开发区建造了标准厂房、定制厂房、工厂配套设施,也为区内企业自行建造厂房提供咨询服务。同时,闵联公司还致力于办公楼、商品房与保障房建设,为动拆迁农民提供了11.5万平方米安置住宅;开发建设了闵行地区的天星苑、市中心的玛瑙园、新天地滨河花园等商品房项目;在临港主城区投资建设了2.2万平方米的闵联临港开发大厦;参与建设奉南大居保障房项目,获得"上海市工人先锋号""市文明工地"称号和上海市优秀建筑"白玉兰"奖。

七、开发区管理与服务

1987年,闵行开发区根据招商引资的需要和外资企业的需求,编印了《上海闵行经济技术开发区投资指南》,对外商投资的各个环节如税收优惠、基础设施、土地费用、厂房租金、用工成本、项目审批手续、进出口手续、外汇调剂进行了说明。此举为国内首创,为外商决策提供了成本依据。同时,开发区积极引进海关、商检等26家单位入驻"闵行经济技术开发区管理中心",提高了开发区入区项目的审批速度与企业的办事效率。开发区设立了外商投资服务中心、外商投资企业党建工作指导委员会和开发区工会等,使开发区的精神文明、物质文明同步发展、协调推进。

表 5-5-2 1986—2012年上海闵行经济技术开发区数据统计表

年 份	进区项目累计(个)	销售收入(万元)	企业利润(万元)	实缴税金(万元)	上缴关税(万元)
1986	10	3 225	164	/	/
1987	26	6 430	921	109	102

〔续表〕

年　份	进区项目累计(个)	销售收入（万元）	企业利润（万元）	实缴税金（万元）	上缴关税（万元）
1988	47	23 585	2 960	933	924
1989	61	68 577	10 240	2 570	4 088
1990	68	107 513	20 948	4 755	6 405
1991	80	210 844	34 974	9 500	11 600
1992	98	326 454	55 001	16 800	23 200
1993	112	485 529	77 322	28 097	28 070
1994	122	760 468	109 727	53 541	53 714
1995	130	1 013 186	134 385	76 406	73 358
1996	140	1 415 790	140 922	107 821	84 801
1997	141	1 559 205	117 933	129 757	77 232
1998	142	1 597 231	118 456	141 233	63 279
1999	145	1 605 214	158 913	145 191	53 597
2000	151	1 617 475	156 566	136 330	51 010
2001	154	1 780 790	202 476	154 339	54 132
2002	159	1 982 854	203 396	168 961	49 085
2003	159	2 306 745	281 431	197 575	66 619
2004	163	2 737 367	334 761	248 305	81 098
2005	168	3 107 594	323 399	284 585	100 612
2006	169	3 643 194	387 279	335 119	130 694
2007	171	4 194 426	443 908	370 329	124 516
2008	171	4 753 950	438 766	441 024	123 834
2009	171	3 910 431	437 724	382 641	119 080
2010	172	4 450 261	490 724	368 799	114 180
2011	173	4 865 578	433 773	380 333	108 976
2012	174	5 081 747	464 481	499 438	120 251
合　计	174	53 615 663	5 581 549	4 684 492	1 724 457

表 5 - 5 - 3　2012 年闵行开发区《财富》500 强投资企业一览表

企　业　名　称	国　别	投资公司中文名称	成立日期	按《财富》杂志2010 年营业收入排名
新华控制工程有限公司	美　国	通用电气	1988 年 8 月	22
上海 MWB 互感器有限公司	德　国	西门子	1993 年 3 月	47
上海西门子高压开关有限公司	德　国	西门子	2001 年 1 月	47

〔续表〕

企 业 名 称	国 别	投资公司中文名称	成立日期	按《财富》杂志2010年营业收入排名
上海西门子开关有限公司	德 国	西门子	1993年9月	47
巴斯夫化学建材(上海)有限公司	德 国	巴斯夫集团	1988年1月	62
博朗(上海)有限公司	美 国	宝洁	1994年2月	86
上海妮姬时装有限公司	日 本	三菱集团	1991年9月	115
上海法雷奥汽车电机雨刮系统有限公司	中 国	上海汽车工业(集团)	1995年12月	130
上海百事可乐饮料有限公司	美 国	百事公司	1989年3月	133
强生(中国)医疗器材有限公司	美 国	强生公司	1994年11月	138
强生(中国)有限公司	美 国	强生公司	1992年1月	138
强生(中国)投资有限公司	美 国	强生公司	1998年5月	138
上海强生有限公司	美 国	强生公司	1988年2月	138
上海强生制药有限公司	美 国	强生公司	1995年12月	138
强生视力健商贸(上海)有限公司	美 国	强生公司	2006年8月	138
圣戈班安全玻璃(上海)有限公司	法 国	圣戈班集团	1995年12月	161
圣戈班高功能塑料有限公司	法 国	圣戈班集团	1995年8月	161
圣戈班韩格拉斯固锐特玻璃(上海)有限公司	法 国	圣戈班集团	2002年1月	161
圣戈班磨料磨具(上海)有限公司	法 国	圣戈班集团	1990年1月	161
圣戈班研发(上海)有限公司	法 国	圣戈班集团	2005年1月	161
可口可乐饮料(中国)有限公司	美 国	可口可乐公司	1995年8月	212
可口可乐投资(中国)有限公司	美 国	可口可乐公司	1995年4月	212
上海三菱电梯有限公司	日 本	日本三菱电机股份有限公司	1986年12月	214
上海ABB电机有限公司	瑞 士	瑞士ABB集团	1995年12月	273
ABB高压电机有限公司	瑞 士	瑞士ABB集团	2005年8月	273
上海环球分子筛有限公司	美 国	美国霍尼韦尔国际公司	1989年1月	284
上海施耐德低压终端电器有限公司	法 国	法国施耐德电气公司	1995年11月	353
米其林轮胎研究开发中心(上海)有限公司	法 国	法国米其林集团	2001年4月	382
上海米其林回力轮胎有限公司	法 国	法国米其林集团	2001年12月	382
上海富士施乐有限公司	日 本	日本富士胶片公司	1987年11月	400
富士施乐(中国)有限公司	日 本	日本富士胶片公司	1996年3月	400
上海阿尔斯通交通设备有限公司	法 国	法国阿尔斯通公司	1999年1月	404
中美上海施贵宝制药有限公司	美 国	美国百时美施贵宝公司	1982年1月	405
美铝(上海)铝业有限公司	美 国	美铝公司	1995年2月	439

第六章　上海虹桥经济技术开发区联合发展有限公司

虹桥开发区既是全国面积最小的国家级开发区，也是以商贸中心为特征并辟有领馆区的国家级开发区。闵联公司秉承勤奋创业的优良传统，发扬开拓创新的改革精神，将虹桥开发区建成为以展览展示为龙头、以外贸中心为重要特征、以现代服务业为核心的涉外商贸区，区内基础设施完善，商贸功能齐备，投资服务便利，是上海地区最早形成的一个涉外综合商务功能区。

虹桥开发区成立以来，得到各级领导的大力支持和关心。1987年，上海市市长江泽民为开发区题词："不断改善投资环境，促进上海对外经济贸易的发展。"1995年，中央政治局委员、中央书记处书记吴邦国为开发区成立10周年题词："上海西大门的一颗明珠。"同年，海协会会长汪道涵为开发区成立10周年题词："崛起与跃进。"江泽民、朱镕基、俞正声、习近平等党和国家领导人都曾到开发区视察指导工作。

自2010年正式划转上海地产（集团）有限公司，虹联公司继续发扬开拓进取的精神，坚持"立足虹桥、完善虹桥、走出虹桥、发展虹桥"的16字方针，立足根本、完善机制、走出创新、发展协作，在解决开发区历史遗留问题的同时不断拓展区内外项目，资产规模和利润总额均得到大幅度提高。

第一节　历　史　沿　革

1984年12月，国家外经贸部批准上海虹桥联合发展有限公司合资企业合同。

公司注册资金为7 000万元。其中上海闵行虹桥开发公司出资额占比50%；港澳中银集团出资额占比25%；中国银行上海分行出资额占比25%。

1985年2月14日，"上海虹桥联合发展有限公司"经工商局登记注册成立。

公司成立时经营范围：新区内市政公用基础设施的开发（不包括城市规划的道路及其水、电、煤气、电话、雨水、污水处理等市政公用基础设施），负责区内土地的使用管理，收取新区土地开发费；独资或与外资、侨资、港澳资本、国内资本合资、合资合作或允由外商独资从事房地产经营；以上述资本形式兴建并经营旅馆、餐厅、商场、文体娱乐等生活服务和其他服务性企业及交通运输业务；投资经营工商企业，办理本公司和新区内企业有关进出口业务；为国内外投资者介绍来区内共同合资、合作兴办企业的对象及接受其他委托代办业务。

2004年4月15日，签订《虹联公司章程补充2004-4》增添公司经营范围：上海市虹桥经济技术开发区的统一开发和经营；从事房产经营；自营及代理进出口业务；投资兴办相关企业及承办委托代办业务。

2007年6月，签订《虹联公司章程补充2007-6》增添公司经营范围：投资兴办相关企业及承办委托代办业务（涉及许可经营的凭许可证经营）；从事房地产中介（经纪）咨询及配套服务；从事停车场经营业务。

1985年6月20日，上海虹桥联合发展有限公司在上海展览中心宴会厅举行成立大会。上海市市长汪道涵、副市长倪天增、中国银行副董事长兼港澳管理处主任蒋文桂以及港澳中银集团成员行香港中国银行、香港金城银行、香港浙江银行、香港新华银行及香港广东省银行的领导出席大会。

1986年8月29日,国务院批准虹桥新区为经济技术开发区,执行沿海开放城市经济技术开发区的各项政策。上海虹桥经济技术开发区地处上海市区西部长宁区内,东起中山西路、西至古北路、北临仙霞路、南界虹桥路,总体规划面积为0.652平方公里。

1986年11月17日,上海市房产局核准虹联公司房地产经营企业资格。

1994年9月1日,上海虹桥联合发展有限公司更名为"上海虹桥经济技术开发区联合发展有限公司"。

2004年12月17日,市外资委同意虹桥开发区50%股权由上海闵行虹桥开发公司划转至上海地产(集团)有限公司。

截至2013年年底,虹联公司在职人员编制为572人,其中党员105人,团员19人,具有专业技术职称的78人。

表5-6-1 2002—2012年虹联公司生产经营核心指标一览表　　　　单位:万元

年　份	主营业务收入	利润总额	年末总资产
2002	19 662.00	6 894.00	147 636.00
2003	25 760.00	11 423.00	224 760.00
2004	73 151.00	18 931.00	239 352.00
2005	104 543.00	21 705.00	243 356.00
2006	44 018.00	16 531.00	285 199.00
2007	82 618.00	21 930.00	306 392.00
2008	67 019.00	25 871.00	299 741.00
2009	103 226.00	18 560.33	252 709.87
2010	123 509.38	84 281.25	335 806.25
2011	53 699.76	19 567.76	442 641.25
2012	39 592.80	15 012.80	499 160.23

第二节　开发区概况

虹桥开发区,东起中山西路、西至古北路、北临仙霞路、南界虹桥路,总体规划面积为0.652平方公里,其中道路0.155平方公里,绿地0.193平方公里,建筑开发面积0.304平方公里。在功能上,虹桥开发区是以商贸中心为特征、以展览展示为龙头、以现代服务业为核心的新兴商贸区。至2012年年底,开发区内建成楼宇项目25个,总投资达13.42亿美元,其中外商直接投资7.88亿美元。建筑总面积138万平方米,其中展览展示场馆30万平方米,写字楼宇48万平方米,商住楼宇26万平方米,宾馆饭店24万平方米,生活娱乐配套设施10多万平方米。

1989年,经市政府批准调整开发区部分用地规划,区内布局共分为6个区域。

商务中心区:开发区共建成高品质写字楼8栋,总建筑面积达48万平方米。开发区内共有

1 400家中外企业、代表处和跨国公司入驻。

展览展示区：开发区内建有上海国际展览中心、上海世贸商城两大展览展示场馆，总展览展示面积达30万平方米，每年举行各类展览会约100场。

高档商住区：开发区内建有7幢涉外商住公寓，总建筑面积为26万平方米，吸引了众多中外人士居住生活。

宾馆服务区：开发区内建有4幢高级宾馆。其中五星级酒店2家，四星级酒店2家。宾馆的总建筑面积为24万平方米，共有3 000套客房。同时，区内的商业广场作为开发区内配套服务设施面积达到10万平方米。

领馆汇集区：虹桥开发区的外国驻沪领事馆区规划用地面积约为0.055平方公里。至2014年，已有日本、韩国、新加坡、捷克、印度等13个国家的驻沪领事馆进驻开发区。

生态园林区：开发区建有大型公共休闲绿地——新虹桥中心花园，总投资2.62亿元，占地近13万平方米，是上海环境一流的城区公园绿地。

第三节　建　设　发　展

一、土地使用权有偿转让"先行先试"

虹桥开发区在成立初期便实现了"四个创新"，即："区域规划创新"——1982年编制全国最早的详细规划；"开发模式创新"——公司化运营开发区的体制；"土地使用方式创新"——1988年在全国最早实施以土地使用权有偿转让方式开发利用土地的试点；"服务体系创新"——引入政府外资、外贸审批机构及配套服务机构。其中，"土地使用方式创新"更使虹桥开发区成为当时全国土地使用权有偿转让"先行先试"的典范。

1987年年底，上海市人民政府决定对虹桥开发区26号地块以国际招标方式进行有偿出让土地使用权的试点。日本孙氏企业有限公司以2 800万美元的最高价中标，获得26号地12 900平方米土地的50年使用权，总共投资14 500万美元建设上海太阳广场大厦。

1989年，虹桥开发区又以国际招标方式出让了第二块土地，香港普豪投资有限公司以828万美元中标，取得28-3C号地块3 600平方米土地50年使用权。该公司在此地块上投入3 600万美元建设协泰中心大厦。

二、开发区初具规模

从开发区成立至今，区内共建成综合办公楼8幢，建筑面积31.89万平方米。至2012年年底，开发区内建成综合办公楼，总建筑面积已达47.4万平方米。

1986年，开发区确定以外贸中心为特征，将展览展示场馆确定为开发区的重要建设项目。1992年2月上海国际展览中心建成，建筑面积为18 742平方米；区内另一展馆上海世界贸易商城占地面积44 000平方米，建筑面积达280 000平方米。

至2010年年底，开发区内共建成商住楼7幢，总建筑面积26.9万平方米。

区内四星级、五星级酒店共4家，总建筑面积达18.4万平方米，共有客房近3 000（套）间。

上海虹桥友谊商城，占地面积7 500平方米，地上建筑面积19 356平方米，地下建筑面积3 751

平方米,其中商场面积10 220平方米。由虹联公司、上海友谊华侨股份有限公司与香港嵘高贸易有限公司合作兴建,投资总额1 900万美元,于1992年11月10日破土动工,1994年3月竣工开业。该项目被评为上海市优秀建筑"白玉兰"奖。

虹桥开发区是唯一设有领事馆的国家级开发区,开发区内辟有领事馆区域,现有日本、美国、韩国、新加坡、澳大利亚、巴基斯坦、印度、泰国等国在开发区借地建馆,古巴、丹麦、智利、哈萨克斯坦、印尼、白俄罗斯、捷克、乌克兰等国在开发区租房设馆。

表5-6-2 1985—2006年虹桥领馆区签约地块情况表

序号	国家	面积（平方米）	签约时间	使用年限	地皮处置费	每平方米价格
1	日本	2 212	1985年3月30日		2 534 400元	
		3 124	1985年11月15日	60年	3 748 800元	
		5 326			6 283 200元	1 200元
		400	2003年扩建			
		223	2008年扩建			
2	美国	10 597	1991年10月15日	90年	4 344 770美元	410美元
3	澳大利亚	4 793	1994年9月21日	70年	3 115 450美元	650美元
4	韩国	4 272	1997年4月25日	70年	4 272 000美元	1 000美元
5	新加坡	2 600	1998年10月16日	70年	2 080 000美元	800美元
6	捷克	4 553	1987年10月12日	90年	1 870 260美元	420美元
			2002年6月11日	退地		
7	泰国	4 453	2006年2月20日	70年	3 543 600美元	1 200美元
8	印度	5 000	2006年11月21日	70年	印方放弃延安中路810号原总领馆房产产权	
9	巴基斯坦	5 000	2000年11月1日	70年	3 320万元	6 640元

开发区的绿地面积共计20万平方米,约占开发区总面积的1/3。2000年9月15日,总投资为2.62亿元,位于延安西路、虹桥路和伊犁路相会的三角地,占地面积约13万平方米的大型公共休闲绿地——新虹桥中心花园建成,有效提升了开发区的文化品位。

三、开发区拓展项目

【区外广度拓展】

无锡太湖花园度假村项目由虹联公司(持有73.33%股权)于1994年联合无锡太湖山水城旅游区发展总公司(持有20%股权)、香港速浩有限公司(持有6.67%股权)共同投资2 998万美元兴建的四星级花园度假村酒店,总建筑面积23 000平方米,酒店拥有客房152套,于1998年5

月开业。

上海国际汽车城项目于2001年9月28日举行开工仪式,并经外资委批准,出资12 069万元参股(占注册资本35%)上海国际汽车城新安亭联合发展有限公司。

2002年8月30日,由虹联公司联合隧道股份等四家公司联合出资55 200万元组建的上海东南郊环高速公路投资发展有限公司,采取BOT方式从事A30高速公路项目的投资、建设、养护、维修和管理。项目总投资177 000万元,于2002年9月开工,2004年年底竣工投入使用。

闵行开发区与铜陵虹闵现代服务业园区发展有限公司为实现跨区域合作、互利、共赢、共同发展的目标,于2012年2月28日,在安徽铜陵经济开发区"虹桥·闵行·铜陵现代服务业合作园区"正式签约。该项目首期规划用地面积为92.5公顷,其中,一期实际开发用地面积57.8公顷,约合867.6亩。注册资金为1.5亿元,首批到位资金3 000万元。

【虹桥开发区扩区建设】

从2003年起,闵联公司与嘉定区政府开始探索合作在国际汽车城建立虹桥开发区汽车产业园区。在中央相关部委,上海市委、市政府及相关职能部门的大力支持下,扩区申请于2005年7月由上海市政府报送至国务院。

【房地产开发】

虹联公司在完成开发区开发建设的同时,在开发区周边地区及上海其他区域开发建造虹景花苑、虹景家苑、虹景别墅、浦东虹桥花园、吴江虹桥花园及虹浦新城等商品住宅,总投资达29.49亿元,总建筑面积约62.38万平方米。

【区内招商引资】

开发区入驻企业或机构达2 000家左右,其中近半数为外资企业或机构,包括3M、英特尔、壳牌、三星等多家世界500强企业。截至2013年年底,开发区累计引进外资项目484个,总投资47.07亿美元,合同外资36.91亿美元,实际利用外资35.57亿美元;开发区累计实现营业收入1 432亿元,利润总额126.4亿元,上缴税金106亿元。已开发土地每平方米实际引进外资超过5 400美元。

表5-6-3 1985—2013年开发区经营核心指标统计表

年 份	营业收入 (万元)	实缴税金 (万元)	利润总额 (万元)	已批准项目 总投资额 (万美元)	合同外资 金额 (万美元)	实际利用 外资 (万美元)
1985—1992	102 083.40	6 793.80	8 077.90	80 196	51 033	27 766.00
1993	116 223.50	6 164.10	18 606.50	33 724	32 145	20 119.00
1994	228 267.90	11 270.70	33 289.20	38 105	29 159	11 901.00
1995	331 799.90	15 741.80	37 525.60	27 303	27 247	28 655.00
1996	386 034.80	19 560.30	39 351.00	26 755	26 491	29 885.00
1997	589 072.30	32 570.00	58 181.70	30 763	24 585	64 635.00

〔续表〕

年 份	营业收入（万元）	实缴税金（万元）	利润总额（万元）	已批准项目总投资额（万美元）	合同外资金额（万美元）	实际利用外资（万美元）
1998	471 936.70	37 070.70	30 186.00	27 888	27 598	29 128.00
1999	423 843.70	23 257.60	285.90	6 607	4 397	5 719.00
2000	330 676.00	17 650.00	26 562.00	7 346	7 338	7 303.00
2001	398 905.00	21 112.00	32 693.00	3 863	2 058	3 827.00
2002	513 021.00	27 725.00	33 598.00	9 242	9 070	7 091.00
2003	470 108.00	30 110.00	67 680.00	11 607	11 424	9 134.00
2004	533 639.00	33 877.00	80 031.00	1 754	989	1 985.00
2005	725 109.00	48 479.00	92 668.00	12 002	6 470	1 974.00
2006	747 368.00	46 419.00	99 696	31 568	16 200	13 185.00
2007	993 889.00	64 948.00	91 720	13 583	6 622	7 172.00
2008	919 372.00	59 309.00	71 245	8 657	8 125	6 856.00
2009	680 147.00	50 885.00	27 547	24 598	24 387	26 246.00
2010	961 337.00	90 005.00	123 347	8 118	7 831	7 768.00
2011	1 444 864.00	138 375.00	171 087	15 894	13 142	10 162.00
2012	1 341 284.00	161 851.00	65 299	22 369	18 235	20 820.00
2013	1 611 019.00	116 826.00	55 895	28 758	14 554	14 369.00
合 计	14 217 916.60	1 053 206.20	1 255 922.10	390 504	318 067	327 934.00

表5-6-4　1985—2013年企业对外投资项目情况表　　　　　　　　　　　单位：万元

序号	企业/项目名称	行 业	企业性质	成立日期	注册资本	虹联出资比例	2013年总资产	2013年净资产
1	太平洋大饭店有限公司	酒店管理	内资	1985年1月	25 345万元	30.00%	36 534.27	33 122.86
2	扬子江大酒店有限公司	酒店管理	沪港合资	1985年3月	530万美元	20.00%	21 171.6	8 797.68
3	国际贸易中心有限公司	房地产开发和经营	内资	1985年6月	7 026.48万元	22.50%	30 030.25	23 959.03
4	世贸商城有限公司	展览	中外合作	1992年	10 000万美元	1.00%	184 338.36	79 323.88
5	虹桥商业发展有限公司	商业开发经营	内资	1993年1月	500万元	30.00%	870.87	-289.03
6	虹桥友谊商城有限公司	商业零售	沪港合资	1993年3月	760万美元	30.00%	28 883.42	19 231.08
7	虹联投资管理有限公司	投资与资产管理	独资	1993年3月	1 000万元	100.00%	2 206.73	2 109.37

〔续表〕

序号	企业/项目名称	行　业	企业性质	成立日期	注册资本	虹联出资比例	2013 年总资产	2013 年净资产
8	无锡太湖花园置业有限公司	酒店管理	内资	1994 年 12 月	12 482 万元	80.00%	7 962.83	6 973.33
9	国际展览中心有限公司	商业服务（展会）	中外合作	1995 年 8 月	1 200 万美元	40.00%	17 056.55	14 357.15
10	虹联广告有限公司	广告	内资	1998 年 11 月	100 万元	30.00%	57.77	21.14
11	虹联绿化工程有限公司	绿化工程	内资	1998 年 5 月	100 万元	80.00%	217.35	158.88
12	虹开发物业经营管理有限公司	物业管理	沪港合作	2000 年 2 月	65 万美元	34.23%	3 860.22	705.02
13	虹锦物业管理有限公司	物业管理	内资	2000 年 4 月	50 万元	49.00%	800.38	278.89
14	国际汽车城新安亭联合发展有限公司	房地产开发	内资	2001 年 7 月	45 520 万元	13.36%	265 128.66	47 819.12
15	东南郊环高速公路投资发展有限公司	高速公路投资管理	内资	2002 年 8 月	55 200 万元	10.00%	156 140.95	16 416.36
16	吴江虹桥置业有限公司	房地产开发	内资	2004 年 2 月	2 000 万元	90.00%	14 522.35	3 062.97
17	谷元置业有限公司	房地产开发	内资	2004 年 3 月	3 000 万元	3.00%		
18	新安亭置业有限公司	房地产开发	内资	2005 年 3 月	2 000 万元	5.00%	81 118.81	5 032.05
19	虹浦置业有限公司	房地产开发	内资	2005 年 6 月	1 000 万元	90.00%	26 199.03	23 385.77
20	上海虹桥世纪发展有限公司	贸易	内资	2010 年 11 月	500 万元	20.00%	904.29	509.95
21	上海虹合置业有限公司	保障房开发	内资	2010 年 4 月	1 000 万元	100.00%	1 322.39	989.53
22	上海虹奉置业有限公司	保障房开发	内资	2010 年 4 月	35 000 万元	100.00%	197 153.04	32 635.52
23	上海虹桥集艺文化发展有限公司	文化发展	内资	2011 年 4 月	600 万元	37.00%	570.07	422.44
24	铜陵虹闵现代服务业园区发展有限公司	园区开发	内资	2012 年 7 月	15 000 万元	31.00%	2 800.26	2 800.17
25	上海东源汇信股权投资基金管理有限公司	股权投资基金	内资	2012 年 5 月	2 000 万元	15.00%	1 146.02	1 118.70
26	上海黄浦联合小额贷款有限公司	发放贷款等	内资	2013 年 3 月	30 000 万元	10.00%	31 700.00	31 100.00
27	上海杭州湾新兴产业发展有限公司	园区开发	内资	2013 年 3 月	10 000 万元	20.00%	11 747.70	5 743.27

第七章　上海市住房置业担保有限公司

2000年5月，国家建设部和中国人民银行联合发文《住房置业担保管理试行办法》，允许各地设立住房置业担保公司，以支持城镇个人住房消费，发展个人住房贷款业务。同年7月25日，经上海市人民政府批准，上海市住房置业担保有限公司（简称"担保公司"）正式成立，专门从事住房公积金贷款担保和各类商业性贷款担保业务。

截至2012年年底，担保公司注册资金9亿元，公积金贷款在保额1700亿元。担保公司与本市多家商业银行和金融机构开展合作，通过遍布全市各区县的24家网点为每位客户提供优质便捷的服务，被授予"上海市文明单位"称号。公司下属子公司上海联合融资担保有限公司被评为资信等级AA级单位。

担保公司在做好公积金贷款服务的同时，加速准金融和房地产综合服务双轮驱动，积极发展融资担保、小额贷款、房地产资金监管、网络技术服务、工程财务监理等业务，促进政策性和市场化业务同步发展。

表5-7-1　2002—2012年担保公司生产经营核心指标统计表　　单位：万元

年　份	主营业务收入	利润总额	年末总资产
2002	6 584	3 863	42 912
2003	8 618	4 787	51 535
2004	12 482	6 669	88 378
2005	12 257	7 790	155 030
2006	19 559	10 501	175 787
2007	24 832	17 264	189 995
2008	22 410	15 198	160 089
2009	48 075	25 252	243 920
2010	44 530	35 409	274 154
2011	42 724	34 773	304 216
2012	54 006	32 137	421 153

第一节　历　史　沿　革

1999年7月22日，上海市公积金管理中心上报《关于成立上海市住房担保中心的报告》，向市政府办公厅提出成立住房担保中心（即现担保公司）的构想。

2000年，市政府同意建立上海市住房担保中心。7月25日，上海市住房置业担保有限公司成立。公司注册资金3亿元，注册地址为镇宁路18号。公司共有5家股东单位：上海市公积金管理中心，出资比例59.5%；上海建城房地产发展公司，出资比例20%；上海市城市建设投资开发总公司，出资比例15%；上海联和投资有限公司，出资比例5%；上海房地产交易中心，出资比例0.5%。

后经担保公司股权的多次调整和注册资金的增加，至2012年公司注册资金增至9亿元。股权结构如下：上海地产(集团)有限公司股权比例29%；上海金丰投资股份有限公司股权比例40%；上海中星(集团)有限公司股权比例15%；中国建银投资有限公司股权比例9%；上海久事公司股权比例5%；上海市房地产交易中心股权比例2%。

截至2014年11月，公司从业人员274人，在编人数186人，中共党员55人，35岁以下青年143人，团员185人。

第二节 主业经营

住房置业担保公司根据内部专业突出、分工明确，外部风险防范、协同发展的原则，整合公司现有的组织资源，建立住房置业担保集团架构，下设联合融资担保公司、黄浦联合小额贷款公司、集汇投资公司、承大网络公司、资金监管公司和建实监理公司，打造较为完整的金融服务产业链，使住房置业担保公司在行业内有合理的业务规模、完善的风控体系、领先的创新产品和专业的管理团队。逐步成为金融服务行业内资金实力雄厚、资产质量优秀，有较大的资本规模、稳定的营业收入、优良的经营业绩、有效的风控管理且具有行业影响力的可持续发展的"蓝筹"企业。

一、公司本部主营业务

【公积金贷款担保】

受市公积金管理中心委托，担保公司承办如下业务：咨询受理审核全市纯公积金贷款；复核组合贷款中的公积金贷款各项要素；为借款人提供担保，承担三项保障责任；贷后风险管理工作。

【商业性房贷担保、转按揭及阶段性担保】

商业性房贷担保即借款人申请的商业性贷款由担保公司进行担保，借款人将所购住房抵押给银行，担保公司按合同约定承担相应保证责任，借款人无需购买房贷综合保险。

转按揭担保业务 即由担保公司提供担保而实现个人住房贷款随房屋产权或抵押权转移而实现转移，包括有交易转按揭担保和无交易转按揭担保业务。

阶段性担保业务 即通过担保公司担保，银行将个人住房贷款的发放时间节点由办妥《上海市房地产权利证明(他项权利)》之日提前至取得《上海市房地产权利证明(他项权利)收件收据》之日。

【留学贷款担保、出境游担保、个人消费贷款担保】

留学贷担保 即借款人因本人或其子女出国留学或移民，通过担保公司担保向银行申请留学或移民保证金贷款，用于办理出国签证。

出境游担保 即分为存款证明贷款担保业务和旅游保证金担保业务。个人消费贷款担保，即以个人房产(住房、商用房)为抵押的各类贷款担保。

【诉讼保全担保、不动产拍卖担保】

诉讼财产保全担保　即通过高效、便捷的操作流程,利用担保公司社会信誉为当事人诉讼财产保全提供第三方信用担保的服务。

不动产拍卖担保　即客户通过拍卖渠道购买本市不动产,并需办理购房贷款的,担保公司可提供与此相关的个人住房公积金贷款和个人住房商业性贷款担保服务。

二、所属公司主营业务

截至2012年年底,担保公司拥有全资下属公司5家。

【上海联合融资担保有限公司(简称"联合融资担保公司")主营业务】

企业流动资金贷款担保　"外贸易贷通"是联合融资担保公司与市商委、上海进出口商会共同合作的,针对出口型外贸企业的一款专项担保产品,通过以信用为主的担保方式、简便的操作流程、较低的融资成本,解决出口型外贸企业的融资难题。

"科技微贷通"　是联合融资担保公司与市科委共同合作,针对科技型中小企业创新推出的一款担保产品,以其纯信用担保方式、快速受理审批流程,帮助科技企业发展。

"微商易贷通"　是联合融资担保公司针对小微企业的一款担保产品,以纯信用的担保方式、快速的操作流程,解决小微企业融资难题。

"园区易贷通"　是联合融资担保公司与上海各大园区合作,园区管理方推荐借款企业,联合融资担保公司提供担保、政府提供一定支持、合作银行发放贷款。

"网商易贷通　是以政府、电子商务平台、银行、联合融资担保公司四方共同合作,针对电子商务平台上小微型企业,通过联合融资担保公司担保,由银行放款的小额度纯信用贷款担保业务。

政策性融资担保　是受市财政委托,由联合融资担保公司与区财政、银行联合审批,通过联合融资担保公司担保,银行向借款人放款的融资担保业务。

个人经营、消费贷款担保　通过联合融资担保公司的担保,自然人向银行申请用于企业经营或者个人消费的贷款担保业务。

中小企业集合发债、集合票据担保　是通过联合融资担保公司担保,提高中小企业信用等级,为经营情况较好的中小企业通过发行集合债券或票据的形式获得较大金额的融资资金支持。

信托、基金担保　是用款企业通过信托公司以发行信托计划或通过基金公司发行基金的方式向社会募集资金,联合融资担保公司为该信托或基金提供担保,以保证投资人的到期收益的融资担保业务。

【上海市房地产交易资金管理有限公司(简称"资金监管公司")主营业务】

无抵押二手房交易资金监管　即买卖双方可通过监管服务协议将房款缴进指定监管账户,交由监管机构监管,待房产证转移登记至买方名下后,监管机构根据协议约定及划款指令划付房款至卖方。

有抵押二手房交易资金监管　即房产交易中,所交易的房产存在抵押限制,买卖双方可通过监管服务协议将房款缴进指定监管账户,交由监管机构监管,待房产证转移登记至买方名下后,监管机构根据协议约定及划款指令先行划付房款至房产原抵押银行用于结清贷款,贷款结清并注销抵押后将剩余资金划付给卖方。

房屋租金押金监管　即房屋租赁中，出租方和承租方可通过监管服务协议将租金押金缴进指定监管账户，交由监管机构监管，监管机构将根据协议约定和划款指令划付押金。

律师费监管　即在委托诉讼过程中，律师、委托人可通过监管服务协议将律师服务费缴进指定监管账户，交由监管机构监管，监管机构根据协议约定的工作进程及划款指令划款。

企业资金监管　即企业在项目合作或交易过程中，合作或交易各方可通过监管服务协议将合作保证金、交易结算资金等缴进指定监管账户，交由监管机构监管，监管机构根据协议约定的工作进程及划款指令划款。

股权交易监管　即在股权交易过程中，交易各方可通过监管服务协议将交易资金缴进指定监管账户，交由监管机构监管，监管机构根据协议约定的交易进程及划款指令划款。

债务重组资金监管　即企业、个人在进行债务重组过程中，交易各方可通过监管服务协议将交易资金缴进指定监管账户，交由监管机构监管，监管机构根据协议约定的交易进程及划款指令划款。

拍卖类交易资金监管　即拍卖过程中，拍卖行、竞拍人可通过监管协议将拍卖保证金、拍卖款缴进指定监管账户，交由监管机构监管，监管机构根据协议约定的交易进程及划款指令划款。

【上海集汇置业有限公司（简称"集汇置业公司"）主营业务】

集汇置业公司成立于1998年，现为住房置业担保公司全资子公司。2003年后在股东单位的支持下实现经营转型，致力于合作参建房地产开发项目和房产中介经营、住房贷款咨询代办服务及股权投资，逐步探索出投资管理、代办服务与房地产开发经营并举的发展道路。

作为股东单位的投资开发平台，集汇置业公司现有多家投资控股参股企业，经过多年发展，净资产收益率每年保持两位数增长，净资产规模已超过亿元。

【上海黄浦联合小额贷款有限公司（简称"黄浦联合小额贷款公司"）主营业务】

小额纯信用贷款　即专为区域内个人和企业度身打造的无抵押、无担保的纯信用贷款，主要解决黄浦区内个人及企业的融资需求。

短期过桥贷款　即借款企业在申贷、续贷、增贷中，遇归还即将到期的银行贷款资金短缺，由黄浦联合小额贷款公司提供其间临时"过渡"资金贷款，使借款企业获得银行新的贷款。

流动资金贷款　即解决借款人3个月内流动资金需求。黄浦联合小额贷款公司一次性给予1年期贷款授信额度，借款人每3个月进行一次用款申请。

联保保证贷款　即用于同一商圈、集团企业等内部的企业，一次申请，共同授信，分批使用，灵活便捷。

票据、应收账款质押　即企业将其合法拥有的票据、应收账款收款权向黄浦联合小额贷款公司作还款保证，以获得贷款资金。

【上海承大网络科技服务有限公司（简称"承大网络公司"）主营业务】

承大网络公司建立了运营商级可用性、高效管理性的住房公积金信息化整体解决方案和配套服务体系，帮助公积金管理机构建立基于互联网的信息化公共服务平台，为住房公积金缴存者提供信息查询、业务办理、互动交流等服务。

信息化服务 承大网络公司为企事业单位提供咨询、开发、集成、安装、培训、维修、跟踪服务、设备采购等全方位的信息化建设服务,帮助企事业单位从繁琐的日常信息化管理事务中解脱出来。

呼叫中心外包 承大网络公司在处理公共话务和电子商务客服外包方面建立了一套集合呼叫中心软硬件集成、系统开发、客服人员招聘培训、日常运营维护等服务模块的整体解决方案,可以帮助客户省去复杂、繁琐的呼叫中心系统及设备的选型过程,使客户能够快速建立以电话客服及页面客服为主要形式的营销及服务体系,实现"低投入、高产出"的经营模式。

第三节 控股公司

截至2012年年底,担保公司拥有控股二级子公司4家,控股下属三级子公司1家。

一、上海联合融资担保有限公司

2011年3月29日,经担保公司2010年度股东会暨四届三次董事会审议,同意成立"上海联合融资担保有限公司"。9月19日,"上海联合融资担保有限公司"正式成立,成立之初其股权结构如下:上海市住房置业担保有限公司出资46 200万元,股权比例92.4%;长江联合资产经营有限公司出资3 800万元,股权比例7.6%。2012年2月,公司增资至7.3亿元,并引入两位新股东,其中上海国盛(集团)投资有限公司出资2亿元,合肥兴泰资产管理有限公司出资3 000万元。增资完成后上海市住房置业担保有限公司股权比例为63.28%;国盛投资占比27.4%;长江联合资产为5.2%,合肥兴泰为4.11%。

二、上海集汇置业有限公司

上海集汇置业有限公司成立于2003年6月19日。2010年6月30日,经过多次股权转让,"上海集汇置业有限公司"最终划归担保公司领导,属担保公司下属二级全资子公司。目前公司注册资本为1亿元。

三、上海市房地产交易资金管理有限公司

2008年6月,依据建设部与中国人民银行联合发布的文件精神,经上海市房屋土地资源管理局同意成立"上海市房地产交易资金管理有限公司",注册资本为1 000万元,属担保公司下属二级全资子公司。

四、上海承大网络科技服务有限公司

2006年2月21日,上海承大网络科技服务有限公司成立,注册资本8 000万元,其股权结构如下:上海市住房置业担保有限公司股权比例90%,上海集汇置业有限公司股权比例为10%。

五、上海建实财务监理有限公司

上海建实财务监理有限公司成立于1995年3月，是经上海市建委批复，由上海市城市建设投资开发总公司和中国建设银行上海市分行共同出资组建的。2002年7月，经市工商局批准，公司更名为上海建实财务监理有限公司。2008年5月，公司股权变更为一人有限公司（法人独资），变更后公司划归"上海集汇置业有限公司"领导，属担保公司下属三级全资子公司。

第八章　上海市滩涂造地有限公司

为适应上海水利发展的新形势和上海市经济社会发展的需要，进一步加强实施上海市滩涂资源的统一规划和加快滩涂的围垦、开发，促进上海市土地资源的总量平衡，探索滩涂开发与耕地置换结合、多渠道筹集资金的办法，经市政府1998年第24次常务会议批准，成立上海市滩涂造地有限公司。

第一节　企业成立及沿革

1999年2月，上海市水利局决定建立上海市滩涂造地有限公司（简称"造地公司"）筹建处。公司于1999年6月17日在市工商局注册，注册资本1亿元，其中上海市江海滩涂造地开发公司以货币形式出资5 100万元，上海市崇明县滩涂造地开发公司以货币形式（245万元）和土地使用权折价形式共出资2 450万元，上海市农工商（集团）总公司以土地形式出资2 450万元。造地公司设立管委会，1999年7月10日召开了第一次管委会会议。管委会是造地公司的协调机构，管委会成员由市计委、市农委、市财政局、市水利局、市房土局、崇明县政府、农工商（集团）总公司的领导组成，并由市政府副秘书长周太彤任主任，统筹协调各方利益关系。1999年7月10日造地公司正式成立。

造地公司实行董事会领导下的总经理负责制，项目由造地公司自主立项投资，资金自筹，形成"造地投资—建设—开发—再投资"的经营发展模式，实现自我滚动发展。造地公司组织架构设置四个部门：行政部、工程部、经营部和财务部。

2002年11月，市政府明确滩涂造地实行"资源代表、建设管理、政府监管"三分离体制，授权上海地产（集团）有限公司代表市政府实施滩涂资源管理。

2004年1月，根据上海市政府相关文件精神，转为上海地产（集团）有限公司旗下的全资子公司，成为市政府授权的滩涂资源代表职责的运作载体，专业承担本市滩涂资源开发项目的前期研究、造地工程建设、成陆土地开发整理等任务。

2006年10月，由市政府召开上海市滩涂造地工作联席会议第一次会议，正式建立上海市滩涂造地工作联席会议工作机制。联席会议召集人为市政府副秘书长，市发展改革委员会、市水务局、市财政局、市房地资源局、市规划局、市环保局、市土地储备中心七个部门和单位分管领导为成员，市发展改革委和市土地储备中心为协助召集人，处理联席会议日常工作。

2009年12月，市政府办公厅印发了《关于完善管理运作机制　推进本市滩涂造地工作实施意见》。新机制进一步明确了相关部门在滩涂造地工作中的职责和工作流程，明确了农用地滩涂造地项目资金由市财政年度预算内拨款，实行资金预算管理，专款专用。滩涂造地项目建设管理模式采用由市土地储备中心立项，委托滩涂造地公司实施工程建设管理。

截至2012年年底，公司职工共36人，其中在职员工31人，中共党员21人，中高级职称人员25人。

第二节 企业基本情况

一、企业经营范围

1998年12月1日,市政府召开第24次常务会议,决定组建上海市滩涂造地有限公司。会议指出,成立市滩涂造地公司有利于进一步加强实施本市滩涂资源的统一规划和加快滩涂的围垦和开发,促进本市土地资源的总量平衡,探索滩涂开发与耕地置换结合、多渠道筹集资金的办法。要求造地公司批准成立后,对围垦滩涂的经营开发,要严格按照上海市总体规划和土地资源利用规划等有关规定组织实施。上海市滩涂造地有限公司的经营范围为滩涂围垦、促淤,围垦成陆后土地的开发经营(凭专项许可证)。公司注册资本1亿元。

二、企业资产规模

2002—2012年,公司以加快滩涂造地、服务上海发展为己任,自我加压,奋发有为,取得了项目建设、公司发展、团队建设等多方面的丰硕成果。2012年年末资产总额193 169万元。

表 5-8-1　2002—2012年滩涂公司经济指标统计表　　　　　　　　　　　　　单位:万元

年　份	主营业务收入	利润总额	年末总资产	年末净资产
2002	6 819.50	790.55	112 429.04	10 709.24
2003	2 095.74	1 012.28	194 033.44	10 927.94
2004	1 745.92	−800.76	281 183.83	9 944.28
2005	353 213.62	109 228.23	318 538.13	53 589.97
2006	24 010.95	5 863.01	287 642.35	37 957.26
2007	15 568.52	3 104.14	343 679.56	54 867.72
2008	26 786.61	3 967.87	460 517.24	45 719.99
2009	5 397.18	2 225.34	470 180.94	45 719.99
2010	112.20	278.05	586 588.86	52 849.02
2011	112.20	−339.95	656 179.77	50 480.69
2012	1 104.13	249.65	213 158.50	52 936.00

三、公司主业及主要项目

造地公司在成立之初的前5年中经历了三大发展战略阶段:一是探索创业阶段——为造地公司奠定基础,积累经验;二是抢滩战略阶段——加大投资量,扩大促淤规模,取得造地的垄断地位;三是转型战略阶段——创建滩涂投资管理型公司。通过三个阶段的建设,造地公司从一个仅能从事小块区域造地工程管理的企业变为本市唯一一家能够承担大规模、全过程滩涂造地和开发任务的公司,发展成为全市唯一以滩涂造地为核心业务的投资建设管理型公司,独立承担了本市滩涂资源统一规划,加快滩涂促淤、圈围、开发,促进本市土地资源总量平衡,成为本市滩涂造地的主力军。

造地公司在工程实施过程中,在新技术、新材料的运用上也不断突破:项目建设管理模式方面,逐步形成一套具有造地公司特点的管理理念和方法;在工作推进机制方面,形成目标管理、分级考核的管理模式;在工程管理方面,创立一套以"小业主、大监理"为基本特征的监管模式,同时以市场化运作、规范化操作、合同化管理为基本要求,使工程建设每一个环节都有一套严格的制度和程序;在科技创新方面,制订"新工艺、新技术、新材料"行动计划,稳步推进"淤泥筑堤""新型护面结构""新型促淤坝""可越浪"等课题研究。

2002年以来,造地公司积极贯彻市政府关于滩涂造地事业要"加大力度、加快速度"的要求,以全面实施和努力完成上海市滩涂资源开发与利用规划为中心任务,依照市发改委下达的年度造地计划开展全市滩涂促淤、圈围工程建设,为促进全市耕地占补平衡作出了贡献。至2012年年底,造地公司在浦东新区(含原南汇区)、崇明、金山、宝山等地共实施了43个滩涂促淤圈围工程,促淤面积85.32万亩,圈围成陆36.6万亩,其中竣工26.1万亩,投资规模约108.79亿元。从2010年开始,造地公司依据市规土局下达的土地整理计划开展成陆土地整理工程建设管理工作,已实施横沙红星港、奉贤华电灰坝、长兴电厂圩3个成陆土地整理项目,新增耕地8 308.35亩。

四、浦东新区区域滩涂资源开发利用情况

【南汇东滩大治河以南区域】

南汇东滩滩涂促淤圈围一期工程是促淤工程,项目位于南汇县东滩滩涂(大治河出口至石皮勒港),实施时间为1999年10月至2000年5月,是公司成立后实施的第一个大型滩涂造地项目。2001年10月至2002年12月实施了南汇东滩滩涂促淤圈围三期工程;2003年9月至2005年5月实施了南汇东滩滩涂促淤圈围四期工程。以上两个项目均为圈围项目,最终圈围成陆5.9万亩土地。按照市政府的安排,于2006年以6万元/亩转让给临港新城,为洋山深水港后方基地的建设、产业园区开发提供了大量后备土地的储备,为临港新城的开发、发展创造了空间。

【南汇东滩大治河以北区域】

南汇东滩滩涂促淤圈围二期工程是促淤工程,项目位于南汇县东滩滩涂(浦东机场南段至大治河出口),实施时间2000年1月至2001年5月,该区域的开发公司探索了造地公司与南汇县政府联合开发的方式。造地公司与南汇的投资比例为51∶49;造地公司于2000年实施南汇东滩滩涂促淤圈围五期工程,实施时间为2004年9月至2006年5月,最终圈围成陆土地4.89万亩,由市储备中心和南汇区土地储备中心联合接收储备。其中,2.9万亩由南汇区实施了土地整理项目,形成农用地;1.99万亩作为建设用地供应给商飞基地和老港固废物综合利用基地使用。

【浦东机场外侧滩涂促淤圈围工程】

造地公司于2007年9月至2009年12月实施了促淤工程,工程促淤面积2.35万亩,该地块为建设用地。造地公司于2010年11月根据市发改委、市重大办和地产集团的部署提前实施了浦东机场外侧3#围区圈围工程,工程圈围土地面积2.02万亩,为浦东机场5号跑道建设积极创造了条

件。截至2012年年底,造地公司对浦东机场外侧1-2#围区圈围工程的前期工作也在积极开展。

【浦东新区五号沟至赵家沟滩涂促淤圈围工程】

造地公司于2004年11月至2009年12月实施了圈围工程,成陆土地800亩,土地性质为建设用地,提供给海事局、极地研究中心、外高桥港区使用。

【临港新城芦潮港西侧滩涂圈围工程】

造地公司于2004年6月至2007年12月实施了圈围工程,圈围成陆面积4 500亩,土地性质为建设用地,该项目由造地公司立项,委托临港建设发展公司出资并建设。

【南汇东滩促淤工程】

南汇东滩促淤工程是造地公司开展前期工作的新建项目,工程位于浦东机场外侧促淤区以南的没冒沙水域,以及大治河延伸段以南的高程－2米～－3米以上的南汇东滩滩地,南侧边界以临港新城大堤与原南汇东滩四期大堤交汇点为界,总体呈西北—东南走向。工程促淤面积为22.3万亩(其中,一期15.5万亩),以大治河为界,分为南北两块促淤区,其中大治河以北促淤区(简称"北区")面积9.1万亩,大治河以南促淤区(简称"南区")面积13.2万亩(一期实施6.6万亩)。这项特大型工程的启动,将成为滩涂造地公司后10年滩涂造地的主战场之一。

五、崇明北沿区域滩涂资源开发利用情况

【崇明北沿促淤圈围(一期)工程】

崇明北沿区域22万亩大规模围垦项目,实施时间2002年10月至2003年12月。2003年,一期工程竣工,圈围形成了4.51万亩土地,土地权属归上海市滩涂造地有限公司。其中,未利用土地3.68万亩,土地用途为旅游景区,在该区域中建成上海市水域面积最大的内湖"北湖",成为崇明生态岛一个亮点。造地公司于2005年1月实施崇明黄瓜沙土地整理项目,土地整理面积为0.83万亩,作农用地使用,是由国土资源部拨款投资的造地公司实施的第一项土地整理项目,项目于2007年完工。

【崇明北沿促淤圈围(二期)工程——一阶段达标工程】

造地公司于2006年9月至2009年12月实施了圈围工程,2009年9月至2011年12月实施了吹填工程,最终圈围成陆土地1.77万亩,作农用地使用,计划实施土地整理项目。

【崇明北沿促淤圈围(三期)工程】

造地公司于2008年9月至2010年1月实施了圈围工程,最终圈围成陆土地1.12万亩,作农用地使用,计划实施土地整理项目。

【横沙岛区域滩涂资源开发利用】

2003年,造地公司正式启动横沙东滩区域17万亩的围垦建设,建成后将增加2.5个横沙岛的面积。2003年12月至2004年12月,公司实施横沙东滩促淤圈围(一期)工程,工程促淤面积5.3

万亩；2005年12月至2007年1月，公司实施横沙东滩促淤圈围(二期)工程，工程促淤面积4.7万亩；2006年9月至2008年5月，公司实施横沙东滩促淤圈围(三期)工程，在一期区域内圈围成陆2.6万亩；2007年9月至2009年5月，公司实施横沙东滩促淤圈围(四期)工程，继二期继续向东促淤2.26万亩；2009年4月至2011年6月，公司实施横沙东滩促淤圈围(五期)工程，五期在深水航道北导堤的基础上进行加高加固，形成一条长度19.24公里的通海大道，为横沙东滩17万亩的整体开发奠定了基础；2011年10月起，公司实施横沙东滩促淤圈围(六期)工程，新建北堤17.5公里进行圈围，工程圈围面积为4.8万亩。一期到六期累计促淤面积12.26万亩、圈围面积7.4万亩。

【横沙岛红星港北侧滩涂圈围工程】

工程实施时间为2003年11月至2004年11月，圈围成陆面积800亩。其中，农用地525.45亩于2010年8月至2011年1月实施了土地整理，已投入农业生产；建设用地200亩提供给上海救捞局使用。

六、长兴岛区域滩涂资源开发利用情况

【中央沙促淤圈围工程】

工程实施时间为2006年9月至2007年8月，圈围成陆面积2.15万亩，作青草沙水源地的备用地，土地已移交上海城投公司使用，为上海优质水源地建设提供了宝贵的土地资源。

【长兴岛北沿滩涂促淤圈围工程】

工程实施时间为2004年11月至2005年12月，促淤6000亩，圈围成陆4000亩。造地公司于2007年9月至2009年6月实施了另外2000亩的圈围工程，项目名称为"长兴岛电厂圩东侧滩涂圈围工程"。这6000亩土地成陆后，其中5077.5亩农用地于2010年12月至2012年1月实施土地整理，已投入农业生产；600亩土地作电厂、填埋场的建设用地。

七、奉贤区区域滩涂资源开发利用情况

奉贤柘林塘南滩涂和华电灰坝东滩涂促淤围垦工程，造地公司于2002年4月至2003年2月实施促淤工程，促淤面积9400亩；于2005年9月至2007年5月实施圈围工程，实际圈围成陆土地8500亩；由于杭州湾滩势情况的特殊性，出现险情，于2009年至2011年5月实施了保滩工程；华电灰坝东滩涂4696.35亩于2010年12月至2012年1月实施土地整理，现已投入农业生产；柘林塘南滩涂3838亩建设用地，由市土地储备中心和奉贤区政府联合实施开发建设。

八、金山区区域滩涂资源开发利用情况

金山区漕泾西部促淤围垦工程，实施时间1999年10月至2000年12月，采用定向委托方式，圈围成陆4569亩，土地性质为建设用地，提供给化工区使用。

表 5-8-2　1999—2015 年滩涂造地项目一览表

序号	项目名称	实施时间	促淤面积（亩）	圈围面积（亩）	竣工面积（亩）	投资额（万元）	实际投资额（万元）
1	南汇东滩滩涂促淤圈围（一期）工程	1999年10月—2000年5月	58 800			19 000	19 000
2	南汇东滩滩涂促淤圈围（二期）工程	2000年10月—2001年5月	50 800			162 225	120 916
3	南汇东滩促淤圈围（五期）工程	2004年9月—2006年5月		48 900	48 900		
4	金山南滩（漕泾）促淤圈围工程	1999年10月—2000年12月	2 450	2 450	2 450	5 700	5 700
5	南汇东滩滩涂促淤圈围（三期）工程	2001年10月—2002年12月		22 700	22 700	17 600	17 600
6	奉贤南滩促淤工程	2002年4月—2003年2月	9 400			11 133	9 171
7	崇明北沿四通港防冲应急工程	2002年10月—2003年7月	20 000			1 045	552
8	崇明北沿滩涂促淤圈围一期工程	2002年10月—2003年12月	45 100	45 100	45 100	10 601	11 857
9	崇明北沿三通港防冲应急工程	2002年8月—2002年12月					
10	奉贤三团港塘圈围工程	2002年10月—2003年12月		620	620	2 200	2 200
11	横沙岛红星港北侧滩涂圈围工程	2003年11月—2004年11月		1 300	1 300	5 341	3 162
12	横沙东滩促淤圈围（一期）工程	2003年12月—2004年12月	53 000			22 076	19 860
13	金山区漕泾西部促淤围垦工程	2003年7月—2004年12月	4 230	4 230	4 230	68 050	59 490
14	污水治理三期滩涂圈围工程	2004年6月—2004年12月	98	98	98	2 971	2 710
15	南汇东滩促淤圈围（四期）工程	2003年9月—2005年5月		36 300	36 300	139 600	139 600
16	浦东新区五号沟至赵家沟滩涂促淤圈围工程	2004年11月—2009年12月	800	800	800	15 765	7 651
17	浦东新区五号沟至赵家沟滩涂促淤圈围工程（二期）	2008年5月—2009年3月	460	460	460	8 975	8 975
18	长兴岛北沿滩涂促淤圈围工程	2004年11月—2005年12月	6 000	4 000	4 000	20 728	14 252

〔续表〕

序号	项目名称	实施时间	促淤面积（亩）	圈围面积（亩）	竣工面积（亩）	投资额（万元）	实际投资额（万元）
19	临港新城芦潮港西侧滩涂圈围工程	2004年6月—2007年12月	4 500	4 500	4 500	80 500	80 500
20	奉贤柘林塘南滩涂和华电灰坝东滩涂促淤围垦工程	2005年9月—2007年5月		8 500	8 500	40 749	29 335
21	奉贤柘林塘南滩涂和华电灰坝东滩涂促淤围垦工程（保滩）	2009年—2011年5月				8 400	7 278
22	崇明北沿滩涂促淤圈围二期工程——五通港防冲应急工程	2005年12月—2006年10月				2 857	2 572
23	崇明北沿滩涂促淤圈围二期工程——无名沙防冲应急工程	2005年12月—2008年12月				4 897	3 295
24	横沙东滩促淤圈围（二期）工程	2005年12月—2007年10月	47 000			33 750	23 227
25	宝钢前沿滩涂促淤圈围工程	2006年10月—2008年9月	1 600	1 600	1 600	28 748	25 519
26	横沙岛新民港套闸圈围工程	2006年10月—2007年5月	300	300	300	680	680
27	长兴岛南沿促淤圈围（一期）工程	2006年1月—2007年5月	200	200	200	8 200	8 200
28	浦东新区五号沟至赵家沟圈围工程后续工程	2006年7月—2007年7月				8 200	8 200
29	崇明北沿滩涂促淤圈围（二期）工程——一阶段达标工程	2006年9月—2009年12月		18 200	18 200	23 225	10 891
30	崇明北沿滩涂促淤圈围（二期）工程——一阶段达标工程（吹填）	2009年9月—2011年1月				5 800	2 800
31	中央沙促淤圈围工程	2006年9月—2007年8月	21 500	21 500	21 500	56 472	30 303
32	横沙东滩促淤圈围工程（三期）工程	2006年9月—2008年5月		26 000	26 000	41 148	
33	横沙东滩促淤圈围工程（三期）工程（吹填、水闸）	2009年—2011年12月				60 000	79 703

〔续表〕

序号	项目名称	实施时间	促淤面积（亩）	圈围面积（亩）	竣工面积（亩）	投资额（万元）	实际投资额（万元）
34	长兴岛电厂圩东侧滩涂圈围工程	2007年9月—2009年6月		2 000	2 000	12 987	9 399
35	横沙东滩促淤圈围（四期）工程	2007年9月—2009年5月	22 600			29 957	24 563
36	浦东机场外侧滩涂促淤圈围工程（促淤项目）	2007年9月—2009年12月	23 500			63 057	57 691
37	浦东机场外侧滩涂促淤圈围工程——3♯围区圈围工程	2010年11月—2012年12月		20 200		157 522	69 437
38	长江口南岸小沙背至长航码头段滩涂圈围工程	2007年10月—2008年12月		300	300	10 600	10 600
39	崇明北沿滩涂促淤圈围（三期）工程——北六潋至北八潋达标工程	2008年9月—2010年1月	11 200	11 200	11 200	24 595	16 259
40	横沙东滩促淤圈围（五期）工程	2009年4月—2011年6月				96 892	64 997
41	崇明东滩鸟类国家级自然保护区互花米草生态控制与鸟类栖息地优化工程	2009年12月—		36 500		66 400	4 700
42	横沙东滩促淤圈围（六期）工程	2011年10月—2015年12月		48 000		285 000	45 837
43	南汇东滩促淤工程		155 000			751 124	26 115
44	生物促淤工程	1999—2005年	314 700			3 147	3 147
	合计		853 238	365 958	261 258	2 417 917	1 087 944

第三节　入股、参股企业和子公司情况

一、上海东方滩涂造地开发有限公司

1999年9月，为加快南汇东滩的滩涂围垦和开发，给上海城乡建设提供后备土地资源，上海市滩涂造地有限公司和上海远东围垦造地有限公司合资组建上海东方滩涂造地开发有限公司。公司注册资本5 000万元。其中，上海市滩涂造地有限公司出资2 550万元，占注册资本的51%；上海远

东围垦造地有限公司出资 2 450 万元,占注册资本的 49%。该公司在完成南汇东滩的滩涂围垦任务后,于 2007 年正式歇业。

二、上海恒祥滩涂造地开发有限公司

上海恒祥滩涂造地开发有限公司于 2001 年 8 月 29 日成立,注册资本为 300 万元,是造地公司的全资子公司,经营范围为滩涂促淤、围垦及成陆土地的开发,其他技术(工程建设)领域内的"四技"服务,建筑材料、木材、砂石料销售。公司自成立以来,实际主要任务是做好滩涂造地项目的工程建设管理。

三、上海垦龙工贸有限公司

上海垦龙工贸有限公司于 2000 年 12 月 7 日成立,注册资本为 98 万元,造地公司占注册资本的 90%,恒祥公司占 10%。经营范围为建筑材料、装潢材料、电线电缆、五金交电、机电设备、橡塑制品、商务信息、室内装潢服务等。公司成立以来,主要任务是做好滩涂造地项目工程材料经营。后因地产集团产业结构调整,公司按照集团要求歇业停止经营。

四、上海地产园林发展有限公司

上海地产园林发展有限公司注册资金 3 000 万元,造地公司投资 600 万元,占注册资金的 20%。

五、上海地产农业投资发展有限公司

上海地产农业投资发展有限公司注册资金 10 000 万元,造地公司投资 4 000 万元,占注册资金的 40%。

六、上海经怡实业发展有限公司

上经怡实业发展有限公司注册资金 19.445 0 亿元,造地公司投资 1 亿元,占注册资金的 5.143%。

第九章　上海世博土地控股有限公司

我国申办中国2010年上海世界博览会成功后，上海世博土地控股有限公司（上海世博土地储备中心）（两者合一简称"世博土控"）于2004年年初挂牌成立。

世博会筹办期间，世博土控按期完成了世博会址的城市动拆迁项目，即在世博会规划区内动迁居民18 300多户，企事业单位272家；在定向安置基地的建设中，浦江·世博家园新建建筑面积135.2万平方米，有1.05万户居民顺利入住。世博园区工程建设启动后，世博土控又主抓和参与了世博村、世博轴、样板组团、城市最佳实践区、世博公园、后滩公园、白莲泾公园、园区配套设施和生态节能、绿色环保、土壤修复等项目的建设。

世博村建设总投资33亿元，市政基础设施配套建设总投资91亿元，新建道路34.9公里，铺设管道4.2公里，修建防汛墙2.8公里，修复土壤20.3万立方，建设占地面积55.5公顷的公园。在世博会筹建过程中，世博土控开展了近60项科技创新，在南市发电厂改造项目中，提出了太阳能光伏发电、江水源热泵、水回收利用等11项新技术，世博轴、城市最佳实践区，包括南市发电厂改造项目，成为国家建设部、科技部推广示范的亮点和样板。世博土控公司圆满完成了世博村所承担的各项接待保障任务，并为世博园区运营服务保障做了大量工作。

世博会结束后，世博土控公司面对转型发展的新挑战，党政班子以加强班子和队伍建设为重点，以构架公司三年发展计划为主线，以开展群众路线教育实践活动为载体，紧紧抓住世博园区后续利用开发契机，加快转变营运模式，实现从世博土地储备、世博工程建设、世博展示服务，向工程项目改造、开发建设投资、资产经营管理的转变，形成世博园区局部区域后续综合发展的优势，为上海经济社会发展作出贡献。

世博土控成立10年来，积累了从事土地储备、工程建设、工程项目改造、综合服务、开发建设投资和资产经营等方面的丰富经验，在带领员工完成各项任务的过程中，员工队伍综合素质得到提升，公司在市场经济中具有较强的核心竞争力。

第一节　历　史　背　景

2010年在上海举办世界博览会，是公司成立的主要背景。上海世博会场地选定后，规划红线范围内有300多家企事业单位和近2万户居民需要动迁。上海世博局与市相关部门协商、酝酿，产生了建立一个承担相应责任的公司的设想。

2003年10月22日，上海市人民政府批复：市政府同意成立上海世博土地储备中心（简称"中心"）和上海世博土地控股有限公司（简称"公司"），"中心"和"公司"实行"两块牌子、一套班子"的运作模式；"中心"和"公司"具体负责开展世博会规划控制区域的土地收购、储备和经营管理工作。具体分工如下："中心"按照"政府指导、市场运作"的原则，负责世博会地区土地的收购储备、前期开发和经营管理；"公司"接受市政府委托，储备开发和经营、管理世博会控制区域的地块，并进行世博会配套商品房、世博会场址基础设施及相关工程的投资、建设和管理。

2004年1月5日，上海世博土地储备中心（上海世博土地控股有限公司）举行揭牌仪式。

中共上海市委发文,中共上海世博土地储备中心委员会和中共上海世博土地控股有限公司委员会党的关系直属市委,其机关党的工作归口上海市市级机关工作委员会;"中心"和"公司"领导班子列入市委管理范围;"公司"总裁和副总裁、财务总监、总经济师等职务任免报市委预审同意后,由董事会按有关规定办理。

2007年3月21日,中共上海市委组织部发文,中共上海世博土地储备中心委员会、中共上海世博土地控股有限公司委员会党的关系划转中共上海世博会事务协调局委员会管理。

2007年9月30日,"世博会部分建设项目工作交接仪式"举行。根据工作需要,原由"公司"承担的世博会园区的部分工程建设和市政基础设施项目建设任务,移交世博会工程建设指挥部承担。"中心"所辖市政工程部,整体借调至世博会工程建设指挥部。

2009年2月15日,根据上海市人民政府部署,由世博土控实施的白莲泾公园、样板组团、城市最佳实践区等项目的建设工作,移交上海世博会工程建设指挥部实施。世博土控在城市最佳实践区部、科技应用部等部门工作的员工,借调至上海世博会工程建设指挥部。

2009年6月29日,上海市人民政府专题会议明确,将"中心"纳入上海市土地储备中心统一管理,"公司"归口上海地产(集团)有限公司管理。

2009年8月14日,"'中心'和'公司'职能和管理关系划转会议"召开。市委、市政府决定:"中心"和"公司"党的关系划归上海地产(集团)有限公司党委。

2009年9月7日,世博局召开世博土控第三批借调工作人员会议。随后,世博土控内部机构设置作出相应调整。

从公司成立到世博会结束,世博土控主业是执行政府指令性任务;世博会结束后,世博土控主业转为适应市场化竞争,到市场中去找项目、求生存、求发展。

第二节　企业概况

一、资本构成

世博土控成立时,由上海地产(集团)有限公司和上海市城市建设投资开发总公司作为控股公司股东,各出资30亿元人民币作为注册资金,采取一次注册、分步到位的方式运作。至2005年年底60亿元注册资本金全部到位。为解决世博土控的资金时间差,进一步降低公司运作成本,上海市财政局于2004年分两次共计拨付世博土控40亿元的土地储备周转金。2006年,世博土控注册资本金调整为94亿元,其中,"中心"占36.2%,市地产集团占31.9%,市城投公司占31.9%。世博土控受市政府委托,负责储备开发和经营管理世博会控制区域的地块,负责世博工程配套商品房、世博会场址基础设施及相关工程投资、建设、管理等事项。

2010年,根据上海市国资委发文,公司的股权结构进行调整,上海市城市建设投资开发总公司将30亿元股份转让给世博土地储备中心,上海地产(集团)有限公司出资30亿元转让给上海市土地储备中心,世博土地储备中心和上海市土地储备中心分别持股68.1%和31.9%。

二、职工队伍

截至2012年12月底,"公司"总人数为412人,中共党员36人,团员45人。其中,"公司"本部从业人员44人,中共党员33人,团员1人,具有大专及以上学历36人,硕士及以上学历6人,拥有技术职称人数 25 人。所属子公司从业人员 368 人,中共党员 3 人,团员 41 人。

第三节　主　要　业　务

一、土地开发、动拆迁

2004 年 1 月,世博土控启动了世博会用地的动拆迁工作,对世博会规划红线范围内的 5.7 平方公里土地进行前期开发。世博园区动拆迁是上海有史以来动拆迁量最大的单体工程,涉及浦东新区、黄浦区、卢湾区 3 个区的 6 个街道、19 个居委会,动拆迁居民总户籍数为 17 412 户,总人数 47 930 人,其中个体户 527 户。动拆迁企事业单位 272 家,其中部属 18 家,市属 50 家,民营 73 家,区属 116 家,外资 10 家,特殊企业 5 家。动拆迁涉及占地面积 4.14 平方公里,占世博会总用地面积的 78%。

动迁工作自 2004 年下半年开始,至 2007 年 2 月底,1.8 万多户居民全部搬出,并顺利入住两个配套新建的"世博家园",户均住房建筑面积从原址的 30 平方米扩大到 75 平方米。

为进行世博园区配套道路等改建工程建设,"中心"对南车站路、斜土路、国货路附近的 340 户居民、108 户个体户等进行动拆迁;为配合世博园区前期基础性项目建设,"中心"又对卢湾区 362 户居民、黄浦区 2 390 户居民进行动拆迁。

为做好世博园区红线范围内居民、企事业单位的动拆迁安置工作,上海市在动拆迁居民本区和外区县规划了定向安置基地,对这些基地上的居民进行动拆迁。"中心"在闵行区浦江镇动拆迁 600 余户村(居)民,在浦东新区三林镇动拆迁 778 户村(居)民,在长兴岛动拆迁 2 878 户村(居)民,在宝山区罗泾镇动拆迁 2 200 余户村(居)民。

"中心"对世博园区范围内的各类企事业单位开展的动拆迁工作,从 2004 年 4 月 28 日首批企业签约开始,到 2009 年 1 月江南造船厂搬迁完成交地为止,272 家单位的动迁任务全部完成。

二、定向安置基地建设

根据上海市委、市政府的要求,世博会规划范围内居民动迁定向安置基地设在闵行区浦江镇和浦东新区三林镇,定向安置基地住宅小区分别命名为"浦江·世博家园"和"三林·世博家园"。其中,浦江·世博家园的建设由世博土控组织实施。

浦江·世博家园总用地面积 150 公顷,居住区建设用地约 76 公顷,规划道路、公共绿地、地区级公共设施等建设用地约 74 公顷,建设规模为住宅 80 万平方米左右,公共建筑 30 万平方米左右,共开发 16 个街坊。世博土控为建设主体。

浦江·世博家园项目总投资 43.5 亿元。工程于 2004 年 11 月开工,2008 年竣工。建成后的浦江·世博家园共有动迁安置房源 10 474 套。

三、世博园区工程项目建设

世博园区工程建设启动后,世博土控完成了世博轴、城市最佳实践区的前期设计和施工任务,园区样板组团项目建设任务,世博村建设,以及园区相关市政配套、公园建设和旧厂房改造等任务。

世博村是中国2010年上海世博会的重要配套工程,分为生活区、服务区、后勤配套区,具备住宿、餐饮、购物、娱乐、商务、物流等多种功能。该区域规划建设用地面积约29万平方米,新建和改造的总建筑面积约55万平方米。按照国际化区域功能的需求,设置了多层次的立体道路交通系统,将居住、餐饮、零售、休闲和配套服务点合理分布在世博村各处,其在世博会期间承担的主要功能,是为参展工作人员提供住宿、餐饮、购物、娱乐、商务等多方面的服务,世博会后也被永久保留为高品质、国际社区。

世博轴及地下综合体工程(简称"世博轴")是世博园区最大的单体工程,也是世博会"一轴四馆"永久场馆之一。工程占地面积约31万平方米,总建筑面积25.11万平方米。该项目前期工程由世博土控承担。世博轴工程采用全新的建筑形态,顶棚结构包括两个不同类型的结构体系——索膜结构和6个造型独特的钢结构玻璃"阳光谷",以技术创新来满足建筑形态表达的要求。

样板组团项目由世博土控承建,是上海世博会园区首批正式启动建设的场馆。样板组团项目用地总面积17.7公顷,建筑面积约为4.6万平方米,包含外国国家馆、公共配套服务设施、高架步道(人行平台)、出入口广场及停车场、市政附属设施和园林景观六大内容。

城市最佳实践区是模拟城市生活、工作、休闲、交通等若干功能街区,展示对未来城市生活有示范、引领作用的城市案例。城市最佳实践区的建设单位是世博土控。该项目占地面积15.08万平方米,总建筑面积11.70万平方米,基础现状以老厂房为主,相当一部分的厂房被保留并改造成为展馆。

宝钢大舞台原为上钢三厂主厂房和连铸车间,改建后的建筑占地面积1.12万平方米,建筑面积1.25万平方米,建筑高度30米,共2层。改建后,主要包括1座可容纳3500人的主舞台和1座可容纳600人的小舞台,以及相应的管理和配套设施。世博会期间,主要用于举办各个国家的"国家馆日"活动,为世博会提供以"城市,让生活更美好"为主题的演出活动和各类非主流综艺表演。

四、科技应用创新

在世博会筹建过程中,"公司"共计开展近60项科技创新。在南市发电厂改造项目中,"公司"提出了太阳能光伏发电、江水源热泵、涡轮蜗杆式风能发电、水回收利用等11项新技术;组织开展世博轴地源热泵、江水源热泵专题技术论证,为优化设计方案提供了科学依据;结合施工现场实际,实施了HEC固结渣土、新型排水侧石、排水沥青混凝土路面等新材料、新技术,取得了良好的经济效益和社会效益。南市发电厂改造项目,在可再生能源利用方面发挥示范效应,工程被评为2009年度国家建设部的"可再生能源示范工程"。

五、服务保障创新

世博运营期间,世博土控主要承担世博村运营保障任务。为服务、保障好中外200多个参展主体和数以千万计的宾客,"公司"建立了设备设施应急保障工作网络,形成了直接、有效的应急保障工作联系机制,设备运行保障率和设备抢修及时率均达到了百分之百完好的目标。

六、转型发展中的创新

世博会闭幕后,世博土控全力投身创新驱动、转型发展,面对后续资金保障等困难,"公司"通过积极拓展投融资渠道、努力抓好财务核算、采用新金融产品、资产置换、招商租赁、对外投资、资产清理、探索酒店和物业科学化经营管理、提升资产经营和管理水平等手段,有效盘活公司存量资产。同时,"公司"抓紧浦江·世博家园的后续建设,完成浦江城市生活广场和九街坊特色商铺项目的建设任务,全面开展一街坊商业中心二期项目的建设以及上海老市政府大厦、巨鹿大厦等一批上海市重大项目建设,为"公司"的后继发展奠定基础。

第十章　上海市外事用房经营公司

上海市外事用房经营公司(简称"外房公司")成立于1992年7月,是一家专业从事外国驻沪总领事馆办公和官邸用房经营管理的国有企业。它的前身是市房地局所属的特种用房经理部和外事用房经营管理处。2002年地产集团成立后,外房公司划入地产集团,2013年6月并入上海地产资产管理有限公司,2014年5月划入上海地产资产经营有限公司。

20世纪70年代,我国恢复了在联合国的合法权利及安理会常任理事国的合法席位,我国同世界上绝大多数国家建立起正常的外交关系。至20世纪80年代初,越来越多的外国领事馆入驻本市,领事馆的用房需求也日益增长。为了解决这一涉外用房问题,市房产管理局于1980年2月组建上海市特种用房经理部(上海市外事用房经营公司的前身),专业从事外国驻沪领事馆办公和官邸用房的租赁、管理和维修工作。

鉴于外事用房的特殊性,市政府指定由上海市特种用房经理部和更名后的上海市外事用房经营管理处,负责办理驻沪领事馆的办公和官邸用房相关的租赁管理事项。随着本市外事工作和对外经济的日趋活跃,外事外商的用房需求日渐增多,原来的外事用房租赁管理体制已不能适应形势的发展。1992年7月,上海市外事用房经营管理处改制为上海市外事用房经营公司。国有企业性质的外房公司的成立,是改革开放形势发展的需要,也顺应了社会主义市场经济深入发展和外事用房市场开拓的需要。上海市外事用房经营公司从管理服务型到经营管理型的转变,使外事用房的市场开拓、经营租赁和维修养护等工作开拓了新的局面,走上了政府指导、市场经营、企业管理的轨道。

外房公司受托管理的10处房产,先后有美国、法国、日本、比利时、德国、波兰、伊朗、新加坡、澳大利亚、荷兰、意大利等国入驻作为驻沪总领事馆舍或官邸。这些物业都是地处市中心的独立式花园洋房,大部分建造于20世纪二三十年代,最早的建于1912年,建筑风格有西班牙式、意大利式、法国式、新古典主义等,大部分为市级优秀历史保护建筑、市级文物保护单位。

在地产集团的领导和市外办、市房管局的指导下,外房人谨记外事无小事这一涉外工作原则,以"严守纪律、谨慎言行,热情服务、规范工作,诚实守信、团结合作"为宗旨,紧紧抓住"安全、服务"这条工作主线,牢固树立政治意识、外事意识、安全意识、服务意识和作风意识,不断强化制度建设、落实安全管理、规范物业流程、提高服务质量、夯实队伍建设,在房屋租赁和维修养护等方面一如既往地以热情、用心、及时、规范、优质的服务保证外事用房经营管理和老洋房修缮保护的有序有效,外房公司的工作也赢得了驻沪总领事馆的好评。

第一节　历　史　沿　革

1980年2月,成立上海市特种用房经理部,属市房地产管理局领导,事业编制,主要职责如外国驻沪领事馆办公和官邸用房的租赁、维修工作。

1989年12月18日,上海市编委发文,同意上海市特种用房经理部更名为上海市外事用房经营管理处,机构级别相当于处级。

1992年7月29日,上海市房产局发文,同意将上海市外事用房经营管理处改制为上海市外事用房经营公司,具有法人资格,是全民所有制企业。公司注册资金1000万元,注册地址为上海市淮海中路1202号。公司设办公室、物业管理部、计划财务部、经营开发部、工程部,主营外事外商用房的开发、经营、销售和管理,房屋装饰、维修、水电安装。

1996年7月17日,上海市外事用房经营公司与中华企业股份有限公司、上海市房屋建筑材料总公司等企业联合签署加入上海房地(集团)公司的协议,划归上海房地(集团)公司,属上海房地(集团)公司下属二级全资子公司。

2005年1月,地产集团发文:上海市外事用房经营公司从上海房地(集团)公司划归上海地产(集团)有限公司,成为地产集团下属二级全资子公司。2005年1月25日,公司党的关系划转到上海地产(集团)有限公司党委。

2013年6月21日,地产集团发文:上海市外事用房经营公司并入上海地产资产管理有限公司。

2014年5月19日,地产集团发文:上海市外事用房经营公司随上海地产资产管理有限公司一起划入上海地产资产经营有限公司。

截至2012年12月,公司从业人员13人,其中中共党员12人。

第二节 业 务 范 围

1980年成立的上海市特种用房经理部和更名后的上海市外事用房经营管理处主要负责外国驻沪领事馆办公和官邸用房的租赁、维修工作。

1992年,上海市外事用房经营公司,注册资金1000万元,经营范围为外事外商用房的开发、经营、销售和管理,房屋装饰、维修、水电安装,兼营商场、贸易、餐饮。

2010年,上海市外事用房经营公司注册资金600万元,经营范围为外事外商用房的经营和管理,可承担单位工程造价600万元以下建筑(包括车、船、飞机)的室内、室外装饰装修工程的施工。

第三节 业 务 经 营

一、外事用房的经租管理

外房公司是地产集团下属专业从事部分外国驻沪总领事馆舍和官邸经营管理的全资子公司,是一家专业从事外事、外商用房经营管理的国有企业。外房公司受托管理的10幢花园洋房和淮海公寓都地处市中心,大部分建造于20世纪二三十年代,最早的建造于1912年。30多年来,先后承担了美国、法国、日本、德国、比利时、波兰、伊朗、新加坡、澳大利亚、荷兰和意大利等10余个国家驻沪总领事馆作为办公用房、官邸用房和外交人员宿舍的经营管理。其中的直管公房淮海公寓于1998年3月由市国资办和市房地局批准划转给上海房地(集团)公司作为国家资本金注入中华企业股份有限公司,至2002年腾清原有租户后,外房公司结束了淮海公寓的代理经租关系。目前,外房公司受托经营管理的花园洋房分别由美国、法国、日本、德国、比利时、波兰和伊朗7个国家的驻沪总领事馆作为办公用房或官邸用房。另外,公司还受托代理经租皋兰路1号张学良将军故居和澳大利亚驻沪总领事馆官邸用房。

外房公司成立以后,外事用房的运行实行政府指导、市场经营、企业管理的模式,公司在做好外事用房经营管理的同时,还较好地完成了国有资产保值增值的考核任务。外房公司针对外事用房的租金水平及其涨幅都大大低于社会租赁房屋这一特殊情况,在市外办的指导下,在兼顾外交对等原则的基础上,积极有序地逐步提高租金,较好地完成国有资产经营管理目标。从成立之初至2013年年底,公司的资产总额从1858万元增加到6335万元,增幅为241%,营业收入从157万元增加到779万元,增幅为396%,累计实现利润总额3600万元,国有资产保值增值率年均达到109%。公司在完成外事用房租赁和维修养护任务的同时,也取得了一定的经济效益,保证了外事用房维修养护的资金来源。

二、外事纪律和保密工作

作为一家专业从事外事用房经营管理的国有企业,外事纪律和安全保密是我们各项工作的重中之重。因此,不断加强外事纪律教育和强化安全保密意识已经成为公司延续至今的传统。由于外事用房的特殊性决定了公司经营管理工作的好坏将直接影响到国家和上海的形象,公司全体职工始终以一种如履薄冰、如临深渊的危机感和责任感,时刻注意自己的一言一行,以责任为己任,严守外事纪律。公司结合涉外工作的特点,以专题教育和日常教育相结合的形式,将外事纪律和保密工作放在班子会议和行政办公会议上与业务工作同研究、同部署、同检查,并注重发挥党员在遵守外事纪律和安全保密工作中的表率作用,要求党员带头严守安全保密纪律和外事纪律,带头遵守公司制定的管理制度,带头遵守进出领馆的有关规定。同时,公司将外事纪律和保密工作的学习教育列为常态性的工作,时刻提醒干部职工遵守外事安全保密规定,做到不该看的不看,不该问的不问,不该说的不说,不该做的绝对不能做。全体职工一直坚持严谨务实的工作作风和有理有节的工作态度,使得公司从未发生违反外事纪律和安全保密的事件,得到了政府有关部门的肯定。

三、优秀历史保护建筑养护

外房公司目前管理的10幢外事用房大部分为市级优秀历史保护建筑,花园内还有被列为二、三级保护级别的古树名木30余棵。公司从成立伊始,就将保护好这些老洋房作为自己的重要职责,在不影响领事馆正常工作的前提下,积极妥善地做好老洋房的维修养护工作,保持了房屋的完好率和正常使用:一是及时做好修缮工作,定期做好设备的检查保养;二是坚持日常巡察,发现问题及时处理;三是加强消防安全检查,及时清理易燃易爆物品和水电等安全隐患;四是强化突发性气象灾害应急预案,做好应急值班和应急设备物资的准备工作;五是做好花园绿化的更换养护,做到花园四季有花、草地四季常绿;六是注重对古树名木的养护保护,会同专业机构进行病虫害防治;等等。在对老洋房进行大修时,公司在文管会、房管局和外办的关心指导下,会同设计、施工、监理单位商讨和解决工程中楼体倾斜、房屋沉降、立面粉刷等难点问题,大胆启用新工艺、新材料,使科技的创新成果在老洋房换新颜中发挥最大的成效,不仅实现了优秀历史保护建筑的修旧如旧,保持老房子的原汁原味,更提升了房屋的舒适度,改善了领事馆的办公和居住环境。1992年至今,外房公司共进行了18批次的大中修。在2010年上海世博会期间,公司进一步加强房屋的安全检查和环境整治,以实际行动参与世博、奉献世博。

第十一章 上海馨安置业有限公司

第一节 历史沿革

上海馨安置业有限公司(简称"馨安公司"),由上海安居物业有限公司和上海南安经纪有限公司共同出资组建,于1997年4月批准成立。2003年3月,股东变更为上海地产(集团)有限公司出资1 200万元,占股80%,上海市住房置业担保有限公司出资300万元,占股20%。

2005年5月30日,上海地产(集团)有限公司与上海市住房置业担保有限公司同比例增资,馨安公司注册资本为10 000万元。2011年1月,上海市住房置业担保有限公司将股权转让给上海地产(集团)有限公司,股东变更为上海地产(集团)有限公司,占股100%。

第二节 组织架构

一、组织设置

按照《公司法》和公司章程的规定,公司设有董事会、监事会、经营班子,本部设综合管理部、项目管理部、计划财务部,并按照业务板块将所有子公司分为开发板块、餐饮板块等相关产业板块。

馨安公司主要经营范围为:房地产开发,经营,销售,租赁,市内装潢,销售建筑装潢材料,物业管理。

二、所属子公司

馨安公司根据业务工作需要,建立了一系列子公司,并发挥了各自优势,推进公司业务的发展。

表5-11-1 2012年12月所属子公司统计表 单位:元

序号	子公司全称	主要业务	经营范围	持股比例(%)	2012年12月31日公司出资额	2012年12月31日净资产	2012年营业收入	2012年净利润
1	上海馨亭置业有限公司	房地产	房地产开发经营	90.00	7 200 000.00	216 866 655.58	270 725 989.22	70 406 855.39
2	上海馨汇地置业有限公司	房地产	房地产开发经营	90.00	9 000 000.00	20 565 864.50		45 354.56
3	上海馨盛达置业有限公司	房地产	房地产开发经营	90.00	9 000 000.00	51 030 848.77	9 133 060.00	6 499 599.70
4	马鞍山市金申置业发展有限公司	房地产	房地产开发经营	65.00	130 000 000.00	248 964 552.59	393 336 072.50	63 928 803.32

〔续表〕

序号	子公司全称	主要业务	经营范围	持股比例(%)	2012年12月31日公司出资额	2012年12月31日净资产	2012年营业收入	2012年净利润
5	上海华禹物业管理有限公司	房地产	房地产开发经营、物业管理	90.00	34 200 000.00	54 120 458.44	23 068 495.60	10 964 055.29
6	上海馨悦餐饮有限公司	餐饮	大型饭店、餐饮企业管理、会务服务	100.00	3 000 000.00	4 203 250.33	17 238 616.10	1 028 123.09
7	上海馨宁置业有限公司	房地产	房地产开发经营	100.00	165 000 000.00	163 034 590.72		−991 119.81
8	上海馨锦置业有限公司	房地产	房地产开发经营			18 778 361.17	10 058 000.00	7 318 900.45

第三节 业务经营

2004年1月1日至2012年12月31日,公司秉承"树立企业形象,创企业品牌"的意识,在"稳健、规范、创新"的指导思想下,按照"四高"建设标准,对开发项目努力做到精心规划、精心设计、精心施工和科学管理,推进"以质量创品牌,以品牌促质量"的良性循环。同时,公司针对市场变化的态势,积极应对并及时调整企业发展思路,实现经营业绩稳步增长。根据公司的财务报表显示,2004—2012年实现销售收入86.66亿元,归属于母公司的净利润8.58亿元,上缴各项税费12.19亿元。

自公司成立以来,公司开发了多个房地产开发项目,房地产开发面积超过196万平方米。公司本着严抓工程质量、狠抓工程进度的原则,从项目的技术特点和建设要求着手,严格控制工程进度、质量。其中,2005年"西郊九韵城"获第四届"上海市优秀住宅奖","盛达家园"获"上海市优秀住宅规划建筑奖""上海市优秀住宅科技应用奖"和"上海优秀住宅绿化环境奖"。馨亭家苑二期工程2007年获上海市"市优质结构"工程称号,小区绿化景观工程获上海市"园林杯"奖;西郊九韵城二期4栋楼房被评为"市优质结构"工程称号,马鞍山的"东方明珠项目"被建设部中国建筑文化中心评为"中国城市标志性楼盘"和"中国人文环境典型楼盘",同年又获马鞍山第二届金秋房展会最高奖——"年度综合大奖"。2011年"东方明珠世纪花园"项目获"2011年马鞍山市城市地标奖",被马鞍山市金家庄区评定为"突出贡献企业一等奖"。同年,在第八届香港国际地产周中获"2011年金紫荆花奖"。

企业积极承担社会义务,在地产集团的大力支持下,承担市政府的保障房建设,分别在宝山区、闵行区建设4个基地,为保障性住房建设提供了超过86万平方米的房源。另外,公司积极以自己的力量帮助和回馈社会。2004—2012年间,公司及下属子公司共捐赠支出5 256 454.00元。

公司为求多元化发展,2010年出资创办了馨悦会所,至2012年年底,会所经营状况良好。

第四节 项目开发

2004—2012年,公司相继开发了世纪虹苑、畅翠苑、东方明珠·世纪花园、西郊九韵城等8个项目。其中西郊九韵城、盛达家园、馨良苑与浦江镇这4个项目为政府保障房项目,截至2012年12月31日,建成的项目已向社会提供约70万平方米建筑面积的保障性住房,在建浦江镇项目还提供约16万平方米的保障性住房。

表5‑11‑2 2006—2012年馨安公司建设完成项目统计表

地块所属公司	项目	类型	竣工时间（年份）	累计实现销售收款（万元）	开发成本（万元）	累计实现净利润（万元）	建筑面积（平方米）
上海馨安置业有限公司	世纪虹苑	商品房	2008	56 338.16	26 960.25	19 394.05	14 975.42
上海华禹物业管理有限公司	畅翠苑	商品房	2011	25 294.40	10 409.12	6 252.81	7 369.19
上海馨盛达置业有限公司	盛达家园	保障房	2006	93 442.13	57 593.12	16 186.95	162 339.49
上海馨锦置业有限公司	馨良苑	保障房	2008	65 778.56	59 778.73	1 452.84	91 703.20
上海九韵置业有限公司	西郊九韵城-南区多层	保障房	2005	75 096.84	47 055.25		177 216.99
上海九韵置业有限公司	西郊九韵城-南区JN1型房	保障房	2009	23 636.09	10 240.05		32 283.37
上海九韵置业有限公司	西郊九韵城-商业	商业	2009	64 821.14	24 850.49	49 281.44	60 055.64
上海九韵置业有限公司	西郊九韵城-203C	保障房	2008	64 140.85	47 170.52		114 365.37
上海九韵置业有限公司	西郊九韵城-203B	保障房	2010	39 605.76	26 253.54		64 965.24
上海馨亭置业有限公司	馨亭家苑一、二期	商品房	2007	79 799.17	51 874.63	28 986.67	128 614.41
上海馨亭置业有限公司	朗庭上郡	商品房	2010	117 719.28	99 290.85		126 390.02
马鞍山市金申置业发展有限公司	东方明珠-一村别墅	商品房	2009	32 876.60	26 734.33		53 309.00
马鞍山市金申置业发展有限公司	东方明珠-六村一期	商品房	2012	28 305.90	38 767.41		112 886.94
马鞍山市金申置业发展有限公司	东方明珠-二村	商品房	2009	26 622.18	26 063.77	18 936.46	97 120.00
马鞍山市金申置业发展有限公司	东方明珠-一村	商品房	2008	22 998.86	20 095.62		75 670.00
马鞍山市金申置业发展有限公司	东方明珠-五村	商品房	2007	4 776.31	4 739.65		12 350.00

〔续表〕

地块所属公司	项目	类型	竣工时间（年份）	累计实现销售收款（万元）	开发成本（万元）	累计实现净利润（万元）	建筑面积（平方米）
马鞍山市金申置业发展有限公司	东方明珠-四村	商品房	2009	24 658.12	16 832.69		57 797.00
马鞍山市金申置业发展有限公司	东方明珠-三村	商品房	2011	64 746.20	40 642.14	18 936.46	125 269.61
马鞍山市金申置业发展有限公司	东方明珠-商业	商业	2011	1 363.00	7 673.10		20 829.00
合　计				912 019.55	643 025.26	140 491.22	1 535 509.89

表 5-11-3　馨安公司正在建设的项目统计表

（截至 2012 年 12 月 31 日）

地块所属公司	项目	类型	状态	开工时间	开发成本（万元）	建筑面积（平方米）	备注
上海馨宁置业有限公司	浦江镇	保障房	在建	2011 年	62 961.22	162 000.00	
上海馨安置业有限公司	华傲		在建	2009 年	23 372.09	35 900.21	办理土地变性过程中
马鞍山市金申置业发展有限公司	东方明珠-六村二期Ⅰ-Ⅱ标段	商品房	在建	2011 年	12 633.72	112 940.07	
总　计					98 967.03		

表 5-11-4　馨安公司尚未开工建设的项目统计表

（截至 2012 年 12 月 31 日）

地块所属公司	项目	状态	土地面积（平方米）	累计投入（万元）	备注
上海馨亭置业有限公司	馨亭家苑三期	尚未开工	11 928.00	2 931.30	已取得土地证
马鞍山市金申置业发展有限公司	东方明珠 N1	尚未开工	5 857.65	543.89	已取得土地证
马鞍山市金申置业发展有限公司	东方明珠-六村二期Ⅲ-Ⅳ标段	尚未开工	52 169.92	5 268.83	已取得土地证
上海馨安置业有限公司	安福路 255、259 号	动迁停滞，尚未开工		1 204.34	尚未获取土地证
总　计				9 948.36	

第五节　资 产 经 营

公司的资产规模从 2004 年 1 月 1 日的 8.95 亿元增至 2012 年 12 月 31 日的 26.43 亿元，增长了 2.95 倍；合并归属于母公司的净资产总额从 0.39 亿元增加至 8.07 亿元，增加了 7.68 亿元；2004—2012 年累计实现净利润 8.58 亿元，累计向股东分配股利 1.84 亿元；累计资本保值增值率达到 2 320.55%。

保护上海城市老建筑是馨安公司的一项重要工作。2009 年，馨安公司与股东上海地产（集团）有限公司签订《房屋资产委托管理合同》，对 8 处老建筑进行管理，其中不少老式的花园洋房被列为上海市优秀历史保护建筑。公司为了保护好这些历史老建筑，认真进行房屋修缮，仔细选择客户招租，定期进行房屋安全检查和养护，既保护了历史老建筑，又创造了较好的经济效益。2009—2012 年，公司共收到管理费达 2 525 054.3 元。

表 5-11-5　2004—2014 年地产集团委托管理房屋资产统计表　　　　单位：平方米

序号	坐落	权属	建筑面积	权证号	现状
1	泰安路 120 弄 2 号	产权	988.80	沪房地市字（2005）第 000146 号	出租
2	泰安路 120 弄 7 号	产权	225.60	沪房地市字（1998）第 004607 号	出租
3	汾阳路 112 弄 4 号	产权	761.00	沪房地市字（2004）第 045495 号	2-4 层出租
4	番禺路 508 号	产权	920.09	沪房地市字（2005）第 004863 号	出租
5	宛平路 10 弄 10 号	产权	436.05	沪房地市字（2005）第 004956 号	2012 年已划出，不再管理
6	复兴中路 1367、1369 号	使用权	446.99		集团老干部活动中心
7	永嘉路 571 号	使用权	501.00	沪房发徐字第 01916 号	实心
8	陕西南路 164 号	使用权	518.00	沪房发徐字第 02332 号	实心
	总计		4 797.53		

馨安置业 2004—2012 年间，营业收入逐年增长，保持了良好的盈利水平，累计实现营业收入 86.66 亿元，实现归属于母公司的净利润 8.58 亿元。各项主要财务数据见表 5-11-6：

表 5-11-6　2004—2012 年馨安公司利润情况表　　　　单位：万元

年份	营业收入	归属于母公司的净利润	净资产收益率
2004	617	-1 407	-51.41%
2005	46 544	3 566	24.09%
2006	18 384	-1 024	-7.84%
2007	116 875	6 034	31.61%
2008	46 664	6 795	26.27%

〔续表〕

年　份	营业收入	归属于母公司的净利润	净资产收益率
2009	133 243	8 573	24.89%
2010	115 949	11 325	39.37%
2011	264 362	38 841	57.45%
2012	123 919	13 062	16.19%

说明：利润计算以旧会计准则为基础。

第十二章　上海地产明居发展有限公司

为配合世博会展示悠久的民族乡土建筑精华、彰显具有地域特色的传统建筑与艺术文化，上海地产（集团）有限公司支持国企改革收储上海市环境集团"打包"土地，在规划的三林楔型绿地范围内开发"世博民居文化区——美丽上海"项目，通过修复收藏濒临消失的近百幢老民居建筑，为世博会增添多元建筑文化展示。项目一方面通过发掘和抢救，传承中国传统建筑等文化遗产，探索历史乡土建筑在当代生存和发展的途径，另一方面通过搬迁滨江污染企业等环境整治，完善上海滨水城市新形象，为享有万国建筑博览的上海大都市增添中华民族建筑文化艺术内容。项目定位高、意义深，具有文化、历史、商业和社会观赏价值。

上海地产明居发展有限公司作为上海地产（集团）有限公司的全资子公司，于2006年8月成立，主要承担"世博民居文化区——美丽上海"项目的建设管理，从项目的策划定位、规划编制和设计方案比选，直至项目建成。该项目使公司肩负着浦江两岸综合开发的使命和兴建传统建筑文化商业地产的重任，在建设期间，克服不同阶段的困难和阻力，保证了项目建设的顺利进行。

在美丽上海项目建设过程中，得到了上海市、区各级领导的大力支持。2011年6月以来，上海市党政领导俞正声、韩正、杨雄等先后多次亲临项目现场调研，对项目提出了希望和要求，充分肯定了项目建设的重要意义——整治环境，启动三林楔形绿地建设，推动黄浦江两岸综合开发建设。

截至2014年6月，上海地产明居发展有限公司从业人员21人，其中中共党员8人、拥有技术职称人数12人。

第一节　历 史 沿 革

2006年8月21日，上海地产（集团）有限公司全资成立上海地产古民居发展有限公司，注册资金1亿元。2008年1月，上海地产（集团）有限公司发文，同意上海地产古民居发展有限公司办理工商登记，更名为上海地产明居发展有限公司。

公司的主要职责是建设"世博民居文化区"项目。上海地产（集团）有限公司于2006年7月发文，成立"上海地产古民居建设与管理工作领导小组"，皋玉凤为组长，傅平、陈仕中为领导小组成员。

2013年9月，上海地产（集团）有限公司发文，将上海地产明居发展有限公司划归上海中星（集团）有限公司直接领导和管理。同年，上海地产明居发展有限公司党的关系划转到上海中星（集团）有限公司党委。

公司注册地址为上海浦东三林镇沿江路劳动新村十八间5号房。

第二节　主 营 业 务

上海地产明居发展有限公司经营范围为房地产开发，主要负责"世博民居文化区"项目的建设管理。

项目由上海地产集团全额投资32亿元,于2007年12月正式开工,至2013年12月,"世博民居文化区"的一标段、二标段完成建设,建筑面积为11.7万平方米,其中全装修酒店建筑面积为7.6万平方米,商业文化区和会所区为半装修,建筑面积为4.1万平方米。2014年1月起,项目进入全面看管、养护和分步调试阶段。

第三节 项目建设

世博民居文化区的建设,整治了原有大型垃圾堆场、煤场等污染环境,通过对赣、浙、皖收藏迁建再生的93栋老民居和保留部分老工业厂房改造利用,及与新建时尚酒店建筑相结合,建造一处集民居展示、文化会展、创意商业、时尚消费以及特色酒店于一体的,以中国传统民居建筑为主要特色的多功能综合区域,并将其打造为上海具有影响力的时尚地标之一。

酒店别墅区由53套酒店别墅组成,是一个将修复改建的各具风格老民居作为酒店各组成部分的豪华酒店,其历史和文化底蕴显现出时代新形象。

酒店客房区具有鲜明的生活风格,通过创新设计、舒适功能、周全服务水准,为客人提供一个精致的生活、工作和休息环境。新酒店建筑外观是一幢与别墅酒店相协调的时尚建筑,拥有标准客房141间,平均每间客房面积约70平方米。

商业文化展示区以游艇销售展示为亮点,辅以时尚展会、艺术活动等中型高端活动定位;利用沿江岸线、大型码头、高品质的商业服务业配套等优势,设置大型国际游艇展、销售中心等功能,使之成为上海具有规模和吸引力的游艇基地,带动相关配套产业的发展;充分利用老厂房的空间优势,引进各类文化娱乐、艺术会展、时尚庆典等活动,塑造高雅时尚的城市新地标。

商业区以满足游客、消费者的餐饮、休闲需求为目标。利用滨江独特的景观优势和开放性空间的建筑特色,以复合式餐饮酒吧为主要业态。在精心修复的老民居内引进知名餐饮管理品牌,让客人在亦古亦今、风物宜人的景致中悠闲地享受美食和生活。同时,引进定制服装、中式家具等契合项目本身特色的高端零售业态,展现中国古典文化之美。

特色民居区采用三种不同地域风格的老民居,营造徽、京、晋三大特色民居建筑大院。在新与旧、传统与时尚之间,为使用者提供一种独特而富于情趣的空间体验,满足当代高品质商业用途环境优雅、舒适、高贵的时代要求。

第十三章　上海地产保障住房投资建设管理有限公司

第一节　历　史　沿　革

一、成立背景

进入21世纪，上海市政府认真贯彻落实中央关于建立健全住房保障体系的部署，积极促进本市房地产市场健康、有序发展，加快推进上海市保障性住房建设，努力改善广大群众的居住条件。上海地产（集团）有限公司作为国有全资企业，勇于承担企业的社会责任，以"为政府分忧、为百姓解困"为己任，通过各种方式参与保障性住房建设，成为上海保障房建设起步最早、规模最大、投资最多、种类最全的国有房地产企业。

2009年12月1日，上海地产（集团）有限公司全额出资组建上海地产馨越置业有限公司，注册资本为8亿元，承担上海市第一个集中建设的公共租赁住房项目——"馨越公寓"和捆绑式商品房"上河湾名邸"的开发建设。

2010年7月23日，上海地产（集团）有限公司又全额出资组建上海地产馨逸置业有限公司，注册资本为4.5亿元，承担"馨逸公寓"公租房项目和捆绑式商品房开发建设。

2011年7月，为了做大、做强"保民生、促发展"的保障房建设品牌，地产集团决定整合优质资源，集中馨越公司、馨逸公司的核心力量成立保障住房公司。2011年8月5日，上海市住房保障和房屋管理局发文，同意地产集团组建上海地产保障住房投资建设管理有限公司。2011年9月1日，地产集团发文，组建上海地产保障住房投资建设管理有限公司（简称"保障住房公司"）。2011年9月5日，上海地产保障住房投资建设管理有限公司在浦东新区注册成立。注册地点为上海市浦东新区浦东大道2123号3E-1635室，于2011年9月5日完成工商登记，注册资本为20亿元。

二、组织架构

保障住房公司下设5个部门，分别是综合管理部、财务管理部、经租管理部、前期规划部和项目管理部。下有4个全资子公司、1个合资公司。2012年3月14日，上海市国资委发文，同意将上海地产（集团）有限公司持有的馨越置业有限公司100%股权、上海地产馨逸置业有限公司100%股权、上海瀛程置业有限公司100%股权协议转让给上海地产保障住房投资建设管理有限公司；2011年11月，上海九韵置业有限公司股东（上海馨安置业有限公司占股50%、上海九地置业有限公司占股50%）向上海地产（集团）有限公司提出申请转让100%股权。2011年12月8日，地产集团发文，同意收购上海九韵置业有限公司的100%股权。2012年11月12日上海市国资委发文，同意将上海九韵置业有限公司中50%的国资股权（上海馨安置业有限公司所占股份）协议转让给上海地产保障住房投资建设管理有限公司。2012年12月，经上海联合产权交易所操作，上海九韵公司成为上海地产保障住房投资建设管理有限公司的全资子公司。截至2012年12月，公司拥有4家全资子公司，控股投资地产馨丰公司，对馨浦公司的项目进行管理。员工总人数39人，其中中共党员19人。

第二节 主营业务

一、经营范围

上海地产馨越置业有限公司经营范围为：房地产开发经营，土方工程，市政工程，室内装潢，园林绿化工程，投资管理（除股权投资和股权投资管理），商务信息咨询、企业管理咨询（以上咨询均除经纪），销售建筑装潢材料、五金交电产品、化工产品（除危险化学品、监控化学品、烟花爆竹、民用爆炸物品、易制毒化学品）、金属材料、花卉、苗木。

上海地产馨逸置业有限公司经营范围为：房地产开发、经营，土方工程（除专项）、市政工程、园林绿化工程施工，室内装潢，投资管理，商务信息咨询，企业管理咨询（以上管理均除经纪），销售建筑装潢材料、五金交电产品、化工产品（除危险化学品、监控化学品、烟花爆竹、民用爆炸物品、易制毒化学品）、金属材料（除专控）、花卉、苗木。

上海地产保障住房投资建设管理有限公司经营范围为：公共租赁房、动迁安置房、经济适用房等保障性住房的投资、建设、租赁、经营管理，与保障性住房相关的房地产投资、开发和建设经营，以及土方工程（除专项）、市政工程、园林绿化工程施工，室内装潢，投资管理。

二、主业发展

上海地产保障住房投资建设管理公司主要业务板块包括公共租赁房建设、捆绑商品房建设、动迁配套房建设、共有产权保障房建设、廉租房建设、公共租赁房运营管理6个板块。已建、在建和拟建项目总建筑面积约为208.5万平方米。

截至2012年12月，公司累计开发保障房项目3个，总建筑面积95.19万平方米，累计竣工32.04万平方米。其中公租房17.98万平方米，共2 900余套；动迁配套房13.49万平方米；廉租房0.57万平方米。累计在建63.15万平方米，其中在建公租房41.15万平方米，在建捆绑商品房22万平方米。

【公共租赁房建设】

公司已建、在建和拟建公共租赁房项目总建筑面积约83.25万平方米。其中公司已完成首批市筹公租房馨宁公寓的建设任务，项目总建筑面积约17.98万平方米。公司在建的公共租赁房项目主要是"馨越公寓"和"馨逸公寓"一期，总建筑面积约41.15万平方米。拟建的公租房项目主要有"馨逸公寓"二期、古美五街坊地块、华漕206地块、杨高南路公租房项目，总建筑面积约24.12万平方米。

"馨越公寓"总建筑面积26.29万平方米，其中用于租赁的成套小户型住宅和舒适型宿舍约20.5万平方米，建成后可提供4 042套公租房（其中662套为宿舍型公租房）。户型为面积在30平方米~60平方米左右的宿舍、一室户、一室一厅和二室户，一房和两房的户型配比各占50%。

"馨逸公寓"一期总建筑面积14.86万平方米。一期项目包括5幢18~20层点式高层住宅楼，7幢15~18层板式高层住宅楼，其中一室户占34.65%，建筑面积为40平方米左右，二室户占65.35%，建筑面积为60平方米左右。建成后将提供2 222套公共租赁房。

【捆绑商品房建设板块】

公司在建和拟建的捆绑商品房项目总建筑面积约45.39万平方米。其中在建的捆绑商品房项目有"上海地产·上河湾"项目,该项目总建筑面积22万平方米。公司即将建设的还有南站和杨高南路捆绑商品房项目,总建筑面积分别约为21.99万平方米和1.4万平方米。

【动迁配套房建设】

公司已建和拟建的动迁配套房项目总建筑面积约68.16万平方米。公司已建成的动迁配套房项目有馨宁公寓,该项目总建筑面积为13.49万平方米。公司拟建的动迁配套房项目总建筑面积约为54.67万平方米,其中馨丰公司松江38-03地块项目,总建筑面积约为7.3万平方米;九韵公司华漕206地块项目,总建筑面积约为28.26万平方米;馨浦公司青浦华新项目,总建筑面积约为19.11万平方米。

【共有产权保障房建设】

公司拟建共有产权保障房项目有馨丰公司松江39-02地块项目,该项目总建筑面积为11.13万平方米。

【廉租房建设】

公司下属的瀛程公司在"馨宁公寓"中配建廉租房0.57万平方米。

【公共租赁房运营管理】

截至2012年12月,公司运营的首批市筹公租房"馨宁公寓"项目,总建筑面积17.98万平方米,共提供2 900套公租房,其中一房508套、两房2 246套、三房146套。

表5-13-1 2009—2012年主要经济指标统计表　　　　单位:万元

单 位	年 份	主营业务收入	利润总额	年末总资产
上海馨越置业有限公司	2009	0	-700 859.60	799 299 140.40
	2010	0	-3 584 445.43	1 626 938 263.81
上海馨逸置业有限公司	2010	0	-410 486.91	1 200 734 191.62
上海地产保障住房投资管理有限公司	2011	0	351 192 561.80	11 084 766 283.32
	2012	0	-27 644 190.78	10 535 488 671.57

第三节　下属企业及分公司

一、上海地产馨越置业有限公司

上海地产馨越置业有限公司成立于2009年12月1日,注册地址为上海普陀区长征镇同普路1220号704室,注册资本为8亿元,系法人独资公司。2012年3月,经上海地产(集团)有限公司同意、上海市国资委批准,公司100%股份划归上海地产保障住房投资建设有限公司所有。

馨越置业公司主要从事房地产投资、开发和经营。房地产开发资质为"暂定级"。公司成立后,开发了公租房——"馨越公寓",总建筑面积26.29万平方米,其中用于租赁的成套小户型住宅和舒适型宿舍约20.5万平方米,建成后可提供4 042套公租房(其中662套为宿舍型公租房)。户型为面积在30~60平方米左右的宿舍、一室户、一室一厅和二室户,一房和两房的户型配比各占50%。2012年7月,"馨越公寓"项目获得"世界华人不动产学会"颁发的"中国低碳地产实践优秀项目"的称号,公司被评为"上海市重大工程立功竞赛优秀集体"。

二、上海地产馨逸置业有限公司

上海地产馨逸置业有限公司成立于2010年7月,注册地址为上海市徐汇区漕东路209号152室,注册资本为4.5亿元,系法人独资公司。2012年3月经上海地产(集团)有限公司同意、上海市国资委批准,公司100%股份划归上海地产保障住房投资建设有限公司所有。

馨逸置业公司主要从事房地产投资、开发和经营。房地产开发资质为"暂定级"。公司成立后,承担了南站地区公租房捆绑商品房的建设任务。建造的公共租赁房——"馨逸公寓",于2012年12月项目竣工,提供2 222套公共租赁用房。在项目建设过程中多次获得市、区两级政府的肯定和表扬,项目荣获上海市和住建部评选的多个奖项。"馨逸公寓"二期于2012年12月18日正式开工,项目以满足过渡性居住需求的紧凑型、小户型的一室户为主,可提供约844套租赁用房。

三、上海瀛城置业有限公司

上海瀛城置业有限公司成立于2006年6月12日,注册资本4.5亿元,注册地址为龙吴路2046号205室,企业类型为合资企业,2006年6月至2010年10月旧上海房地产经营(集团)有限公司(90%股权)与上海金丰公司(10%股权)合资创立。2010年11月4日,经股东同意公司100%股权协议转让给上海地产(集团)有限公司,企业类型变更为法人独资。2012年3月,经上海地产(集团)有限公司同意、上海市国资委批准,公司100%股份划归上海地产保障住房投资建设有限公司所有;经工商变更,注册地址变更为徐汇区东湖路9号主楼7层。

瀛城置业公司主要从事房地产投资、开发与经营,自有房屋租赁,物业管理。公司共有职工9名,其中党员3名,工程技术人员9名。公司首批开发市属公共租赁住房并实施经租管理的项目——"馨宁公寓",项目占地面积约135 460平方米,总建筑面积约379 361平方米,容积率2.5,绿化率37%。其中"馨宁公寓"公共租赁房住宅面积约17.3万平方米。

四、上海九韵置业有限公司

上海九韵置业有限公司成立于2002年12月2日,注册资本为6 400万元,注册地址为上海市闵行区保乐路158号。企业类型为合资企业(上海馨安置业有限公司与上海九地置业有限公司各50%股权)。2011年11月,经上海九韵置业有限公司股东同意,将100%股权协议转让给上海地产保障住房投资建设管理有限公司,2012年12月完成股权转让。

九韵置业公司主要业务为房地产开发经营,房地产开发资质为"二级"。公司共有员工16名,其中党员7名,工程技术人员12名。自公司成立以来,相继开发了华漕镇369地块项目(南区)和203地块项目(北区),总竣工建筑面积约46万平方米。公司在上述项目的开发过程中,曾先后被上海市建设和管理委员会、上海市住宅建设实事立功竞赛领导小组评为2004年度和2005年度"先进集体""上海市四高优秀小区",被上海市房地局评为"上海市优秀配套商品房"等荣誉称号,2005年被上海市房地产行业协会评为"诚信承诺企业"。

第十四章　上海地产资产管理有限公司

上海地产资产管理有限公司成立于2010年7月，属地产集团全资子公司。公司注册资本3 000万元，法定代表人系屠志伟。公司经营范围包括资产收购、转让、经营、管理和投资咨询。注册地址为上海市宝山区真陈路1000号。成立初办公地址为上海市徐汇区漕溪北路749号甲4楼；2011年办公地址迁至上海市徐汇区石龙路750-6号。

第一节　历　史　沿　革

上海地产资产管理有限公司前身为上海房地产资产管理有限公司，隶属于上海房地（集团）有限公司，是地产集团的三级子公司。2010年7月，根据地产集团整体发展战略的要求，对原有产业板块进行整合，成立了集团层面统一的资产管理专业平台，将上海房地产资产管理有限公司更名为上海地产资产管理有限公司（简称"资产管理公司"），成为地产集团下属的二级全资子公司。根据地产集团资产整合工作的部署，2011年10月，将上海南站广场投资有限公司（简称"南站广场公司"）并入资产公司，实行"两块牌子、一套班子"管理和运作。2013年6月，地产集团将上海市外事用房经营公司并入资产公司，实行集团资产的统一管理。

第二节　基　本　情　况

一、经营范围

上海地产资产管理有限公司经营范围包括资产的收购、转让、经营、管理，投资咨询和物业管理。主要职责是负责对授权范围内的资产进行经营、管理和处置，不断探索、创新，提升资产经营和资本运作的盈利能力，确保国有资产保值增值，成为集团资产经营、管理、提升、转化的"资产池"。

二、主要经济指标

表5-14-1　2011—2013年主要经济目标完成情况表

指　标	2011年度目标	实际完成	2012年度目标	实际完成	2013年度目标	实际完成
净资产收益率	≥7%	17%	≥1%	5.2%	≥3%	5.9%
房屋出租率	≥90%	100%	≥92%	92.8%	≥92%	98.7%
租金收缴率	≥95%	100%	≥92%	97%	≥92%	100%（租金欠缴进入诉讼程序的除外）

三、主要业务

地产集团为构建统一的资产管理运作平台,将原上海南站广场投资公司、上海外事用房经营公司及上海房地产资产管理公司的业务归并在一起统一运作。原来公司的主业如下:

上海南站广场投资有限公司成立于2002年7月,由久事公司、上海市城市建设投资开发总公司、上海中誉企业发展有限公司共同出资组建,注册资金8.1亿元,主要承担铁路南站广场的建设以及南站投资建设所形成资产的经营和管理。经过几次股权变更,现为上海地产(集团)有限公司全资子公司。

上海南站广场公司资产包括地面和地下两部分。地面资产主要是景观广场、高架匝道和公交枢纽站。2006年7月1日铁路南站开通之际,地面资产设施量已分别移交给市、区相关职能部门,由专业部门进行日常养护和管理。南站广场地下建筑面积近13万平方米,包括车库、商场及公共换乘通道。其中,车库面积4万多平方米,有700多个停车位,商场面积近6万平方米,通道等公共空间面积近2万平方米。整个地下空间有八大系统2 700多项设备设施,包括变配电系统、应急发电系统、给排水系统、空调及送排风系统、消防控制系统、安保监控系统、楼宇管理系统、电梯系统。上海南站广场投资有限公司主要承担南站广场地下公共区域的管理和商场、车库、广告阵地的出租经营。地下公共空间的管理以确保设备设施安全运营、公共通道整洁畅通为目标,包括设备设施的运营管理、维修养护管理、大修理及更新等管理以及公共空间的保安管理、保洁管理等。

上海市外事用房经营公司成立于1992年7月,是一家专业从事外国驻沪总领事馆办公和官邸用房经营管理的国有企业。其主要业务内容是:

房屋租赁。考虑房屋用于领事馆租用的涉外性质,外事用房的租赁既要保证房屋不出现空租期,又要保持房租水平不偏离市场行情,使租赁方能够接受。经过公司的精心安排,10年来基本保证了房屋100%的出租率。同时,为保证房屋租金的按时收缴,外房公司严格按照租赁合同,及时向租赁方发放缴款通知。公司成立以来,租金收缴率一直保持在100%。

房屋修缮。外房公司受托经营管理的房屋大多是历史保护建筑,多数建造于20世纪二三十年代,最早的建于20世纪初,为做好这些房屋的日常修缮保养工作,外房公司一是加强日常使用情况的巡察,二是接到租户报修后马上上门维修,三是定期做好设施设备的检修养护,同时,在房屋修缮和设备保养时注意做好与领馆方的沟通,确保不影响领事馆正常的工作和生活。

绿化养护。这些外事用房都是花园洋房,做好庭园绿化以及绿化养护是外房公司的一项重要工作。外房公司根据洋房特点、季节变化和领馆需求,及时种植树木、铺设草皮、更换花卉、修剪树叶、灭杀虫害,基本做到花园树木挺拔、四季有花、庭园整洁。

安全防范。外房公司管理的花园洋房基本上都是砖木结构,房龄较长,消防安全是重中之重。外房公司同领事馆积极沟通,要求领事馆配合做好消防工作,确保老洋房的消防安全。

上海房地产资产管理公司成立于成立于2001年7月,注册资本3 000万元。初期主要从事探索建立上海市房地产开发交易平台。自2006年起逐步转型,成为上海房地集团公司旗下专业从事房地资产经营管理的全资公司,主要是对存量房地产租赁经营管理和商业房产项目的投资运营,先后经营管理光明大厦、长峰大厦、美丽园大厦、华侨大厦、港泰广场等10多处中高档办公楼宇存量房10 000余平方米,年实现代理经租收入超过1 000万元。其间,成功受托处置和管理宜兴茶文化街70套商铺约4 600平方米,实现销售收入2 800万元。

2010年8月,公司更名为上海地产资产管理有限公司,成为地产集团全资子公司。

第三节 资产及经营

上海地产资产管理公司整合组建了地产集团存量资产板块,以发挥其在存量资产经营管理和资产遗留问题处理方面的重要作用。由于公司管理资产种类多、分布散、历史久,公司组建后,从基础管理入手,通过充分调研、盘清家底、梳理分类,制订了资产管理工作三年行动计划,并稳步推进,取得积极成效。

经营性资产包括资产管理公司、南站广场公司、外房公司三家单位自有的自主经营类资产,以及地产集团、土地储备中心和其他委托管理的资产,两大类合计76项。其中,自主经营类资产10项,受托管理类资产66项。

一、自主经营类资产

资产管理公司资产:延平路69号405室、601~605室及地下车位33个,房屋建筑面积965.01平方米,车位面积1 422.3平方米,主要用于自营出租。对外长期股权投资,账面投资额合计5 097万元。

南站广场公司资产,分为三个部分:商场面积62 969平方米,广告阵地建面1 619.48平方米,车库建面约40 000平方米计车位683个。采用整体出租方式经营,分别由盛泰百货公司、澳玛文化传媒公司、浦昊商务公司整体租赁。

外房公司资产:华业大厦中的9套房屋,建面2 010.74平方米,目前由7家单位租赁。

二、受托管理类资产

资产管理公司接受储备中心委托管理资产:漕溪北路749号甲、泰安路120弄7号。

资产管理公司接受地产集团委托管理资产,主要分为三种类型:

改制收回资产38项。包括各种权利(产权、使用权、集体土地)和类型(厂房、仓库堆栈、花园住宅、住宅、办公楼、商铺等)的房屋、土地资产,以及个别其他资产(如出租车牌照等)。该部分资产零星分布,建筑物及设施设备陈旧老化,多数出租给原改制企业经营,租金收入远低于市场价,不少资产存在历史遗留问题。大部分租赁期限至2013年12月31日,个别资产租赁至2015年12月31日。

从市场或其他途径取得的房地产6项。这些资产多数为花园住宅或高档办公楼,地理位置优越、资产价值较高,对外出租经营的租金收益比较稳定。

市房管部门授权管理用房及其他房产9项。主要有市房管局授权管理的106万平方米市居住区开发中心建设用房(截至2013年6月底,剩余未售公房2 245套,面积123 359.41平方米)、10万平方米市委市政府领导用房(截至2010年7月,尚余19处,面积17 311平方米)、市房管局委托管理的两幢居民房,以及其他改制企业未分配、未出售的动迁用房。

外房公司受托管理或经租房产11项,合计建筑面积12 960.83平方米。

第四节　入股、参股企业情况

上海红旗新型材料厂于2010年7月由上房集团改制划入,属空壳公司。

表5-14-2　地产资产管理公司对外投资一览表
(截至2013年12月31日)

序号	公司名称	注册资金	占股比例	实际出资	外派人数
1	上海城捷置业有限公司	1 000万元	40%	400万元	3
2	上海申汇房地产投资发展有限公司	500万元	50%	342.3万元	3
3	上海新申汇物业管理有限公司	100万元	50%	82.2万元	3
4	上海古北京辰置业发展有限公司	3 000万元	10%	300万元	1
5	上海中科股份有限公司	4 780万元	10.46%	500万元	1
6	上海四通纺织有限公司	250万美元	15%	139万元	2
7	上海新虹桥企业有限公司	5 000万元	40%	1 706万元	3

第五节　职工队伍

公司成立初员工共9人。其中中共党员6人;硕士学位2人,本科学历4人,专科学历3人;高级经济师、高级政工师各1人;注册会计师、注册分析师和注册房产经纪人各1人。

2011年10月,上海南站广场投资有限公司并入后,公司员工共19人。其中:中共党员11名;硕士学位4人,本科学历8人,专科学历5人;高级经济师、高级政工师各1人;注册会计师、注册分析师和注册房产经纪人各1人。

第十五章　　上海地产酒店管理有限公司

2011年1月26日，上海地产酒店管理有限公司（简称"地产酒店公司"）成立，对地产集团下属的四家酒店进行统一管理。

地产酒店公司成立后，主要承担衡山路12号酒店、世博洲际酒店、三林智选假日酒店和美丽上海项目的管理工作：按照酒店管理专业需求，设立精简高效的管理机构，制定一系列规章管理制度；组建专家组，通过招标选择高水准的酒店管理专业团队；开展公司各层次人员的业务培训，落实公司各层面的管理职责，提高企业管理水准。酒店公司从企业基础开始逐步夯实、不断发展，酒店先后获得"上海地区最佳开业酒店""中国十佳会展酒店"等荣誉称号。

第一节　　历　史　沿　革

2011年1月26日，上海地产集团酒店管理有限公司正式成立，公司注册资金1 000万元，由地产集团全额出资，公司法定代表人为皋玉凤。

2011年3月，地产集团将公司注册资金增至2 000万元，法定代表人改由薛宏担任。

2011年8月，"上海地产集团酒店管理有限公司"更名为"上海地产酒店管理有限公司"，并以此名进行了工商登记注册。

截至2014年9月，上海地产酒店管理有限公司共有员工10人，其中中共党员5人，拥有技术职称的3人。

第二节　　主　营　业　务

上海地产酒店管理公司主要的经营范围：对酒店及相关酒店项目实施酒店的开业筹备、运营管理及品牌运作，对公司的资产进行调整和处置，以确保公司资产的保值增值。按照公司的运作方式，地产酒店公司根据公司法和公司章程规定，按照经营和管理酒店的要求，建立相关管理体系，制定具体管理的规章制度，委托和监督专业的酒店管理公司，对酒店进行管理和营运。

按照酒店管理规范，公司对管理的酒店分别委托专业的管理团队进行管理，三林智选假日酒店于2010年1月18日开业，委托洲际酒店管理公司合作管理；衡山路12号酒店于2012年12月12日开业，委托喜达屋酒店管理公司合作管理；世博洲际酒店于2010年4月18日开业，委托洲际酒店管理公司合作管理；美丽上海项目还在施工建设，地产酒店公司已先期加入筹建，以便于今后的管理。

作为新建立的地产酒店公司，为了尽快加强基础建设，迅速提高运营团队的管理水平，地产酒店公司首先从建立完善公司规章制度入手，按照管理要求，先后制定了《现金管理制度》《银行存款管理制度》《合同管理制度》《全面预算管理制度》《固定资产管理制度》《票据管理制度》《低值易耗品管理制度》《会计档案管理制度》以及《印章使用管理制度》等，使公司能按照规范、专业轨道正常运作。

第十六章　上海地产农业投资发展有限公司

上海地产农业投资发展有限公司成立于2012年11月,公司总资本金1亿元。股东组合如下:地产集团出资6 000万元,占60%股权;上海市滩涂造地有限公司出资4 000万元,占40%股权。

第一节　历　史　背　景

地产集团下属的滩涂公司经过8年造地,已形成11万亩农用地,其中4万亩已整理完毕;收购农工商集团抵债土地7万亩;另外,还将对其余9万亩农用地进行收购。面对拥有的近27万亩农用地资产,要进行的管理内容是多方面的:包括生产设施、水利及电力的建设及保养;土地租赁的管理;根据全国进行农用地流转试点的情况,进行必要的前期准备等。

2012年年初,按照地产集团整体发展战略规划,集团对下属企业滩涂造地公司造地形成的农用地所存在的问题,进行了"国有农用地生产经营管理新模式"的课题研究。研究表明,根据滩涂农业用地"造、管、用"分离的现状,造成了一系列的不良后果:由于土地储备中心不是合格的经营主体,不能直接承接大量的财政性资金投入,导致大量国有资产流失;农用土地附属性资产形成主体模糊,当业主收回土地经营权,承租人或承包人往往索要高额补偿,无法形成安全、及时、有效的"退出机制";业主土地租赁时所制定的条件,使土地潜力不能深度挖掘、土地资源管理利用的效率不高;承租人对利益的追求,使业主难以控制生产对生态环境的影响。

地产集团领导经研究认为:国有资源不仅需要造地和整理,更需要可持续的管理和保护;根据滩涂开发责、权、利相匹配的需要,要保证国有资产的利益和有效动员;另外,根据土地储备制度和集团自身利益的需要,必须成立专门的公司、组织专业的队伍,加强农用地的经营和管理,在实现国有资产保值增值的基础上,也不让现有的经济效益流失,达到社会效益和企业利益双赢的目标。

地产集团对组建农投公司的要求是采取"产权可控、资产可辨、着眼未来、实现多赢"的企业经营方针,要在生产过程中,使农业生产经营技术和信息服务经验不断积累、土地资产与地上附着物不断升值,在实现经营利润的同时,实现资源性资产的增值。

第二节　公　司　成　立

2012年7月22日,地产集团在做了大量前期可行性研究工作的基础上,决定成立以地产集团和造地公司合资组建的"上海地产农业投资发展有限公司"。公司总资本金1亿元,股东组合如下:地产集团出资6 000万元,占60%股权;上海市滩涂造地有限公司出资4 000万元,占40%股权。股东单位将分二期按比例出资参股资金,2012年9月出资5 000万,2014年9月出资5 000万。

2012年8月22日,公司的行政、财务等电子化管理常态设置基本完成,成为地产集团推广电子化管理的首批试点单位。

2012年9月12日,公司办妥营业执照、税务登记、银行开户等工作,基本满足了合法经营的各项许可条件。

2012年11月16日,在上海地产(集团)有限公司成立10周年之际,上海地产农业投资发展有限公司成立揭牌仪式暨与上海交通大学农业与生物学院战略合作协议签字仪式在地产集团举行。地产集团主要领导以及市农委、市发改委、上海交通大学农业与生物学院等领导参加成立揭牌仪式。

农投公司内部管理机构设置为四部一室,具体为综合企划部、产品营销部、投资管理部、财务管理部、综合办公室。

2014年5月18日,中共上海地产农业投资发展有限公司支部委员会正式成立。

2014年6月18日,公司机构调整为五部一室,具体为土地管理部、市场营销部、投资管理部、财务管理部、企业规划部和办公室。

截至2014年11月,上海地产农业投资发展有限公司从业人员19人,其中中共党员11人(包括退休人员1人),团员3人,拥有技术职称的11人。

第三节 主营业务

上海地产农业投资发展有限公司是上海地产(集团)有限公司(上海市土地储备中心)为贯彻市政府关于经营管理好市土地储备中心名下国有农用地的要求,于2012年11月挂牌成立的全资二级子公司,注册资本1亿元,主要从事集团(中心)名下国有农用地管理、循环农业项目投资和现代农副产品销售等业务。

主要业务分为三个方面:

国有农用地管理。对受托管理的农业土地进行核准、建档、经营、管理;对整理好的农用土地组织实施土壤改良,提升土地质量;参与滩涂成陆土地开发整理项目前期"工可"编制及勘察设计方案的制定。

2013年8月,公司接管横沙红星港、奉贤华电灰坝东滩、长兴岛1#、长兴岛2#、崇明团结沙、前哨农场6街坊、燎原农场、建设镇8幅地块,面积共计25270.6亩。2013年11月,公司接管崇明北湖西坝以西水产地块,面积共计3496.7亩。2014年11月,公司接管崇明北湖西坝以西种植地块,面积共计2686.7亩。

在已接管农用地的管理上,农投公司以优质水稻为先导产业和基础产业,逐步探索绿色蔬菜种植与特色水产养殖。2013年,崇明团结沙、奉贤华电灰坝等5个大型水稻生产基地水稻种植面积12709.1亩,产量698万公斤,产值3515.2万元。2014年,崇明团结沙蔬菜生产基地投入运营,蔬菜种植面积100亩,主要品种有扁豆、刀豆、茄子等20余种高品质本地时令蔬菜,2014年全年产量预计可达17.5万公斤。2013年年底,北湖西坝以西水产养殖基地建设工作启动,并于2014年正式投产运营,养殖面积2222亩,养殖品种主要为南北白对虾、草虾等,2014年产量预计可达到85多万公斤。

循环农业项目投资。进行循环农业投资,开发利用绿色能源,以生态环保可持续方式实现滩涂资源开发利用效益的最大化。

2012—2014年,公司积极探索循环农业,并在崇明团结沙地块构建了"蟹-稻"种养结合、立体共生的循环农业生产基地,基地面积100亩,2014年蟹稻米产量预计可达到1.2万公斤。同时,公司将品牌米业作为主要发展产业之一,力争通过股权投资的方式与具有产业化经营能力的团队进行战略合作,发展基于循环农业的高附加值现代农业。

现代农副产品销售。利用集团优势,致力发展现代化农产品生产、加工、营销以及物流配送等上下游环节一体化综合经营的现代绿色产业集群。

2012—2013年,农投公司逐步建立了以农副产品的定点生产、加工包装、物流配送、社区到户为一体的"O2O"电商营运模式。一方面通过疏通粮食国家收购渠道完成2013年秋粮销售任务,另一方面开拓市场推动农副产品的销售。截至12月底共完成粮食及蔬菜等农副产品销售收入1 544.8万元,其中,粮食销售收入1 444.8万元,农副产品销售收入100万元。与此同时,根据业务发展需要,创建"食当家"电商平台,并在浦东合庆镇建立加工配送中心和农产品检测室,在地产集团大厦开设农产品展销门店。

第六篇　人　物

概　　述

　　地产集团成立10年来,围绕六大职能定位,充分发挥国有企业集团优势,努力做好服务社会和发展自身两篇大文章,有效完成市委、市政府下达的各项工作任务,为上海的城市建设和经济发展作出了应有的贡献。10年奋斗,地产集团取得了骄人的业绩,全体党员干部和职工为此作出了积极努力和奉献,并涌现出了一批全国、上海市、市国资委和地产集团先进基层党组织、优秀共产党员及先进集体和先进生产(工作)者,以及全国政协委员,上海市党代会代表、人大代表、政协委员等,他们为地产集团的成长和发展发挥了模范带头和引领作用,为上海的建设与发展贡献了力量。

第一章　先进集体和先进个人

第一节　全 国 先 进

表6-1-1　2002—2012年全国先进集体(含部级)一览表

序号	获奖单位	获奖名称	所在单位	授予单位、时间
1	上海中星(集团)有限公司	2012年全国五一劳动奖状	上海中星(集团)有限公司	全国总工会 2012年4月
2	上海瀛程置业有限公司	2012年全国保障性安居工程建设劳动竞赛先进单位	中华企业股份有限公司	国家建设部 2012年3月
3	上海地产馨越置业有限公司	2012年全国保障性安居工程建设劳动竞赛优秀工程项目	上海地产馨越置业有限公司	国家建设部 2012年3月

表6-1-2　2002—2012年全国先进个人(含部级)一览表

序号	姓名	性别	获奖名称	工作单位	授予单位、时间
1	周先强	男	2004年全国建设系统劳动模范	上海中星(集团)有限公司	国家建设部 2004年1月
2	陈丽娅	女	2011年全国交通建设系统优秀工会工作者	上海中星(集团)有限公司	全国交通建设工会委员会 2011年12月
3	滕国纬	男	2012年全国保障性安居工程建设劳动竞赛优秀建设者	上海金丰建设发展有限公司	国家建设部 2012年3月
4	汪洪斌	男	2012年全国住房城乡建设系统劳动模范	上海地产中星曹路基地开发有限公司	国家人保部、住建部 2012年12月
5	王梅芳	女	2006年度、2007年度、2008年度、2009年度、2010年度全国用户满意服务明星个人	上海房屋置换股份有限公司	中国质量协会、中华全国总工会、共青团中央、中华全国妇女联合会、全国用户满意工程联合推进办公室 2007年5月、2008年5月、2009年5月、2010年5月、2011年5月

第二节 上海市先进

表6-1-3 2002—2012年上海市先进集体一览表

序号	单位名称	荣誉名称	授予单位	授予时间
1	中华企业股份有限公司	上海市文明单位（2003—2012年连续5次）	上海市人民政府	2005年6月、2007年4月、2009年3月、2011年3月、2013年4月
2	上海房地产经营（集团）有限公司	上海市文明单位（第12届）	上海市人民政府	2005年6月
3	上海中星（集团）良城有限公司	上海市文明单位（第12、13届）	上海市人民政府	2005年6月、2007年4月
4	上海中星集团梧城实业有限公司	上海市文明单位（第12、13届）	上海市人民政府	2005年6月、2007年4月
5	上海市住房置业担保有限公司	上海市文明单位（2003—2012年连续5次）	上海市人民政府	2005年6月、2007年4月、2009年3月、2011年3月、2013年4月
6	上海市滩涂造地有限公司	上海市文明单位（2003—2012年连续5次）	上海市人民政府	2005年6月、2007年4月、2009年3月、2011年3月、2013年4月
7	上海虹桥经济技术开发区联合发展有限公司	上海市文明单位（第15、16届）	上海市人民政府	2011年3月、2013年4月
8	上海闵行联合发展有限公司	上海市文明单位（第15、16届）	上海市人民政府	2011年3月、2013年4月
9	上海房屋置换股份有限公司	上海市文明单位（第15届）	上海市人民政府	2011年3月
10	上海怡德物业经营管理有限公司	上海市文明单位（第16届）	上海市人民政府	2013年4月
11	上海金岸企业发展有限公司	上海市文明单位（第16届）	上海市人民政府	2013年4月
12	上海金丰建设发展有限公司	2009年上海市五一劳动奖状	上海市总工会	2009年4月
13	上海地产（集团）有限公司	2012年上海市五一劳动奖状	上海市总工会	2012年3月
14	上海房屋置换股份有限公司田林店	2008年上海市工人先锋号	上海市总工会	2008年4月
15	上海金丰建设发展有限公司	2009年上海市工人先锋号	上海市总工会	2009年4月
16	上海虹桥经济技术开发区联合发展有限公司虹奉房地产项目管理部	2012年上海市工人先锋号	上海市总工会	2012年4月
17	上海地产（集团）有限公司世博民居文化区建设项目部	2012年上海市工人先锋号	上海市总工会	2012年4月

〔续表〕

序号	单位名称	荣誉名称	授予单位	授予时间
18	上海闵行联合发展有限公司奉南大居项目部	2012年上海市工人先锋号	上海市总工会	2012年4月
19	上海市住房置业担保有限公司工会	2005年度上海市模范职工之家	上海市总工会	2005年12月
20	上海中大股份有限公司工会	2005年度上海市模范职工之家	上海市总工会	2005年12月
21	上海房屋置换股份有限公司西区分公司田林店	2005—2006年度上海市文明班组	上海市总工会	2007年3月
22	上海中星(集团)有限公司总师室	2005—2006年度上海市红旗文明岗	上海市总工会	2007年3月
23	上海明馨置业有限公司工程管理部	2005—2006年度上海市红旗文明岗	上海市总工会	2007年3月
24	上海房屋置换股份有限公司浦东分公司	2005—2006年度上海市红旗文明岗	上海市总工会	2007年3月
25	上海市住房置业担保有限公司工会	2007年度上海市模范职工之家	上海市总工会	2007年12月
26	上海地产(集团)有限公司工会	2007年度上海市职工保障互助会先进工作委员会	上海市总工会	2008年6月
27	上海地产(集团)有限公司工会	2008年度上海市职工互助保障先进工作委员会	上海市总工会	2009年6月
28	上海市住房置业担保有限公司工会	2008年上海市总工会女职工权益保护专项集体合同工作先进单位	上海市总工会	2008年12月
29	上海中星集团申城物业有限公司海上名庭管理处	2007—2008年度上海市文明班组	上海市总工会	2009年3月
30	上海市住房置业担保有限公司浦东分公司	2007—2008年度上海市文明班组	上海市总工会	2009年3月
31	上海市住房置业担保有限公司工会	2009年度上海市模范职工之家	上海市总工会	2009年12月
32	上海市住房置业担保有限公司	2009年上海市"学习型企事业单位"	上海市总工会	2009年12月
33	上海市住房置业担保有限公司浦东分公司	第四届(2012年)上海市五一巾帼奖(集体)	上海市总工会	2012年2月
34	上海市住房置业担保有限公司	2011—2012年度上海市职工职业道德建设先进单位(入围奖)	上海市总工会	2013年9月
35	上海市住房置业担保有限公司市西分公司	2004年上海市用户满意服务明星班组	上海市总工会、共青团上海市委员会、上海市质量协会	2004年11月
36	上海房屋置换股份有限公司田林店	2004年上海市用户满意服务明星班组	上海市总工会、共青团上海市委员会、上海市质量协会	2004年11月

〔续表〕

序号	单位名称	荣誉名称	授予单位	授予时间
37	上海房屋置换股份有限公司田林店	2006年上海市用户满意服务明星班组	上海市总工会、共青团上海市委员会、上海市质量协会	2006年10月
38	上海房屋置换股份有限公司祥德店	2006年上海市用户满意服务明星班组	上海市总工会、共青团上海市委员会、上海市质量协会	2006年10月
39	上海房屋置换股份有限公司田林店	2007年上海市用户满意服务明星班组	上海市总工会、共青团上海市委员会、上海市质量协会	2007年10月
40	上海房屋置换股份有限公司运光店	2007年上海市用户满意服务明星班组	上海市总工会、共青团上海市委员会、上海市质量协会	2007年10月
41	上海房屋置换股份有限公司田林店	2008年上海市用户满意服务明星班组	上海市总工会、共青团上海市委员会、上海市质量协会	2008年10月
42	上海市住房置业担保有限公司市东分公司	2008年上海市用户满意服务明星班组	上海市总工会、共青团上海市委员会、上海市质量协会	2008年10月
43	上海房地集团物业服务有限公司智荟苑小区管理处	2009年上海市用户满意服务明星班组	上海市总工会、共青团上海市委员会、上海市质量协会	2009年10月
44	上海古北物业管理有限公司华丽家族小区管理处	2009年上海市用户满意服务明星班组	上海市总工会、共青团上海市委员会、上海市质量协会	2009年10月
45	上海市住房置业担保有限公司市南分公司	2009年上海市用户满意服务明星班组	上海市总工会、共青团上海市委员会、上海市质量协会	2009年10月
46	上海房屋置换股份有限公司金杨店	2009年上海市用户满意服务明星班组	上海市总工会、共青团上海市委员会、上海市质量协会	2009年10月
47	上海地产(集团)有限公司	2010年"为世博卓越服务——创建百千万用户满意服务明星工程"活动优秀组织单位	上海市总工会、共青团上海市委员会、上海市质量协会	2010年11月
48	上海世博土地控股有限公司酒店业务部	2010年上海市用户满意服务明星班组	上海市总工会、共青团上海市委员会、上海市质量协会	2010年11月
49	上海古北物业管理有限公司世博服务团队	2010年上海市用户满意服务明星班组	上海市总工会、共青团上海市委员会、上海市质量协会	2010年11月
50	上海市住房置业担保有限公司市北分公司	2010年上海市用户满意服务明星班组	上海市总工会、共青团上海市委员会、上海市质量协会	2010年11月

〔续表〕

序号	单位名称	荣誉名称	授予单位	授予时间
51	上海房地集团物业服务有限公司璞真园服务中心	2010年上海市用户满意服务明星班组	上海市总工会、共青团上海市委员会、上海市质量协会	2010年11月
52	上海房屋置换股份有限公司东方A店	2010年上海市用户满意服务明星班组	上海市总工会、共青团上海市委员会、上海市质量协会	2010年11月
53	上海房屋置换股份有限公司祥德店	2010年上海市用户满意服务明星班组	上海市总工会、共青团上海市委员会、上海市质量协会	2010年11月
54	上海虹桥经济开发区物业经营管理有限公司浦东虹桥花园管理处保安甲班	2010年上海市用户满意服务明星班组	上海市总工会、共青团上海市委员会、上海市质量协会	2010年11月
55	上海中星集团申城物业有限公司复旦南苑物业服务中心	2012年上海市用户满意服务明星班组	上海市总工会、共青团上海市委员会、上海市质量协会	2012年10月
56	上海房屋置换股份有限公司后续服务事业部	2012年上海市用户满意服务明星班组	上海市总工会、共青团上海市委员会、上海市质量协会	2012年10月
57	上海国际汽车城物业管理有限公司秩序维护班组	2012年上海市用户满意服务明星班组	上海市总工会、共青团上海市委员会、上海市质量协会	2012年10月
58	上海市住房置业担保有限公司市郊分公司	2012年上海市用户满意服务明星班组	上海市总工会、共青团上海市委员会、上海市质量协会	2012年10月
59	上海金丰易居房地产顾问有限公司古北御庭项目组	2012年上海市用户满意服务明星班组	上海市总工会、共青团上海市委员会、上海市质量协会	2012年10月
60	上海古北物业管理有限公司古北大厦管理处	2012年上海市用户满意服务明星班组	上海市总工会、共青团上海市委员会、上海市质量协会	2012年10月
61	上海房屋置换股份有限公司福山店	2012年上海市用户满意服务明星班组	上海市总工会、共青团上海市委员会、上海市质量协会	2012年10月
62	上海房地集团物业服务有限公司璞真园服务中心	2012年上海市用户满意服务明星班组	上海市总工会、共青团上海市委员会、上海市质量协会	2012年10月
63	上海地产(集团)有限公司团委	2006年度上海青工工作先进团组织	共青团上海市委员会	2007年3月
64	上海地产(集团)有限公司团委	2007年度上海青工工作先进团组织	共青团上海市委员会	2008年4月
65	上海市住房置业担保有限公司团委	2007年度上海市"五四红旗团委"	共青团上海市委员会	2008年4月

〔续表〕

序号	单位名称	荣誉名称	授予单位	授予时间
66	上海房屋置换股份有限公司团委	2007年度上海市"五四特色团委"	共青团上海市委员会	2008年4月
67	中华企业股份有限公司团委	2009年度上海市"五四特色团委"	共青团上海市委员会	2010年4月
68	上海金丰投资股份有限公司团委	2012年度上海市"五四特色团委"	共青团上海市委员会	2012年6月
69	上海明馨置业有限公司	2007年上海市"新长征突击队"	共青团上海市委员会	2007年4月
70	上海房地产经营(集团)有限公司华泾项目青年突击队	2009年度上海市青年立功竞赛优秀青年突击队	共青团上海市委员会	2010年3月
71	上海世博土地控股有限公司世博村服务团队	2010年上海市青年文明号	共青团上海市委员会	2010年11月
72	上海中星(集团)有限公司财务部	2010年上海市巾帼文明岗	上海市总工会	2010年3月
73	上海市住房置业担保有限公司市东分公司	2010年上海市巾帼文明岗	上海市总工会	2010年3月
74	上海房屋置换股份有限公司田林店	2010年上海市巾帼文明岗	上海市总工会	2010年3月
75	上海市住房置业担保有限公司市南分公司	2010年上海市巾帼文明岗	上海市总工会	2010年3月
76	上海中星集团新城房产有限公司计划财务部	2012年上海市巾帼文明岗	上海市总工会	2012年3月
77	上海古北物业管理有限公司华宁国际管理服务中心客服组	2012年上海市巾帼文明岗	上海市总工会	2012年3月
78	上海市住房置业担保有限公司市北分公司	2012年上海市巾帼文明岗	上海市总工会	2012年3月
79	上海房屋置换股份有限公司金杨店	2012年上海市巾帼文明岗	上海市总工会	2012年3月

说明：文明单位次数从加入地产集团以后开始计算。

表6-1-4　2002—2012年上海市先进个人一览表

序号	姓名	所在单位	荣誉名称	授予单位	授予时间
1	蔡顺明	上海地产(集团)有限公司	2004—2006年上海市劳动模范	上海市总工会	2007年4月
2	傅旗康	上海中星(集团)有限公司	2004—2006年上海市劳动模范	上海市总工会	2007年4月
3	汪洪斌	上海地产中星曹路基地开发有限公司	2012年上海市五一劳动奖章	上海市总工会	2013年4月

〔续表〕

序号	姓名	所在单位	荣誉名称	授予单位	授予时间
4	杨永光	上海市住房置业担保有限公司	2004—2005年度上海市精神文明建设优秀组织者	上海市精神文明建设委员会	2006年1月
5	汪洪斌	上海地产中星曹路基地开发有限公司	2010年上海市委"创先争优,世博先锋行动""五带头"共产党员	中共上海市委	2010年12月
6	吴晔	上海地产明居发展有限公司	2010年上海市委"创先争优,世博先锋行动""五带头"共产党员	中共上海市委	2010年12月
7	樊慧敏	上海明馨置业有限公司	2005—2006年度上海市三八红旗手	上海市总工会	2007年3月
8	樊慧敏	上海金丰建设有限公司	2007—2008年度上海市三八红旗手	上海市总工会	2009年3月
9	张晶	上海瀛程置业有限公司	2009—2010年度上海市三八红旗手	上海市总工会	2011年3月
10	郭玲	上海地产保障住房投资建设管理有限公司	2011—2012年度上海市三八红旗手	上海市总工会	2013年3月
11	陈蓉	上海地产(集团)有限公司资金管理部	2011—2012年度上海市三八红旗手	上海市总工会	2013年3月
12	邢明香	中华企业股份有限公司	上海市四五普法教育先进个人	上海市委宣传部、上海市人事局、上海市司法局	2006年6月
13	陈丽娅	上海中星(集团)有限公司	2008年上海市优秀工会积极分子	上海市总工会	2008年12月
14	克恂	上海世博土地控股有限公司	2010年上海市"当好主力军,建功世博会,展示新风采"主体实践活动工会优秀组织者奖	上海市总工会	2010年12月
15	姚妍妍	上海地产馨越置业有限公司	2010年度上海市重大工程立功竞赛记功个人	上海市重点工程实事立功竞赛领导小组办公室	2011年1月
16	方宁	上海虹桥经济技术开发区联合发展有限公司	2012年上海市五一巾帼奖	上海市总工会	2013年5月
17	陆文昕	上海地产中星曹路基地开发有限公司	2010年度上海市住宅建设立功竞赛记功个人	上海市住宅建设立功竞赛领导小组办公室	2010年12月
18	王利建	上海闵行联合发展有限公司	2011—2012年度上海市职工职业道德建设先进个人	上海市总工会	2013年9月
19	于中水	上海地产资产管理有限公司	2011—2012年度上海市职工职业道德建设先进个人(入围奖)	上海市总工会	2013年9月
20	吴庆华	上海地产保障住房投资建设管理有限公司	2011—2012年度上海市职工职业道德建设先进个人(入围奖)	上海市总工会	2013年9月

〔续表〕

序号	姓名	所在单位	荣誉名称	授予单位	授予时间
21	贾 玲	上海市住房置业担保有限公司	2004年上海市用户满意服务明星个人	上海市总工会、共青团上海市委员会、上海市质量协会	2004年11月
22	王梅芳	上海房屋置换股份有限公司	2004年上海市用户满意服务明星个人	上海市总工会、共青团上海市委员会、上海市质量协会	2004年11月
23	陈丽华	上海市住房置业担保有限公司	2006年上海市用户满意服务明星个人	上海市总工会、共青团上海市委员会、上海市质量协会	2006年10月
24	王梅芳	上海房屋置换股份有限公司	2006年上海市用户满意服务明星个人	上海市总工会、共青团上海市委员会、上海市质量协会	2006年10月
25	姜 洁	上海市住房置业担保有限公司	2007年上海市用户满意服务明星个人	上海市总工会、共青团上海市委员会、上海市质量协会	2007年10月
26	陆慧娟	上海房屋置换股份有限公司	2007年上海市用户满意服务明星个人	上海市总工会、共青团上海市委员会、上海市质量协会	2007年10月
27	王迺萍	上海中星集团申城物业有限公司	2007年上海市用户满意服务明星个人	上海市总工会、共青团上海市委员会、上海市质量协会	2007年10月
28	张 东	上海市住房置业担保有限公司	2008年上海市用户满意服务明星个人	上海市总工会、共青团上海市委员会、上海市质量协会	2008年10月
29	陈勤慎	上海市住房置业担保有限公司	2009年上海市用户满意服务明星个人	上海市总工会、共青团上海市委员会、上海市质量协会	2009年10月
30	任倩华	上海古北物业管理有限公司	2009年上海市用户满意服务明星个人	上海市总工会、共青团上海市委员会、上海市质量协会	2009年10月
31	褚轩文	上海市住房置业担保有限公司	2009年上海市用户满意服务明星个人	上海市总工会、共青团上海市委员会、上海市质量协会	2009年10月
32	陈钱凤	上海房屋置换股份有限公司	2009年上海市用户满意服务明星个人	上海市总工会、共青团上海市委员会、上海市质量协会	2009年10月
33	李 鹏	上海世博土地控股有限公司	2010年上海市用户满意服务明星个人	上海市总工会、共青团上海市委员会、上海市质量协会	2010年10月
34	顾景川	上海古北物业管理有限公司	2010年上海市用户满意服务明星个人	上海市总工会、共青团上海市委员会、上海市质量协会	2010年11月

〔续表〕

序号	姓 名	所在单位	荣誉名称	授予单位	授予时间
35	陆哲峰	上海市住房置业担保有限公司	2010年上海市用户满意服务明星个人	上海市总工会、共青团上海市委员会、上海市质量协会	2010年11月
36	杨小红	上海房地集团物业服务有限公司	2010年上海市用户满意服务明星个人	上海市总工会、共青团上海市委员会、上海市质量协会	2010年11月
37	蔡 慧	上海房屋置换股份有限公司	2010年上海市用户满意服务明星个人	上海市总工会、共青团上海市委员会、上海市质量协会	2010年11月
38	黄爱华	上海虹桥经济开发区物业经营管理有限公司	2010年上海市用户满意服务明星个人	上海市总工会、共青团上海市委员会、上海市质量协会	2010年11月
39	吴志清	上海虹桥经济开发区联合发展有限公司新虹桥俱乐部公司	2010年上海市用户满意服务明星个人	上海市总工会、共青团上海市委员会、上海市质量协会	2010年11月
40	李兴美	上海虹桥经济技术开发区物业经营管理有限公司	2012年上海市用户满意服务明星个人	上海市总工会、共青团上海市委员会、上海市质量协会	2012年10月
41	王振宇	上海中星集团中星房地产营销有限公司	2012年上海市用户满意服务明星个人	上海市总工会、共青团上海市委员会、上海市质量协会	2012年10月
42	张巧玲	上海市住房置业担保有限公司市北分公司	2012年上海市用户满意服务明星个人	上海市总工会、共青团上海市委员会、上海市质量协会	2012年10月
43	王守巧	上海金丰易居房地产顾问有限公司	2012年上海市用户满意服务明星个人	上海市总工会、共青团上海市委员会、上海市质量协会	2012年10月
44	王 燕	上海国际汽车城安亭新镇能源技术服务有限公司	2012年上海市用户满意服务明星个人	上海市总工会、共青团上海市委员会、上海市质量协会	2012年10月
45	孟 萍	上海中星集团申城物业有限公司	2012年上海市用户满意服务明星个人	上海市总工会、共青团上海市委员会、上海市质量协会	2012年10月
46	黄晓岚	上海房屋置换股份有限公司	2012年上海市用户满意服务明星个人	上海市总工会、共青团上海市委员会、上海市质量协会	2012年10月
47	陈勤慎	上海房地集团物业服务有限公司	2012年上海市用户满意服务明星个人	上海市总工会、共青团上海市委员会、上海市质量协会	2012年10月
48	蔡 慧	上海房屋置换股份有限公司	2012年上海市用户满意服务明星个人	共青团上海市委员会	2008年4月
49	奚 坚	上海中星（集团）有限公司	2007年上海市"新长征突击手"	共青团上海市委员会	2008年4月

〔续表〕

序号	姓名	所在单位	荣誉名称	授予单位	授予时间
50	沈磊	上海金丰投资股份有限公司	2007年上海市"新长征突击手"	共青团上海市委员会	2008年4月
51	贾玲	上海市住房置业担保有限公司	2007年上海市青年岗位能手	共青团上海市委员会	2008年4月
52	朱伟	上海房地(集团)公司	2009年上海市"新长征突击手"	共青团上海市委员会	2010年3月
53	李俊	上海房屋置换股份有限公司	2009年上海市青年岗位能手	共青团上海市委员会	2010年3月
54	金戈	上海世博土地控股有限公司	2010年上海市青年岗位能手	共青团上海市委员会	2011年5月
55	朱锦屏	上海世博土地控股有限公司	2010年上海市青年岗位能手	共青团上海市委员会	2011年5月
56	瞿昊智	上海市住房置业担保有限公司	2010年度上海共青团"青春世博行动"优秀个人	共青团上海市委员会	2010年12月
57	夏时勤	上海地产(集团)有限公司	2011年度上海市优秀团干部	共青团上海市委员会	2012年5月
58	周菁	上海市住房置业担保有限公司	2011年度上海市优秀团干部	共青团上海市委员会	2012年5月
59	陶冶	上海房地产经营(集团)瀛浦置业有限公司	2012年度上海市青年五四奖章	共青团上海市委员会	2013年5月

第三节　上海市国资委先进

表6-1-5　2002—2012年上海市国资委先进集体一览表

序号	单位名称	荣誉名称	授予单位	授予时间
1	中共上海市住房置业担保有限公司总支部委员会	2006年市国资委系统"先进基层党组织"	上海市国资委党委	2006年6月
2	中共上海中星集团第二分公司支部委员会	2008年市国资委系统"先进基层党组织"	上海市国资委党委	2008年6月
3	中共上海金岸企业发展有限公司支部委员会	2009年市国资委系统"党支部建设示范点"	上海市国资委党委	2009年6月
4	中共上海市住房置业担保有限公司第一支部委员会	2011年市国资委系统"先进基层党组织"	上海市国资委党委	2011年6月
5	中共上海市住房置业担保有限公司委员会	2012年上海市国资委系统"学习型党组织建设示范点"	上海市国资委党委	2012年4月
6	中共上海中星(集团)有限公司委员会	2012年市国资委系统"创先争优先进基层党组织"	上海市国资委党委	2012年6月

表6-1-6　2002—2012年上海市国资委先进个人一览表

序号	姓名	所在单位	荣誉名称	授予单位	授予时间
1	徐建国	上海金丰投资有限公司	2006年上海市国资委系统"优秀党务工作者"	上海市国资委党委	2007年7月
2	辛卫东	上海中星(集团)有限公司	2006年上海市国资委系统先进性教育活动"创新奖"	上海市国资委党委	2007年7月
3	陈力	上海房地(集团)公司	2008年上海市国资委系统"优秀党务工作者"	上海市国资委党委	2009年7月
4	叶黄生	中华企业股份有限公司	2008年上海市国资委系统"优秀共产党员"	上海市国资委党委	2009年7月
5	汪洪斌	上海地产中星曹路基地开发有限公司	2010年上海市国资委"世博先锋行动"优秀共产党员	上海市国资委党委	2010年12月
6	吴晔	上海地产明居发展有限公司	2010年上海市国资委"世博先锋行动"优秀共产党员	上海市国资委党委	2010年12月
7	屠志伟	上海房地(集团)公司	2010年上海市国资委"世博先锋行动"优秀共产党员	上海市国资委党委	2010年12月
8	邢明香	中华企业股份有限公司	2010年上海市国资委"世博先锋行动"优秀组织者	上海市国资委党委	2010年12月
9	张晓伦	无锡金丰投资有限公司	2011年上海市国资委系统"优秀共产党员"	上海市国资委党委	2011年12月
10	黄健健	上海虹桥经济技术开发区联合发展有限公司	2011年上海市国资委系统"优秀党务工作者"	上海市国资委党委	2011年12月
11	荀旭东	上海地产保障住房投资建设管理有限公司	2012年上海市国资委系统"创先争优优秀共产党员"	上海市国资委党委	2012年12月
12	王静海	上海地产(集团)有限公司	2010年上海市国资委"服务世博、奉献世博"先进个人	上海市国资委	2010年12月
13	李斌	上海地产(集团)有限公司	2010年上海市国资委"服务世博、奉献世博"先进个人	上海市国资委	2010年12月
14	李猛	上海闵行联合发展有限公司	2010年上海市国资委"服务世博、奉献世博"先进个人	上海市国资委	2010年12月
15	滕国纬	上海金丰投资股份有限公司	2010年上海市国资委"服务世博、奉献世博"先进个人	上海市国资委	2010年12月
16	徐斌	上海金丰投资股份有限公司	2010年上海市国资委"服务世博、奉献世博"先进个人	上海市国资委	2010年12月
17	顾为鸽	上海古北(集团)有限公司	2010年上海市国资委"服务世博、奉献世博"先进个人	上海市国资委	2010年12月
18	冯保宁	上海南站广场投资有限公司	2010年上海市国资委"服务世博、奉献世博"先进个人	上海市国资委	2010年12月

第四节 地产集团先进

表 6-1-7 2003—2004 年度地产集团文明单位一览表

序号	单位名称	荣誉名称
1	中华企业股份有限公司	2003—2004 年度地产集团文明单位(第一届)
2	上海房地产经营(集团)有限公司	2003—2004 年度地产集团文明单位(第一届)
3	上海中星(集团)良城有限公司	2003—2004 年度地产集团文明单位(第一届)
4	上海中星集团梧城实业有限公司	2003—2004 年度地产集团文明单位(第一届)
5	上海市住房置业担保有限公司	2003—2004 年度地产集团文明单位(第一届)
6	上海市滩涂造地有限公司	2003—2004 年度地产集团文明单位(第一届)
7	上海金丰投资股份有限公司	2003—2004 年度地产集团文明单位(第一届)
8	上海公房实业有限公司	2003—2004 年度地产集团文明单位(第一届)
9	上海房屋置换股份有限公司	2003—2004 年度地产集团文明单位(第一届)
10	上海南站广场投资有限公司	2003—2004 年度地产集团文明单位(第一届)
11	上海中大股份有限公司	2003—2004 年度地产集团文明单位(第一届)

表 6-1-8 2005—2006 年度地产集团文明单位一览表

序号	单位名称	荣誉名称
1	中华企业股份有限公司	2005—2006 年度地产集团文明单位(第二届)
2	上海中星(集团)良城有限公司	2005—2006 年度地产集团文明单位(第二届)
3	上海中星集团梧城实业有限公司	2005—2006 年度地产集团文明单位(第二届)
4	上海市住房置业担保有限公司	2005—2006 年度地产集团文明单位(第二届)
5	上海市滩涂造地有限公司	2005—2006 年度地产集团文明单位(第二届)
6	上海金丰投资股份有限公司	2005—2006 年度地产集团文明单位(第二届)
7	上海公房实业有限公司	2005—2006 年度地产集团文明单位(第二届)
8	上海房屋置换股份有限公司	2005—2006 年度地产集团文明单位(第二届)
9	上海中大股份有限公司	2005—2006 年度地产集团文明单位(第二届)
10	上海房地(集团)公司	2005—2006 年度地产集团创文明单位(第二届)
11	上海明馨置业有限公司	2005—2006 年度地产集团创文明单位(第二届)

表 6-1-9 2007—2008 年度地产集团文明单位一览表

序号	单位名称	荣誉名称
1	上海市住房置业担保有限公司	2007—2008 年度地产集团文明单位(第三届)
2	中华企业股份有限公司	2007—2008 年度地产集团文明单位(第三届)

〔续表〕

序号	单位名称	荣誉名称
3	上海市滩涂造地有限公司	2007—2008年度地产集团文明单位(第三届)
4	上海金丰投资股份有限公司	2007—2008年度地产集团文明单位(第三届)
5	上海房地(集团)公司	2007—2008年度地产集团文明单位(第三届)
6	上海公房实业有限公司	2007—2008年度地产集团文明单位(第三届)
7	上海房屋置换股份有限公司	2007—2008年度地产集团文明单位(第三届)
8	上海中大股份有限公司	2007—2008年度地产集团文明单位(第三届)
9	上海金丰建设发展有限公司	2007—2008年度地产集团文明单位(第三届)
10	上海地产明居发展有限公司	2007—2008年度地产集团创文明单位(第三届)
11	上海中星集团申城物业有限公司	2007—2008年度地产集团创文明单位(第三届)

表6-1-10 2009—2010年度地产集团文明单位一览表

序号	单位名称	荣誉名称
1	中华企业股份有限公司	2009—2010年度地产集团文明单位(第四届)
2	上海市住房置业担保有限公司	2009—2010年度地产集团文明单位(第四届)
3	上海市滩涂造地有限公司	2009—2010年度地产集团文明单位(第四届)
4	上海房屋置换股份有限公司	2009—2010年度地产集团文明单位(第四届)
5	上海房地(集团)有限公司	2009—2010年度地产集团文明单位(第四届)
6	上海金丰投资股份有限公司	2009—2010年度地产集团文明单位(第四届)
7	上海地产明居发展有限公司	2009—2010年度地产集团文明单位(第四届)
8	上海公房实业有限公司	2009—2010年度地产集团文明单位(第四届)
9	上海金丰建设发展有限公司	2009—2010年度地产集团文明单位(第四届)
10	上海中大股份有限公司	2009—2010年度地产集团文明单位(第四届)
11	上海中星集团申城物业有限公司	2009—2010年度地产集团创文明单位(第四届)
12	上海闵行联合发展有限公司	2009—2010年度地产集团文明单位(第四届)
13	上海虹桥经济技术开发区联合发展有限公司	2009—2010年度地产集团文明单位(第四届)

表6-1-11 2011—2012年度地产集团文明单位一览表

序号	单位名称	荣誉名称
1	中华企业股份有限公司	2011—2012年度地产集团文明单位(第五届)
2	上海虹桥经济技术开发区联合发展有限公司	2011—2012年度地产集团文明单位(第五届)
3	上海市住房置业担保有限公司	2011—2012年度地产集团文明单位(第五届)
4	上海闵行联合发展有限公司	2011—2012年度地产集团文明单位(第五届)
5	上海市滩涂造地有限公司	2011—2012年度地产集团文明单位(第五届)

〔续表〕

序号	单位名称	荣誉名称
6	上海房屋置换股份有限公司	2011—2012年度地产集团文明单位（第五届）
7	上海怡德物业经营管理有限公司	2011—2012年度地产集团文明单位（第五届）
8	上海金岸企业发展有限公司	2011—2012年度地产集团文明单位（第五届）
9	上海房地（集团）有限公司	2011—2012年度地产集团文明单位（第五届）
10	上海金丰投资股份有限公司	2011—2012年度地产集团文明单位（第五届）
11	上海金丰建设发展有限公司	2011—2012年度地产集团文明单位（第五届）
12	上海地产明居发展有限公司	2011—2012年度地产集团文明单位（第五届）
13	上海中星集团申城物业有限公司	2011—2012年度地产集团文明单位（第五届）
14	上海中星集团新城房产有限公司	2011—2012年度地产集团创文明单位（第五届）
15	上海地产资产管理有限公司	2011—2012年度地产集团创文明单位（第五届）
16	上海地产保障住房投资建设管理有限公司	2011—2012年度地产集团创文明单位（第五届）

表6-1-12 2002—2012年度地产集团先进基层党组织一览表

序号	单位名称	荣誉名称
1	中共上海中星（集团）有限公司第五分公司支部委员会	2004年地产集团先进基层党组织
2	中共上海中企物业管理有限公司支部委员会	2004年地产集团先进基层党组织
3	中共上海房屋置换股份有限公司浦东分公司支部委员会	2004年地产集团先进基层党组织
4	中共上海建筑装饰集团申兴装饰工程公司支部委员会	2004年地产集团先进基层党组织
5	中共上海房屋设备有限公司综合第三支部委员会	2004年地产集团先进基层党组织
6	中共上海市房屋建筑设计院总支部委员会	2004年地产集团先进基层党组织
7	中共上海市住房置业担保有限公司支部委员会	2004年地产集团先进基层党组织
8	中共上海中大股份有限公司支部委员会	2004年地产集团先进基层党组织
9	中共上海市住房置业担保有限公司总支部委员会	2006年地产集团先进基层党组织
10	中共上海市滩涂造地有限公司总支部委员会	2006年地产集团先进基层党组织
11	中共上海南站广场投资有限公司支部委员会	2006年地产集团先进基层党组织
12	中共上海中星（集团）有限公司第五分公司支部委员会	2006年地产集团先进基层党组织
13	中共中华企业股份有限公司本部支部委员会	2006年地产集团先进基层党组织
14	中共上海房屋置换股份有限公司本部行政管理支部委员会	2006年地产集团先进基层党组织

〔续表〕

序号	单位名称	荣誉名称
15	中共上海中星集团第二分公司支部委员会	2008年地产集团先进基层党组织
16	中共上海市住房置业担保有限公司总支部委员会	2008年地产集团先进基层党组织
17	中共上海市滩涂造地有限公司总支部委员会	2008年地产集团先进基层党组织
18	中共上海四高物业管理有限公司支部委员会	2008年地产集团先进基层党组织
19	中共上海古北物业管理有限公司支部委员会	2008年地产集团先进基层党组织
20	中共上海房屋置换股份有限公司本部行政管理支部委员会	2008年地产集团先进基层党组织
21	中共上海闵联临港联合发展有限公司支部委员会	2011年地产集团先进基层党组织
22	中共上海虹桥经济技术开发区联合发展有限公司第二支部委员会	2011年地产集团先进基层党组织
23	中共上海中星集团新城房产有限公司支部委员会	2011年地产集团先进基层党组织
24	中共上海房地集团物业服务有限公司支部委员会	2011年地产集团先进基层党组织
25	中共上海瀛程置业有限公司支部委员会	2011年地产集团先进基层党组织
26	中共上海房屋置换股份有限公司后续服务事业部支部委员会	2011年地产集团先进基层党组织
27	中共上海市住房置业担保有限公司第一支部委员会	2011年地产集团先进基层党组织
28	中共上海市滩涂造地有限公司第三支部委员会	2011年地产集团先进基层党组织
29	中共上海中星(集团)有限公司委员会	2012年地产集团创先争优先进基层党组织
30	中共中华企业股份有限公司委员会	2012年地产集团创先争优先进基层党组织
31	中共上海世博土地控股有限公司第三支部委员会	2012年地产集团创先争优先进基层党组织
32	中共上海闵行联合发展有限公司房地产部支部委员会	2012年地产集团创先争优先进基层党组织
33	中共上海虹桥经济技术开发区联合发展有限公司第二支部委员会	2012年地产集团创先争优先进基层党组织
34	中共上海中星集团申城物业有限公司支部委员会	2012年地产集团创先争优先进基层党组织
35	中共上海国际汽车城置业有限公司总支部委员会	2012年地产集团创先争优先进基层党组织
36	中共上海顺驰置业有限公司支部委员会	2012年地产集团创先争优先进基层党组织
37	中共上海金丰易居房地产顾问有限公司支部委员会	2012年地产集团创先争优先进基层党组织

〔续表〕

序号	单位名称	荣誉名称
38	中共上海市住房置业担保有限公司第二支部委员会	2012年地产集团创先争优先进基层党组织
39	中共上海市滩涂造地有限公司第一支部委员会	2012年地产集团创先争优先进基层党组织
40	中共上海地产(集团)有限公司联合支部委员会	2012年地产集团创先争优先进基层党组织

表6-1-13　2002—2012年度地产集团先进集体一览表

序号	单位名称	荣誉名称
1	上海中星集团梧城实业有限公司	2005—2006年度地产集团先进集体
2	上海房地(集团)公司投资经营部	2005—2006年度地产集团先进集体
3	中华企业股份有限公司审计室	2005—2006年度地产集团先进集体
4	上海古北物业管理有限公司市场开发部	2005—2006年度地产集团先进集体
5	上海房屋置换股份有限公司西区分公司田林店	2005—2006年度地产集团先进集体
6	上海市住房置业担保有限公司风险管理部	2005—2006年度地产集团先进集体
7	上海市滩涂造地有限公司造地分公司	2005—2006年度地产集团先进集体
8	上海南站广场投资有限公司工程部	2005—2006年度地产集团先进集体
9	上海金丰建设发展有限公司	2007—2008年度地产集团先进集体
10	上海中星集团新城房产有限公司	2007—2008年度地产集团先进集体
11	上海上房现代物流有限公司	2007—2008年度地产集团先进集体
12	上海古北(集团)有限公司古北国际财富中心项目部	2007—2008年度地产集团先进集体
13	上海瀛浦置业有限公司	2007—2008年度地产集团先进集体
14	上海南郊中华园房地产开发有限公司	2007—2008年度地产集团先进集体
15	上海市住房置业担保有限公司浦东分公司	2007—2008年度地产集团先进集体
16	上海市滩涂造地有限公司造地分公司前期工作部	2007—2008年度地产集团先进集体
17	上海地产明居发展有限公司	2007—2008年度地产集团先进集体
18	上海世博土地控股有限公司工程管理部	2009—2010年度地产集团先进集体
19	上海闵联临港联合发展有限公司招商中心	2009—2010年度地产集团先进集体
20	上海虹桥经济技术开发区物业经营管理有限公司新虹桥大厦管理处	2009—2010年度地产集团先进集体
21	上海中星集团新城房产有限公司	2009—2010年度地产集团先进集体
22	上海凯峰房产开发有限公司	2009—2010年度地产集团先进集体
23	上海古北物业管理有限公司	2009—2010年度地产集团先进集体
24	上海瀛程置业有限公司	2009—2010年度地产集团先进集体

〔续表〕

序 号	单 位 名 称	荣 誉 名 称
25	上海顺驰置业有限公司	2009—2010年度地产集团先进集体
26	上海金丰建设发展有限公司	2009—2010年度地产集团先进集体
27	上海市住房置业担保有限公司市西分公司	2009—2010年度地产集团先进集体
28	上海市滩涂造地有限公司造地分公司驻浦东机场第五跑道圈围工程现场工作组	2009—2010年度地产集团先进集体
29	上海市外事用房经营公司	2009—2010年度地产集团先进集体
30	上海南站广场投资有限公司	2009—2010年度地产集团先进集体
31	上海地产明居发展有限公司工程管理部	2009—2010年度地产集团先进集体
32	上海地产馨越置业有限公司	2009—2010年度地产集团先进集体
33	上海地产(集团)有限公司(市土地储备中心)土地储备一部	2009—2010年度地产集团先进集体
34	上海中星集团新城房产有限公司	2011—2012年度地产集团先进集体
35	上海中星集团怡城实业有限公司	2011—2012年度地产集团先进集体
36	上海古北物业管理有限公司	2011—2012年度地产集团先进集体
37	上海瀛浦置业有限公司	2011—2012年度地产集团先进集体
38	上海房屋置换股份有限公司福山店	2011—2012年度地产集团先进集体
39	上海金丰建设发展有限公司工程部	2011—2012年度地产集团先进集体
40	上海凯峰房地产开发有限公司	2011—2012年度地产集团先进集体
41	上海闵联临港联合发展有限公司	2011—2012年度地产集团先进集体
42	上海虹桥经济技术开发区联合发展有限公司房地产开发经营分公司虹奉项目部	2011—2012年度地产集团先进集体
43	上海浦江世博资产经营管理有限公司	2011—2012年度地产集团先进集体
44	上海市申江两岸开发建设投资(集团)有限公司行政管理部	2011—2012年度地产集团先进集体
45	上海联合融资担保有限公司市郊区域管理部	2011—2012年度地产集团先进集体
46	上海市滩涂造地有限公司置业分公司	2011—2012年度地产集团先进集体
47	上海地产资产管理有限公司	2011—2012年度地产集团先进集体
48	上海地产馨逸置业有限公司	2011—2012年度地产集团先进集体
49	上海地产明居发展有限公司	2011—2012年度地产集团先进集体
50	上海地产园林发展有限公司生产管理部	2011—2012年度地产集团先进集体

表6-1-14 地产集团"工人先锋号"一览表

序 号	单 位 名 称	荣 誉 名 称
1	上海中星(集团)有限公司世博项目管理部	2008年地产集团"工人先锋号"
2	苏州中华企业房地产开发有限公司	2008年地产集团"工人先锋号"

〔续表〕

序号	单位名称	荣誉名称
3	上海古北物业管理有限公司市场开发部	2008年地产集团"工人先锋号"
4	上海房屋置换股份有限公司田林店	2008年地产集团"工人先锋号"
5	上海市住房置业担保有限公司闵行分公司	2008年地产集团"工人先锋号"
6	上海市滩涂造地有限公司造地分公司	2008年地产集团"工人先锋号"
7	上海金丰建设发展有限公司	2009年地产集团"工人先锋号"
8	上海中星(集团)有限公司世博项目管理部	2009年地产集团"工人先锋号"
9	上海古北物业管理有限公司战略推进工作办公室(小组)	2009年地产集团"工人先锋号"
10	上海房屋置换股份有限公司浦东分公司金桥湾店	2009年地产集团"工人先锋号"
11	上海龙珠房地产开发有限公司	2009年地产集团"工人先锋号"
12	上海市住房置业担保有限公司市东分公司	2009年地产集团"工人先锋号"
13	上海市滩涂造地有限公司造地分公司	2009年地产集团"工人先锋号"
14	上海地产明居发展有限公司工程管理部	2009年地产集团"工人先锋号"

表6-1-15 地产集团五一巾帼集体一览表

序号	单位名称	荣誉名称
1	上海中星(集团)有限公司财务部	2007—2008年度地产集团五一巾帼集体
2	上海古北(集团)有限公司财务部	2007—2008年度地产集团五一巾帼集体
3	上海房屋置换股份有限公司西区分公司田林店	2007—2008年度地产集团五一巾帼集体
4	上海市住房置业担保有限公司市东分公司	2007—2008年度地产集团五一巾帼集体

表6-1-16 地产集团五四特色团组织一览表

序号	单位名称	荣誉名称
1	上海市住房置业担保有限公司团委	2007年度地产集团五四特色团组织
2	上海市住房置业担保有限公司第一团支部	2007年度地产集团五四特色团组织
3	上海公房实业有限公司团支部	2007年度地产集团五四特色团组织
4	上海江森房屋设备有限公司团支部	2007年度地产集团五四特色团组织
5	中华企业股份有限公司本部团支部	2009年度地产集团五四特色团组织
6	上海普润房地产顾问有限公司团总支	2009年度地产集团五四特色团组织

表 6-1-17 地产集团青年文明岗一览表

序号	单位名称	荣誉名称
1	上海丹江房地产发展有限公司	2007年度地产集团青年文明岗
2	上海市住房置业担保有限公司市西分公司	2007年度地产集团青年文明岗
3	上海市住房置业担保有限公司市东分公司	2007年度地产集团青年文明岗
4	上海市住房置业担保有限公司闵行分公司	2007年度地产集团青年文明岗
5	上海房屋置换股份有限公司政立店	2007年度地产集团青年文明岗
6	上海世博土地控股有限公司酒店业务部	2009年度地产集团青年文明岗
7	上海虹桥经济技术开发区物业经营管理有限公司团支部	2009年度地产集团青年文明岗
8	上海伊利爱贝食品有限公司行政组	2009年度地产集团青年文明岗
9	上海古北物业管理有限公司团支部	2009年度地产集团青年文明岗
10	上海瀛程置业有限公司	2009年度地产集团青年文明岗
11	上海普润房地产顾问有限公司印象春城项目组	2009年度地产集团青年文明岗
12	上海金丰建设发展有限公司规划部	2009年度地产集团青年文明岗
13	上海市住房置业担保有限公司市南分公司卢湾营业部	2009年度地产集团青年文明岗

表 6-1-18 2004年地产集团优秀共产党员、优秀党务工作者一览表

序号	姓名	所在单位	备注
1	周天康	上海中星(集团)有限公司	优秀共产党员
2	沈 杰	上海中星集团申城物业有限公司	优秀共产党员
3	张慧娟	中华企业股份有限公司	优秀共产党员
4	张 锋	上海房地产经营(集团)有限公司	优秀共产党员
5	奚智祥	上海房屋置换股份有限公司	优秀共产党员
6	吴菊芬	上海公房实业有限公司	优秀共产党员
7	王骏翼	上海房屋销售公司	优秀共产党员
8	李庆华	上海建筑装饰(集团)有限公司	优秀共产党员
9	王志康	上海宏祥物业管理有限公司	优秀共产党员
10	曹梅芳	上海特种华立电梯有限公司	优秀共产党员
11	黄 进	上海市滩涂造地有限公司	优秀共产党员
12	杨永光	上海市住房置业担保有限公司	优秀共产党员
13	汤薇宜	上海闵虹投资有限公司	优秀共产党员
14	王文杰	上海地产(集团)有限公司	优秀共产党员
15	夏时勤	上海地产(集团)有限公司	优秀共产党员
16	陈柏春	上海中星(集团)有限公司	优秀党务工作者

〔续表〕

序号	姓名	所在单位	备注
17	虞海发	上海房屋置换股份有限公司	优秀党务工作者
18	郑海生	上海市房屋建筑设计院	优秀党务工作者
19	张 键	上海安居房发展中心	优秀党务工作者

表6-1-19　2006年地产集团优秀共产党员、优秀党务工作者一览表

序号	姓名	所在单位	荣誉名称
1	闵宪峰	上海中星(集团)有限公司	优秀共产党员
2	陈振福	上海中星(集团)有限公司	优秀共产党员
3	赵永生	上海房地(集团)公司	优秀共产党员
4	印学青	中华企业股份有限公司	优秀共产党员
5	吴晓波	上海房地产经营(集团)有限公司	优秀共产党员
6	刘 权	上海古北物业管理有限公司	优秀共产党员
7	吴国雄	上海房屋置换股份有限公司	优秀共产党员
8	何耀云	上海公房实业有限公司	优秀共产党员
9	田 杰	上海市住房置业担保有限公司	优秀共产党员
10	沈正潮	上海市滩涂造地有限公司	优秀共产党员
11	赵翠书	上海南站广场投资有限公司	优秀共产党员
12	靳志海	上海明馨置业有限公司	优秀共产党员
13	王文杰	上海地产(集团)有限公司	优秀共产党员
14	徐建国	上海金丰投资股份有限公司	优秀党务工作者
15	陈 洪	上海中星(集团)有限公司	优秀党务工作者
16	郑茂发	上海古北(集团)有限公司	优秀党务工作者
17	方伟庆	上海地产(集团)有限公司	优秀党务工作者

表6-1-20　2008年地产集团优秀共产党员、优秀党务工作者一览表

序号	姓名	所在单位	荣誉名称
1	叶黄生	上海鼎达房地产有限公司	优秀共产党员
2	沈 杰	上海中星集团申城物业有限公司	优秀共产党员
3	丁德明	上海中星(集团)有限公司	优秀共产党员
4	孙 婷	上海房地(集团)公司	优秀共产党员
5	陈 岩	上海房地产经营(集团)有限公司	优秀共产党员
6	顾军文	上海古北(集团)有限公司	优秀共产党员
7	周世江	上海金丰投资股份有限公司	优秀共产党员

〔续表〕

序号	姓名	所在单位	荣誉名称
8	沈雁钧	上海龙珠房地产开发有限公司	优秀共产党员
9	郭仲可	上海市住房置业担保有限公司	优秀共产党员
10	尹畅安	上海市滩涂造地有限公司	优秀共产党员
11	吴 晔	上海地产明居发展有限公司	优秀共产党员
12	王净海	上海地产(集团)有限公司	优秀共产党员
13	陈 力	上海房地(集团)公司	优秀党务工作者
14	钱兴昌	上海中大股份有限公司	优秀党务工作者
15	黄玉祥	上海房地(集团)公司	优秀党务工作者
16	刘 宏	上海房地产经营(集团)有限公司	优秀党务工作者
17	孙美娟	上海明馨置业有限公司	优秀党务工作者
18	虞海发	上海房屋置换股份有限公司	优秀党务工作者

表6－1－21　2011年地产集团优秀共产党员、优秀党务工作者一览表

序号	姓名	所在单位	荣誉名称
1	朱瑛珺	上海虹桥经济技术开发区联合发展有限公司	优秀共产党员
2	薛 耘	上海虹桥经济技术开发区物业经营管理有限公司	优秀共产党员
3	汪洪斌	上海地产中星曹路基地开发有限公司	优秀共产党员
4	奚 坚	上海中星集团宜兴置业有限公司	优秀共产党员
5	王连宏	上海中星(集团)有限公司	优秀共产党员
6	唐亚美	上海房地(集团)有限公司	优秀共产党员
7	姜治平	上海南郊中华园房地产开发有限公司	优秀共产党员
8	顾军文	上海古北(集团)有限公司	优秀共产党员
9	陶 冶	上海瀛浦置业有限公司	优秀共产党员
10	张晓伦	无锡金丰投资有限公司	优秀共产党员
11	李 俊	上海房屋置换股份有限公司	优秀共产党员
12	王 健	上海承大网络科技服务有限公司	优秀共产党员
13	李东浩	上海市滩涂造地有限公司	优秀共产党员
14	徐忠华	上海地产明居发展有限公司	优秀共产党员
15	王朝晖	上海地产馨逸置业有限公司	优秀共产党员
16	杨华凯	上海地产(集团)有限公司	优秀共产党员
17	王利建	上海闵行联合发展有限公司	优秀党务工作者
18	黄健健	上海虹桥经济技术开发区联合发展有限公司	优秀党务工作者
19	张嘉麟	上海中星(集团)有限公司	优秀党务工作者

〔续表〕

序号	姓名	所在单位	荣誉名称
20	李冰玉	上海房地(集团)有限公司	优秀党务工作者
21	邢明香	中华企业股份有限公司	优秀党务工作者
22	陈恬	上海金丰投资股份有限公司	优秀党务工作者
23	高文忠	上海市滩涂造地有限公司	优秀党务工作者

表6-1-22 2012年地产集团创先争优优秀共产党员一览表

序号	姓名	所在单位	荣誉名称
1	荀旭东	上海地产保障住房投资建设管理有限公司	创先争优优秀共产党员
2	王建芳	上海世博土地控股有限公司	创先争优优秀共产党员
3	王利建	上海闵行联合发展有限公司	创先争优优秀共产党员
4	沈子龙	上海虹桥经济技术开发区联合发展有限公司	创先争优优秀共产党员
5	薛耘	上海虹桥经济技术开发区物业经营管理有限公司	创先争优优秀共产党员
6	汪洪斌	上海地产中星曹路基地开发有限公司	创先争优优秀共产党员
7	董鸿	上海中星集团新城房产有限公司	创先争优优秀共产党员
8	沈杰	上海中星集团申城物业有限公司	创先争优优秀共产党员
9	范艾荣	上海国际汽车城物业管理有限公司	创先争优优秀共产党员
10	冯丽霞	中华企业股份有限公司	创先争优优秀共产党员
11	康大儒	上海古北(集团)有限公司	创先争优优秀共产党员
12	陈岩	上海房地产经营(集团)江阴金安置业公司	创先争优优秀共产党员
13	江庆春	上海金丰建设发展有限公司	创先争优优秀共产党员
14	邵锋	上海房屋置换股份有限公司	创先争优优秀共产党员
15	江帆	上海联合融资担保有限公司	创先争优优秀共产党员
16	吴如菁	上海市住房置业担保有限公司	创先争优优秀共产党员
17	沈正潮	上海市滩涂造地有限公司	创先争优优秀共产党员
18	李春花	上海市外事用房经营公司	创先争优优秀共产党员
19	朱冰	上海地产资产管理有限公司	创先争优优秀共产党员
20	王幸儿	上海地产(集团)有限公司	创先争优优秀共产党员

表6-1-23 2005—2006年度地产集团先进生产(工作)者一览表

序号	姓名	所在单位	荣誉名称
1	于中水	上海房地(集团)公司	先进生产(工作)者
2	毛子来	上海市滩涂造地有限公司	先进生产(工作)者

〔续表〕

序号	姓名	所在单位	荣誉名称
3	王文杰	上海地产(集团)有限公司	先进生产(工作)者
4	张文斌	上海中星集团申城物业有限公司	先进生产(工作)者
5	杨铭龄	上海市住房置业担保有限公司	先进生产(工作)者
6	束磊	上海普润房地产顾问有限公司	先进生产(工作)者
7	周晓雷	上海房地产经营(集团)有限公司	先进生产(工作)者
8	项舟波	上海茸欣房地产置业有限公司	先进生产(工作)者
9	钟昶	上海古北顾村置业有限公司	先进生产(工作)者
10	徐非	上海古北赵巷置业有限公司	先进生产(工作)者
11	唐喆	中华企业股份有限公司	先进生产(工作)者
12	傅旗康	上海中星(集团)有限公司	先进生产(工作)者

表6-1-24　2007—2008年度地产集团先进生产(工作)者一览表

序号	姓名	所在单位	荣誉名称
1	钱兴昌	上海中大股份有限公司	先进生产(工作)者
2	何新善	上海中星集团宜兴置业有限公司	先进生产(工作)者
3	俞勇	上海中星(集团)有限公司	先进生产(工作)者
4	余志平	上海房地(集团)公司	先进生产(工作)者
5	丁如冰	上海顺驰置业有限公司	先进生产(工作)者
6	孙云海	上海古北物业管理有限公司	先进生产(工作)者
7	钟昶	上海古北顾村置业有限公司	先进生产(工作)者
8	周晓雷	上海房地产经营(集团)有限公司	先进生产(工作)者
9	沈雁钧	上海龙珠房地产开发有限公司	先进生产(工作)者
10	李彦巍	上海金丰建设发展有限公司	先进生产(工作)者
11	王若静	上海金丰建设发展有限公司	先进生产(工作)者
12	刘岩绮	上海金丰投资股份有限公司	先进生产(工作)者
13	田杰	上海市住房置业担保有限公司	先进生产(工作)者
14	周玉社	上海市滩涂造地有限公司造地分公司	先进生产(工作)者
15	丁为东	上海地产明居发展有限公司	先进生产(工作)者
16	王净海	上海地产(集团)有限公司	先进生产(工作)者

表6-1-25　2009—2010年度地产集团先进生产(工作)者一览表

序号	姓名	所在单位	荣誉名称
1	施虹	上海世博土地控股有限公司	先进生产(工作)者
2	李猛	上海闵行联合发展有限公司	先进生产(工作)者

〔续表〕

序号	姓名	所在单位	荣誉名称
3	张志雄	上海闵联临港联合发展有限公司	先进生产(工作)者
4	刘建国	上海虹桥经济技术开发区联合发展有限公司房地产分公司	先进生产(工作)者
5	方 宁	上海虹桥经济技术开发区联合发展有限公司	先进生产(工作)者
6	奚 坚	上海中星集团宜兴置业有限公司	先进生产(工作)者
7	黄志炜	上海中星集团振城不动产经营有限公司	先进生产(工作)者
8	吴啸行	上海中星城镇置业有限公司	先进生产(工作)者
9	唐亚美	上海房地(集团)有限公司	先进生产(工作)者
10	陈勤慎	上海房地集团物业服务有限公司	先进生产(工作)者
11	孙 毅	上海顺驰置业有限公司	先进生产(工作)者
12	周 雯	上海古北(集团)有限公司	先进生产(工作)者
13	徐 非	上海杉野置业有限公司	先进生产(工作)者
14	李文言	上海瀛浦置业有限公司	先进生产(工作)者
15	李 昂	上海金丰建设发展有限公司	先进生产(工作)者
16	李 飒	上海普润房地产顾问有限公司	先进生产(工作)者
17	张晓伦	无锡金丰投资有限公司	先进生产(工作)者
18	张怀民	上海市住房置业担保有限公司市郊分公司	先进生产(工作)者
19	王小鹤	上海市住房置业担保有限公司	先进生产(工作)者
20	樊拥民	上海市滩涂造地有限公司造地分公司	先进生产(工作)者
21	陈 伟	上海地产明居发展有限公司	先进生产(工作)者
22	徐玲玲	上海地产馨逸置业有限公司	先进生产(工作)者

表6-1-26 2011—2012年度地产集团先进生产(工作)者一览表

序号	姓名	所在单位	荣誉名称
1	陈 鸿	上海中星集团怡城实业有限公司	先进生产(工作)者
2	沈 杰	上海中星集团申城物业有限公司	先进生产(工作)者
3	葛 枫	上海星舜置业有限公司	先进生产(工作)者
4	奚 坚	上海中星集团宜兴置业有限公司	先进生产(工作)者
5	戴正芳	中华企业股份有限公司	先进生产(工作)者
6	丁如冰	上海顺驰置业有限公司	先进生产(工作)者
7	单保平	苏州洞庭房地产发展有限公司	先进生产(工作)者
8	周 宏	上海瀛茸置业有限公司	先进生产(工作)者
9	高 华	上海金丰易居房地产顾问有限公司	先进生产(工作)者

〔续表〕

序　号	姓　名	所　在　单　位	荣　誉　名　称
10	周 谅	上海金丰建设发展有限公司	先进生产（工作）者
11	王 晖	上海房屋置换股份有限公司	先进生产（工作）者
12	高 兴	上海金丰投资股份有限公司	先进生产（工作）者
13	李倩华	上海房地（集团）有限公司	先进生产（工作）者
14	朱 伟	上海国际汽车城置业有限公司	先进生产（工作）者
15	李 丹	上海闵行联合发展有限公司	先进生产（工作）者
16	王利建	上海闵行联合发展有限公司	先进生产（工作）者
17	沈子龙	上海虹桥经济技术开发区联合发展有限公司	先进生产（工作）者
18	薛 耘	上海虹桥经济技术开发区物业经营管理有限公司	先进生产（工作）者
19	吴国庆	上海虹桥经济技术开发区联合发展有限公司房地产开发经营分公司	先进生产（工作）者
20	李 刚	上海世博土地控股有限公司	先进生产（工作）者
21	赵莉莉	上海市申江两岸开发建设投资（集团）有限公司	先进生产（工作）者
22	钱 悦	上海市申江两岸开发建设投资（集团）有限公司民生分公司	先进生产（工作）者
23	王 俊	上海申江资产经营管理有限公司	先进生产（工作）者
24	高 俊	上海联合融资担保有限公司	先进生产（工作）者
25	方海花	上海市住房置业担保有限公司	先进生产（工作）者
26	袁卫中	上海市滩涂造地有限公司造地分公司	先进生产（工作）者
27	张 瑶	上海地产资产管理有限公司	先进生产（工作）者
28	王金成	上海地产馨越置业有限公司	先进生产（工作）者
29	施 绮	上海地产明居发展有限公司	先进生产（工作）者
30	贺蓓蕾	上海地产酒店管理有限公司	先进生产（工作）者
31	张国曦	上海地产（集团）有限公司	先进生产（工作）者

表6-1-27　2007—2008年度地产集团五一巾帼个人一览表

序　号	姓　名	所　在　单　位	荣　誉　名　称
1	尤 雅	上海中星集团申城物业有限公司	五一巾帼个人
2	叶 泓	上海中星（集团）有限公司	五一巾帼个人
3	叶素琴	上海市滩涂造地有限公司	五一巾帼个人
4	宋 梅	上海市住房置业担保有限公司	五一巾帼个人
5	李 悦	上海普润房地产顾问有限公司	五一巾帼个人
6	李 瑛	上海房屋置换股份有限公司	五一巾帼个人
7	陈 恬	上海金丰投资股份有限公司	五一巾帼个人

〔续表〕

序号	姓名	所在单位	荣誉名称
8	施绮	上海地产明居发展有限公司	五一巾帼个人
9	洪全	上海瀛浦置业有限公司	五一巾帼个人
10	胡艳琳	上海南郊中华园房地产开发有限公司	五一巾帼个人
11	胡唯薇	上海四高物业管理有限公司	五一巾帼个人

表6-1-28 2007年、2009年地产集团青年岗位能手一览表

序号	姓名	所在单位	荣誉名称
1	贾玲	上海市住房置业担保有限公司	2007年度青年岗位能手
2	陈丽华	上海市住房置业担保有限公司	2007年度青年岗位能手
3	沈磊	上海金丰投资股份有限公司	2007年度青年岗位能手
4	王伟	上海普润房地产顾问有限公司	2007年度青年岗位能手
5	李俊	上海房屋置换股份有限公司	2007年度青年岗位能手
6	周赏春	上海房屋置换股份有限公司	2007年度青年岗位能手
7	丁如冰	中华企业股份有限公司	2007年度青年岗位能手
8	庄娴蓉	上海古北房产租赁有限公司	2007年度青年岗位能手
9	唐宏斌	上海中星(集团)有限公司	2007年度青年岗位能手
10	李鹏	上海世博土地控股有限公司	2009年度青年岗位能手
11	沈皓彬	上海中星集团申城物业有限公司	2009年度青年岗位能手
12	方敏	上海中星集团房产营销有限公司	2009年度青年岗位能手
13	吴小凤	中华企业股份有限公司	2009年度青年岗位能手
14	潘晶	上海古北(集团)有限公司	2009年度青年岗位能手
15	李悦	上海普润房地产顾问有限公司	2009年度青年岗位能手
16	靳志海	上海金丰建设发展有限公司	2009年度青年岗位能手
17	干伟	上海市住房置业担保有限公司	2009年度青年岗位能手
18	杨剑敏	上海地产明居发展有限公司	2009年度青年岗位能手

第二章 各类代表和委员

第一节 全国政协委员

表 6-2-1 第十届、十一届全国政协委员一览表

序号	姓名	性别	时任职务
1	皋玉凤	女	上海地产(集团)有限公司党委书记、董事长

第二节 上海市党代会代表、人大代表、政协委员

表 6-2-2 第九、十届上海市党代会代表一览表

序号	姓名	性别	时任职务	备注
1	皋玉凤	女	上海地产(集团)有限公司党委书记、董事长	第九、十届上海市党代会代表
2	吴晔	男	上海地产明居发展有限公司部门经理	第十届上海市党代会代表

表 6-2-3 第十三、十四届上海市人大代表一览表

序号	姓名	性别	时任职务	备注
1	张建晨	男	南汇区委副书记、区长	第十三届上海市人大代表
2	辛继平	男	上海虹桥经济技术开发区联合发展有限公司总经理	第十三届上海市人大代表
3	周布宪	男	上海闵行联合发展有限公司副总经理	第十三届上海市人大代表
4	张涤赟	女	中华企业股份有限公司审计室主任助理	第十三届上海市人大代表
5	张建晨	男	上海地产(集团)有限公司党委副书记、总裁	第十四届上海市人大代表
6	陈蓉	女	上海地产(集团)有限公司资金管理部经理	第十四届上海市人大代表
7	欧海燕	女	上海市滩涂造地有限公司副总经理	第十四届上海市人大代表
8	沈子龙	男	上海虹桥经济技术开发区联合发展有限公司综合管理部经理	第十四届上海市人大代表

表6-2-4 第十一、十二届上海市政协委员一览表

序号	姓名	性别	时任职务	备注
1	祁红卫	男	上海长风地产有限公司副总经理	第十一届上海市政协委员
2	丁晓枚	男	上海中星(集团)有限公司副总经理	第十一届上海市政协委员
3	董绍诚	男	上海闵行联合发展有限公司总经理	第十一届上海市政协委员
4	丁为东	男	上海中星(集团)有限公司副总经理	第十二届上海市政协委员

附 录

上海地产(集团)有限公司　上海市土地储备中心"十一五"发展规划

(2006—2010年)

本规划依据《中华人民共和国土地管理法》《上海市实施〈中华人民共和国土地管理法〉办法》《上海市土地储备办法》《上海市土地储备办法实施细则》,以及上海市政府《上海市国民经济和社会发展第十个五年计划纲要》、上海市房屋土地资源管理局《上海市房地产业"十五"计划》和《上海市土地资源"十五"计划和2015年长远规划》、上海市国有资产监督管理委员会《上海市国有资产营运机构战略规划管理暂行办法》等文件编制。

一、"十五"期间集团发展概况

上海地产(集团)有限公司(以下简称"地产集团或集团")成立于2002年11月18日。注册资金42亿元。2004年,根据《上海市土地储备办法》,原"上海市土地发展中心"更名为"上海市土地储备中心"。上海地产集团与上海市土地储备中心实行两块牌子、两个独立法人、一套班子管理运作。

市土地储备中心是市政府设立的土地储备机构,地产集团是以土地储备为主业的大型国有多元投资集团公司,是土地储备的运作载体。根据市政府的批准文件,地产集团承担着以下职能:受市政府的委托,实施土地储备,进行土地前期开发,实现土地增值;盘活集团所属房地产企业国有存量资产,实现国有资产保值增值;作为市政府授权的滩涂资源代表,实施滩涂资源投资管理;承担市政府交办的旧区改造、重大工程配套商品房建设等任务。

集团成立之初,所属二层次企业17家,各级次企业共计437家,职工总人数7 300余人。由于授权经营及划拨的成员企业来自不同的管理部门,各企业的差异很大,资产分布散,投资级次多,大部分国有老企业为劳动力密集型企业。截至2004年年底,集团资产总额292.29亿元,净资产69.95亿元。

两年来,集团上下团结一心、奋力拼搏,按照市政府赋予的职能完成了以下工作目标:

(一) 土地储备初具规模

土地储备是集团的主业。两年多来,集团在"三重"土地储备(重要地区、重要道路和重大项目周边)、旧区改造、退二进三和郊区土地储备等方面取得较大突破,高起点推进了土地储备制度的建设。截至2005年6月,累计合同收储土地3 491公顷,其中增量土地2 545公顷,旧区改造65公顷,退二进三880公顷。同时,在探索建立"市区联手、分责共享"的土地储备新机制方面,取得了积极的进展。

(二) 滩涂开发实现了体制转换

集团成立后,积极实施市政府"地产集团为上海市滩涂资源代表"的战略决策,调整上海滩涂造地有限公司的投资主体,完成滩涂开发体制的转换。同时,积极组织滩涂的促淤圈围,实施崇明北沿二期、长兴岛北沿、中央沙、横沙东滩一期、南汇东滩四期、五期等十余项重点工程。至2005年年底,累计可完成项目总投资50多亿元,促淤50余万亩,圈围25万亩。基本完成市政府"十五"滩涂规划的目标和任务。

(三) 重大工程配套商品房建设全面启动

为满足土地储备中居民动迁的需要,集团全面启动重大工程配套商品房建设。两年多来,建设并交付配套商品房约28.6万平方米,基本建成西郊九韵城和宝山盛达家园两大住宅小区,有力地促进了储备土地的前期开发动迁工作。同时,还落实了宝山高境、华发路206#、308#等一批配套商品房建设用地。

(四) 国有企业资产重组、改革改制有序推进

作为市国资委授权的国资监管人,集团着力完成以下几方面的工作:一是在较短的时间内,完成企业的清产核资,摸清集团的家底;二是对部分成员企业进行资产重组,完成上海市滩涂造地公司、上海金丰投资股份有限公司、中华企业股份有限公司国有股权划转,并撤销上海闽虹集团公司,重新组建地产闽虹公司;三是推进企业的改革改制,按照国资委国有资产从竞争性领域有序退出的要求,完成对上房集团所属上海公房资产经营公司、上海市房屋实业公司、上海建筑装饰集团公司、上海房屋设备公司等130余家国有企业的改革改制,收回国有资产价值4.23亿元。

上述工作的完成,为集团在"十一五"的发展奠定了坚实的基础,创造了有利的条件。

二、"十一五"发展的宏观环境分析

对"十一五"期间国家宏观经济形势的分析判断,关系到集团"十一五"规划目标、任务的确定。经过研究,对"十一五"期间我国宏观经济和上海房地产业发展形势判断如下:

(一) 国家宏观经济将继续保持稳定健康发展的良好态势

中国自20世纪80年代实行"改革开放"政策以来,国民经济已连续20多年快速发展,大大增强了国家的综合经济实力。最近召开的党的十六届三中、四中全会,进一步提出了未来10年、20年国家经济发展的宏伟目标。可以预计,"十一五"期间,我国国民经济将在宏观适度调控的前提下,继续保持稳定健康发展的良好态势。

(二) 上海社会经济发展将进一步凸现国际化大都市的功能

"十五"时期,上海在实现经济转轨,建设国际化大都市方面取得了巨大的成绩。"十一五"将是上海加快建成国际经济、金融、贸易和航运中心的关键时期。上海将继续贯彻可持续发展战略,坚持"科教兴市"主战略,加快经济增长方式转变,进行产业结构调整、促进社会文化发展、实现城市功能提升,初步形成国际区域经济中心城市地位。根据上海市发改委的预测,"十一五"期间,上海国民经济将继续保持两位数增长。预计到2010年,上海GDP增长速度将保持在10%左右,人均GDP将达到1万美元左右;固定资产投资规模保持"十五"的水平,5年累计在15 000亿元左右。此外,"十一五"期间,上海将围绕世博会的召开,加大交通、环保和能源等方面的建设,预计5年总投资规模达到5 000亿到7 000亿元,将有力地带动上海房地产业的发展和土地储备工作。

(三) 上海房地产业发展将进一步巩固支柱产业的优势地位

"八五""九五"以来,上海房地产业经历了从计划经济向市场经济转轨和市场培育两个阶段,初步形成了目前房地产业市场化的体制框架与运行机制。"十五"期间,上海房地产业总体上保持着持续健康的发展态势,供求基本平衡,投资与消费同步增长,市民居住质量和居住水平不断提高。到"十五"期末,房地产业增加值占全市GDP的比重将达到8%左右,人均使用面积达到21平方米。房地产支柱产业的地位已经确立。

"十一五"期间,上海房地产业将以稳定持续健康发展为主线,贯彻以科学发展观为主导的指导思想,坚持房地产业与社会经济协调发展的思路,重点推进社会保障住房体系建设,防范可能出现的房地产市场大起大落的风险。根据上海市房地资源局的"十一五"发展规划,"十一五"期间上海房地产业发展将实现以下目标:房地产固定资产投资规模保持在5 000亿元左右,其中住宅投资3 700亿元左右;商品房年竣工面积2 500万平方米左右,其中住宅2 000万平方米左右;至2010年,房地产业增加值占全市GDP的比重达到8%～9%;进一步巩固房地产业在上海国民经济中支柱产业的优势地位。

国家宏观经济和上海房地产业发展的良好态势为"十一五"集团的发展创造了良好的外部环境。

三、"十一五"发展的总体目标和发展思路

(一)"十一五"发展的战略定位

"十一五"是集团在"十五"基础上实现全面发展的重要的战略机遇期。再经过5年的发展,至"十一五"末,集团将努力实现以下战略定位:成为适应市场变化、具有现代企业制度特点的国有大型投资型集团公司;成为具有上海特色的土地储备蓄水池和土地供应主渠道;成为市政府滩涂资源开发利用的唯一代表,并依托政府、加强与区县合作,强化内部管理,实现企业全方位的发展。

(二)"十一五"发展的指导思想

以邓小平理论和"三个代表"重要思想为指导,坚持以人为本、可持续发展、建立和谐社会的科学发展观,抓住当前宏观经济和房地产业发展的有利时机,进一步解放思想,努力通过房地产市场,实现土地收购储备和供应;通过产权市场,加快企业资产重组与结构调整;通过资本市场,满足土地储备开发的资金需求,在全面完成市政府赋予任务的基础上,实现国有资产的保值增值和企业现代化发展的目标。

(三)"十一五"规划的总体目标

根据集团发展的战略定位和指导思想,至"十一五"期末,集团将努力实现以下规划目标:

1. 国有资产保值增值率五年累计达到20%以上;总资产达到700亿元,净资产85亿元;
2. 接受土地储备中心委托,直接储备土地2 000公顷以上,联合储备土地4 000公顷以上;
3. 滩涂促淤44万亩,圈围15万亩。完成市政府《上海市滩涂开发利用规划》中提出的2001—2010年10年累计促淤108万亩,圈围55万亩的规划目标;
4. 5年累计开发配套商品房200万平方米。

四、"十一五"的工作重点和主要任务

按照企业发展目标要求,集团"十一五"期间将主要完成以下五个方面的10项任务。

(一) 土地储备方面

"十一五"期间,集团将根据土地储备的要求,加大土地收购储备力度,计划直接收购储备土地2 500公顷,其中,收购储备"三重"土地350公顷、旧区改造土地1 200公顷、退二进三土地320公顷、郊区土地500公顷、滩涂和其他土地130公顷。收购储备各类土地详见下表:

储备土地来源	储备面积(公顷)	所占比重(%)
三重地区	350	15
郊区土地	500	20
旧城改造	1 200	45
退二进三	320	15
滩涂造地和其他	130	5
合　计	2 500	100

任务之一：做好"三重"地区的土地收储工作　在已有土地储备项目的基础上扩大土地储备范围和规模，重点完成南客站地区、南外滩地块、海运学院地块和浦东花木地区土地的收购储备。具体项目见下表：

项　目　名　称	储备面积(公顷)	估算投资(亿元)
南客站地区	100	30
南外滩地块	6	25
海运学院地块	21	21
浦东花木地区	98	30
合　计	225	106

任务之二：扩大郊区土地储备范围　在原有项目基础上，进一步扩大郊区土地储备的范围，增加土地储备面积。重点以顾村土地为主。计划直接收储郊区土地575公顷。

任务之三：完成重点旧区改造土地储备　"十一五"期间，要努力完成市政府交办的闸北区上海火车站北广场、杨浦区平凉地区、虹口区北外滩以及黄浦区福佑路等110公顷旧区改造土地储备任务。具体项目进度见下表：

储　备　地　块	面积(公顷)	2005 年	2006 年	2007 年	2008 年
火车站北广场	26	12	12	2	
杨浦平凉地区	33.5	8.5	8.5	8.5	8
虹口北外滩	41.8	10	10	10	11.8
黄浦福佑路	9.7		5	4.7	
合　计	111	30.5	35.5	25.2	19.8

此外，还要积极落实普陀长风地区、杨浦东外滩地区、虹口北外滩地区、长宁临空园区等旧区土地储备项目。

任务之四：完成"退二进三"土地储备任务　在完成现有的67公顷土地储备任务的同时，积极

扩大"退二进三"土地储备规模。争取在"十一五"期间,累计完成320公顷的"退二进三"土地储备。具体项目见下表:

项 目 名 称	储备面积(公顷)	估算投资(亿元)
物资集团	19	7.6
粮油集团	55	10.6
仪电集团	7	2.4
公积金还贷	236	7.9
环卫集团		
合 计	317	28.5

任务之五:初步建立市区联手土地储备机制 至"十一五"期末,初步建立市区联手土地储备机制,在此基础上,扩大联合土地储备规模,争取实现联合收购储备土地5 400公顷。联合储备土地项目实施进度见下表:

储备地块	面积(公顷)	2005年	2006年	2007年	2008年	2009年	2010年
宝山顾村	600	60	120	180	180	60	
嘉定新城	472	47.2	94.4	141.6	141.6	47.2	
青浦徐泾镇	833	83.3	166.6	166.6	166.6	166.6	83.3
闵行浦江镇	1 000	100	200	200	200	200	100
南汇六灶镇	300	30	60	90	90	30	
松江21丘	567	56.7	113.4	170.1	170.1	56.7	
松江大学城	484	48.4	145.2	145.2	145.2		
浦东花木镇	98	19.6	39.2	39.2			
奉贤庄行镇	71	28.4	42.6				
崇 明	1 000	100	200	200	200	200	100
合 计	5 425	573.6	1 181	1 332	1 293	760.5	283.3

(二)土地供应方面

任务之六:增加储备土地供应数量,提高储备土地的供应比例 "十一五"期间,要争取逐年提高储备土地向市场供应的数量,至"十一五"期末,争取做到由集团直接或联合供应的土地面积达到全市经营性土地年供应总量的30%左右,实现土地储备机制在政府土地宏观调控中质的飞跃。

(三)滩涂开发与利用方面

任务之七:完成一批滩涂促淤、圈围重点工程 "十一五"期间,要按照城市建设需要,在技术条件和项目条件具备的前提下,力争完成一批滩涂促淤、圈围重点工程。同时积极启动一批新的促淤工程,为下一个五年计划的实施创造条件。"十一五"促淤、圈围工程项目见下表:

区　域	项　目　名　称	促淤（万亩）	圈围（万亩）
三岛边滩	长江口北支咸潮倒灌控制工程	10	
	崇明北沿滩涂促淤圈围工程		5
	崇明新村北侧滩涂促淤圈围工程	0.4	0.4
	东风西沙夹泓圈围工程	1	1
	中央沙圈围工程	2.3	2.3
	横沙东滩促淤圈围工程	12	5.2
江心沙洲	北港北沙促淤工程	5	
大陆边滩	奉贤南滩促淤圈围（二期）工程		0.9
	浦东新区三甲港外侧滩涂圈围工程	0.5	0.5
	南汇东滩——2米线促淤工程	13	
	合　计	44.2	15.3

（四）动迁安置配套商品房建设方面

任务之八：配套商品房建设　计划5年建设配套商品房200万平方米，平均每年竣工40多万平方米。重点完成顾村大基地160万平方米配套商品房的建设。

（五）企业改革改制和资产经营管理方面

任务之九：调整集团资产布局，基本完成企业改革改制　按照集团发展战略，"十一五"期间，要加大改革改制、资产重组力度。至"十一五"末，逐步形成以申江、世博、南站地产等为代表的土地开发企业群；以中星集团、上房集团、中华企业、金丰投资等公司为代表的房地产开发企业群；以担保公司为代表的房地产服务企业群。主要任务包括：完成上房集团的资产重组；完成对中星集团的改革改制；按照专业化要求调整、归并、重组其他二层次企业，实现企业股权结构的调整优化。

任务之十：完成中企、金丰两个上市公司的股权分置改革　根据国家和上海市国资委的要求，积极完成集团控股的中华企业、金丰投资两家上市公司股权分置改革的任务。"十一五"期间，两家上市公司分别实现向资本市场再融资的发展目标。

五、保障集团"十一五"规划实施的政策和措施

（一）坚持党的领导，确保企业发展的正确方向

集团作为国有大型专业性投资公司，是政府授权实施土地储备的运作载体，承担着一部分政府的职能。在实施土地储备、国有企业改革改制过程中，必须始终坚持以邓小平理论、"三个代表"重要思想为指导，坚持党的领导，坚决执行国家的发展方针与土地政策，确保企业改革和发展的正确方向。

（二）积极推进《上海市土地储备办法》实施

《上海市土地储备办法》及《上海市土地储备办法实施细则》的出台，为加快上海土地储备制度建设奠定了政策基础。"十一五"期间，必须加大《土地储备办法》实施力度。要针对土地储备中的热点难点，加强与政府有关部门，如房地资源、城市规划、城市建设、财政税务等部门的沟通与协调。同时，要紧紧依靠各区县政府，共同健全和完善土地储备的运行机制。

（三）拓宽资金渠道，实现土地储备投入产出的良性循环

土地储备资金的筹措是实现集团"十一五"规划目标的关键。经过分析测算，"十一五"期间，集团实现土地收购储备所需资金总量约1 000亿～1 300亿元。按目前的筹资方式，未来资金缺口很大。为此，需积极拓宽资金渠道。"十一五"期间，拟采取以下措施，确保土地储备资金的良性循环：建立土地储备成本核算制度，以地块为单位，核算土地的投入产出，争取做到收支平衡；建立土地储备专项资金，归集土地出让后的增值收益，用于土地收购储备；拓展银行贷款渠道，扩大贷款规模；创新金融工具，积极探索发行土地储备债券或建立土地储备产业基金，争取有所突破。

（四）加大对成员企业资产和项目投资的监管力度，确保国有资产的保值增值

按照现代企业制度和国资管理的要求，实现对集团所属全资和控股子公司的全面监管。监管的目标主要是资本经营效率和投资收益率。监管的重点主要集中于贯彻集团董事会决策、指令的完成情况，以及业务开发状况和资本经营的营运状况。一是明确各企业年度发展规划、工作目标及经营预算，实行契约式管理；二是企业对外投资、对外担保、融资等重大经营活动，实行高度的一体化管理；三是企业的经营运作、资产状况、财务运行等情况由相关部门监控并得到分析判断；四是对公司经营者实行绩效考核制度。

（五）培育企业核心竞争力，提升企业现代化管理水平

企业核心竞争力是在科技进步的基础上，企业特有的参与市场竞争的能力。"十一五"期间，集团要不断加大在土地开发利用、配套商品房建设、滩涂围垦等方面的科技投入，依靠科技进步降低建设成本，提高投入产出效率，并在此基础上形成地产集团的企业核心竞争力。同时，要充分运用现代科技成果，实现科学化决策、信息化管理，提高集团领导正确决策、员工科学管理的水平，从而使企业的科技优势、管理优势转化为市场竞争优势。

（六）加快人才培养，实现人才专业化和职业化

集团的发展需要人才作保证。"十一五"期间，集团将人才战略置于企业发展的突出地位，利用发展的契机，不拘一格引进人才，通过市场手段获得经营性管理人才和项目专业人才，实现人才资源的积聚功能；并注意从现有队伍中发现培养人才，建立健全人才的培养、开发、吸引、使用的科学机制，实现人才的专业化、职业化。同时，围绕业务发展和机制创新，建立健全人才激励机制，形成敬人敬业、激情奉献、团结进取的良好氛围。

（七）积极依托政府支持，实现集团的规划目标

为确保集团"十一五"规划的实施，要积极争取市政府给予以下政策支持：

1. 严格执行《上海市土地储备办法》，要求政府进一步明确规定：城市所有经营性建设用地必须经有资格的土地储备机构收购储备后方可进入土地一级市场出让。

2. 同意地产集团或土地储备中心建立土地储备产业基金，让土地收益由通过住房公积金和社保基金返还给上海城市居民，让他们获得土地的收益，同时解决土地储备的资金问题。

3. 同意部分土地出让收益划入市土地储备中心的土地储备专项资金，用于弥补政府指定的土地储备项目和滩涂建设项目的政策性亏损。

4. 建议市政府加大对滩涂开发的资金投入，从资金来源上为滩涂资源开发提供保障。建议有关部门严格把好耕地开垦费减免关，将国家和地方政府规定可专项用于耕地开发、实现耕地总量动态平衡的资金足额拨付给地产集团或土地储备中心，专款专用。

5. 建立滩涂造地工作协调机构。滩涂造地工作中涉及开发规划和实施计期的衔接、成陆土地开发和土地储备的协调、耕地平衡的计划和专项经费的调拨使用等较多需要市级层面协调的环节，建议纳入市土地管理工作领导小组的管理协调范畴。

上海地产(集团)有限公司"十二五"发展规划

(2011—2015 年)

上海地产(集团)有限公司经市政府批准于 2002 年 11 月 18 日挂牌成立,注册资本 42 亿元。地产集团的主要职能包括:受市土地储备中心委托,作为土地储备前期开发运作载体,进行储备土地前期开发;受市土地储备中心委托,对滩涂资源开发实施建设管理;作为出资人对授权经营的房地产企业进行监管,促进国有资产保值增值,盘活存量资产;承担市政府涉及旧区改造、保障性住房开发建设及有关历史遗留问题处理等交办任务。

2009 年年底,经市国资委批准,地产集团调整为国有独资公司。

一、"十一五"期间集团发展概况

"十一五"期间,地产集团在市委市政府领导下,在市国资委的指导以及各有关部门的关心下,在集团党委及经营班子的带领下,顺利完成各项规划指标,实现企业的良性可持续发展。

(一)资产规模不断扩大,资产质量逐步优化

"十一五"期间,地产集团的资产总额由 342 亿元增长到 850 亿元;净资产由 113 亿元增长到 236 亿元,其中归属于母公司的净资产由 71 亿元增长到 158 亿元。

截至"十一五"期末,集团的年主营业务收入达到 124 亿元,累计实现主营收入 497 亿元;年利润总额增长到 29 亿元,累计实现利润总额 132 亿元;年净利润增长到 21 亿元,累计实现净利润 94 亿元;其中年归属于母公司净利润增长到 12.8 亿元,累计实现 56 亿元(详见附件表 1、图 1)。

(二)资产布局调整逐步到位,主业竞争力明显增强

根据市国资委"三个收缩、三个集中"的国资、国企发展方针,以及《关于进一步推进上海国资国企改革发展的若干意见》,"十一五"期间,集团进一步深化企业改革改制,做好资产整合、优化调整工作。为此集团制定了《企业主业发展与非主业调整三年行动规划》。对集团二层次企业,根据其主营业务定位和与集团层面业务关系,按照"投资主体多元化、股权结构合理化、利益主体分散化"的要求,合理调整国有股权比重;在二层次以下企业,按"主辅分离"的要求,对与二层次主业发展无关的小企业,采取歇业关闭、兼并重组、转让出售等多种形式进行改革。

截至 2009 年年底,集团各级次独立法人单位减少至 208 家,四级次及以下企业减少至 62 家。地产集团 99%以上的资产已经集中到主业上,同样集团主营业务收入和利润的 95%以上来源于房地产开发和相关服务。资产整合已逐步显见成效。

与此同时,集团初步形成了以土地储备前期开发管理、滩涂投资管理和房地产开发、服务为重点的资产布局,并形成了上海中星(集团)有限公司和上海房地(集团)公司两家全资的房地产综合开发类企业、中华企业股份有限公司和上海金丰投资股份有限公司两家国有控股上市公司、上海闵行联合发展有限公司和上海虹桥经济技术开发区联合发展有限公司两家国家级开发区管理公司,以及上海市住房置业担保有限公司、上海市滩涂造地有限公司 8 家核心企业。至 2009 年年底,上述 8 家核心企业资产占集团总资产的 85.74%(详见附件图 2)。

（三）房地产开发经营服务稳定增长，保障性住房建设规模不断扩大

"十一五"期间，上海房地产市场经历多次市场调控和房价的较大幅度波动，在这种形势下，集团及下属企业审时度势，及时调整发展策略，有效地促进了集团房地产业务的发展。

"十一五"期间，集团本部及成员企业房地产开工面积976万平方米（其中保障性住房开工面积436万平方米），房地产竣工面积689万平方米（其中保障性住房竣工面积141万平方米），房地产销售面积470万平方米（其中保障性住房销售面积120万平方米），房地产投资总额累计达546亿元（其中保障性住房投资额达120亿元）。截至2010年年底，在建项目建筑面积达547万平方米。

在做好市场性房地产开发业务的同时，地产集团作为本市国有骨干房地产企业集团，急政府所急、想政府所想，率先承担多项重大保障性住房项目建设任务，发挥了引领和示范的作用。截至2010年5月，集团及所属企业投资建设的保障性住房超过507万平方米，其中已搭桥供应的动迁配套房138万平方米，供应对象涉及旧区改造、轨道交通、重大项目、土地储备动迁各个领域；保障性住房项目12个，主要包括宝山顾村馨佳园、浦东曹路基地、徐汇华泾馨雅苑、上海南站项目、普陀377项目、宝山顾村拓展区基地等。在努力推进保障性住房开发建设的同时，集团还通过课题研究等方式，积极探索不同类型保障性住房建设模式、资金保障及后续管理等措施，为政府部门政策制定提供现实经验依据。

（四）土地储备前期开发工作有序推进，运作机制日渐理顺

2006年年底，国家土地管理政策及土地储备规范文件出台后，为进一步增强市土地储备中心的独立性，在账务分开、财务独立核算的基础上，2008年年初，地产集团（市土地储备中心）进行了部门内部调整，使得土地储备业务与地产集团经营管理业务分开，更具独立性。

2009年下半年，根据市政府关于本市市级土地储备管理体制调整工作的专题会议纪要，黄浦江两岸的土地储备、虹桥综合交通枢纽地区的土地储备和世博土地储备归口市土地储备中心统一管理，市土地储备中心分别设立申江两岸、虹桥开发、世博土地储备专户。同时，将市国资委持有的申江公司18％股权划转地产集团，市城投总公司持有的世博土控公司33％股权转让给市土地储备中心，申江公司、申虹公司、世博土控公司分别受市土地储备中心委托，承担规划区域内的土地前期开发工作。

通过上述调整，将特定区的土地储备纳入统一平台管理，形成以地产集团为主，并以出资关系联结世博土控公司、申江公司、申虹公司等专业化前期开发公司的土地前期开发管理模式，统一市级层面土地储备的运作平台和管理机制，为规范上海市土地储备机制运作，进一步发挥土地储备在土地供应及土地市场调控中的作用，推动土地储备可持续发展奠定基础。

"十一五"期间，进一步完善"用土地储备形式进行旧区改造"的机制，与闸北、杨浦、黄浦、静安和徐汇等区建立了市、区联手土地储备机制，彻底改变了过去商业模式下先出让后动迁、动迁主体商业化、动迁进度看市场、动迁资金缺保证、动迁补偿不平衡等现象，以"阳光动迁、和谐动迁"有效缓解动迁带来的群体上访和社会不稳定问题，有序推进重点区域旧区改造工作。

"十一五"期间，市土地储备中心共完成退二进三项目土地储备3 291亩，投资总额62亿元（详见附件表2）；签署郊区成片项目土地储备合同累计98 818亩，累计合同金额1 122亿元（含联合储备项目）（详见附件表3）。以土地储备方式实施旧区改造地块土地1 696亩，动迁居民约2.2万户，投入资金242.6亿元（详见附件表4）。出让、转让土地2 860亩，实现出让、转让金额约235亿元，为市财政贡献资金近170亿元（详见附件表5、表6）。与此同时，已完成土地储备的可供土地2 238亩（详见附件表7）。

(五) 滩涂造地开发机制日趋完善，土地整理开发渐见成效

为贯彻市政府关于滩涂资源开发实行"资源代表、建设管理、政府监管"三分开机制的要求，2009年，市政府下发了《关于完善管理运作机制推进本市滩涂造地工作实施意见的通知》（沪府办〔2009〕128号），明确相关部门在滩涂造地工作上的职责，落实农业用地和建设用地滩涂造地项目的资金来源，为上海滩涂造地事业的可持续发展奠定基础。

与此同时，集团下属滩涂造地公司不断加强滩涂造地工程建设管理方面的信息化建设，建立了建设项目投资控制与合同管理系统、滩涂资源数据库管理系统、滩涂造地工程管理视频系统及财务信息系统等。积极开展科技创新，制定了"新工艺、新技术、新材料"三年行动计划，稳步推进淤泥筑堤、新型护面结构、新型促淤坝、可越浪大堤结构等课题的研究，运用科学的手段来解决工程建设中的难题，不断提高工程质量和安全，并加强成陆土地的管理和开发。

"十一五"期间，上海市滩涂造地公司共实施促淤16.45万亩，圈围14.99万亩（其中成陆土地7.87万亩），累计完成投资42.03亿元（详见附件表8）；滩涂成陆土地整理面积4.87万亩，形成耕地3.6万亩，滩涂成陆建设用地处置4.25万亩，滩涂成陆一线大堤56.04公里（详见附件表9）；转让滩涂成陆土地1.66万亩，实现收益11.43亿元（详见附件表10）。

此外，从2004年开始，集团（中心）根据市府调整农工商抵债土地使用权归属的要求（需要回购储备农工商抵债土地共16.9万亩，以妥善处理"农工商"的债务问题），充分结合债权单位转让土地的紧迫性、回购储备进度以及回购资金的平稳等多种因素，回购储备抵债土地7.24万亩，涉及10家金融机构，投入资金达37.4亿元。

(六) 法人治理结构不断完善，企业管理水平逐步提升

"十一五"期间，地产集团顺应我国法制建设的进步，并根据国资管理的要求，不断完善集团及下属公司企业的法人治理结构，提升公司管理水平。

1. 修改完善公司章程，强化董事会制度建设 "十一五"期间，集团进一步理顺集团及下属企业公司股权关系，并按照新修订《公司法》的要求，对下属控股公司的公司章程作了修订完善，加强对控股企业委派董事的管理，修订完善《地产集团企业领导人员管理办法》，指导各成员企业不断完善制度规范建设。2007年集团控股公司中华企业被评为"中国上市公司治理规范企业"。

2. 突出风险管理，完善管理程序 集团颁布《上海地产（集团）有限公司法律事务管理办法》《上海地产（集团）有限公司固定资产投资项目管理暂行规定》等管理制度，对集团及成员企业的法务工作、固定资产管理工作从制度和程序上进一步规范；出台《上海地产（集团）货币资金管理办法》等规章制度，加强对地产集团货币资金运行安全的监管；以建立统一的财务核算系统为抓手，将集团本部及成员企业的财务核算纳入统一规范的管理平台，为集团财务集中管理模式奠定了良好的基础。

3. 信息管理平台及核心系统基本建立，信息化基础网络及框架基本形成 "十一五"期间，集团信息化建设从单一到全面，初步建立了网络化的信息管理系统，基本达到三级成熟阶段的集成建设级。在此期间，集团建立和实施了两大核心信息管理系统：综合业务信息系统和用友财务信息系统NC5.0。集团本部和二级成员公司不断推进信息化网络平台和基础设施建设，局域网、专线网、互联网"三网"建设发展迅速，建设了以集团本部为中心，覆盖重要骨干企业的信息化网络。

(七) 加强企业领导班子建设，深化党风廉政建设

"十一五"期间，在市委和市国资委党委的领导下，集团党委坚持以邓小平理论和"三个代表"重要思想为指导，认真学习贯彻党的十七大精神和市委九届全会精神，深入开展学习实践科学发展观

活动,注重开展课题调研,查找企业改革发展和经营管理中存在的突出问题,认真制定整改方案,落实整改措施,有力地促进了企业科学发展。

深化"四好"领导班子创建活动,加强领导班子和干部队伍建设;分期分批调整优化部分单位领导班子结构;选送部分干部参加市国资委党校培训,选派干部到市国资委机关挂职和青年干部到旧区改造项目进行轮岗锻炼,培养年轻干部成长;注重指导推进基层管理人员竞聘上岗,形成人才脱颖而出的机制。

强化企业领导民主决策、规范决策,坚持"三重一大"集体讨论民主决策,坚持企业领导人员有关事项请示报告、廉洁谈话、任前谈话、信访谈话等制度,规范领导人员廉洁从业行为,推进党风廉政建设。

加强国有资产经营责任制,建立比较科学的经营业绩考核机制,特别是二层次企业领导班子考核考察,坚持薪酬分配与业绩考核挂钩,严格执行薪酬纪律,形成较为严格的激励约束机制。

"十一五"期间,集团不断加强企业经营管理,积极调整资产结构布局,拓展主业发展渠道,圆满完成了"十一五"规划目标,为"十二五"的发展夯实了基础、创造了有利条件。但同时,仍存在一些问题,需要在集团今后发展中加以解决:

1. 土地储备及其前期开发的机制有进一步理顺的空间和余地　近年来,在市委、市政府的关心下,市级土地储备机制虽然逐步理顺,但依然有许多工作要做,特别是在"两级政府、两级管理"的政府管理体制下,市土地储备中心与各区县土地储备的关系,依然需要进一步理顺。土地储备资金融资渠道,特别是融资担保程序等问题,仍在很大程度上制约着土地储备的发展。

2. 企业管控有待加强,同业竞争问题尚未有效解决　地产集团主要成员企业成立时间均早于集团,所以在管理上各成体系,集团对成员企业的管控基本上为较为松散的财务管控。企业的激励约束机制有待加强,企业资产优化配置不够,房地产市场竞争优势不明显。各成员企业目前业务重叠较多,存在内部同业竞争,影响了上市公司通过资本市场融资拓展的空间。

3. 公司治理结构需要进一步完善,风险管控体系有待强化　目前集团公司章程有待进一步修订,董事会、监事会的组成尚待补充。集团下属企业中,尚有个别属于非公司制企业法人,企业的组织架构和管理模式不够合理。个别企业风险管理体系不够完善,风险管理存在空白区,表现在合同法律审核把关率不高、重大事项决策和重大项目谈判的合法合规审查不到位等。

4. 人力资源管理和人才队伍建设缺乏可持续性　近年来,虽然集团日渐重视人力资源的管理和开发,但从整个集团(包括下属控股企业)来看,企业高级管理人员年龄结构偏大,高级经营管理人员知识结构不全面,高层次经营管理、财务管理人才和复合型人才匮乏,青年后备干部比例相对较低等现象依然存在。

二、"十二五"发展的环境及背景分析

(一)宏观经济形势总体向好,经济增长存在波动风险

2008年下半年,由于受国际金融危机的冲击,加之我国经济发展阶段、经济增长模式、经济结构调整进度缓慢、国内消费需求不足等因素影响,经济增速连续7个季度下降。在国家及时调整宏观政策并实施一揽子刺激计划背景下,自2009年下半年,我国经济形势逐步回暖,经济增长逐步回升。

2010年上半年,我国经济回升向好趋势更加明显,向着宏观调控的预期方向发展。但我国经济在克服国际金融危机的诸多困难后,依然面临异常复杂的形势。一方面,世界经济虽整体复苏,但欧洲债务危机的爆发让世界经济前景扑朔迷离。另一方面,国内通胀预期有所加强,房地产调控任务艰巨,钢铁等行业面临着巨大的结构调整压力。

中国经济正处在由政策支撑的回升,向市场驱动的可持续增长的交替过程中[1],只有加快经济发展方式转变,才能持续发展。扩大内需是中国经济发展的基本任务和长期战略,也是转变经济发展方式、调整经济结构的重要内容。国家将把投资增长更多与"扩消费、惠民生"结合起来,如推行保障性住房,既拉动投资,也带动居民的消费需求。

根据中国社科院7月底发布的2010年《城市蓝皮书:中国城市发展报告No.3》,截至2009年,中国城镇人口已经达到6.2亿,城镇化率达到46.6%,"十二五"期间,中国将进入城镇化与城市发展双重转型的新阶段,预计城镇化率年均提高0.8~1.0个百分点,到2015年达到52%左右。从我国"十二五"城镇化的地理布局看,将逐步形成以长江和陇海线为横轴,以沿海、京哈、京广、包昆通道为纵轴的两横三纵的城镇主干,同时统筹大中小城市和小城镇协调发展,构成一个从东到西、由南到北梯次推进的城镇化发展格局。

(二)房地产市场日趋成熟并呈持续健康发展态势,但短期市场波动在所难免,住房保障制度建设意义重大

近年来,国家房地产调控政策主要围绕"紧缩地根、紧缩银根、加强征税收"来稳定房价。但2010年的调控政策措施,凸现了政府"遏制"房价的决心。虽然此次调控对市场问题的总体判断和依据基本延续了2002年以来"部分城市房价上涨,结构不合理,市场秩序混乱"的基本口径,并认为"投资和投机性需求"是供求矛盾的根源,但是,在稳定房价的程度上,"抑制"改为"遏制",更加强调政府调控的决心。

当前,宏观政策调控对遏制房价过快上涨,稳定房地产市场发挥了重要作用。从长期来看,由于我国仍处于经济快速增长和城镇化水平加速发展阶段,大量人口进入城市,将增加房地产市场的需求。而逐步完善的住房保障体系建设,大量保障性住房的开发建设和供应上市,又对稳定房价、有效缓解住房刚性需求产生积极和深远影响。随着市场参与者变得相对理性,未来房地产行业和市场的发展将更具平稳和可持续性。

与此同时,住房保障制度建设成为解决城镇居民住房困难的主要保障和未来房地产市场的稳压器。国务院出台了关于加快保障住房建设的指导意见,要求各地进一步完善保障住房体系,采取各种措施加快经济适用房、廉租房、公共租赁房等开发建设。同时国务院相关部门正在对《基本住房保障法(草案)》进行调研和起草,将进一步从法律层面对住房保障体系进行明确和规范。因此,进一步完善住房保障体系,加强保障性住房开发建设,将成为今后一段时间各级政府的一项重要的民生工作。

(三)房地产企业的经营模式呈现精细化管理和梯度转移趋势

近十几年来,以"圈地"和"预售+按揭"的住宅开发模式,带来了房地产业的大发展。然而,新一轮的调控表明,政府对房地产行业的各项管理逐渐细化、透明化——无论是税收政策还是招拍挂政策,

---

[1] 中国经济的可持续发展面临"两难"问题:人民币升值若过快会面临出口恶化、就业困难,不升值又会面临巨大国际压力;既要增强出口对经济的拉动,也不能再走过去一味扩大出口的老路;要提高劳动者收入,但相应的企业成本也会增加;房地产调控不可半途而废,但房地产大萎缩也对经济不利;节能减排要上调资源价格,但当前物价需要控制;宏观政策退得过早有二次探底的风险,退得太晚又会加大通胀压力。

以土地为核心的资源导向型发展模式受到的制约越来越大,粗放式经营模式将逐步受到市场挑战。

从上海整个房地产市场结构来看,上海的存量房交易已经超过新建商品房交易,上海迈入存量房时代。房地产中介、评估、担保、抵押典当、物业管理、专业化房屋服务等行业会逐渐成为房地产业中的主要部分;包括公共租赁房在内的租赁市场会逐渐成为房地产市场的主体。随着上海国际化大都市建设及人口老龄化程度加剧,青年公寓、酒店式公寓、养老公寓等需求将日渐突出,以服务为价值主体的住房消费方式层出不穷。

当前,上海许多开发企业逐渐开始考虑经营模式转型的问题,其主要方向有:**一是传统开发型企业向一体化服务型企业转型**。比如,酒店式公寓、创意园区、华侨城的"旅游地产"、孝贤坊的"养老地产"、万达的商业广场等。**二是房地产开发更加突出和强调产品和服务质量**。特别是未来一线城市,房地产开发企业将更加注重品牌效应,注重发掘多元化细分市场的需求,并从提升房地产项目和产品的质量和服务附加值上下功夫。一些开发企业提出,将来的地产经营模式主要是文化挖掘,比如古镇文化开发、花园洋房改造等。**三是重视房地产内在开发管理能力的"轻资产"运营模式日渐受到青睐**。国内许多超大型房企,努力尝试做到"轻资产",即不需要太多的土地储备,也不需要太多的银行贷款,核心竞争力在于团队的开发管理能力,通过这种能力整合土地、资本等要素,创造项目溢价。**四是房地产业也有梯度转移的现象**。一些特大城市的开发企业,纷纷到二三线城市扩张。未来,相对于一线城市而言,二三线城市对于房地产开发企业有更大的成长和利润空间,可以使得资金快速回笼以及创造利润增长点,将成为今后房地产业发展的重点区域。

结合上述分析,可以预期,未来上海上房地产市场将以更为理性、健康和可持续的态势发展。随着需求的多元化和多样化,房地产企业的发展将更加注重品质、服务、品牌,而集团公司的战略布局也将呈现以上海为基点的梯队转移模式。比较地产集团控股房地产开发、经营及服务的各企业,必须承认,无论是土地储备的数量,还是开发经营服务的质量;无论是企业的精细化、集约化管理水平,还是企业的品牌影响力;无论是企业市场化融资和资本运作的水平,还是企业开发、经营、服务的高级人才储备,公司与国内顶级房地产开发经营企业之间还有较大差距。这将成为集团"十二五"期间的房地产开发经营服务主业的发展主要瓶颈。

三、"十二五"发展的指导思想和总体目标

(一)"十二五"发展的指导思想

以邓小平理论和"三个代表"重要思想为指导,深入贯彻落实科学发展观,抓住宏观经济形势长期持续向好的机遇,积极寻找房地产市场政策调整的有利因素和加快住房保障制度建设的有利时机,以上海大力推进建设国际金融中心、国际航运中心、国际贸易中心建设和后世博时期现代服务业快速发展为契机,进一步完善土地储备前期开发管理运作机制,积极探索和提升后世博时期储备土地开发利用的有效机制。不断完善保障性住房开发建设平衡机制,强化集团在保障性住房开发建设中的主要骨干作用。以国资国企改革发展为契机,推动集团市场化房地产开发经营核心业务资产上市,逐步提高企业核心资产的资产证券化。推动房地产开发企业经营模式逐步向精细化管理和一体化服务转变。推动国家开发区的深度开发和广度拓展。在全面完成市政府赋予任务的基础上,实现国有资产的保值增值和企业可持续发展的目标。

(二)"十二五"发展的战略定位

"十二五"期间是地产集团发展的战略机遇期和转型关键期。地产集团将抓住这一发展的重要

机遇,强化土地储备前期开发管理、滩涂造地、房地产开发经营及配套服务、保障性住房开发建设等主业发展,积极发掘和开拓房地产开发经营服务等领域的市场潜力,逐步形成行业比较优势,努力打造上海国有房地产企业领军企业,争取实现集团跨越式发展。具体战略定位如下:

1. 实施归核化、资产证券化战略,争取用5年时间使地产集团成为上海国有房地产企业的主导和引领,成为在全国有竞争力的国有房地产综合开发服务类公司,成为适应市场变化、具有现代企业特点的国有大型集团公司。

2. 以房地产市场发展趋势和需求为导向,提升房地产开发企业管理能力和项目内在品质,优化服务内容和质量,做强、做精商品住宅、商业服务类房地产开发,进一步探索和扩大房地产金融服务类业务的经营模式和规模。

3. 建立和完善保障性住房开发建设平衡机制,使地产集团成为上海保障性住房开发建设的主要力量。

4. 完善和创新开发区管理模式,积极挖掘开发区纵深发展潜力,逐步实现开发区向立体化、精细化管理的转变。

5. 依托政府,进一步调整、理顺和完善市级土地储备机制,强化土地储备前期开发管理,突出地产集团作为政府土地储备重要运作载体的作用。

6. 完善以土地储备方式、市区联手共同实施成片"旧区改造"的机制,进一步发挥地产集团(市土地储备中心)在旧区改造中的重要力量和示范作用。

7. 在健全滩涂资源开发利用管理体制的基础上,进一步发挥地产集团作为全市滩涂圈围造地开发建设管理平台的作用,逐步建立和完善滩涂开发、土地整理、综合开发利用的良性有序管理模式。

(三)"十二五"规划的总体目标

根据集团发展的战略定位,至"十二五"期末,集团将努力实现以下规划目标:

1. 资产总额达到1 200亿元,净资产达到326亿元,其中归属于母公司净资产达到218亿元。5年累计主营业务收入达到1 000亿元,平均年增长20%。5年累计利润总额达到147亿元,累计净利润达到104亿元,其中累计归属于母公司净利润达到60亿元。净资产收益率保持在6.5%以上。资产负债率控制在75%以内。

2. 接受市土地储备中心委托,完成土地储备前期开发约123.84平方公里(折合12 384公顷,其中大型居住社区联合储备土地10 500公顷,2010—2012年土地储备规划中郊区市区联合储备土地600公顷,其他结转联合土地储备770公顷,以旧区改造方式储备土地312公顷,以独立储备方式储备土地202公顷)。

3. 房地产新增开工面积1 000万平方米,房地产竣工面积800万平方米,房地产销售面积600万平方米,房地产投资总额1 500亿元。

4. 滩涂促淤27万亩,圈围成陆10.6万亩(其中农用地10万亩)。农用地土地整理6.54万亩。

四、"十二五"的工作重点和主要任务

按照规划发展目标要求,集团"十二五"期间将主要完成以下五个方面的10项任务。

(一)房地产开发建设及经营服务方面

任务一:优化房地产市场开发资源,着力打造优秀企业品牌　在整合集团内部房地产开发资源和经营管理能力的基础上,充分发挥资本市场的融资支撑功能,以上海及长三角地区为重点,以

全国经济增长形势良好、房地产市场需求潜力较大的二三线城市为拓展,不断提升房地产开发项目质量和服务,树品牌、塑形象,着力打造"上海领先、全国优秀"的房地产开发企业。

任务二:积极探索保障性住房开发建设模式,大力推进保障性住房开发建设　重点研究和探索公共租赁房开发建设资金平衡机制。积极推进浦东曹路、宝山顾村大型居住社区、宝山顾村"馨佳园"以及上粮二库项目、上海南站项目等保障性住房开发建设项目。

任务三:完善房地产服务类业务的经营模式,着力培育与房地产相关的金融与投资业务增长点　巩固和发展房地产中介、经纪等服务业务,拓展房地产金融投资业务。在完善和创新住房置业担保机制基础上,开拓和发展市场性担保业务,逐步形成个人购房融资担保、企业及企业主经营性融资担保、非融资性担保等业务并重的综合性担保体系,业务经营区域逐步辐射至长三角地区。计划到2015年,公积金贷款担保余额达到1538亿元,市场性业务担保5年合计达到600亿元,其中中小企业融资担保达到245亿元。

(二)企业改革改制和资产管理方面

任务四:推进非主业资产调整,优化主业资产布局　以提高核心竞争力为重点,围绕主业发展,进一步调整好资产布局,推进非主业资产整合,使集团的主业更加突出,资产布局更加合理优化。逐步压缩企业管理层级。

任务五:逐步实现核心业务资产上市,积极推进资产证券化　以中华企业和金丰投资(两个上市公司)为平台和核心,将地产集团旗下房地产开发、经营、服务板块(保障性住房除外)资产实施重组。将地产集团及下属控股公司企业中经营性房地产开发业务(或其主要业务为房地产开发的子公司)以及房地产服务、金融股权投资等业务分别注入两家上市公司,形成一家以中高档住宅开发为主、写字楼和商铺租赁为辅,另一家以房地产经纪、投资、金融服务等为主的板块发展模式。借助资本市场,建立和完善各类企业持续发展的内在动力机制,基本实现集团市场化的核心资产全部上市,使集团资产证券化率达到50%以上。

(三)开发区的管理方面

任务六:推进开发区区内深度开发,积极寻求广度拓展机会,促进开发区的精细化管理水平　根据国家级开发区"三为主、二致力、一促进①"的要求,以上海建设国际金融中心、国际航运中心、国际贸易中心以及后世博时期现代服务业加速发展为机遇,以虹桥综合交通枢纽全面投入使用、虹桥商务区建设以及临港园区开发建设为促进,全面深入推进闵行开发区和虹桥经济技术开发区的发展和二次创业。大力促进开发区区内的深度开发,不断完善区域环境、优化区域产业、提升区域功能。同时,以商标注册为突破,进一步加强开发区的品牌建设,提升公司品牌效用。利用两个国家级开发区的品牌优势和丰富经验积极寻求区外广度拓展机会。积极探索区区联合、区区合作的对外拓展新方式,推进与临港、启东、金山等区域或开发区的土地开发合作。

(四)土地储备前期开发管理方面

"十二五"期间,集团将根据土地储备规划发展要求,不断完善市级土地储备管理机制,进一步理顺土地储备前期开发委托管理机制,加大土地储备前期开发管理力度。同时积极探索后世博时期储备土地管理和开发来利用的有效机制,强化对世博土控、申江公司、申虹公司土地前期开发的管理工作。

---

① 即以提高吸收外资质量为主,以发展现代制造业为主,以优化出口结构为主;致力于发展高新技术产业,致力于发展高附加值服务业;促进国家级经济技术开发区向多功能综合性产业区发展。

任务七：健全联手储备机制，以第二批大型居住社区土地储备前期开发为重点，积极做好成片土地储备前期开发和管理工作　本市第二批大型居住社区土地储备涉及9个区23幅地块共105平方公里土地，2010年已首批启动7个区13幅土地55平方公里。2010—2012年三年土地储备规划中郊区市区联合土地储备6平方公里。此外，积极做好浦东龙阳路花木地块、沿江路道路地块、祝桥噪音区地块、奉贤庄行地块等"十一五"结转项目地块的土地储备前期开发和管理工作（详见附件表11）。

任务八：继续推进和做好旧区改造土地储备工作　在进一步总结和完善旧区改造经验和机制基础上，根据市旧区改造计划规划，除继续完成"十一五"结转的旧区改造项目外，继续实施新的旧改项目。

"十二五"期间，市政府要求中心城区完成约350万平方米二级旧里以下房屋改造。其中，杨浦、闸北、虹口、黄浦、普陀等区为重点旧区改造推进区，长宁、卢湾、静安、徐汇等为率先基本完成二级旧里以下房屋改造区。其中，经市委、市政府统一认定并交办由市土地储备中心参与区有杨浦、闸北、黄浦、普陀等。市土地储备中心还计划参与静安、徐汇区的旧区改造（详见附件表12）。

任务九：积极推进储备土地的上市供应工作，增强土地储备作为土地供应蓄水池的调节功能

"十二五"期间，市土地储备中心将根据土地储备计划，适度增加土地储备资金投入，加快土地储备前期开发进度，以增加储备土地供应数量，逐步形成土地储备供应的有效衔接和良性循环（具体详见附件表13）。

（五）滩涂圈围开发利用与农工商抵债土地回购管理方面

任务十：有序推进滩涂促淤圈围开发建设，加强土地整理管理，依规划做好建设用地处置工作

根据本市经济社会发展对土地占补平衡的需求，综合考虑滩涂资源现状条件及开发利用的技术经济合同性，至2015年，规划促淤27万亩，圈围成陆11.75万亩（其中农用地11.15万亩）。根据本市"十二五"农用地促淤圈围的不同区域特点，结合成本测算，"十二五"（含2010年计划项目）工程总投资估算约175亿元，年投资约30亿元（详见附件表14）。

"十二五"期间计划开展土地整理的项目共有3个，计划农用地的土地整理面积9.54万亩，计划建设用地处置4.95万亩（详见附件表15）。

任务十一：平衡资金方案，按计划做好农工商抵债土地的回购工作　"十二五"期间，结合债权单位转让土地的紧迫性及回购资金的平稳，计划逐步回购"农工商"抵债土地5万亩，合计资金24亿元。

继续推进地产园林公司奉贤基地的建设，计划"十二五"完成后续3815亩苗木圃内定植工作，形成总规模7370亩的苗圃基地，同时改善环境，完善配套建设管理设施和生产设施。

五、保障集团"十二五"规划实施的措施及建议

（一）加强领导班子建设，完善选人用人机制

以科学发展观为指导，认真贯彻党中央、国务院有关精神。以开展学习型领导班子建设为重点，认真学习和贯彻国家的宏观经济政策与房地产政策，严格执行《公司法》《企业国有资产法》等法律法规以及有关国资国企管理的政策规范，贯彻落实市委、市政府《关于进一步推进上海国资国企改革发展的若干意见》以及推进市级土地储备机制的各项决策，根据市委、市政府及市国资委关于地产集团主要任务和主业发展定位的有关要求，强化企业经营管理。深化"四好"领导班子建设活动，建立组织选拔、市场配置、监督管理有机结合的机制，选拔优秀人才进入基层领导班子。进一步落实党风廉政建设责任制和"三重一大"集体讨论、民主决策制度，积极推动企业经营决策科学化、

民主化。深入推进"制度加科技"预防腐败,规范领导人员廉洁从业行为。努力在政治更加成熟、思想更加解放、能力更加增强、作风更加过硬、结构更加优化、制度更加完备上下功夫,着力建设一支政治素质优良、善于驾驭市场经济的企业领导班子队伍。

(二)加强政策研究,推动土地储备运作机制和政策环境的不断优化

2006年年底以来,国务院有关部委出台了关于加强土比出让管理、规范土地储备及资金管理、动拆迁安置补偿管理的规章和政策,《上海市土地储备办法》及其实施细则的诸多规范已经不能适应土地储备发展的需要。在此背景下,从理顺土地储备机制、完善土地储备计划管理和土地储备融资模式、有效衔接相关立法规范与政策等角度,加强立法趋势分析和政策研究,沟通并配合法制办、规土局、发改委、建交委、财政局等部门及银行等金融机构,不断优化土地储备运作机制和操作路径。

(三)积极推进集团核心业务资产上市,有效解决制约上市公司发展的同业竞争问题

2010年5月以来,地产控股的中华企业、金丰投资已公告停牌并酝酿和实施重组。集团将积极沟通各监管机构,严格按照国有企业与上市公司资产重组的有关规定,整合集团市场化房地产开发经营和服务类业务,加快推进集团核心业务资产上市进程。重点着力消除同业竞争,减少关联交易,为上市公司发挥资本市场融资功能、拓展发展潜力扫清障碍。最终形成融资、发展、价值提升、回报社会的良性发展机制。

(四)拓宽企业融资渠道,实现融资模式与企业发展有效结合

多元、灵活的融资方式和畅通的融资渠道,是支撑企业发展的活水源。"十二五"期间,集团将进一步优化融资模式,拓宽融资渠道。在土地储备资金筹措方面,积极推动以土地出让增值部分收益建立土地储备基金,并以此作为土地储备可持续发展的资金平衡机制,逐步优化土地储备融资担保机制。在房地产开发融资方面,充分发挥上市公司在资本市场的融资平台作用,积极利用金融创新工具,优化公司融资模式和资产结构状况。同时,在保障性住房建设资金平衡方面,以争取银行等金融机构中长期低息贷款为基点,积极探索住房公积金贷款以及企业中长期债券,运用保险资金、信托资金、房地产信托投资基金等方式筹集资金,专项用于公共租赁住房建设和运营。

总之,建立多元的融资平台,以银行贷款为基础,集信托、合资、发债、基金等方式,力争以最低的资金成本、最优的筹资方式,采用不同期间、不同方式的融资渠道合理筹集资金,为集团可持续发展提供有力的资金保证。

(五)加强董监事会制度建设,完善公司法人治理结构

良好的治理结构是现代公司企业筹集资本,规模化、持续健康发展的核心保障。集团将根据市国资委的要求,围绕国有独资公司的特点,密切结合集团的主要任务和主业发展战略,修改公司章程,完善董事会工作制度和经营班子决策机制,认真贯彻和落实《关于进一步推进国有企业贯彻落实"三重一大"决策制度的意见》的规定。同时,以修改和充实公司章程为总领,以强化外部董事或独立董事制度建设为重点,在董事会下设战略规划、审计、人力资源与薪酬管理等专业委员会提供科学决策参谋,不断规范董事会、监事会会议制度,完善董监事会制度,推动和督促各投资控股企业(以核心企业为重点)进一步建立起"治理结构严谨,责权关系对等,筹资渠道广泛,制约机制健全"的法人治理结构,并以完善经理层的绩效评价体系为核心,进一步健全经理层激励与约束机制,优化公司持续发展的内在动力机制。

(六)改进和完善集团管控模式,构建全方位的风险防控机制

有效区分地产集团承担的土地储备前期开发管理的政府委托(授权)行为特性、国资授权管理

职能,以及集团下属企业在房地产开发经营服务等业务的市场化特征。充分发挥集团本部在战略管理和决策服务、管理支撑方面的优势,把集团本部逐步打造成为规划、监控与服务平台。具体来说,集团本部主要职能涵盖以下几点。

1. 战略管理中心:战略规划的制定、实施控制、评价、调整。
2. 财务监控中心:资金计划管理、预算控制、财务分析和核算、融资担保管理。
3. 投资决策中心:制订投资计划、重大项目投资决策、投资监管。
4. 资源管理中心(或称"职能支持中心"):关键岗位人力资源(包括下属企业核心经营班子成员)的管理、信息系统、制度管理、企业文化建设。
5. 经营监控与风险管控中心:经营目标考核、审计、重大法律事务管理。

同时,围绕企业总体经营目标,充分发挥财务、审计、法务、信息等各方面的协同效应,通过在企业管理的各个环节和经营过程中执行风险管理的基本流程,培育良好的风险管理文化和企业合规文化,建立健全全面风险管理体系,包括风险管理策略、风险理财措施、风险管理的组织职能体系、风险管理信息系统和内部控制系统。

(七)优化集团财务管理职能,提升集团财务管理水平

以目标管理和预算控制为核心,构建集团资金集中管理和全面预算管理体系。加强对控股企业的财务管控职能,逐步打造一个融集团管理、内部控制、风险信息化预警为一体的集团财务管理平台。建立清晰透明的财务管理流程与制度,进一步完善财务主管委派制度,明确财务主管的职责和权限,强化集团的财务监督作用。董事会下设审计管理委员会专门负责公司内、外部审计的协调、沟通、监督和核查工作。逐步完善内部审计工作和队伍建设,进一步完善相关审计制度,并使其能有效执行,充分发挥内部审计的监督、评价、服务、咨询功能。通过专业而系统的培训加强财务联合体建设,提升财务人员业务能力。

(八)加快完善信息化系统建设,提升企业经营管理信息化水平

围绕网络平台、应用平台、数据平台和保障体系的建设,并以此为基础形成数据集成模式的集团信息化总体架构。逐步建成以网络为基础、以需求为主导、以业务为主线、以应用为核心、以安全为保障、以数据为中心的信息化综合体系。实现一体化的集团式信息网络化管理模式,提高核心竞争力;实现以信息化推动集团业务网络化和规范化,提高效率,强化内部监督制约;以信息化促进队伍专业化,提高国资控管能力;以信息化带动管理科学化,创新管理方式,提高工作效能。同时,完善和推进信息化两大核心应用系统建设,综合运用广域网网络和数据集中大平台,逐步建立覆盖集团全系统的信息共享网络和信息化应用平台。

(九)完善人才资源管理体系,培育和谐企业文化

构筑企业人才战略,构建良性的人才资源管理体系,事关企业长远发展。"十二五"期间,集团将人才战略置于企业发展的突出地位。以强化内部人才的培养为主,调配和有效利用现有的人才资源,并通过市场化手段优化配置业务人才;以高层次人才为重点,统筹推进各类人才队伍建设。完善人才考评机制,建立完善人才培养培训规划体系,通过委派学习、参加专业知识培训,岗位锻炼等各种方式,培养企业高级管理人才,逐步构建专业化、年轻化的管理人才梯队。完善薪酬福利体系,发挥好薪酬的激励作用,逐步构建"短期激励与长期激励相结合,激励与约束相结合,业绩与风险相挂钩"的经营管理人员薪酬管理体系,并以薪酬激励为支撑,构建集合个人发展平台、企业文化、专业培训为吸引力的人才集聚和激励机制。进一步形成育才、引才、聚才、用才的良好环境。培育以"尊重、和谐、进取、发展"为核心的企业文化。以先进的企业文化与人员理念推动企业管理

优化。

(十) 积极依托政府支持,实现集团的规划目标

为确保集团"十二五"规划的实施,要积极争取市政府给予的以下政策支持:

1. 土地储备融资渠道受制于相关立法及政策限制,有待于进一步完善　按照现行规定,土地储备机构银行融资,应当符合以下条件和程序:(1)必须是担保贷款,其中抵押贷款必须具有合法的土地使用证;(2)贷款规模须经财政部门批准,储备机构须持财政部门批准文件和项目实施方案申请担保贷款;(3)储备土地设定抵押权,必须经市场评估,评估价值中须扣除上缴政府的土地出让收益;(4)抵押程序参照划拨土地使用权抵押程序。显然,上述土地储备银行融资贷款的规定,在很大程度上延续或参照适用房地产开发贷款的基本思路和程序要件。土地储备银行贷款受制于融资周期和融资担保模式。

2. 保障性住房开发建设的资金平衡机制尚未形成　公共租赁住房与其他类保障性住房相比,存在着租金收益回收缓慢、开发建设资金难以及时收回的特点。国家及上海的有关政策,虽然从不同的角度对公租房的资金平衡作了规范,诸如:鼓励金融机构发放公共租赁住房中长期贷款;支持符合条件的企业通过发行中长期债券等方式筹集资金,探索运用保险资金、信托资金和房地产信托投资基金拓展公共租赁住房融资渠道;政府投资建设的公共租赁住房,纳入住房公积金贷款支持保障性住房建设试点范围;等等。但这些规范大都停留在原则层面,缺乏具体的实施细则和操作路径。

附件:

表1　"十一五"期间资产经营状况表　　　　　　　　　　　　　　　单位:亿元

年　份	资　产	负　债	资产负债率	净资产	归属母公司净资产	利润总额	净利润	归属母公司净利润	净资产收益率
2006年	420	296	70.6%	124	82	22.3	16.35	8.89	11.56%
2007年	483	330	68.3%	153	105	29.3	18.94	10.06	10.43%
2008年	489	324	66.3%	165	113	24.2	17.74	11.54	10.60%
2009年	667	454	68.1%	213	145	27	20	12.51	9.47%
2010年	850	614	72.2%	236	158	29	21	12.80	8.44%

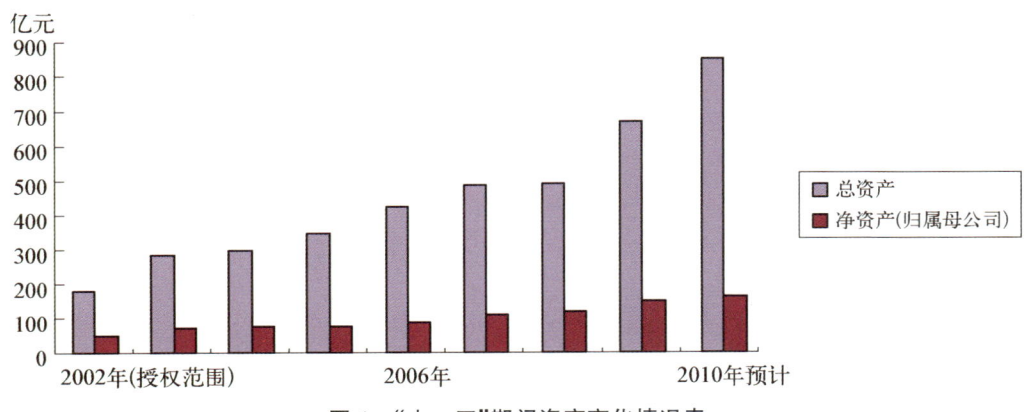

图1　"十一五"期间资产变化情况表

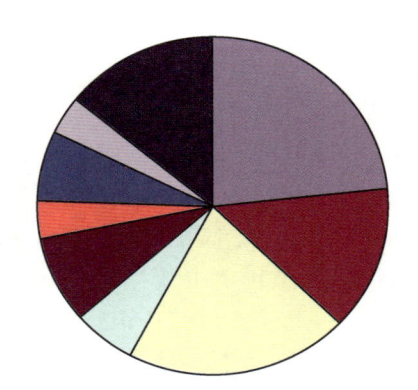

图例：
- ■ 上海中星(集团)有限公司
- ■ 上海房地(集团)公司
- ■ 中华企业股份有限公司
- ■ 上海金丰投资股份有限公司
- ■ 上海闵行联合发展有限公司
- ■ 上海虹桥经济技术开发区联合发展有限公司
- ■ 上海市滩涂造地有限公司
- ■ 上海市住房置业担保有限公司
- ■ 其他

图2　地产集团资产结构分布表

表2　2006—2010年土地储备项目统计表(退二进三项目)

序号	项目名称	计划收储面积(亩)	储备方式	实际收储面积(亩)	投资金额(万元)	备注
1	仪电集团地块	104	独立	104	23 913	
2	环境集团地块	836	独立	836	70 389	
3	良友集团地块	825	独立	825	102 920	
4	公积金抵债地块	521	独立	521	57 276	
5	海事大学	326	独立	326	202 200	投资金额为暂定价，预计需增加
6	其他退二进三地块	679	独立	679	163 336	包括长宁239街坊、铸管厂、杨树浦煤气厂、龙华路1960号地块等
	小计	3 291		3 291	620 034	

表3　"十一五"期间土地储备项目统计表(郊区成片项目)

序号	项目名称	计划收储面积(亩)	储备方式	合同金额(万元)	实际收储面积(亩)	实际投资金额	备注
1	沿江路西侧	30	独立	34 944			正在实施动迁
2	沿江路道路	79	联合	66 979			市中心与浦东新区各占50%
3	HQ地块	4 245	独立	170 000			2010年6月经市政府决定，移交浦东新区储备
4	佘山天文台	148	联合	6 000			已完成供地及结算
5	龙阳路花木地块	1 470	联合	265 000			单位动迁基本结束，农民动迁正在实施

(续表)

序号	项目名称	计划收储面积(亩)	储备方式	合同金额(万元)	实际收储面积(亩)	实际投资金额	备注
6	祝桥噪音区地块	3 691	联合	88 584			市中心与原南汇区各占50%,需新增10亿元收储资金
7	奉贤庄行地块	1 061	联合	31 830	161		市中心占70%,奉贤区占30%
8	嘉定B10地块	240	联合	17 261	240	15 600	市中心占40%,嘉定区占60%
9	浦东新区第二批大型居住社区航头基地	3 537	联合	424 440			市中心占50%,浦东新区占50%
10	浦东新区第二批大型居住社区惠南基地	8 072	联合	968 640			市中心占50%,浦东新区占50%
11	浦东新区第二批大型居住社区川沙基地	4 938	联合	592 560			市中心占50%,浦东新区占50%
12	嘉定区第二批大型居住社区城北站基地	6 855	联合	822 600			市中心占40%,嘉定区占60%
13	嘉定区第二批大型居住社区云翔拓展基地	3 302	联合	396 240			市中心占50%,嘉定区占50%
14	青浦区第二批大型居住社区华新拓展基地	2 880	联合	345 600			市中心占40%,青浦区占60%
15	青浦区第二批大型居住社区新城一站基地	8 865	联合	1 063 800			市中心占40%,青浦区占60%
16	松江区第二批大型居住社区泗泾南拓展基地	5 186	联合	622 320			市中心占40%,松江区占60%
17	松江区第二批大型居住社区佘山21丘基地	9 273	联合	1 112 760			市中心占50%,松江区占50%
18	闵行区第二批大型居住社区浦江拓展基地	6 312	联合	757 440			市中心占50%,闵行区占50%
19	闵行区第二批大型居住社区旗忠基地	5 211	联合	625 320			市中心占40%,闵行区占60%
20	宝山区第二批大型居住社区罗店基地	8 646	联合	1 037 520			市中心占40%,宝山区占60%
21	奉贤区第二批大型居住社区南桥基地	14 777	联合	1 773 240			市中心占50%,奉贤区占50%
	小计	98 818		11 223 078	401		

表4 "十一五"期间旧区改造项目土地储备统计表

序号	项目名称	收储面积（亩）	储备方式	动迁居民户数	市储备中心投资金额（万元）	备注
1	闸北北广场一期	108	联合	1150	89 760	
2	闸北北广场二期	80	联合	2065	97 130	
3	闸北北广场三期	200	联合	4010	479 135	
4	平凉一期、二期	250	联合	6825	529 456	
5	石门二路49/60街坊	45	联合	1558	151 436	
6	董家渡13A15A环绿	93	联合	2374	360 000	
7	铁路南站1-5号地块	813	独立	730	370 300	
8	黄浦区8-1地块	88	独立	2600	300 900	
9	黄浦环绿北侧地块	19	联合	640	47 987	
	合计	1696		21 952	2 426 104	

表5 "十一五"期间经营性项目土地供应项目表（出让）

序号	项目名称	面积（公顷）	规划用地性质	供应时间	出让总收入（万元）	中心账面成本（万元）	市财政可得部分（万元）	市投资收益（万元）	备注
1	新客站北广场东一、东二地块	4.422 43	商业、住宅、办公	2007年12月	147 130.00	142 740.27	109 611.85	-33 128.42	市区投资比例8.5：1.5
2	新客站北广场广场地块	0.51	商业、住宅、办公	2007年12月	15 200.00	125 183.86	11 324.00	-113 859.86	市区投资比例8.5：1.5，已出让合同未签，资金未收到
3	衡山路12号	1.080 28	其他商服	2009年1月	48 700.00	42 568.42	41 395.00	-1 173.42	独立储备
4	彭浦十期C块	0.3	经济适用房	2009年1月	70 173.90	13 976.98	30 174.78	16 197.80	市区投资比例4：6
5	龙华路1960号	10.3	工业	2009年9月	724 500.00	102 554.60	615 825.00	513 270.40	独立储备
6	曹行村	3.419 94	商办住宅	2009年10月	6 200.00	7 094.97	5 270.00	-1 824.97	独立储备

[续表]

序号	项目名称	面积(公顷)	规划用地性质	供应时间	出让总收入(万元)	中心账面成本(万元)	市财政可得部分(万元)	市投资收益(万元)	备注
7	静安区49街坊	0.5957	商办文娱	2009年12月	85 000.00	53 792.57	42 500.00	−11 292.57	市区投资比例5:5
8	黄浦8−1#地块	4.54719	商办	2010年2月	922 000.00	300 889.01	783 700.00	482 810.99	独立储备
9	北蔡42街坊7宗	0.81238	住宅	2010年2月	7 376.00	3 956.38	6 269.60	2 313.22	独立储备
10	嘉定B10地块	11.07441	住宅	2009年8月	108 000.00	5 196.63	46 440.00	41 243.37	市区投资比例4:6
	合计	37.06233			2 134 279.90	493 108.30	1 692 510.23	1 199 401.93	

表6 "十一五"期间经营性项目土地供应项目表(转让)

序号	项目名称	面积(公顷)	规划用地性质	供应时间	出让总收入(万元)	中心账面成本(万元)	收益(万元)	备注
1	东海农场9/11街坊	109.68		2006年10月	14 264.32	12 190.85	2 073.47	独立储备、公积金打包地块
2	沪南公路1188号	5.8866	住宅	2006年8月	26 137.48	23 078.55	3 058.93	独立储备
3	高镜地块	6.117	住宅	2006年4月	27 442.43	10 821.99	16 620.44	独立储备、环卫打包地块
4	平塘路188/185/168号	2.05	住宅	2007年3月	10 745.00	7 221.84	3 523.16	独立储备
5	老沪太路105号	1.5436		2008年5月	8 103.90	6 139.86	1 964.04	独立储备、环卫打包地块
6	龙华路1960零星地块	4.54		2008年9月	23 835.00		23 835.00	联合储备、市区投资比例5:5
7	罗山路1755号	3.5798	商办	2008年12月	15 000.00	3 980.14	11 019.86	独立储备
8	金张路3338号	11.804	商办	2009年4月	22 000.00	21 070.32	929.68	联合储备、市区投资比例6:4
9	华泾地块	5.5073	经适房	2009年8月	51 231.73	33 072.15	18 159.58	联合储备、市区投资比例4:6
10	光复路	2.912		2009年11月	15 156.07	14 589.50	566.57	独立储备
	合计	153.62			213 915.92	107 114.74	69 801.18	

表7 "十一五"期间经营性项目已完成储备项目表(尚未供应部分)

序号	项目名称	面积(公顷)	中心预计成本(万元)	备注
1	凉州路613号	2.064	9 270.00	独立储备,公积金打包地块
2	平凉路2060号	0.742 8	2 364.00	独立储备,公积金打包地块
3	崇明建设镇	15.253 3	1 604.00	独立储备,公积金打包地块
4	仪电杨高路、徐泾	3.136 7	13 654.54	独立储备,仪电集团打包地块
5	杨浦煤气厂	7.106 8	33 343.40	独立储备
6	上海铸管厂	7.801	9 325.70	独立储备
7	新客站北广场北三块	14.227 6	425 423.74	市区投资比例8∶2
8	杨浦平凉22、23街坊	7.656	263 246.65	市区投资比例9∶1
9	杨浦平凉16、17街坊	7.086 8	210 821.34	市区投资比例8∶2
10	杨浦平凉18街坊	4.013 9	105 889.05	市投资比例8∶2
11	山西宾馆	1.03	13 000.49	独立储备
12	彭浦十期C块(二期)	2.746	8 802.00	市区投资比例4∶6
13	静安石二60街坊	2.04	113 333.00	市投资比例5∶5
14	南站1-3.5号地块	46.4	370 300.00	独立储备
15	黄浦13A、15A、环绿	6.168	250 154.48	市区投资比例5∶5
16	海事大学	21.717 7	223 299.21	独立储备
	合计	149.19	2 053 831.60	

表8 "十一五"期间造地公司实施滩涂促淤圈围情况表

序号	项目名称	计划实施时间	至2009年实际数				
			促淤面积(万亩)	圈围面积(万亩)	成陆土地(万亩)	投资总额(亿元)	完成投资额(亿元)
1	崇明北沿滩涂促淤圈围(二期)工程一阶段达标工程	2006—2007	1.82	1.82		2.32	2.32
2	(崇明北沿二期一阶段吹填工程)	2009—2010				0.58	0.50
3	中央沙圈围工程	2006—2008	2.15	2.15	2.15	6.32	6.32
4	宝钢前沿滩涂促淤圈围工程	2006—2008	0.16	0.16	0.16	2.87	2.87
5	横沙东滩促淤圈围(二期)工程	2006—2007	4.70			3.42	3.42
6	横沙东滩促淤圈围(三期)工程	2006—2008		2.60	2.60	4.11	4.11
7	(横沙东滩三期吹填工程)					6.00	0.50

〔续表〕

序号	项目名称	计划实施时间	至2009年实际数				
			促淤面积（万亩）	圈围面积（万亩）	成陆土地（万亩）	投资总额（亿元）	完成投资额（亿元）
8	奉贤南滩促淤圈围（二期）工程	2005—2006		0.85	0.85	3.92	3.92
9	（奉贤南滩保滩工程）	2009—2010				0.84	0.40
10	浦东机场外侧滩涂促淤圈围工程	2007—2009	2.35	2.35		6.31	6.31
11	长兴岛电厂圩东侧滩涂促淤圈围工程	2007—2008		0.20	0.20	1.30	1.30
12	横沙东滩促淤圈围（四期）工程	2007—2008	2.26			3.01	3.01
13	横沙东滩促淤圈围（五期）工程	2009—2011				10.00	2.80
14	横沙岛新民港套闸圈围工程	2006—2007	0.04	0.04	0.04	0.07	0.07
15	长兴岛南沿促淤圈围一期工程	2006—2007	0.02	0.02	0.02	0.82	0.82
16	长江口南岸小沙背至长航码头滩涂圈围工程	2007—2008		0.03	0.03	1.06	1.06
17	崇明北沿滩涂促淤圈围（三期）工程——北六效至北效达标工程	2008—2010	1.12	1.12		2.46	1.90
18	崇明东滩鸟类国家级自然保护区互花米草生态控制与鸟类栖息地优化工程	2009—2011	3.65	3.65		6.64	0.40
	合计		16.45	14.99	7.87	62.05	42.03

表9　农用地土地整理和建设用地处置情况表　　　　　面积单位：亩

序号	项目名称	土地整理	建设用地处置
1	南汇东滩（五期）1号、2号、3号库区	37 234	18 873
2	长兴岛北沿及电厂圩	5 087	10.9
3	奉贤华电灰坝东滩	5 734	
4	横沙红星港北侧	607	
5	宝钢外侧圈围		1 714
6	五号沟至赵家沟圈围项目		103
7	宝杨路码头外圈围项目		331
8	中央沙		21 500
	合计	48 662	42 532

说明：农业用地成陆面积按平均74%新增耕地率计算可形成耕地36 000亩。

表10 "十一五"期间滩涂成陆土地转让地块收益情况表

序号	地块名称	项目名称	受让方	签约时间	处置面积(亩)	处置单价(万元/亩)	处置收入(万元)	处置成本(万元)	处置毛利	备注
1	浦东高东镇4街坊36/5丘	浦东新区五号沟至赵家沟滩涂促淤圈围工程	交通部上海打捞局	2009年3月	28	26.00	722	569	153	
2	宝山区月浦镇201街坊3/8丘	长江口南岸(宝钢段)滩涂圈围工程	市宝山区土地储备中心	2009年9月	1 714	19.92	34 137	25 541	8 596	
3	宝山区友谊路街道156街坊125/1丘	长江口南岸小沙背至长航码头段滩涂圈围工程	宝山区土地储备中心	2009年12月	252	46.00	11 582	9 965		
4	宝山区友谊路街道156街坊125/2丘	长江口南岸小沙背至长航码头段滩涂圈围工程	崇明港务建设投资管理有限公司	2009年12月	79	46.00	3 650	3 140	2 103	
5	祝桥53街坊1/14、1/15、1/17、1/18丘	南汇东滩促淤圈围(五期)工程	南汇区土地储备中心	2010年3月	2 582	6.67	17 224	6 749	10 475	
6	浦东高东镇0112街坊60/6丘	浦东新区五号沟至赵家沟滩涂促淤圈围工程	上海海事局	2010年4月	109	13.16	1 440	1 440	0	
7	祝桥53街坊	南汇东滩促淤圈围(五期)工程	老港固废综合开发有限公司	2010年5月	12 588	10.00	125 880	32 898	92 982	含南汇股份
	合 计				16 603		194 635	80 302	114 309	

表 11 2011—2015 年计划收储项目统计表

序号	项目名称	计划收储面积(亩)	储备方式	合同金额或投资估算金额(万元)	备注
一	"十一五"结转项目				
1	沿江路西侧	30	独立	34 944	正在实施动迁
2	沿江路道路	79	联合	66 979	市中心与浦东新区各占50%,合同中不含单位动迁、征地规费及带拆居民等费用
3	三林楔形绿地	5 250	联合	1 575 000	市中心与浦东新区各占50%
4	龙阳路花木地块	1 470	联合	265 000	市中心与浦东新区按70%:30%比例联合储备,费用中不含市政基础设施费用
5	祝桥噪音区地块	3 691	联合	88 584	市中心与原南汇区各占50%,约需增资10亿元
6	奉贤庄行地块	1 061	联合	31 830	市中心占70%,奉贤区占30%,预计需增资
7	第二批大型居住社区首期13幅基地	87 852	联合	10 542 240	市中心与各区按协商比例进行储备,各基地均按120万元/亩进行包干,但部分基地可能增资
	小计	99 433		12 604 577	
二	"十二五"新增项目				
1	第二批大型居住社区后续10幅基地	69 648	联合	8 357 760	市中心与各区按相关比例储备,暂按120万/亩进行测算
2	2010—2012年三年土地储备规划	9 000	联合	1 080 000	市中心与各区按相关比例储备,暂按全市郊区储备总量的10%及120万元/亩进行测算
3	市政府交办项目	3 000	独立	900 000	包含社保项目,暂按300万元/亩进行测算
	小计	81 648		10 337 760	
	总计	181 081		22 942 337	

表 12 2011—2015 年计划收储项目统计表(旧区改造项目)

项目名称	计划收储面积(亩)	储备方式	预计动迁居民户数	市土地储备中心计划投资额(万元)	备注
闸北长安西地块	81	联合	1 833	194 460	市区投资比例6:4
闸北区老北站地块	401	联合	2 519		市区投资比例6:4
闸北区宝山街道地块	241	联合	5 577		市区投资比例6:4
杨浦平凉西块	112	联合	9 689	350 000	市区投资比例6:4

〔续表〕

项目名称	计划收储面积(亩)	储备方式	预计动迁居民户数	市土地储备中心计划投资额(万元)	备 注
杨浦定海地块	485	联合	5 402	710 000	市区投资比例6∶4
杨浦大桥地块	1 742	联合	15 302		市区投资比例6∶4
普陀老真北地块	812	联合	2 000	444 000	市区投资比例6∶4
普陀中兴村地块	169	联合	4 416		市区投资比例6∶4
黄浦董家渡13B、15B地块	138	联合	4 636	470 000	市区投资比例5∶5
静安石二地块	136	联合	5 932	600 000	市区投资比例5∶5
老城厢东北块	145	联合	4 377		市区投资比例5∶5
徐汇区南站6/7号地块	227	联合	250	182 000	市区投资比例7∶3
小 计	4 689		61 933		

表13　2011—2015年土地供应计划表

序号	项目名称	土地面积(亩)	规划用地性质	预计出让金收入(万元)	土地储备前期投入(万元)
1	海事大学	326	住宅为主		195 600
2	沿江路西侧	30	酒店		34 944
3	龙阳路花木地块	1 470	规划待定		265 000
4	祝桥噪音区地块	3 691	规划待定		184 550
5	第二批大型居住社区基地	43 926	住宅等配套用地		5 271 120
6	2010—2012年三年土地储备规划	6 300	六类经营性用地		756 000
	小 计	55 743			6 707 214

表14　"十二五"期间滩涂促淤圈围计划表

滩涂促淤圈围规划(至2015年)　　　　　　　　　　　　　面积单位：万亩

序号	项目名称	促淤	圈围成陆	
			农 业	建设(生态)
1	南汇东滩	22.3	6.35	
2	横沙东滩六期	4.7	4.8	
3	金山龙泉港			0.3
4	临港物流园区奉贤分区			0.3
	合 计	27	11.5	0.6

表 15 "十二五"期间农用地土地整理和建设用地处置计划表

农用地土地整理和建设用地处置(至 2015 年)　　　　　　　　　　　面积单位：亩

序号	项 目 名 称	土地整理	建设用地处置
1	崇明北沿(二期)一阶段达标工程	17 200	
2	崇明北沿(三期)	11 200	
3	横沙东滩六期	67 000	
4	漕泾化工区		4 567
5	临港南滩		7 500
6	横沙红星港圈围项目打捞局用地		221
7	南汇东滩老港四期用地		5 037
8	长兴岛北沿圈围项目申能电厂、垃圾填埋场等用地		1 117
9	污水治理三期圈围项目用地		117
10	奉贤南滩西		3 000
11	浦东五号沟外高桥六期、极地中心用地		1 397
12	浦东机场外侧		23 500
13	金山龙泉港		3 000
	合　　计	95 400	49 456

说明：农业用地成陆面积按平均 74% 新增耕地率计算可形成耕地 70 596 亩。

索　引

说明：
一、本索引采用主题词分析索引法，按主题词首字的汉语拼音字母顺序排列（同音字按声调）；首字相同，按第二字音序排列，以此类推。
二、索引主题词后面的数字表示词条所在页码。
三、表格索引按在正文出现顺序排列并置于本索引末尾。

关键词索引

安全生产　　9,108,127,139—141,143,147
帮困送温暖　　161,163
保障房　　4,5,7,8,10,25—28,35,40,44,51,81,85,107,116,131,169,171,180,188,189,202,211,236—238,243—245
财务管理　　128—130,132,142,143,243,253
财务信息管理　　132
厂务公开　　159,160
创建文明单位　　166
党群工作　　16,149,157
党员教育　　154
发展规划　　5,41,46,100,104,107,124,142,143,145,158,168
法务管理　　136
房地产开发　　4,6,8,9,31,33,35—37,40,41,76,77,83—86,88—92,99,102,103,106—108,110—114,117,118,122,140,141,168,170,173,175,177,178,181,182,184—187,189,190,193—196,198,209—211,215,235,236,241,244—246,248,272—274,277,279,281,282
房地产流通服务　　6,9,85,93,101,107,108,184,187
改革改制　　9,37,44,98—100,124,144,160,182,195
干部管理　　160
公共租赁房　　8,27,76,81,137,138,244—246
股权分置改革　　19,105,185,191
虹桥开发区　　4,8,33,35,41,72,73,205—209
货币资金管理　　9,98,131
纪律检查　　151—153

监察审计　　134,135
金丰投资　　4,6,9,19,24,25,32,33,35,84—86,89,91—93,100,101,103—108,113,114,116,118,135,139,145,147,164,166,168,184—191,193,195,196,213,262,266—270,276—282
金丰易居　　6,23,92,93,114,118,184,185,188—190,195,261,265,271,280
精神文明建设　　10,150,165,263
旧区改造　　4—6,11,15,18,19,21,22,24,25,28,31,32,36,37,40,56—60,78,79,137,138,143,148,157,165,180
开发区建设　　4,9,11,36,72,75,107,108,157,158,165,174,201
劳动管理　　145
劳动竞赛　　27,157,158,163,187,257
廉租房　　4,8,36,80,81,244,245
闵行开发区　　4,8,9,33,35,72,74,75,138,199—203,209
内部审计　　134,135
企业管理　　101,107,108,130,133—135,138,141,146,160,181,195,201,232,233,236,244,251
企业融资担保管理　　131
企业税务管理　　132
企业预决算管理　　130
企业资金管理　　131
人物　　139,162
上房集团　　3,4,9,18,22,25,28,32,33,35,83—86,90—92,99,100,102,106,135,138,139,144,147,

178,181,182,184,185,189,193—198,250
上市公司　6,9,32,33,83,84,92,100,103—106,125,126,146,178,181,193,195,196
审计整改　35,129,134—136
实物资产利用管理　124,126
世博土控　4,22,37,38,42,108,120,135,163,227—230
滩涂造地　3—5,7,9,11,18,24,32,35,40,63—65,69,70,99,101,107—109,116,119,135,139,145,157,165,166,168,218—221,223,225,226,252,258,268—281,283
土地储备　3—6,11,15—26,28—47,50—53,56—62,64,65,68—70,76,78,79,99,102,128,132—134,136—138,142,157,165,194,198,218,220,222,227,228,249,252,253,273
团员教育　162
退休职工　145,161
外事用房　32,116,119,145,168,193,232—234,247,248,273,278
文体活动　161
先进评选　158
项目投资管理　21,127
馨安置业　9,79,85,90,91,101,108,114,118,126,145,235,237—239,243,246
信访工作　139
信息化管理　57,142,143,216

证券事务管理　124,125
职工教育　165
志愿者活动　163
治安工作　139,140
置业担保　4,7,9,17,19,25,32,35,94,95,101,107,108,114,117,118,145,164,166,168,184,186,191,212,213,215,216,235,258—266,268—282
中华企业　4,8,9,24—27,32,33,35,83,84,86,88,91,100,101,103—108,111—113,118,135,139,145—147,163,164,166,168,177—183,186,193—196,233,257,258,262,263,267—276,278—280,282,283
中星集团　3,4,22—25,27,28,32,35,83,84,86,91,99—102,110—114,135,139,144,147,158,169—176,258,259,261,262,264—266,268—273,275—282
主题活动　10,150—153,158,162,163,165
住房担保　110,212
专项审计　102,134
资产管理　4,9,10,15,16,35,50,98,99,107,109,110,112,114,116,124,126,142,143,194,210,216,232,233,247—251,263,270,273,278,281
资产评估管理　124,125
综合治理　9,107,108,139—141,147
组织建制　152

人物索引

白文华　3,15—17,32,33,35,151
蔡育天　18
陈豪　23
陈士杰　15,16
丁薛祥　21,25,26
冯国勤　17,25
冯经明　16
傅平　19,241
甘忠泽　18,23
皋玉凤　3,15—19,21,22,27,32,33,35,151,152,157,241,251,283
龚学平　18
顾云昌　26

韩正　15,18,20—23,27,28,199,241
洪浩　16,17,19,20,26,28
黄进　19,33,275
吉晓辉　16
姜樑　22,23,26
姜平　20,22
姜斯宪　15
蒋卓庆　28
李良园　20
刘云耕　22,23,27
刘志峰　19,21,22,26
罗世谦　18
潘敏　22

齐骥 21	杨振武 28
沈骏 18,20,21,23—28	姚明宝 23
沈正超 3,15,16,18,32,33,35,151	姚中民 15
孙建平 16	殷一璀 21,22,28
王安顺 15	尹弘 18,21—23,25—27
王培生 23	俞正声 21,24—26,199,205,241
王荣华 16	张阿根 18,21,33,35,151
吴念祖 15,16	张建晨 22,23,33,151,283
吴晔 27,152,263,267,277,283	张载养 23
熊建平 16,18,27	郑建令 16,32,151—153,157,158
徐国平 24	周波 27
许海峰 18	周太彤 23,218
杨定华 18,27	周禹鹏 17
杨雄 16—20,26,27,241	

表格索引

表1-1-1　2002—2012年地产集团历任行政组织领导班子一览表　33

表2-1-1　2010—2013年16幅大型居住社区情况表　44

表2-1-2　2009—2013年市政府重大项目收储地块表　46

表2-1-3　2005—2013年国有企业土地收储地块表　47

表2-1-4　农工商抵债土地地区分布表　50

表2-1-5　农工商抵债土地债权机构分布表　50

表2-1-6　2002—2012年市储备中心收储土地出让表　53

表2-2-1　2005—2012年旧改项目具体情况表　60

表2-3-1　1999—2012年促淤、圈围工程汇总表　66

表2-3-2　1999—2011年圈围造地项目土地利用表　70

表2-5-1　2002—2009年"挖潜存量土地"建设保障性住房项目表　77

表2-5-2　2005年"1 000万平方米"配套商品房项目表　77

表2-5-3　2009—2010年大型居住社区基地项目表　78

表2-5-4　2005—2006年收购征收安置房情况表　79

表2-5-5　2009—2012年征收安置房建设情况表　79

表2-5-6　2006—2011年共有产权房建设情况表　80

表2-5-7　2009—2012年公共租赁住房建设情况表　82

表2-6-1　2002—2012年中星集团市场性房地产开发项目统计表　86

表2-6-2　2002—2012年中华企业市场性房地产开发项目统计表　88

表2-6-3　2002—2012年金丰投资市场性房地产开发项目统计表　89

表2-6-4　2002—2012年上房集团市场性房地产开发项目统计表　90

表2-6-5　2002—2012年上海馨安公司市场性房地产开发项目统计表　90

表2-6-6　1998—2012年上房置换历年业绩统计表　94

表3-2-1　2005年改革前后中华企业股本结构变化表　105

表3-2-2　2005年改革前后金丰投资股本结构变化表　105

表3-3-1　地产集团控股公司一览表　110

表3-3-2　地产集团参股公司一览表　116

表3-3-3 地产集团收购、改制回收及受委托管理58项资产一览表　120

表3-3-4 2011年地产集团纳入世博地块9项资产一览表　122

表3-3-5 2002—2012年地产集团收购花园住宅一览表　123

表4-1-1 2003—2012年地产集团中共党员基本情况统计表　155

表4-2-1 2002—2012年地产集团及所属企业获得各类先进集体和先进个人情况统计表　159

表4-3-1 2002—2012年地产集团团委先进集体一览表　163

表4-3-2 2002—2012年地产集团团委先进个人一览表　164

表4-4-1 2002—2012地产集团文明单位一览表　166

表5-1-1 2002—2012年中星集团生产经营核心指标统计表　169

表5-2-1 2012年年底中华企业职工情况表　183

表5-5-1 2002—2012年闵联公司主要经济指标一览表　200

表5-5-2 1986—2012年上海闵行经济技术开发区数据统计表　202

表5-5-3 2012年闵行开发区《财富》500强投资企业一览表　203

表5-6-1 2002—2012年虹联公司生产经营核心指标一览表　206

表5-6-2 1985—2006年虹桥领馆区签约地块情况表　208

表5-6-3 1985—2013年开发区经营核心指标统计表　209

表5-6-4 1985—2013年企业对外投资项目情况表　210

表5-7-1 2002—2012年担保公司生产经营核心指标统计表　212

表5-8-1 2002—2012年滩涂公司经济指标统计表　219

表5-8-2 1999—2015年滩涂造地项目一览表　223

表5-11-1 2012年12月所属子公司统计表　235

表5-11-2 2006—2012年馨安公司建设完成项目统计表　237

表5-11-3 馨安公司正在建设的项目统计表　238

表5-11-4 馨安公司尚未开工建设的项目统计表　238

表5-11-5 2004—2014年地产集团委托管理房屋资产统计表　239

表5-11-6 2004—2012年馨安公司利润情况表　239

表5-13-1 2009—2012年主要经济指标统计表　245

表5-14-1 2011—2013年主要经济目标完成情况表　247

表5-14-2 地产资产管理公司对外投资一览表　250

表6-1-1 2002—2012年全国先进集体（含部级）一览表　257

表6-1-2 2002—2012年全国先进个人（含部级）一览表　257

表6-1-3 2002—2012年上海市先进集体一览表　258

表6-1-4 2002—2012年上海市先进个人一览表　262

表6-1-5 2002—2012年上海市国资委先进集体一览表　266

表6-1-6 2002—2012年上海市国资委先进个人一览表　267

表6-1-7 2003—2004年度地产集团文明单位一览表　268

表6-1-8 2005—2006年度地产集团文明单位一览表　268

表6-1-9 2007—2008年度地产集团文明单位一览表　268

表6-1-10 2009—2010年度地产集团文明单位一览表　269

表6-1-11 2011—2012年度地产集团文明单位一览表　269

表6-1-12 2002—2012年度地产集团先进基层党组织一览表　270

表6-1-13 2002—2012年度地产集团先进集体一览表　272

表6-1-14 地产集团"工人先锋号"一览表　273

表6-1-15 地产集团五一巾帼集体一览表　274

表6-1-16 地产集团五四特色团组织一览表　274

表6-1-17　地产集团青年文明岗一览表　275
表6-1-18　2004年地产集团优秀共产党员、优秀党务工作者一览表　275
表6-1-19　2006年地产集团优秀共产党员、优秀党务工作者一览表　276
表6-1-20　2008年地产集团优秀共产党员、优秀党务工作者一览表　276
表6-1-21　2011年地产集团优秀共产党员、优秀党务工作者一览表　277
表6-1-22　2012年地产集团创先争优优秀共产党员一览表　278
表6-1-23　2005—2006年度地产集团先进生产(工作)者一览表　278
表6-1-24　2007—2008年度地产集团先进生产(工作)者一览表　279
表6-1-25　2009—2010年度地产集团先进生产(工作)者一览表　279
表6-1-26　2011—2012年度地产集团先进生产(工作)者一览表　280
表6-1-27　2007—2008年度地产集团五一巾帼个人一览表　281
表6-1-28　2007年、2009年地产集团青年岗位能手一览表　282
表6-2-1　第十届、十一届全国政协委员一览表　283
表6-2-2　第九、十届上海市党代会代表一览表　283
表6-2-3　第十三、十四届上海市人大代表一览表　283
表6-2-4　第十一、十二届上海市政协委员一览表　284

编 后 记

2010年,上海市人民政府决定进行第二轮修志工作,《上海地产(集团)有限公司志》(以下简称《地产集团志》)列入市级专志编纂计划。2013年6月,地产集团组成《地产集团志》编纂委员会,由地产集团领导和集团二层次企业、集团各职能部门负责人组成。地产集团董事长、党委书记皋玉凤任编委会主任,地产集团总裁、党委副书记张建晨及地产集团党委副书记郑建令任编委会副主任,同时成立《地产集团志》编纂室,抽调部分在职员工和退休员工任专职和兼职编辑。编委会成立后召开了专门会议,对《地产集团志》篇目初稿进行讨论,原则通过《地产集团志》篇目提要;确定编纂室负责具体组织实施《地产集团志》的编纂工作,集团行政管理部负责《地产集团志》编纂室的日常管理、组织协调、人员安排、资金使用等。

2013年6月,《地产集团志》编纂工作正式启动。根据上海市地方志办公室关于修志工作的要求,集团组建了由各部门及所属各企业参加的30余人专、兼职结合的修志人员队伍,制作了修志资料搜集电子卡片模板。经过一年多时间,从档案、文书、书籍、报刊、采访中进行广泛的资料搜集,共制作电子长编资料卡片1 200余张,录入卡片资料200余万字。

2016年1月18日,《地产集团志》内部评审小组召开评审会议。参加会议的有:皋玉凤、郑建令、张阿根、沈正超、蔡顺明等集团领导(历任领导)和部分部门负责人。会议对《地产集团志》初稿进行认真分析讨论,共提出41条修改意见,在对志书的编纂进行充分肯定的同时,对志书编纂中存在的个别遗漏的事项进行了补充,使《地产集团志》的编纂得到进一步完善,提高和增强了《地产集团志》的真实性和准确度,同时在文字表述和志书章目结构的编排上也提出了较好的修改意见。

《地产集团志》是以地产集团的发展为主线的企业志书,重点记载的是地产集团的发展过程和经历。但地产集团又是由诸多基层企业组成的企业集团,地产集团与集团所属的基层企业是紧密相连的一个整体,因此在《地产集团志》中根据集团所属各企业的特点进行了简略介绍。为了全面反映集团所属各企业的情况,《地产集团志》专列了第五篇主要成员企业,共对16家企业进行了情况介绍。成员企业介绍是由各公司根据集团编纂办提供的企业介绍参考版本进行自主撰写的,因各企业情况不同,所以在上报企业介绍文稿上存在一定的差异。编纂办在进行编辑时充分尊重各企业的意见,基本保持各企业上报文稿原貌,并根据志书编纂规范要求进行了修改编辑。

《地产集团志》的编纂工作得到了各级领导和各单位的大力支持和帮助,是大家共同努力的集体劳动成果,编纂办对此表示真诚的谢意。因志书涉及面较广,编写者经验不足,不足之处请予指正。

《上海市级专志·上海地产(集团)有限公司志》编纂办公室
2018年6月

图书在版编目(CIP)数据

上海市级专志. 上海地产(集团)有限公司志/上海市地方志编纂委员会编. —上海：上海社会科学院出版社，2019
 ISBN 978-7-5520-2560-6

Ⅰ. ①上… Ⅱ. ①上… Ⅲ. ①上海—地方志②房地产企业—企业发展—概况—上海 Ⅳ. ①K295.1 ②F299.275.1

中国版本图书馆CIP数据核字(2018)第284426号

上海市级专志·上海地产(集团)有限公司志

编　　者：	上海市地方志编纂委员会
责任编辑：	董汉玲　温　欣
封面设计：	严克勤
美术设计：	黄婧昉
出版发行：	上海社会科学院出版社
	上海顺昌路622号　邮编200025
	电话总机 021-63315900　销售热线 021-53063735
	http://www.sassp.org.cn　E-mail:sassp@sass.org.cn
排　　版：	南京展望文化发展有限公司
印　　刷：	上海中华商务联合印刷有限公司
开　　本：	889×1194毫米　1/16开
印　　张：	21.5
插　　页：	24
字　　数：	554千字
版　　次：	2018年12月第1版　2018年12月第1次印刷

ISBN 978-7-5520-2560-6/K·490　　　　定价：350.00元

版权所有　翻印必究